普通高等教育"十一五"国家级规划教材
PUTONG GAODENG JIAOYU SHIYIWU GUOJIAJI GUIHUA JIAOCAI

DIANLI QIYE GUANLI

电力企业管理

主　编　卢建昌　牛东晓
副主编　陈雪松　孙　伟
编　写　张彩庆　王　婷　李金颖
　　　　孟　明　杨少梅　王　柳
主　审　戴淑芬　赵国杰

中国电力出版社
CHINA ELECTRIC POWER PRESS

内 容 提 要

本书为普通高等教育"十一五"国家级规划教材。

本书共分为十七章,主要内容包括管理与企业管理、企业管理的产生和发展、企业文化与现代企业制度、计划职能、组织职能、领导职能、控制职能、决策职能、电力企业生产管理、电力企业战略管理、电力市场营销管理、电力企业财务管理、电力企业人力资源管理、电力企业物资管理、电力工程项目管理、电力需求侧管理、电力负荷预测与负荷管理。

本书可作为高等院校电气工程及自动化专业、经济管理专业的本科教材,也可作为相关高职高专和函授教材,还可作为电力行业培训教材。

图书在版编目（CIP）数据

电力企业管理/卢建昌主编. —北京:中国电力出版社,2007.8
(2024.8重印)

普通高等教育"十一五"国家级规划教材

ISBN 978 - 7 - 5083 - 5824 - 6

Ⅰ.电…　Ⅱ.卢…　Ⅲ.电力工业－工业企业管理－高等学校－教材　Ⅳ.F407.616

中国版本图书馆 CIP 数据核字（2007）第 088736 号

中国电力出版社出版、发行
（北京市东城区北京站西街 19 号　100005　http://www.cepp.sgcc.com.cn）
三河市百盛印装有限公司印刷
各地新华书店经售

*

2007 年 8 月第一版　2024 年 8 月北京第十九次印刷
787 毫米×1092 毫米　16 开本　19.75 印张　479 千字
定价 50.00 元

前　言

随着电力工业市场化改革的深化，电力企业必须加强企业管理和提高自身竞争力。为了在未来激烈的市场竞争中生存并发展壮大，电力企业必须适应建立现代企业制度的需要，转变经营观念、提高管理水平，建设一支高素质的企业管理队伍。

为了适应当前电力企业改革形势的需要，在中国电力教育协会和中国电力出版社的大力支持下，我们结合电力企业的生产经营背景，总结多年的教学经验编成此书。全书共分为十七章，力求全面，并能突出重点。第一章至第三章介绍管理和企业管理的基本理论；第四章至第八章介绍管理的基本职能，包括计划职能、组织职能、领导职能、控制职能和决策职能；第九章至第十七章介绍企业管理的基本理论在电力系统中的应用，包括电力企业生产管理、电力企业战略管理、电力市场营销管理、电力企业财务管理、电力企业人力资源管理、电力企业物资管理、电力工程项目管理、电力需求侧管理和电力负荷预测与负荷管理等方面的内容。本书把管理理论与电力企业管理应用相结合，理论教学与电力系统实际相结合，内容翔实，覆盖面广。

本书由卢建昌和牛东晓担任主编，陈雪松和孙伟担任副主编。各章的编写成员如下：卢建昌、孙伟、陈雪松（第一、二、三、四、六、八、九、十二、十六章），张彩庆、王柳（第五、七、十、十四章），王婷、李金颖（第十一、十五章），杨少梅（第十三章），孟明（第十七章）。全书由卢建昌副教授修改、统稿和定稿。

2006 年在山东济南召开的"第一届全国电力工程与管理专业教学研讨会"的与会同志提出了许多中肯可行的意见，在此表示衷心感谢。

北京科技大学经济管理学院副院长戴淑芬教授和天津大学管理学院博士生导师赵国杰教授认真审阅了全稿，提出了许多宝贵意见，在此表示衷心感谢。

在本书编写过程中我们参考了大量书籍和文献，在此向各位作者表示谢意。

由于编写时间仓促以及作者水平所限，书中疏漏之处在所难免，恳请广大读者批评指正。

编　者

2007 年 4 月

目　　录

第一章　管理与企业管理

自从有人的存在，就开始有管理；自从有人类的活动，就开始有管理活动。管理是人类社会中必不可少的活动，是人类社会活动的基本保证。

第一节　管理概述

一、管理的含义

在人类的所有生产、生活活动中，都离不开管理，管理是随着人类的生存发展而产生的。但是把管理作为一门科学系统地加以研究，则是从18世纪末期才刚刚开始。

管理的概念，通俗的说法有"管理就是管理人"，"管理就是让别人按自己的意思去把事情办好"。从字面意思理解，管理一词中的"管"，就是管辖、主管，就是讲职务的隶属、权力的结构、责任的界限。管理一词中的"理"，就是治理、处理、调理。对于管理的定义问题，不同的学派有不同的解释。

（1）泰勒的定义：管理是一门怎样建立目标，然后用最好的方法经过他人的努力来达到的艺术。泰勒认为管理就是管理者使所有资源（人、财物、时间、信息等）各得其所，各尽其用，追求最大的效益。这个定义指出，管理分为管理主体和客体，并以效益为管理追逐的目标。

（2）法约尔的定义：管理是计划、组织、指挥、协调和控制。法约尔认为管理就是由他人的努力把事情办好。这个定义的重要意义在于指出管理是一个组织他人的活动。这就要求管理者要认识人、使用人、调动人和组织人。

（3）孔茨的定义：管理是设计和保持一种良好环境，使人在群体里面高效率地完成既定目标。孔茨认为，管理的核心在于协调，管理是认识、调节、处理好人与人、人与组织、部门与部门、局部目标与整体目标之间的关系。协调不是一般的职能，而是贯穿整个管理过程的。这个学说的逻辑起点，着眼于管理中的各种关系。

（4）西蒙的定义：管理是决策。西蒙认为管理者总是面临着两难境地或对多种方案进行决策，从目标的制定、方案的选择、人员的配备、组织的构建和资源的分配，都需要决策。决策需要权衡利弊，承担风险，决策是管理者与被管理者最大区别之所在。

（5）美国管理协会的定义：管理是通过他人的努力来达到目标。这个定义强调目标在整个管理中的重要作用。在一定意义上管理者和被管理者的目标总是有矛盾的，管理者关注的是整体和长远的目标，而被管理者所关注的是局部和眼前的目标，如何使二者的目标统一起来，就是管理者最重要的职责。

（6）世界大百科全书的定义：管理是对工商企业、政府机关、人民团体，以及其他各种组织一切活动的指导。它的目的是要使每一行为或决策有助于实现既定目标。

那么究竟什么是管理？首先，形成一种管理活动要有管理主体即管理行为的发出者，说明由谁来进行管理的问题；其次，要有管理客体即管理行为的承受者，说明管理的对象或管理什么的问题；再次，要有管理目的即管理目标，说明为何而进行管理的问题；最后，任何管理活动都不是孤立的活动，它必须要在一定的环境和条件下进行，因而要考虑管理是在什么组织环境或条件下进行的，说明管理的具体环境或者条件问题。我们把管理的主体、客体、目标和环境称作管理的四个要素，它们也是构成管理活动的基本条件。

另外，要进行具体管理活动，还必须要运用管理职能和管理方法，解决如何进行管理的问题。

根据上述管理要素在实际管理活动中的作用和地位以及它们之间的内在逻辑联系，从一般意义上来说，管理就是组织中的管理者通过计划、组织、指挥、协调和控制等手段和方法，合理地组织人力、物力、财力和信息等各种资源，达到既定目标的一种活动。

通过上述不同观点的分析和解释，可以得出以下结论：管理是在正式组织中，通过别人并同别人一起把工作完成的一种技能。它是在组织起来的一个团体中创造出一种环境的技能，在这种环境中，人们既能作为个体而进行工作，又能为了团体目标而互相协作。管理是能够消除实现目标障碍的一种技能，并能在有效地实现目标的过程中使效率最大化。

二、管理的特性

1. 复杂性

管理的复杂性是指管理所面对的环境及影响因素很复杂。企业组织是一个开放的系统，它与外部的大系统发生各种联系。这个大系统即政治、经济、技术、社会文化等环境及其变化，它也对管理活动产生影响。从企业本身来说，企业目标和管理行为要考虑企业的所有者、员工和顾客的利益。虽然这三方存在根本利益上的一致性，但也存在矛盾与冲突。综合考虑这些复杂的影响因素，做出合理的、有效的管理决策，是管理者面临的挑战。

2. 动态性

管理活动的动态性特征主要表现在这类活动需要在变动的环境与组织本身中进行，需要消除资源配置过程中的各种不确定性。因此管理不是停留在书面上的东西，它是现实实践中的操作。由于各个组织所处的客观环境与具体的工作环境不同，各个组织的目标与从事的行业不同，从而导致了每个组织中资源配置的不同性。这种不同性就是动态特性的一种派生，因此不存在一个标准成功的管理模式。

3. 科学性

管理的动态特性并不意味着管理这类活动没有科学规律可循。管理活动尽管是动态的，但还是可将其分成两大类：一是程序性活动；二是非程序性活动。所谓程序性活动就是指有章可循，照章运作便可取得预想效果的管理活动。所谓非程序性活动就是指无章可循，需要边运作边探讨的管理活动。这两类活动虽然不同但又是可以转化的，实际上现实的程序性活动就是以前非程序性活动转化而来的，这种转化的过程实际是人们对这类活动与管理对象规律性的科学总结，管理的科学性在这里得到了很好的体现。管理作为科学，是指人们发现、探索、总结和遵循客观规律，在逻辑的基础上，建立系统化的理论体系，并在管理实践中应用管理原理与原则，使管理成为在理论指导下的规范化的理性行为。如果不承认管理的科学性，不按规律办事，违反管理的原理与原则，随心所欲地进行管理，必然受到规律的惩罚，导致管理的失败。

4. 综合性

管理的综合性是指管理者需要运用各种知识和技能，这是由管理的复杂性所决定的。例如：管理者要具备经济学知识来预测市场环境以确定企业经营目标；需要具备科技知识了解产品及其发展前景；要具备心理学知识来理解人的行为，以便更好地激励员工；要具备哲学知识以确定管理理念等。

5. 艺术性

由于管理对象分别处于不同环境、不同行业、不同的产出要求、不同的资源供给条件等状况下，这就导致了对每一具体管理对象的管理没有一个唯一的完全有章可循的模式，特别是对那些非程序性的、全新的管理对象，则更是如此。从而事实上管理主体对这种管理技巧的运用与发挥，体现了管理主体设计和操作管理活动的艺术性。因而，管理虽然可以遵循一定的原理或规范办事，但它绝不是"按图索骥"的照章操作行为。管理理论作为普遍适用的原理、原则，必须结合实际应用才能奏效。管理者在实际工作中，面对千变万化的管理对象，因人、因事、因时、因地制宜，灵活多变地、创造性地运用管理技术与方法，解决实际问题，从而在实践与经验的基础上，创造了管理的艺术与技巧，这就是所谓管理是艺术的涵义。把管理只当成科学，排斥管理的艺术，完全按管理原理与原则去刻板地解决管理问题，也必然碰壁，不能取得成功。

6. 创造性

管理的艺术性特征实际上已经与管理的另一个特征相关，这就是创造性。管理是一种动态活动，既然对每一个具体的管理对象没有一种唯一的完全有章可循的模式能够参照，那么欲达到既定的组织目标与责任，就需要有一定的创造性。

7. 经济性

资源配置是需要成本的，因此管理具有经济性。管理的经济性首先反映在资源配置的机会成本之上，管理者选择一种资源配置方式是以放弃另一种资源配置方式的代价而取得的，这就是管理资源配置的机会成本；其次，管理的经济性反映在管理方式选择上的成本比较，因为在众多可帮助进行资源配置的方式中的成本是不同的，所以如何选择就存在经济性问题；再次，管理是对资源有效整合的过程，因此选择不同资源供给和配比，就有成本大小的问题，这就是经济性的另一种表现。

三、管理的研究对象

管理的对象也就是管理的客体，是管理过程中管理者所作用的对象。管理的对象应当是组织中所有的资源，主要包括人力资源、物力资源、财力资源和信息资源。

1. 人力资源

人是人造系统中最重要的要素。在一个社会组织中，人力资源是最为重要的资源。因为人是一种活的要素，具有创造性，具有很大的潜力。如果这种创造性得以发挥，潜力被挖掘出来，就能够产生极大的动力。另外，人是具有感情的，其工作效率、生产积极性的发挥也受到人的情感的影响。

2. 物力资源

物力资源是人们从事社会实践活动的物质基础。任何一个组织的生存与发展都离不开一定的物质基础。对组织的物力资源管理的要求是：遵循客观事物发展规律的要求，根据组织目标和组织的实际情况，对各种物力资源进行最优配置和最佳的利用，开源节流、物尽其用。

3. 财力资源

在市场经济中，财力资源既是各种经济资源的价值体现，又是具有一定独立性的特殊资源。虽然资金、资本等财力资源是在利用物质资源的基础上产生的，但是财力资源的分配和合理的使用反过来对物力资源、人力资源的合理运用会产生直接的影响。特别是在市场经济中，一个普遍的现象是资源价值形式的运动引导着物质或者说实物的运动。这种现象对管理的作用就是：对组织的财力资源的运用效率决定着组织的其他资源的运用效率。所以，任何一个组织都可以从财力资源运用的角度来考察其管理的水平、成效。对于工商企业来说就更是如此。管理财力资源，目标就是要实现财尽其用，通过聚财、用财来不断地生财。

4. 信息资源

对信息资源管理的主要任务就是根据实现组织目标管理的要求，建立完善、高效的信息网络，保证管理所需要的各种信息准确、完整、及时。在组织内建立起合适的信息共享网络，为平等、互动、交流的新型管理提供条件。

四、管理的职能

在现代管理理论中，有两种主要分析管理工作的方法：一种是集中在管理者行使的职能上，称为管理职能分析法；另一种是集中在管理者实际承担的角色上，称为管理角色分析法。

管理职能分析法是由法国管理学家及实业家法约尔最早提出来的。这种分析法认为所有管理工作都是一个过程。管理者为了实现预期目标都要从事一些相互关联的活动。这些相互关联的活动称为管理职能。

不同的作者对管理职能有不同的分类方法。20世纪初，法国的法约尔提出所有的管理者都履行五种管理职能：计划、组织、指挥、协调、控制。20世纪50年代，美国的哈罗德·孔茨和西里尔·奥唐奈采用计划、组织、人事、领导和控制五种职能作为管理学教科书的框架。此后20多年至今最普及的管理学教材仍按照管理职能来组织内容。本书管理职能部分分为计划、组织、领导、控制和决策五个职能。

1. 计划职能

计划职能是管理的首要职能。它是规定组织目标、制订政策、确定行动方案和做出日常计划的管理行为。通俗地说，就是预先决定干什么、如何干以及何时干、谁去干。在小规模企业的传统管理中，计划职能不突出，尤其是产品单一、目标单一的小企业，很少有整个组织的行动方案。而如今随着企业规模的扩大、目标的多样化、内外环境的动荡、竞争的激烈，计划职能的重要性将得到更充分的体现。

2. 组织职能

组织职能是设计组织结构的职责，它包括决定组织要完成的任务是什么、谁去完成这些任务、这些任务怎样分类组合、谁向谁报告、以及各种决策应该在哪一级上制定。

3. 领导职能

每个组织都是由人组成的，而任务是由人来完成的。管理的任务就是指导和协调组织中的人，这就是领导职能。当管理者激励下属、指导他们的活动、选择最有效的沟通渠道，解决成员之间的冲突时就是进行领导。

4. 控制职能

控制就是衡量和纠正下属人员的各种活动。当设定目标之后，就开始制订计划、向各级部门分派任务、雇用人员、进行培训和激励。为了保证按原计划进行，管理者必须监控组织的绩效，将实际表现与目标进行比较，一旦出现问题就把其纠正到原来正确的轨道上来。这种监控、比较和纠正的活动就是控制职能。

5. 决策职能

西蒙认为管理就是决策，决策是指组织或个人为达到一定的目的，从两个以上的备选方案中，依据一定的准则选择出一个方案，以解决问题或利用机会的过程。在从事具体的管理活动中，管理者总是处在不断做出选择的两难境地，这就要求管理者做出决策。

第二节 管 理 学

管理学是专门研究管理活动的基本规律和一般方法的科学。管理学不是研究具体领域或具体行业的特殊管理活动，而是研究各种社会组织中管理活动的一般过程和基本规律。它是一门实用性较强的科学。管理学所揭示的各种规律、原理与方法，不仅适用于工商企业的管理，而且也适用于社会组织的管理。

一、管理学的特点

管理学是一门系统地研究管理过程的普遍规律、基本原理和一般方法的学科。它具有以下四个特点。

1. 一般性

管理学有别于其他各种专门管理学，它是从各种不同的组织中概括、抽象、提炼出共同的东西，并形成系统的理论。

2. 综合性

管理学广泛运用经济学、社会学、心理学、政治学、数学、法学、哲学、统计学和计算机科学等自然科学、社会科学及其他现代科学技术成果，属于交叉科学和边缘科学。

3. 历史性

管理学是对前人的管理实践、管理思想和管理理论的总结、扬弃和发展。割断历史，抛开前人对管理经验的理论总结和管理历史，就难以很好地理解、把握和运用管理学。

4. 实践性

管理学是一门应用性学科，它的理论与方法要通过实践来检验其有效性。同时，有效的管理理论与方法只有通过实践才能带来实效，发挥其指导实际工作的作用，并在不断反复的实践中完善管理学的理论和方法。

二、管理学的研究对象和研究方法

1. 管理学的研究对象

（1）研究具有一般意义的管理概念、职能、原理和原则，从而揭示管理适用的一般原理、原则以及管理共有的职能。

（2）研究管理思想和管理理论的形成及历史沿革，通过比较分析来体现管理理论的实用价值。

（3）研究有关管理学科体系的产生、发展过程以及相应的关系。

（4）研究管理方法的适用性和先进性。从方法论的高度对现有的管理技术和管理方法进行比较分析，并将具有普遍适用的方法和技术进行归纳整理，形成适用于各具体领域管理的一般结构和模式，以提高方法的普及性。

管理学的研究对象是适用于各种组织的普遍管理原理和管理方法，包括公司、工厂、商店、银行、学校、医院、报社、电台、政府机关、社会团体、宗教组织和军队等各种管理工作中普遍适用的原理方法。管理者都是为了实现其所在组织的目标，通过计划、组织、领导、控制和决策等管理职能，进行任务、资源、职责、权力和利益的分配，协调人与人之间的相互关系。但是，由于不同组织存在着各自不同的管理活动和管理对象，因此管理学又可以分为企业管理、公共管理、图书情报档案管理和军事管理等多种专门性管理学科。

2. 管理学的研究方法

管理学的研究方法有三种，即归纳法、试验法和演绎法。

（1）归纳法是通过对客观存在的典型事物进行观察、分析，研究其特点和规律，从而推断出一般事物发展变化的规律。这种从典型到一般的研究方法也称"实证研究法"，它是演绎法的对称，是管理学中应用最为广泛的一种研究方法。

（2）试验法是人为地为某一试验创造一定条件，观察其实际试验结果，再与未给予这些条件的对比试验的结果进行比较，寻找外加条件与试验结果之间的因果关系，最终得出某种普遍适用的、具有一定规律性的结论。著名的霍桑试验就是采用试验法研究人际关系的成功案例。

（3）演绎法是从一般推广到特殊的推理方法，从某种概念或统计数据出发，找到事物的一般规律，并加以简化，建立起能反映某种逻辑关系的经济模型。

三、学习和研究管理学的重要性

1. 管理的重要性决定了学习、研究管理学的必要性

管理是有效地组织共同劳动所必需的。随着生产力和科学技术的发展，人们逐渐认识到管理的重要性。从历史上看，经过了两次转折，管理学才逐步形成并发展起来。第一次转折是泰勒科学管理理论的出现，意在加强生产现场管理，使人们开始认识到管理在生产活动中所发挥的作用。第二次转折是第二次世界大战后，人们看到不依照管理规律办事，就无法使企业兴旺发达，因此要重视管理人员的培养，这促进了管理学的发展。

2. 学习、研究管理学是培养管理人员的重要手段之一

判定管理是否有效的标准是管理者的管理成果，通过实践可验证管理是否有效。因此，实践是培养管理者的重要一环。而学习、研究管理学也是培养管理者的一个重要环节。只有掌握扎实的管理理论与方法，才能很好地指导实践，并可缩短或加速管理者的成长过程。目前我国的管理人才，尤其是优秀的管理人才相对缺乏。因此，学习和研究管理学培养高质量的管理者成为当务之急。

3. 学习、研究管理学是未来发展的需要

随着社会的发展，专业化分工会更加精细，社会化大生产会日益复杂，而日新月异的社会将需要更科学的管理。因此，管理在未来的社会中将处于更加重要的地位。

第三节　企　业　管　理

一、企业的概念、特征和分类

1. 企业的概念

企业是指从事生产、流通和服务等经济活动，为满足社会需要和获取盈利，实行独立经

济核算，进行自主经营、自负盈亏，具有法人资格的基本经济单位。

企业并不是人类社会存在以来就有的，它是社会生产力发展到一定水平时产生的，是商品经济的产物。

最早出现的是工业企业。工业企业的早期发展经历了三个阶段，即资本主义手工业作坊、手工业工场和工厂企业。手工业作坊是一种简单协作劳动的组织形式，是工厂企业的萌芽。手工业工场是以专业化分工为基础形成的，具有比手工业作坊规模更大的社会化大生产组织形式，它是企业的初期形态。马克思指出："以分工为基础的协作在工场手工业上取得了自己的典型形态。这种协作，作为资本主义生产过程的特殊形式，在真正的工场手工业时期占统治地位，这个时期大约从 16 世纪中叶到 18 世纪末。"18 世纪 60 年代开始的资本主义"产业革命"，产生了以机器为基本生产手段的工厂。1769 年水力纺织机发明并使用以后，世界上出现了第一个棉纺厂，随后资本主义手工业工场普遍向工厂这种生产组织形式过渡。这种工厂就是工业企业的近代形式。在大量工厂的涌现并与社会各个方面建立了广泛的联系后，企业也就从早期的工业领域迅速扩展到商业、建筑、金融、采掘、运输和邮电等各个领域。

2. 企业的一般特征

不同类型的企业都有反映它们各自特殊性的某些特征。但凡企业，也都具有反映其共性的一般特征。

（1）经济性。企业是经济组织，它在社会中所从事的是经济活动，以谋求利润为目的。企业是市场中的经营主体，它以自己生产的产品或提供的劳务，通过交换来满足社会需要，并从中获得利润。企业如果没有盈利，就不能发展，就会在市场竞争中失败。而且，如果没有盈利，就没有企业财产所有者和经营者的利益，他们也就没有搞好企业生产经营的积极性，企业就会消亡。企业的经济性是它区别于从事非经济活动的政府机关、政治组织、事业单位、群众组织和学术团体等非经济组织的最本质的特征。

（2）社会性。企业是一个社会组织。从商品生产角度看，企业所从事的生产经营活动是社会化大生产的一个组成部分，企业是社会经济系统中的一个子系统，它与其他子系统发生着广泛的经济联系；从企业与社会其他各部门、各单位的非经济关系看，它既依赖于社会的进步和国家的富强，也依赖于党和政府对社会的管理，它从属于一定的政治和社会体系，还要承担一定的社会责任。因此，它具有社会性。

（3）独立性。企业是独立自主从事生产经营活动的经济组织，在国家法律、政策允许的范围内，企业的生产经营活动不受其他主体的干预。法人企业的独立自主性在法律上表现为财产独立、核算独立和经营自主，并以自己独立的财产享有民事权利和承担民事责任。

（4）能动性。企业是一个能动的有机体。企业的能动性表现在对外部环境的适应能力、自我改造能力、自我约束能力和自我发展能力。从系统论的角度讲，企业是一个耗散结构系统，它通过不断地与外界进行能量、物质和信息的交换，调整自己的内部结构，以适应市场环境的变化，并发展和壮大自己。

（5）竞争性。企业是市场中的经营主体，同时也是竞争主体。竞争是市场经济的基本规律。企业要生存、要发展，就必须参与市场竞争，并在竞争中取胜。企业的竞争性表现在它所生产的产品和提供的服务要有竞争力，要在市场上接受用户的评判和挑选，要得到社会的承认。市场竞争的结果是优胜劣汰，企业通过自己有竞争力的产品或服务在市场经济中求生存，求发展。

3. 企业的类型

从不同的角度，按照不同的标准可将企业划分成不同的类型。

（1）按企业资产的所有制性质分类。这是我国过去常用的一种分类方法。按照企业资产的所有制性质可将企业分成如下几种类型。

1）国有企业。国有企业也称全民所有制企业，它的全部生产资料和劳动成果归全体劳动者所有，或归代表全体劳动者利益的国家所有。在计划经济体制下，我国的国有企业全部由国家直接经营，由国家直接经营的国有企业称国营企业。

2）集体所有制企业。集体所有制企业简称集体企业。在集体企业里，企业的全部生产资料和劳动成果归一定范围内的劳动者共同所有。

3）私营企业。这是指企业的全部资产属私人所有的企业。我国《私营企业暂行条例》规定："私营企业是指企业资产属于私人所有，雇工8人以上的营利性经济组织。"

4）混合所有制企业。这是指具有两种或两种以上所有制经济成分的企业，如中外合资经营企业、中外合作经营企业、国内具有多种经济成分的股份制企业等。中外合资经营企业是由外国企业、个人或其他经济组织与我国企业共同投资开办、共同管理、共担风险和共负盈亏的企业。它在法律上表现为股权式企业，即合资各方的各种投资或提供的合作条件必须以货币形式进行估价，按股本多少分配企业收益和承担责任。它必须是中国法人。中外合作经营企业是由外国企业、个人或其他经济组织与我国企业或其他经济组织共同投资或提供合作条件在中国境内共同举办，以合同形式规定双方权利和义务关系的企业。它可以具备中国法人资格，也可以不具备。合作各方依照合同的约定进行收益或产品的分配，承担风险和亏损，并可依合同规定收回投资。

（2）根据企业制度的形态构成分类。这是国际上对企业进行分类的一种常用方法。按此方法可将企业分成业主制企业、合伙制企业和公司制企业。

1）业主制企业。它是由一个人出资设立的企业，又称个人企业。出资者就是企业主，企业主对企业的财务、业务和人事等重大问题有决定性的控制权。他独享企业的利润，独自承担企业风险，对企业债务负无限责任。从法律上看，业主制企业不是法人，是一个自然人。

2）合伙企业。它是由两人或数人约定，共同出资设立的企业。合伙企业的合伙人之间是一种契约关系，不具备法人的基本条件，不是法人。但也有些在国家的法典中明确允许合伙企业采取法人的形式。根据合伙人在合伙企业中享有的权利和承担的责任不同，可将其分为普通合伙人和有限合伙人。普通合伙人拥有参与管理和控制合伙企业的全部权利，对企业债务负无限连带责任，其收益是不固定的。有限合伙人无参与企业管理和控制合伙企业的权利，对企业债务和民事侵权行为仅以出资额为限负有限责任，根据合伙契约中的规定分享企业收益。由普通合伙人组成的合伙企业为普通合伙企业，由普通合伙人与有限合伙人共同组成的企业为有限合伙企业。

3）公司制企业。公司是指依《公司法》设立，具有资本联合属性的企业。国际上有关公司的概念一般认为："公司是依法定程序设立，以营利为目的的社团法人。"因此，公司具有反映其特殊性的两个基本特征：公司具有法人资格和公司资本具有联合属性。这是公司区别于其他非公司企业的本质特征。根据我国《公司法》规定，我国将存在国有独资公司，这是一种特殊的公司形式。对公司企业可进一步按照其股东的责任范围进行分类。例如将公司分为：无限责任公司，是由两个以上的股东出资设立，股东对公司债务负无限连带责任的公司；有限责任公司，是由一定数量（我国公司法规定为 2~50 个）的股东出资设立，各股东仅以出资额为限对公司债务负清偿责任的公司。有限责任公司不能对外发行股票，股东只有一份表示股份份额的股权证书，股份的转让受严格限制；两合公司，是由一名以上的无限责任股东和一名以上的有限责任股东共同出资设立，无限责任股东对公司债务负无限连带责任，而有限责任股东仅以出资额为限承担有限责任的公司；股份有限公司，是由一定数量（我国公司法规定为 5 个）以上的股东出资设立，全部资本分为均等股份，股东以其所持股份为限对公司债务承担责任的公司。股份有限公司的财务是公开的，股份在法律和公司章程规定的范围内可以自由转让。

（3）按企业生产经营业务的性质分类。这种分类方法也是我国常用的企业分类方法，我国企业的上级主管部门也是按这一分类来设置管理机构的。按这种分类方法分成的主要企业类型有工业企业、农业企业、商业企业、物资企业、交通运输企业和金融企业等。

二、企业管理的概念、性质和任务

1. 企业管理的概念

企业管理是为保证企业生产经营活动的正常进行和实现企业的既定目标，对企业的生产、技术和经营等活动进行计划、组织、指挥、协调和控制。

2. 企业管理的性质

管理具有两重性，这是由生产过程本身的两重性决定的。由于生产过程是由生产力和生产关系组成的统一体，决定了管理也具有组织生产力与协调生产关系两重功能，从而使管理具有两重性，即自然属性和社会属性。管理的两重性决定了企业管理也具有两重性。

企业管理的两重性是指一方面企业管理是人类共同劳动的产物，具有同生产力和社会化大生产相联系的自然属性；另一方面企业管理同生产关系和社会制度相联系，具有社会属性。

（1）企业管理的自然属性。它也称管理的生产力属性或一般性。在管理过程中，为有效实现目标，要对人、财、物等资源合理配置，对产、供、销及其他职能活动进行协调，以实现生产力的科学组织。这种组织生产力的管理功能，是由生产力引起的，反映了人和自然的关系，故称为企业管理的自然属性。它只由生产力决定，而与生产关系和社会制度无关。在历史的发展过程中，不随社会形态的变化而变化，具有历史长期性。例如，一些资本主义企业所采用的现代化管理方法与技术，在社会主义企业管理中，只要适用，是完全可以应用的。

（2）企业管理的社会属性。它也称企业管理的生产关系属性或企业管理的特殊性。在管理的过程中，为维护生产资料所有者利益，需要调整人与人之间的利益分配，协调人与人之间的关系。这种调整生产关系的管理功能，反映的是生产关系与社会制度的性质，故称企业管理的社会属性。企业管理的社会属性是由与管理相联系的生产关系和社会制度的性质决定的。在历史发展的过程中，不同的社会形态下，管理的社会属性体现着统治阶级的意志，带有明显的政治性。故管理的社会属性又称生产关系属性或管理的特殊性。社会主义企业管理与资本主义企业管理的区别也主要反映在管理的社会属性上。资本主义企业管理是为了维护资本主义生产关系，是资本家榨取工人创造的剩余价值的一种手段；而社会主义企业管理则是在维护社会主义生产关系条件下，充分发挥职工的积极性、智慧和创造力，搞活经营，提高效益，实现社会主义生产目的。两者有本质区别。尽管如此，对于一些资本主义企业用来调节生产关系的技术与方法，只要具有科学实用性，在社会主义企业管理中也是可以应用的。

3. 企业管理的目标和任务

企业的目标是多方面的。不同类型的企业在不同的时期、不同的环境条件下都会有各种不同的具体目标，如生产任务目标、产品质量目标、社会服务目标、经营利润目标和企业发展目标等。但是，企业最根本的目标只有两个：一是企业自身的经济效益目标；二是社会效益目标。企业是一个经济组织，它的首要目标是实现利润最大化，即实现经济效益目标；企业又是一个社会组织，它要承担一定的社会责任，包括以产品或服务满足社会需求、为社会提供就业机会等，即实现社会效益目标。企业的其他各种具体目标，实际上都是这两个目标分解而成的分目标。企业管理的目的既然是要实现企业的目标，当然也就包括了根本目标和保证根本目标实现的各种分目标。

企业的经济效益目标与社会效益目标有时是互相矛盾的，协调这种矛盾，处理好企业与国家、社会和个人之间的关系，也是企业管理的内容和目的之一。

为了实现企业的目标，企业管理应该完成如下几项工作任务。

（1）合理地组织生产经营活动。生产经营活动是企业活动的中心，管理是为生产经营服务的。为保证生产经营活动的顺利进行，企业必须建立高效的组织机构，制定科学的管理制度，使上下级之间、各部门之间、各环节之间职责分明、责权一致、信息畅通、协调配合。

（2）有效地利用人力、物力、财力、信息等各种资源。人、财、物、信息是企业构成的基本要素，也是企业管理的基本对象，只有有效地利用这些资源，才能降低成本、节约费用、提高企业的经济效益。经济效益提高了，才能为社会提供价廉物美的产品和服务，才能更好地满足社会需求。

（3）促进技术进步，不断提高企业竞争实力。"科学技术是第一生产力"。企业管理应不断地促进企业技术进步，尽快地把科学技术发展的新成果转换成企业的直接生产力，开发新产品，发展新市场，不断提高企业的竞争实力。

（4）加强职工教育，开发人力资源。企业管理的核心是对人的管理。人的力量是无穷的，人力资源是企业财富的源泉。加强职工教育，不断地提高职工的科技知识和业务技术水平，不仅是开发企业人力资源的有效途径，而且是企业发展的根本战略。

（5）协调内外关系，增强企业的环境适应性。企业是社会经济系统的一个子系统，企业外部的政治、经济、社会和科学技术等环境因素都会对企业的生存和发展产生极大的影响。而且，企业是一个开放的动态系统，它与外部环境之间进行着广泛的物质、能量和信息的交换。在这些影响和交换中，必然会产生各种各样的矛盾，这就需要通过企业的管理活动进行内外关系的协调，并不断调整内部结构，使企业适应外部环境的变化。

第四节　企业管理的基本原理

企业管理的基本原理包括系统原理、效益原理、人本原理和责任原理。它们组成了一个有机体系，它不是各种概念和原则的简单堆砌，也不是各种论据和论点的机械组合，而是根据管理现象本身的有机联系，形成一个相互联系、相互转化的完整统一体。管理原理这一有机体系正是对管理工作的实质内容及其基本规律完整的科学分析和系统概括，是现实管理现象的一种抽象，是大量管理实践经验的升华，它指导一切管理行为，对于做好管理工作有着普遍的指导意义。企业管理的基本原理对于电力企业管理的实践同样具有重要的理论指导意义，电力企业是一个高度计划集中的复杂系统，发电企业、输电企业和供电企业存在着技术、资金和信息等方面的高度系统性，在电力企业管理中，正确利用系统原理、效益原理、人本原理和责任原理，有利于提高电力企业管理的整体水平。

一、系统原理

任何社会组织都是由人、物和信息组成的系统，任何管理都是对系统的管理。系统原理不仅为认识管理的本质和方法提供了新的视角，而且它所提供的观点和方法广泛渗透到人本原理、责任原理和效益原理之中，从某种程度上来说，在管理原理的有机体系中起着统帅作用。系统原理的主要内容如下。

1. 整体性原理

整体性原理是指系统要素之间相互关系及要素与系统之间的关系以整体为主进行协调，局部服从整体，使整体效果为最优。任何管理系统都有目的，它是为了达到一定的管理目的而组成的管理系统。不同的系统目的不一样，在整体目的和子系统目的之间，整体目的高于子系统目的，子系统的目的必须服从整体的目的，在传统方法中，就是局部服从整体，部分服从全局的观点，所以管理必须从整体功能出发去寻求最优。

2. 动态性原理

系统作为一个运动着的有机体，其稳定状态是相对的，运动状态则是绝对的。系统不仅作为一个功能实体而存在，而且作为一种运动而存在。系统内部的联系就是一种运动，系统与环境的相互作用也是一种运动。系统的功能是时间的函数，因为不论是系统要素的状态和功能，还是环境的状态或联系的状态都是在变化的。运动是系统的生命。掌握系统动态原理，研究系统的动态规律，可以使我们预见系统的发展趋势，树立超前观念，减少偏差，掌握主动，使系统向期望的目标顺利发展。

3. 开放性原理

任何有机系统都是耗散结构系统，系统只有不断地与外界交流物质、能量和信息，才能维持其生命。并且只有当系统从外部获得的能量大于系统内部消耗散失的能量时，系统才能克服熵而不断发展壮大。所以，对外开放是系统的生命。例如电力企业系统必须通过投入燃料和产出电能与外部社会进行交流，从而获取盈利，盈利则是企业生存发展的必要条件。在管理工作中，任何试图把本系统封闭起来与外界隔绝的做法，都只会导致失败。明智的管理者应当从开放性原理出发，充分估计到外部对本系统的种种影响，努力从开放中扩大本系统从外部吸入的物质、能量和信息。

4. 环境适应性原理

系统不是孤立存在的，它要与周围事物发生各种联系。这些与系统发生联系的周围事物的全体，就是系统的环境，环境也是一个更高级的大系统。如果系统与环境进行物质、能量和信息的交流，能够保持最佳适应状态，则说明这是一个有活力的理想系统，相反一个不能适应环境的系统则是无生命力的。系统对环境的适应并不都是被动的，也是能动的，那就是改善环境。环境可以施加作用和影响子系统，系统也可施加作用和影响环境。如构成社会系统的人类具有改造环境的能力，没有条件可以创造条件，没有良好的环境可以改善环境。这种能动地适应和改造环境的可能性，受到一定时期人类掌握科学技术（包括组织管理）知识和经济力量的限制。作为管理者既要有勇气看到能动地改变环境的可能，又要冷静地看到自己的局限，才能实事求是地做出科学的决策。

5. 综合性原理

所谓综合就是把系统的各部分、各方面和各种因素联系起来，考察其中的共同性和规律性。任何一个系统都可以看作是由许多要素为特定的目的而组成的综合体，如世界、社会、国家、企业、学校、医院以及大型工程项目几乎都是非常复杂的综合体。系统的综合性原理一方面是系统目标的多样性与综合性，另一方面是系统实施方案选择的多样性与综合性。

二、效益原理

效益是管理的永恒主题，任何组织的管理都是为了获得某种效益，效益的高低直接影响着组织的生存和发展。效益是管理的根本目的，管理就是对效益的不断追求，这种追求是有规律可循的。

在实际工作中，管理效益的直接形态是通过经济效益而得到表现的。这是因为由于管理系统是一个人造系统，它基本是通过管理主体的劳动所形成的按一定顺序排列的多方面、多层次的有机系统。尽管其中有繁杂众多的因素相交织，而每一种因素均通过管理主体的劳动而活化，并对整个管理活动发生着影响。综合评价管理效益，当然必须首先从管理主体的劳动效益及所创造的价值来考虑。

影响管理效益的因素很多，其中主体管理思想正确与否占有相当重要的地位。在现代化管理中，采用先进的科学方法和手段，建立合理的管理机构和规章制度无疑是必要的，但更重要的是一个管理系统高级主管者的经营战略认识，这是带有全局性的问题，管理效益总是与管理主体的战略认识联系在一起的。

（1）追求局部效益必须与追求全局效益协调一致。全局效益是一个比局部效益更为重要的问题。如果全局效益很差，局部效益提高就难以持久；局部效益也是全局效益的基础，没有局部效益的提高，全局效益的提高也是难以实现的。局部效益与全局效益是统一的，有时又是矛盾的，当局部效益与全局效益发生冲突时，管理必须把全局效益放在首位，做到局部服从全局。

（2）管理应追求长期稳定的高效益。企业每时每刻都处于激烈的竞争中，只有不断增强企业发展的后劲，积极进行企业的技术改造、技术开发、产品开发和人才开发，才能保证企业有长期稳定的较高经济效益，才能使企业持久地兴旺发达。

（3）确立管理活动的效益观。管理活动要以提高效益为核心，追求效益的不断提高，应该成为管理活动的中心和一切管理工作的出发点。要克服传统体制下"以生产为中心"的管理思想。因为这种管理思想必然导致片面追求产值、盲目增加产量的倾向，从而可能造成产品大量积压、效益普遍低下的状况。

（4）追求效益要学会自觉地运用客观规律。例如，必须学会运用价值规律，随时掌握市场情况，制定灵活的经营方针，灵敏地适应复杂多变的竞争环境，满足社会需求。只有这样才能够获得好的效益。

三、人本原理

从人性出发来分析、考察人类社会中任何有组织的活动，就会发现人类社会中有一种较为普遍的管理方式，这种管理方式以人性为中心，按人性的基本状况进行管理，这就是所谓的"人本管理"。

1. 人本管理的构成要素

人本管理是以人为核心，有企业人、环境、文化及价值观四项基本要素。

首先是企业人。在企业经营管理活动中，人是管理活动的主体，也是管理活动的客体。在管理的主体和客体之间有着人、财、物、信息等管理活动和管理联系，正是这些活动才使企业管理的主体与客体发生着紧密依存、相互联系的管理关系。管理关系是人的关系，首要的管理是对人的管理。

其次是环境。管理活动是在企业的物质环境与错综复杂的人际关系环境两者相复合的系统中进行，这些综合起来就叫做管理的环境。根据划分原则的不同，人本管理的环境则可以划分为自然环境与社会环境、直接环境与间接环境、静态环境与动态环境等多种类型。无论怎样划分管理环境，基本上都可以分为物质环境与人文环境两类。人对一定的工作环境会产生一定的心理状态，创造一个良好的工作环境是提高工作效率的必然前提。管理的环境还要注意公众关系作用，人是企业的主体，企业内部有形形色色的人，将这些不同类型的人组织在一起，就是公众关系，公众关系对团结和工作效率的影响很大。

再次是文化。现代企业文化主要由四个层次所构成：表层的物质文化是现代企业文化的第一个层次，由企业员工创造的产品和各种物质设施等所构成的器物文化；浅层的行为文化，是企业员工在生产经营、学习娱乐、人际交往中的活动文化，这种文化特征是企业精神、企业目标的动态反映；中层的制度文化，是企业文化的第三个层次，主要是指现代企业生产经营活动中形成的企业精神、企业价值观等意识形态相适应的企业制度、规章、组织机构等，这种文化被称为是一种强制性文化；深层的精神文化，是现代企业文化的核心层，主要是指企业在生产经营中形成的独具本企业特征的意识形态和文化观念，它往往是在企业多年经营中逐步形成的。企业文化具有导向功能、约束功能、凝聚功能、激励功能和辐射功能。导向功能是指企业文化能够对企业整体和企业每个成员的价值取向及行为取向起引导作用，使之符合企业所确定的目标；约束功能指企业文化对每个企业员工的思想、心理和行为具有约束和规范的作用，这不是硬约束而是一种软约束，它产生于企业中弥漫的企业文化氛围；凝聚功能是指当一种价值观被企业员工共同认可之后，它就会成为一种粘合剂，从各个方面把成员团结起来；激励功能是指企业文化具有使企业成员从内心产生一种高昂情绪和发奋进取精神的效应，使每个企业员工从内心深处自觉地产生为企业拼搏的献身精神；辐射功能是指企业文化一旦形成较为固定的模式，它不仅会在企业内部发挥作用，对本企业员工产生影响，而且还会通过各种渠道对社会产生影响。

最后是价值观。价值观是人类在社会活动中产生的关于客观现实的主观意念，具有稳定性和持久性。现代企业的价值观是企业在追求经营成功的过程中所推崇的基本信念及奉行的行为准则。在企业发展过程中，企业价值观经历了三个阶段的演变：最大利润价值观；经营利润合理价值观，即在合理利润条件下企业的长远发展和企业员工自身价值的实现；企业与社会互利的价值观，即在确定的利润水平上把员工、企业、社会的利益统筹考虑，也就是把社会责任看作企业价值体系中不可缺少的部分。

对价值观的理解可以从企业价值观的形成要素、价值观对人的影响和价值观的作用三方面着手。企业价值观形成的要素是时代特征、经济性、社会责任感。时代特征是指企业的价值观必然要受到它所存在的时代环境的影响并为之服务；经济性指作为一个经济组织，企业的基本功能和生存基础就是有效地利用资源，尽量生产出社会需要的合格产品，这就要求企业价值观中必须有一定的成本效益观念；社会责任感指作为社会的一个成员，企业必须对社会发展承担责任，要使自己的产品，保证绝大多数社会成员满意。价值观对于企业人的影响有着多种多样的具体表现，例如个人主义行为、乐于助人的合作行为、试图超越他人的竞争行为等。价值观的一致性、相容性，是企业人在管理活动中相互理解和协作的思想基础，也是企业人实施管理、领受管理、实现企业目标的前提和保障条件，因此应着眼于企业人的价值观倾向变化和行为方式的状态和变化的相关性，努力营造适合于本企业发展目标的价值观体系，使其充分发挥内化、整合、感召、凝聚、规范和激励等作用。

2. 人本管理的理论模式

人本管理应该始终坚持把企业人的全面发展和完善作为最高目标，为个人的发展和更好地完成其社会角色提供选择的自由。企业人的心理、动机、能力和行为都是可以塑造、影响和改变的，社会和企业的环境、文化及价值观的变化也同样可以影响企业人的心理和行为方式。作为管理主体和客体的人之间具有相关性，其目标是可协调的。

人本管理的理论模式是：主客体目标协调→激励→权变领导→管理即培训→塑造环境→文化整合→生活质量管理法→完成社会角色体系。

(1) 主客体目标协调。管理主客体目标协调，必然在确保各自利益不导致较大损害的前提下，使人本管理在实施管理和领受管理的双方之间达成共识，于是就开始了人本管理。

(2) 激励。激励即企业人为实施管理、领受管理、完成人本管理目标，而制定的激发企业人工作动机、提高努力程度并保障管理实效的各项措施。

(3) 权变领导。权变领导即企业管理者以影响管理的各种因素为依据，抓住以人为本的前提，采取有利于自己的领导。

(4) 管理即培训。人本管理的过程，也就是培训员工，教会他们完成企业人的职能和义务，传授他们作为社会角色进行活动的专长、技能。更重要的是，通过管理培训，使员工把完成自己担当的企业人和社会角色任务，看作是自己的理想和追求。

(5) 塑造环境。在企业和社会范围内塑造有助于人的主动性、积极性、创造性的充分发挥和人的自由全面发展的环境氛围，以建立企业人的劳动绩效与获得相称的生活资料、物质和精神奖励相联系的有效机制，使个人感觉到自己的劳动为企业和社会所承认。

(6) 文化整合。文化整合是指企业文化对企业人的心理、需要和个人行为方式的形成和发展起着引导、规范、激励等制约和影响作用。人本管理正是要利用文化整合功能，培育和塑造企业人的文化特质，使其都受到有利于个人发展和企业目标实现的积极的文化熏陶。

(7) 生活质量管理法。这就是企业在确定目标时，在承认企业需要利润的前提下，充分考虑企业员工的利益要求及保障社会利益，从而将企业利益与社会利益一致起来。

(8) 完成社会角色。这是指企业人在担任企业角色的同时也要完成其所扮演的社会角色。企业实施人本管理，从根本的意义上说是确立人在管理过程中的主导地位，以调动企业人的主动性、积极性和创造性，促进企业、社会和个人发展目标的实现。

3. 人本管理的基本内容

(1) 人的管理。从管理对象上可分为人、物和信息，于是企业管理就具有了社会属性和自然属性两种特质。企业的盈利性目的是通过对人的管理，进而支配物质资源的配置来达到的。

（2）激励。激励是指管理者针对下属的需要，采取外部诱因进行刺激，并使之内化为按照管理要求自觉行动的过程。激励是一个领导行为的过程，它主要是激发人的动机，使人产生一种内在动力，朝着所期望的目标前进的活动过程。人的需要分为精神需要和物质需要，外部诱因也应有物质诱因和精神诱因，激励应该根据不同的诱因刺激人们相应的需要。激励的目的是激发起人们按照管理要求、按目标要求行事。

（3）建立和谐的人际关系。人们在一定的社会生产和生活中，就必然要同其他人结成一定的关系，不同的人际关系会引起不同的情感体验。人际关系会影响到组织的凝聚力、工作效率、人的身心健康和个体行为。实行人本管理，就是为了建立没有矛盾和冲突的人际和谐，达成企业成员之间的目标一致性，以实现企业成员之间的目标相容性，以形成目标期望的相容从而建立和维持和谐关系。

（4）积极开发人力资源。人力资源开发是组织和个人发展的过程，重点是提高人的能力，核心是开发人的潜能。人力资源开发是一个系统工程，它贯穿人力资源发展过程的始终。企业从事生产经营活动，需要具备两个基本的条件：一是占有资金；二是拥有掌握专业技能、从事管理和操作的人员。两者之间人的因素更为重要。人力资源的核心问题是开发人的智力，提高劳动者的素质，所以说制定和实施人才战略是企业实现发展战略的客观要求。

（5）培育和发挥团队精神。能否培育团队精神，把企业建成一个战斗力很强的集体，受许多因素的影响，需要有系统配套的措施。明确合理的经营目标、增强领导者自身的影响力、建立系统科学的管理制度、良好的沟通和协调、强化激励，形成利益共同体和引导全体员工参与管理是培育和发挥团队精神必要的措施。

四、责任原理

管理是追求效益的过程。在这个过程中，要挖掘人的潜能，就必须在合理分工的基础上明确规定这些部门和个人必须完成的工作任务和必须承担的与此相应的责任。

1. 明确每个人的职责

挖掘人的潜能的最好办法是明确每个人的职责。

分工是生产力发展的必然要求，在合理分工的基础上确定每个人的职位，明确规定各职位应担负的任务，这就是职责。所以职责是整体赋予个体的任务，也是维护整体正常秩序的一种约束力。它是以行政性规定来体现的客观规律的要求，决不是随心所欲的产物。

职责不是抽象的概念，而是在数量、质量、时间和效益等方面有严格规定的行为规范。表达职责的形式主要有各种规程、条例、范围、目标和计划等。

一般说来，分工明确，职责也会明确。但是实际上两者的对应关系并不这样简单。这是因为分工一般只是对工作范围作了形式上的划分，至于工作的数量、质量、完成时间和效益等要求，分工本身还不能完全体现出来。所以必须在分工的基础上，通过适当方式把每个人的职责，做出明确规定。首先职责界限要清楚。在实际工作中，工作职位离实体成果越近，职责越容易明确，工作职位离实体成果越远，职责越容易模糊，应按照与实体成果联系的密切程度，划分出直接责任与间接责任，实时责任和事后责任。例如，在生产第一线的应负直接责任和实时责任，而在后方部门和管理部门的主要负间接责任和事后责任。其次职责内容要具体，并做出明文规定。这样便于执行与检查、考核。再次职责中要包括横向联系的内容，在规定某个岗位工作职责的同时，必须规定同其他单位、个人协同配合的要求，这样能提高组织整体的功效。最终职责要落实到人,这样能做到事事有人负责。没有分工的共同负责实际上是职责不清、无人负责,其结果必然导致管理上的混乱。

2. 职位设计和权限委授要合理

管理的基本原则是一定的人对所管的一定的工作完全负责,基本上取决于三个因素。

(1) 权限。明确了职责,就要授予相应的权力,实行任何管理都要借助于一定的权力,管理总离不开人、财、物的使用。如果没有一定的人权、物权、财权,任何人都不可能对任何工作实行真正的管理。职责和权限虽然很难从数量上划等号,但有责无权、责大权小,许多事情都得请示上级,由上级决策、上级批准,当上级过多地对下级份内的工作发指示、作批示的时候,实际上等于宣告此事下级不必完全负责。明智的上级必须克制自己的权力欲,要把下级完成职责所必需的权限全部委授给下级,由他去独立决策,自己只在必要时给予适当的帮助和支持,这样才能使下级具备履行职务责任的条件。

(2) 利益。权限的合理委授是完全负责所需的必要条件之一,完全负责就意味着责任者要承担全部风险。而任何管理者在承担风险时,都自觉不自觉地要对风险与收益进行权衡,然后才决定是否值得去承担这种风险。这种收益不仅仅是物质方面,也包括精神上的满足感。

(3) 能力。这是完全负责的关键因素。管理既是一门科学也是一门艺术,管理者既要有生产、技术、经济、社会、管理和心理等各方面的科学知识,又需要处理人际关系的组织才能,还要有一定的实践经验。科学知识、组织才能和实践经验这三者构成了管理能力。每个人的时间和精力是有限的,管理能力也是有限的,并且每个人的能力并不相同,因此每个人所能承担的职责也是不一样的。

职责、权限、利益和能力之间存在着一种等边三角形的关系。职责、权限、利益是等边三角形的三条边。能力是等边三角形的高,根据具体情况,它可以略小于职责。管理者的能力与其所承担的职责相比,总是感到能力不够。这种压力能促使管理者自觉地学习新知识,注意发挥智囊的作用,使用权限也会慎重些,获得利益时还会产生更大的动力,努力把自己的工作做得更好。但是能力也不可过小,以免形成"挑不起"职责的后果。

3. 奖惩要分明、公正而及时

对每个人的工作表现及其绩效给予公正而及时的奖惩,有助于提高人的积极性,挖掘每个人的潜力,不断提高管理成效。这样能使每个人知道自己干得怎样,干好干坏对自己和组织有什么后果,及时引导每个人的行为向组织需要的方向变化。

对每个人进行公正的奖惩,要求以准确的考核为前提。若考核不细致或不准确,奖惩就难以做到恰如其分,因此首先要明确工作绩效的考核标准。

有成绩有贡献的人员,要及时予以肯定和奖励,使他们的积极行为维持下去。奖励有物质奖励和精神奖励,二者都是必需的。如果长期埋没人们的工作成果,就会挫伤人们的积极性,这时的奖赏就失去了其本身的作用和意义。对年轻人要多给予鼓励和肯定,年轻人往往是一个部门的工作骨干和最活跃的因素,富有激情和创造力,及时合理地给予他们认可和奖励,有助于组织加速向预定目标前进。

及时而公正的惩罚也是必不可缺的。惩罚是利用令人不喜欢的东西或取消某些为人所喜爱的东西,改变人们的工作行为。惩罚可能引致挫折感,从而可能在一定程度上影响人的工作热情,但可以通过惩罚少数人来教育多数人。而且可以通过惩罚及时制止这些人的不良行为，以免给企业造成更大损失。

　　严格奖惩，使每个人都积极而有效地工作，就要建立健全组织的奖惩制度。使奖惩工作尽可能地规范化、制度化，是实现奖惩公正而及时的可靠保证。

思 考 题

1. 试简述不同学派对管理含义的解释，并谈谈你认为什么是管理？
2. 管理学的研究对象是什么，为什么要学习管理学？
3. 试简述管理的主要职能。
4. 试简述企业的概念和一般特征。
5. 试简述企业管理的目标和任务。
6. 试简述人本管理的主要内容。

第二章 企业管理的产生和发展

企业管理的产生和发展与管理的产生和发展一样，受到生产力发展的制约。不同的生产力水平决定了不同的企业管理水平和企业管理方式和方法。但科学的管理理论是在资本主义工厂制度出现以后产生的，随着资本主义工业生产的发展，资本主义企业管理经历了传统管理、科学管理和现代管理三个阶段。

第一节 传统管理阶段

18世纪60年代开始的工业革命使西方世界不仅在工业技术上而且在社会关系上出现了巨大的变化，也加速了资本主义生产的发展。小手工业受到大机器生产的排挤，社会的基本生产组织形式迅速从以家庭为单位转向以工厂为单位。在新的社会生产组织条件下，效率和效益问题、协作劳动之间的组织和配合问题、在机器生产条件下人和机、机和机之间的协调运转问题，使传统的军队式、教会式的管理方式和手段遇到了前所未有的挑战。许多新的管理问题需要人们去回答、去解决。在这种情况下，随着资本主义制度的建立和发展，许多对管理理论的建立和发展具有重大影响的管理实践和思想应运而生。

传统管理阶段的时间是18世纪后期到20世纪初期，属于资本主义自由竞争阶段。这时虽然出现了工厂，但还处于工厂发展的早期阶段，管理工作一开始并不受重视。以后由于使用机器，使得劳动分工协作显得越来越重要，因此管理工作也显得重要了，其内容是传授管理者的经验，这一阶段虽然出现了理查·阿克莱特、亚当·斯密、小瓦特和博尔顿、欧文、巴贝奇等科学管理思想的先驱，但还没有形成系统的、科学的管理理论。

1. 理查·阿克莱特的科学管理实践

阿克莱特是工业革命时期的企业家。他于1769年和1771年建立了两个英国最早使用机械的工厂，规模都很大。由于把棉织业持续生产的各种活动集中于一个工厂，工厂中各种相互联系的活动如何协调和控制的问题显得异常突出。理查·阿克莱特从建厂的厂址计划，到生产、机器、材料、人员和资本的协调以及工厂纪律、劳动分工等方面都做了合理的安排，显示了他的组织、协调和计划的才能。

2. 亚当·斯密的劳动分工观点和经济人观点

亚当·斯密（Adam Smith）是英国古典政治经济学家，他对管理问题也有诸多的见解。亚当·斯密对管理理论发展的一个贡献是他的劳动分工观点。他认为劳动分工是增进劳动生产力的重要因素。亚当·斯密的劳动分工观点适应了当时社会对迅速扩大劳动分工以促进工业革命发展的要求，成为资本主义管理的一条基本原理。亚当·斯密的另一个贡献是他的经济人观点。他认为，经济现象是由具有利己主义的人们的活动产生的。人们在经济行为中，追求的完全是私人利益。亚当·斯密的经济人观点是资本主义生产关系的反映，它对于资本主义管理的实践和理论，都有重要的影响。

3. 小瓦特和博尔顿的科学管理制度

小瓦特和博尔顿分别是蒸汽机发明者瓦特（Watt）和马修·博尔顿（Matthew Boulton）的儿子。1800 年，他们接管了一家铸造工厂后，小瓦特就特别关注该厂的组织和管理，博尔顿则特别关注营销活动。他们采取了不少有效的管理方法，建立起许多管理制度，例如：在生产管理和销售方面，根据生产流程的要求，配置机器设备，编制生产计划，制定生产作业标准，实行零部件生产标准化，研究市场动态，进行预测；在会计的成本管理方面，建立起详细的记录及先进的监督制度；在人事管理方面，制定工人和管理人员的培训和发展规划；实行工作研究，并按工作研究结果确定工资的支付办法；实行由职工选举委员会来管理医疗福利等制度。

4. 欧文的人事管理

罗伯特·欧文是 19 世纪初英国著名的空想社会主义者，他曾在其经营的一家大纺织厂中做过试验。试验主要是针对当时工厂制度下工人劳动条件和生活水平都相当低的情况而进行的，主要包括改善工作条件、缩短工作日、提高工资、改善生活条件、发放抚恤金等。试验的目的是探索对工人和工厂所有者双方都有利的方法和制度，试验的结果如欧文所愿。欧文开创了在企业中重视人的地位和作用的先河，有人因此称他为"人事管理之父"。

5. 巴贝奇的作业研究和报酬制度

查尔斯·巴贝奇（Charles Babbage）是英国著名的数学家和机械工程师。他对管理的贡献主要有以下两方面：对工作方法的研究，认为一个体质较弱的人如果所使用的铲在形状、重量、大小等方面都比较适宜，那么他一定能胜过体质较强的人，所以要提高工作效率，必须仔细研究工作方法；对报酬制度的研究，主张按照对生产率贡献的大小来确定工人的报酬。工人的收入应由三部分组成，包括按照工作性质所确定的固定工资、按照对生产率所做出的贡献分得的利润和为增进生产率提出建议而应得的奖金。

传统管理阶段的特点是：企业的所有者和经营者没有完全分开；管理方式是专制型的、家长式的，完全凭管理者的意愿；管理的依据是个人的经验和感觉，没有统一的原理和方法，靠的是主观判断；工人和管理人员的培养靠师徒方式，没有统一的标准。

第二节　科 学 管 理 阶 段

科学管理时代的时间是 20 世纪初到 20 世纪 50 年代，资本主义发展到了垄断阶段，这一阶段科学管理代替了传统的经验管理，资本主义企业管理进入了一个新阶段。自工业革命建立了工厂制度以后，人们对科学管理的探索就一直没有停止过。管理实践的这种不断积累，使人们对管理的认识在 19 世纪末 20 世纪初，由感性认识上升到理性认识。在管理理论的形成过程中，很多人做出了开创性贡献。其中最具有影响力的有 4 个，他们是泰罗及其提出的科学管理，他是从如何改进组织作业人员生产率的角度看待管理；法约尔与一般管理，这一理论关注的焦点是如何使整个组织的管理有效；韦伯及其理论行政管理体系，这一体系就是分析何种类型的组织结构形式更为有效；梅奥及他的人际关系理论，这一理论强调人力资源或管理"人"的方面。

一、泰罗的科学管理

创立科学管理理论的代表人物是美国的弗雷德里克·泰罗（Frederick Taylor，1856—

1915 年）。泰罗出生在美国宾夕法尼亚州一个十分富裕的律师家庭。1878 年在费城米德维尔钢铁厂当了一名普通工人，由于他的勤奋和努力工作，在以后 6 年的时间中，从一名工人升为职员、机工、机工班长、车间工长、总技师和总工程师，并在这期间获取了机械工程学位。泰罗特殊的个人经历使他非常了解当时美国工厂生产效率低下的根本原因，他认为单凭经验进行管理的方法是不科学的，必须加以改变，实施科学的管理能大大提高工厂的生产效率，从根本上解决困扰经济发展的问题。于是，他利用自己取得的学位，开始了管理方面的革新活动。

泰罗在米德维尔时就看到美国当时劳资矛盾的现状：一方面资本家迫切希望提高劳动生产率；另一方面工人怠工不愿干、磨洋工。泰罗认为生产率不高的原因关键在于工资制度。日工资制和时工资制是按是否上班及地位高低，而不是以做出的努力大小来决定的，即多劳不会多得，实际上等于怂恿工人偷懒。计件工资制名义上目的是为了鼓励个人的创造性和主动性，但实际执行结果证明它是失败的，因为计件工资的标准往往很乱。当工人拿到的钱多了，老板就降低工资标准。工人们为了保护自身利益，便不让管理部门知道他们使用的简便、省力的方法和改进措施，而宁愿少生产不干活，从而影响了生产率的提高。泰罗认为解决问题的关键在于要为每一项任务制订出完善而又公正的日标准，并用科学的方法来确定工人们用他们现有的设备和原料所应能完成的任务。这就是科学管理思想的出现，后来他在《科学管理原理》中全面地阐述了科学管理理论，泰罗的科学管理理论主要包括工作定额、实行差别计件工资制、标准化原理、选择第一流的工人、计划职能与执行职能相分离、推行例外管理原则、实行职能组织制七个方面。

（1）工作定额。要制定出有科学依据的工人"合理的日工作量"，就必须进行时间和动作研究。泰罗把效率高的工人召集起来，手拿秒表计时，通过大量的观察，把各项工作分解，将其中科学的工序抽取出来，使各道工序标准化，并要求每一个工人都按标准干活，这就是作业方法的标准化。可见，泰罗的方法是把工人的操作分解为基本动作，再对尽可能多的工人测定完成这些基本动作所需的时间，同时选择最适用的工具、机器，确定最适当的操作程序，消除错误的和不必要的动作，得出最有效的操作方法作为标准。然后，累计完成这些基本动作的时间，加上必要的休息时间和其他延误时间，就可以得到完成这些操作的标准时间。据此制订了一个工人"合理的日工作量"，这就是所谓的工作定额原理。

（2）实行差别计件工资制。根据作业标准和时间定额，规定不同的工资率（计件单价），对工人的工资付出实行差别对待。对完成和超额完成工作定额的工人，以较高的工资率计件支付工资；对完不成定额的工人，则按较低的工资率支付工资，并给工人一个通知书予以警告。奖励先进，惩罚落后。为了鼓励工人努力工作，完成定额，泰罗提出了这一原则。这种计件工资制度包含三方面内容：①通过工时研究和分析，制定出一个有科学依据的定额或标准。②采用一种叫做"差别计件制"的刺激性付酬制度，即计件工资率按完成定额的程度而浮动。③工资支付的对象是工人而不是职位，即根据工人的实际工作表现而不是根据工作类别来支付工资。泰罗认为这样做不仅能克服消极怠工的现象，而且更重要的是能调动工人的积极性，从而促使工人大大提高了劳动生产率。

（3）标准化原理。使工人掌握标准化的操作方法，使用标准化的工具、机器和材料，并使作业环境标准化，这就是所谓的标准化原理。

（4）选择第一流的工人。为了提高劳动生产率，必须为工作挑选第一流的工人。第一流的工人是指他的能力最适合做这种工作而且他愿意去做。要根据人的能力把他们分配到相应的工作岗位上，并进行培训，教会他们科学的工作方法，使他们成为第一流的工人，鼓励他们努力工作。

（5）计划职能与执行职能相分离。由管理部门按科学规律统一拟订工作标准和制定工作计划，从而达到用科学的工作方法来替代以往工人凭自己经验来工作的目的。

（6）推行例外管理原则。在规模较大的组织中，高层管理者的职权应该集中于处理例外事件，自己只保留对例外事件（突发的、以前未碰到过的事件）的决断权，而将处理日常事务的权力授予中下层管理者。例内事件按规章制度办，例外事件由领导研究决定，这是管理的一项重要原则，仍具有现实意义。

（7）实行职能组织制。将管理工作进行细分，并据此设立职能管理者。

泰罗在管理方面的主要著作有《计件工资制》（1895 年）、《车间管理》（1903 年）、《科学管理原理》（其中包括在国会听证会上的证词，1912 年）。泰罗通过这一系列的著作，总结了几十年试验研究的成果，归纳了自己长期管理实践的经验，概括出一些管理原理和方法，经过系统化整理，形成了"科学管理"的理论。泰罗在管理理论方面做了许多重要的开拓性工作，为现代管理理论奠定了基础，被后人尊称为"科学管理之父"。

与泰罗同时代的人，如吉尔布雷斯夫妇和甘特等，也为科学管理做出了贡献。美国工程师弗兰克·吉尔布雷斯及其夫人（心理学博士莉莲·吉尔布雷斯）在动作研究和工作简化方面做出了突出贡献。起初，弗兰克·吉尔布雷斯在建筑行业中研究采用哪种姿势砌砖省力、舒适、有效率，并通过试验得出一套标准的砌砖方法，这套方法使砌砖的效率提高 200% 以上。后来，吉尔布雷斯夫妇在其他行业中进行动作研究，并把工人劳动时手臂的活动分解为 17 种基本动作，他们把这些基本动作称为 "therbligs"（吉尔布雷斯的英文字母倒写并把 "t" 和 "h" 两个字母互换一下）。他们的研究步骤是：首先通过拍摄相片来记录工人的操作动作；其次分析哪些动作是合理的、应该保留的，哪些工作是多余的、可以省掉的，哪些动作需要加快速度，哪些动作应该改变次序；最后制定标准的操作程序。与泰罗相比，吉尔布雷斯夫妇的动作研究更加细致、广泛。他们的研究成果反映在 1911 年出版的《动作研究》中。

美国管理学家、机械工程师甘特是泰罗在米德维尔钢铁公司和伯利恒钢铁公司的亲密合作者。他的最重要贡献是创造了"甘特图"，这是一种用线条表示的计划图表，这种图表现在常被用来编制进度计划（有关内容在电力工程项目管理中具体论述）。甘特的另一贡献是提出了"计件奖励工资制"，即除了支付日工资外，超额完成定额部分以计件方式发给奖金；完不成定额的，只支付日工资。这种制度比泰罗的"差别计件工资制"要好，可使工人感到收入有保证，劳动积极性得以提高，这说明工资收入有保证也是一种工作动力。甘特的代表作是《工业的领导》（1916 年）和《工作组织》（1919 年）。

二、法约尔的一般管理

法国著名的管理学专家亨利·法约尔（Henri Fayol，1841—1925）是管理理论框架与基础的设计者和奠基者。法约尔出生在一个资产阶级家庭，从小就受到了良好的教育，并被培养为一名采矿工程师。由于他卓越的管理才能，25 岁就担任了科芒特里煤矿的管理人员。1888 年，在法约尔所在的公司濒于破产之际，他被任命为公司的总经理。法约尔和泰罗不同，泰罗是从一名普通工人并通过自己的努力发迹的，而法约尔一开始就当上了副经理，并一直参与企业最高层的管理活动；泰罗在比较年轻时就去世了，而且引起了人们很多的议论和争论，而法约尔直到 75 岁时才发表他的主要著作《一般管理与工业管理》。

　　法约尔指出，任何企业都存在着 6 种基本的活动，而管理只是其中之一。他认为经营是一个大概念，是对企业全局性的管理，而管理只是经营的一个职能。在此基础上他提出了经营的六项职能活动：技术活动（指生产、制造、加工等活动）；商业活动（指购买、销售、交换等活动）；财务活动（指资金的筹措和运用）；安全活动（指设备维护和职工安全等活动）；会计活动（指货物盘存、成本统计、核算等）；管理活动（其中又包括计划、组织、指挥、协调和控制五项职能活动）。这六种职能并不是相互割裂的，而是相互联系、相互配合的，共同组成一个有机系统来完成企业生存与发展的目的。在这六种基本活动中，管理活动处于核心地位，即企业本身需要管理，同样其他五项属于企业的活动也需要管理，如图 2-1 所示。

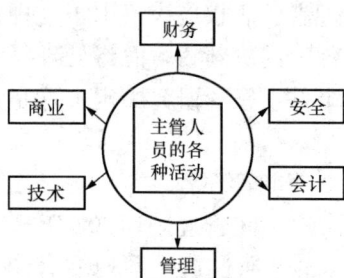

图 2-1　在工业企业中的各种活动

　　这里法约尔提到的管理概念实际上是行政管理的概念，主要是针对高级管理人员，它包括以下职能：计划（预测）——研究未来和安排工作计划，计划是企业发展的方向和脉络；组织——建立企业的物质和人事组织机构，把人员和物资都组织起来；指挥——要工作人员去做工作；协调——把所有活动统一和联系起来；控制——设法使一切工作都按已经规定的章程和已经下达的指示去做。

　　对于如何履行这些管理职能，法约尔提出了所谓行政管理的 14 条原则。

　　（1）劳动分工：类似亚当·斯密的劳动分工原则，其核心在于专业化可以提高生产率，从而增加产出。

　　（2）权力与责任：管理者有发布命令并使人服从的权力，而此权力的前提是管理者遵从权责对等的管理思想。

　　（3）纪律：纪律实质上就是和企业同其下属人员之间的协定相一致的服从、勤勉、积极、举止及尊敬的表示。

　　（4）统一指挥：一个员工在任何活动中只应接受一个上级的命令，任何情况下，都不会有适应双重指挥的社会组织。

　　（5）统一领导：这项原则认为对于力求达到同一目的的全部活动，只能有一个领导人和一项计划，这是统一行动、协调力量和一致努力的必要条件。

　　（6）个人利益服从整体利益：个人和小集体的利益不能超越组织的利益。

　　（7）个人报酬：报酬与支付的方式要公平。

　　（8）集权与分权：提高下属重要性的做法是分权，降低这种重要性的做法是集权。要根据企业的性质、条件、环境和人员的素质来恰当地决定集权和分权的程度，当企业的实际情况发生变化时，要适时改变集权和分权的程度。

　　（9）等级链与跳板：等级链是指"从最高的权威者到最低管理人员的等级系列"，它表明权力等级的顺序和信息传递的途径。为了保证命令的统一，不能轻易违背等级链，请示要逐级进行，指令也要逐级下达。有时这样做会延误信息，鉴于此，法约尔设计了一种"跳板"，便于同级之间的横向沟通，但在横向沟通前要征求各自上级的意见，并且事后要立即向各自上级汇报，从而维护了统一指挥的原则。

（10）秩序：秩序即人和物必须各尽其能。管理人员首先要了解每一工作岗位的性质和内容，使每个工作岗位都有称职的职工，每个职工都有适合的岗位，还要精心地安排物资设备的合适位置。

（11）平等：即以亲切、友好、公正的态度严格执行规章制度，雇员们受到平等的对待后，以忠诚和献身的精神去完成他们的任务。

（12）人员的稳定：员工的高度流动会造成效率损失，因此，管理者应该提供合理的人事计划以保证工作的完成。

（13）首创精神：在尽力完成工作目标的前提下，鼓励员工的首创精神。

（14）集体精神：鼓励团队精神，以实现组织内部成员之间的协调和合作。

法约尔关于管理过程和管理组织理论的开创性研究，其中特别是关于管理职能的划分以及管理原则的描述，对后来的管理理论研究具有非常深远的影响，后人称他为"管理过程之父"。

三、韦伯的理想行政组织

马克思·韦伯（Max Weber，1964—1920）是德国著名的社会学家，他对管理理论的主要贡献是提出了"理想的行政组织体系"理论。这集中反映在他的《社会组织与经济组织》一书中。

韦伯认为等级、权威和行政制是一切社会组织的基础。对于权威，他认为有三种类型，包括个人崇拜式权威、传统式权威和理性合法的权威。其中，个人崇拜式权威的基础是"对个人的明确而特殊的尊严、英雄主义或典范的品格的信仰"，传统式权威的基础是先例和惯例，理性合法的权威的基础是"法律"或"升上掌权地位的那些人发布命令的权利"。韦伯认为，在这三种权威中，只有理性合法的权威才是理想组织形式的基础。韦伯所用的"理性"不是指合乎需要，而是指组织的"纯粹形式"以区别于现实中的组织形式，往往是各种形式的混合。

韦伯的"理性的行政组织体系"或理想组织形式具有以下一些特点。

（1）分工。把组织内的工作分解，按职业专业化对成员进行分工，明文规定每个成员的责任和权利。

（2）按等级的原则对各种工职或职位进行法定安排，形成一个自上而下的指挥链或等级体系，每个下级都处在一个上级的控制和监督下，每个管理者不仅要对自己的决定和行动负责，而且要对下级的决定和行动负责。

（3）根据经过正式考试或教育培训而获得的技术资格来选拔员工，并完全根据职务的要求任用。

（4）除个别需要通过选举产生的工职以外，所有担任工职的人都是任命的。

（5）行政管理人员是"专职的"管理人员，领取固定的"薪金"，有明文规定的升迁制度。

（6）行政管理人员不是他所管辖的那个企业的所有者，只是其中的工作人员。

（7）行政管理人员必须严格遵守组织规定的规则、纪律和办事程序。

（8）组织中成员之间的关系以理性准则为指导，不受个人情感的影响。组织与外界的关系也如此。

韦伯认为这种高度结构化的、正式的、非人格化的理性行政组织体系是强制控制的合理手段，是达到目标、提高效率的最有效形式。这种组织形式在精确性、稳定性、纪律性和可靠性等方面都优于其他形式，能适用于各种行政管理工作及当时日益增多的大型组织。韦伯的这一理论，对泰罗、法约尔的理论是一种补充，对后来的管理学家、特别是组织理论家产生很大影响。

四、梅奥及人际关系学说

乔治·埃尔顿·梅奥（George Elton Mayo，1880—1949）原籍澳大利亚，后移居美国。作为一位心理学家和管理学家，他领导了 1924～1932 年在芝加哥西方电气公司霍桑工厂进行的试验，即著名的霍桑试验，该试验分为工作场所照明试验、继电器装配室试验、大规模访谈、接线板接线工作室试验四个阶段。

（1）工作场所照明试验阶段（1924—1927）。研究人员选择一批工人，并把他们分成两组：一组是试验组，变换工作场所的照明强度，从而工人在不同照明强度下工作；另一组是控制组，工人在照明强度保持不变的条件下工作。研究人员希望通过试验得出照明强度对生产率的影响，但试验结果却发现，照明强度的变化对生产率几乎没有什么影响。该试验以失败告终，但从中可以得出两个结论：工作场所的照明只是影响工人生产率的微不足道的因素；由于牵涉因素较多，难以控制，且其中任何一个因素都足以影响试验的结果，因此照明对产量的影响无法准确衡量。

（2）继电器装配室试验阶段（1927—1928）。研究人员选择了五名女装配工和一名画线工在单独的一间工作室内工作（一名观察员被指派加入这个工作小组，以记录室内发生的一切，以便对影响工作效果的因素进行控制）。在试验中分期改善工作条件，如改进材料供应方式、增加工间休息、供应午餐与茶点、缩短工作时间、实行集体计件工资制等。这些女工们在工作时间可以自由交谈，观察员对她们的态度也很和蔼，这些条件的变化使产量上升。但一年半后，取消了工间休息和供应的午餐与茶点，恢复每周工作六天，产量仍维持在高水平上。经过研究，发现其他因素对产量无多大影响，而监督和指导方式的改善能促使工人改变工作态度、增加产量，于是决定进一步研究工人的工作态度和可能影响工人工作态度的其他因素。这成为霍桑试验的一个转折点。

（3）大规模访谈阶段（1928—1931）。研究人员在上述试验的基础上进一步在全公司范围内进行访问和调查，结果发现影响生产力的最重要因素是工作中发展起来的人群关系，而不是待遇和工作环境。每个工人工作效率的高低，不仅取决于他们自身的情况，还与其所在小组中的同事有关，任何一个人的工作效率都要受他同事们的影响。

（4）接线板接线工作室试验阶段（1931—1932）。该室有 9 名接线工、3 名焊接工和 2 名检查员。在这一阶段有许多重要发现：大部分成员都自行限制产量，公司规定的工作定额为每天焊接 7312 个接点，但工人们只完成 6000～6600 个接点，原因是害怕公司再提高工作定额，因此造成一部分人失业，要保护工作速度较慢的同事；工人对不同级别的上级持不同态度，把小组长看成小组的成员，对于组长以上的上级，级别越高，越受工人的尊敬，工人对他的顾忌心理也越强；成员中存在小派系，工作室存在派系，每个派系都有自己的一套行为规范，要加入这个派系，就必须遵守这些规范，派系中的成员如果违反这些规范，就要受到惩罚。

梅奥对其领导的霍桑试验进行了总结，写成了《工业文明中人的问题》一书，该书于

1933 年出版。梅奥阐述了与古典管理理论不同的观点——人际关系学说，该学说主要有以下内容。

（1）工人是社会人。科学管理学派认为金钱是刺激人们工作积极性的唯一动力，把人看成经济人。梅奥认为工人是社会人，除了物质方面的条件外他们还有社会、心理方面的需求，因此不能忽视社会和心理因素对工作积极性的影响。

（2）企业中存在着非正式组织。企业成员在共同工作的过程中，相互之间必然会产生共同的感情、态度和倾向，形成共同的行为准则和惯例并要求个人服从，这样就构成了一个体系即"非正式组织"。非正式组织以它独特的感情、规范和倾向左右着成员的行为。古典管理理论仅注重正式组织的作用是很不够的，非正式组织不仅存在而且与正式组织相互依存，对生产率有重大影响。

（3）生产率的提高主要取决于工人的工作态度以及他和周围人的关系。梅奥认为提高生产率的主要途径是提高工人的满足度即工人对社会因素，特别是人际关系的满足程度。如果满足度高，则工作的积极性、主动性和协作精神就高，从而生产率就高。

梅奥的人际关系学说是组织行为理论的开端，后来发展成为管理学的一个重要的分支，即行为科学学派。

五、巴纳德与协作社会系统理论

巴纳德长期担任美国新泽西州贝尔电话公司总经理职务，他对管理理论的贡献主要体现在 1938 年出版的《经理人员的职能》一书中。巴纳德认为，组织是两人或更多人经过有意识地协调而形成的活动或力量系统。他认为在组织中，经理人员是最为重要的因素。经理人员的职能主要有：制定并维持一个信息系统；使组织中每个人都能做出贡献；阐明并确定本组织的目标。巴纳德把组织分为正式组织和非正式组织。对正式组织来说，不论级别高低和规模大小，其存在和发展都必须具备三个条件，即明确的目标、协作的意愿、良好的沟通。在正式组织中还存在着一种因为工作上的联系而形成的有一定的看法、习惯和准则的无形的组织，即非正式组织。它的活动对正式组织有双重作用，既有不利影响，也可能对组织的效率有利。巴纳德的这一理论为后来被称为"社会系统学派"的理论奠定了基础。

总之，科学管理阶段的特点是冲破了传统观念的束缚，使企业管理成为科学。其对于提高效率，降低成本起到了重要作用，但是科学管理的研究重点是生产管理，主要是对企业车间内部的管理，很少涉及到市场的经营管理，这是它的不足。科学管理阶段的特点主要有：运用科学的方法解决企业内部的生产管理问题，以提高组织的效率为目的，提倡管理职能的分工与专业化，经济人的观点等。

第三节 现代管理阶段

现代管理阶段的时间是 20 世纪 50 年代以后。第二次世界大战以后，西方发达国家的政治、经济出现了新情况，主要表现在以下几个方面。

（1）科学技术和工业生产迅速发展。科学技术的发展使得生产力空前发展，同时大量军工企业转为民用企业，工业生产迅速发展，企业规模空前扩大，使产品和技术的更新大大加快。

（2）生产社会化程度越来越高，市场竞争越来越激烈。由"时势造英雄"的买方市场进入了"英雄造时势"的卖方市场，由物资匮乏的计划供应时代到了物资丰富、竞争激烈的市场经济时代。

（3）出现了前所未有的复杂产品和大型工程项目，要求更大规模、更高水平的分工协作及更高水平的组织管理和协调，提出了许多新问题。

（4）一方面由于阶级矛盾加深，掀起了工人运动的高潮，另一方面由于生产社会化、现代化程度的提高，工人文化素质也在提高，使得资本家对工人的看法有了改变。工人要求直接参与管理，出现了民主管理。

除管理工作者和管理学家外，其他领域的一些专家如社会学家、经济学家、生物学家、数学家等都纷纷加入了研究管理的队伍，他们从不同的角度用不同的方法来进行研究。这一切为管理理论的发展创造了极其有利的条件，出现了研究管理理论的各种学派，呈现了"百家争鸣、百花齐放"的繁荣景象。

一、管理科学学派

管理科学学派实质上是泰罗科学管理的继续和发展，这一学派的主要理论包括系统管理、权变理论、经验主义、决策理论学派、管理过程学派、数理学派、社会系统学派等七个方面。

1. 系统管理学派

系统管理学派的代表人物是卡斯特（F. E. Kast）等人。系统管理理论侧重于用系统的观念来考察组织结构及管理的基本职能，它来源于一般系统理论和控制论。系统管理理论认为，组织是由人们建立起来的、相互联系并且共同工作着的要素所构成的系统。这些要素被称为子系统。例如根据子系统的作用可以把企业这个系统划分为传感子系统、信息处理子系统、决策子系统、加工子系统、控制子系统、记忆或存储子系统等。系统的运行效果是由各个子系统相互作用的效果决定的。它通过和周围环境的交互作用，并通过内部和外部的信息反馈，不断进行自我调节，以适应自身发展的需要。该学派认为，组织这个系统中的任何子系统的变化都会影响其他子系统的变化。为了更好地把握组织的运行过程，就要研究这些子系统和它们之间的相互关系以及它们怎样构成了一个完整的系统。

2. 权变理论学派

权变理论学派的代表人物是英国的伍德沃德（Joan. Woodward）等人，该学派的主要论点和特点有：认为组织成员的行为和环境的复杂性与不断变化决定了没有任何一种理论和方法适用于所有情况，因此管理的方式方法要随着情况的不同而改变；依据大量的调查研究，把组织的情况进行分类，建立模式，据此选择适当的管理方法，建立模式时考虑情境因素或者权变因素（组织规模、工艺技术的模糊性和复杂性、管理者位置的高低、管理者的位置权力、下级个人之间的差别、环境的不确定程度）；采取 IF \ THEN 的思维方式，即首先要分析清楚具体的情境模式，情境模式确定了，相应的管理方法也就确定了。

3. 经验主义学派

经验主义学派又称为经历主义，它的代表人物是美国的欧内斯特·戴尔等人。该学派认为，古典管理理论和行为科学理论都不能充分适应企业发展的实际需要。有关企业管理的科学应该从企业管理的实际出发，以大企业的管理经验为主要研究对象，以便在一定的情况下，把这些经验传授给企业管理实际工作者和研究工作者，提出实际的建议。经验主义学派一般都主张用比较方法对企业管理进行研究，而不从一般原则出发。

4. 决策理论学派

决策理论学派的代表人物是美国卡内基-梅隆大学教授赫伯特·西蒙（H. A. Simon），该学派认为管理的关键在于决策，管理必须采用一套制定决策的科学方法。决策理论的主要论点有：

（1）决策是一个复杂的过程。决策不是一瞬间就能完成的一种活动，它至少应该分成四个阶段，即提出制定决策的理由、尽可能找出所有可能的行动方案、在诸行动方案中进行抉择，选出最满意的方案及最后对方案进行评价。

（2）程序化决策和非程序化决策。西蒙根据决策的性质把决策分为程序化决策和非程序化决策。程序化决策是指反复出现和例行的决策，非程序化决策是指那种从未出现过的，或者其确切的性质和结构还不很清楚或相当复杂的决策。

（3）满意的行为准则。西蒙认为，由于组织处于不断变动的外界环境影响之下，搜集到决策所需要的全部资料是困难的，而要列举出所有可能的行动方案就更加困难，况且人的知识和能力也是有限的，所以在制定决策时，很难求得最佳方案。在实践中，即使能求出最佳方案，但出于经济方面的考虑，人们也往往不去追求它，而是根据令人满意的准则进行决策。

（4）组织设计的任务就是建立一种制定决策的人机系统。计算机的广泛应用对管理工作和组织结构产生了重大影响，由于组织本身就是一个由决策者个人组成的系统，现代组织又引入自动化技术，就变成了一个由人与计算机所共同组成的结合体。组织设计的任务就是要建立这种制定决策的人机系统。

5. 管理过程学派

管理过程学派是在法约尔一般管理理论的基础上发展起来的。该学派的代表人物有美国的哈罗德·孔茨和西里尔·奥唐奈。管理过程学派强调对管理的过程和职能进行研究，其基本研究方法是：首先把管理人员的工作划分为管理职能，其次对管理职能逐项进行研究，从丰富多彩的管理实践中总结管理的基本规律，以便详细分析这些管理职能。他们认为，从实践中概括出的管理规律对认识和改进管理工作能发挥说明和启示作用。

6. 数理学派

数理学派的代表人物是美国的伯法（E. S. Buffa）等人。该学派的主要论点：力求减少决策的个人艺术成分，重视定量分析在管理过程中的应用，依靠建立一套决策程序和数学模型以增加决策的科学性；各种可行的方案均是以经济效果作为评价的依据，例如成本、总收入和投资利润率等；组织、决策的人均是理性人，即不仅有明确的目标，还用理性的方法追求最优的目标实现过程；广泛地使用计算机。

7. 社会系统学派

社会系统学派的代表人物是美国的巴纳德。他的主要观点集中表现在所著的《经理的职能》一书中，该书出版于 1938 年，但其中阐述的思想却是"现代"的。其主要贡献是从系统理论出发，运用社会学的观点对正式组织与非正式组织、团体及个人做出了全面分析。巴纳德的基本观点可以概括为以下几点。

（1）阐述了社会的各种组织都是一个协作系统。他认为，组织的产生是人协作意愿的结果，许多个人办不到的事情，通过协作可以办到。人们在选择是否加入某个组织时，都以个人的目的、愿望、动机为依据，主要考虑加入组织后所承担的义务和所得到的报酬是否平衡；而他们是否继续留在组织中，也取决于他们对组织是否满意及满意的程度。

（2）分析了正式组织存在有三个基本要素，即成员的协作意愿、组织的共同目标和组织内的信息沟通。巴纳德认为，离开了协作意愿，组织成员没有自我克制，也不会交付出个人行为的控制权；没有组织的共同目标，或组织目标未能和组织成员的动机相结合，组织也就失去了前进的动力。促使上述两个要素发挥作用的则是信息沟通。

（3）提出了权威接受理论。传统观念认为，权威是建立在等级系列或组织地位基础上的。巴纳德则是从下到上解释权威，认为权威的存在，必须以下级的接受为前提，下级对权威的接受是有条件的。

（4）对经理的职能进行了新的概括。巴纳德认为，经理应主要作为一个信息交流系统的联系中心，应致力于实现协作。因此，经理的主要职责是：建立和维持一个信息交流系统，得到必要的个人努力，规定组织目标等。

二、行为科学学派

行为科学学派主要是运用心理学、社会学、生理学、伦理学、经济学和管理学等学科的理论和方法，对企业职工在生产经营活动中的行为以及这些活动产生的原因进行分析研究的一门综合学科。这一学派的主要理论包括霍桑试验、需要层次理论、双因素理论和 X-Y 理论。

1. 霍桑试验

霍桑是美国西方电气公司的一个分厂。1924 年美国科学院组成一个科研小组到西方电气公司霍桑分厂进行试验。主要内容是研究工作环境和社会因素与生产效率的关系。开始工作后，他们采取了许多办法，改变工人的工作环境（增加照明、播放音乐等），观察工人的工作效率。试验结果发现不管工作条件改变不改变，对工作效率的影响并不明显。1927 年美国哈佛大学的梅奥教授接管了科研小组，并继续做试验。他将自愿来做试验的女工分成两组，结果也得出了同样的结论，但在试验中却发现，产量的变化有一定的规律性。于是，梅奥教授在此基础上建立了人群关系学说。

传统管理把人假设为一种经济人，认为金钱是刺激生产的唯一动力。霍桑试验推翻了这一观点，认为人是一种社会人，除了物质需求因素以外，还受社会因素、心理因素等的影响。

传统管理认为效率简单地受工作条件的束缚。霍桑试验认为效率的提高在于人士气的提高，这种士气取决于个人、家庭及社会生活欲望的满足以及人与人之间的关系如何。

传统管理只重视了正式组织问题，即只考虑领导能力、组织机构等。而霍桑试验表明在生产劳动过程中除了正式组织以外，还存在一个非正式组织。它在工人中有一种特殊的感情，特殊的行为规范。行为有一种特殊的倾向性，在职工尤其是工人中影响力很大，人与人之间的关系更多地受这种特殊感情的支配。因为，一般地，正式组织的行为受理智的逻辑支配，而非正式组织的行为受非理智的感情的支配。

人群关系学说是行为科学的早期思想，只强调要重视人的行为，进一步的研究则在以后。1949 年在芝加哥的研讨会上，科学家们正式提出了行为科学的名词，从那时起行为科学学派代替了人群关系学派。

2. 需要层次理论

20 世纪 50 年代美国的马斯洛提出了著名的五层次需要理论，认为人的需要是多种多样的，同时人的需要又是多层次的、多类型的。他把人的需要分为以下 5 个层次。

（1）生理需要。由于生理原因产生的某些需要，是人类最基本的需要。这一需要得不到满足，就谈不上其他需要。这一需要，人和动物是相同的，人们为了能够继续生存，首先必须满足基本的生活需要，如衣、食、住、行等。马斯洛认为，生理需要在所有的需要中是最优先的。

（2）安全需要。生活方面有了保障后，就要求保证人的身体安全；要求职业生活有保障，不受外界的侵害；不仅要求自己现在的社会生活的各个方面均能有所保证，还希望未来生活能有保障。安全需要大致包括对安全、稳定、依赖的需要，希望免受恐吓、焦躁和混乱的折磨，对体制、秩序、法律和保护者实力的需要等。

（3）社交需要。社交需要是指人们对于友谊、爱情和归属的需要。马斯洛认为，人是一种社会动物，人们的生活和工作都不是独立地进行的。因此，人们总希望在一种被接受或属于的情况下工作，也就是说，人们希望在社会生活中受到别人的注意、接纳、关心、友爱、同情，在感情上有所归属，属于某一个社会群体。人都需要友谊、爱情、家庭，需要归属于某个组织并得到承认，希望人生能够潇洒走一回。

（4）尊重的需要。它包括自尊和受人尊重。人们都有取得成就、受人尊敬的需要。

（5）自我实现的需要。自我实现的需要就是为实现个人某种理想和抱负而贡献一切，追求学术成就、追求某一真理的实现。这是最高层次的需要，产生的力量也是巨大的。马斯洛认为这些需要有以下特点：五种需要是与生俱来的，是下意识的、内在的，哪一种需要不能满足都会产生激励；人的需要都是从低层次需要向高层次需要发展；对不同的人在不同的时候总有一个需要支配人的行动。从优势需要到优势动机，再产生行为。

3. 双因素理论

20 世纪 50 年代心理学家赫兹伯格经过大量的调查和研究，在《工作与激励》书中提出了双因素理论。

赫兹伯格认为人的需要可以划分为保健因素和激励因素两种因素。保健因素（维持因素）是指维持一个合理而满意的工作所必不可少的因素。没有这种因素或达不到这种因素的条件，人们就不满意，就不努力工作，但这种因素即使超过一定限度，也并不构成激励，就像医疗保健药品，少了它不行，多了也没用，只能防止疾病，不能医治疾病。如企业政策以及合理的管理制度，工作中必要的监督，和上级、同级、下级关系的搞好，必要的工资，安全的工作环境条件等，保健因素大都属于物质方面的因素。激励因素是指对职工起到强烈激励的因素。如工作上的成就感，受领导重视和群众赞扬，得到荣誉，得到提升以及工作本身的挑战性和个人的发展前途等，激励因素多为精神方面的因素。

需要层次理论与双因素理论的比较如图 2-2 所示。

赫兹伯格认为传统的"满意的对立面是不满意的"观点

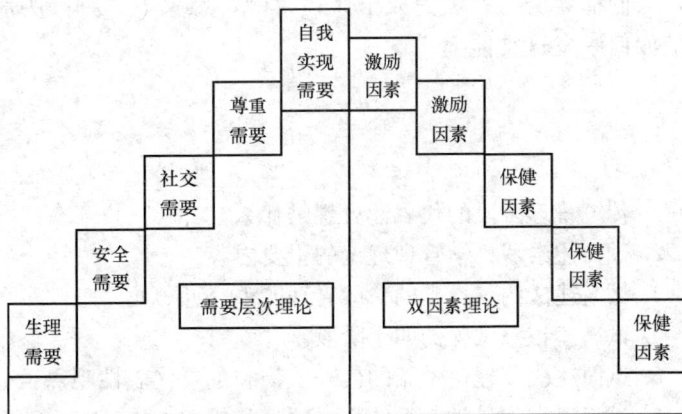

图 2-2　需要层次理论与双因素理论比较图

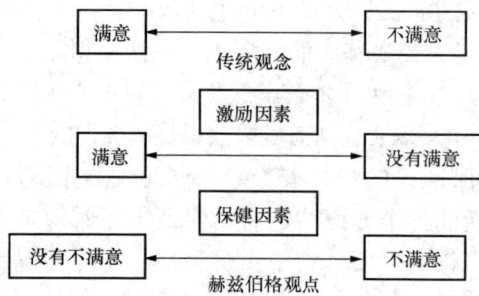

图 2-3　传统观点和赫兹伯格观点

是不正确的，满意的对立面应该是没有满意，不满意的对立面应该是没有不满意，如图 2-3 所示。

双因素理论在企业管理中的运用有：第一，工作的丰富化，即工作内容的丰富化、多样化。积极地培养职工的工作兴趣和情趣。第二，工作的扩大化。要求职工同时承担几项工作。第三，弹性工时。职工在保证完成任务的前提下，除一部分规定工作时间外，其他时间自行安排。

4. X-Y 理论

麻省理工学院的麦克雷戈（Megregor）首创了人性论，标志是 1960 年出版的《企业的人性》，首次提出了 X-Y 理论（具体参见本书第六章），以此来解释人的行为。他认为古典的传统管理理论来源于军队和教会（军人以服从为天职），这种管理理论对人的看法是不正确的，如果一个领导人运用这种管理理论做工作，必然会忽视人的因素、人的作用，把人作为消极因素，因而不能充分发挥人的潜力，他把这种传统管理理论对人的看法称为 X 理论，主要有以下内容和特点：第一，人类天性厌恶工作，人们想方设法尽可能逃避工作，人之初，性本恶，因此，任何领导工作都要"管"字当头，作为一切管理措施的出发点；第二，对大多数人来说必须用强制甚至惩罚的手段，才能使他们完成目标，认为人不能自觉地完成目标；第三，一般地说，人缺乏上进心，不愿负责任，宁愿接受领导，而不愿主动地去承担工作；第四，大多数人的行为动机都是生理和安全的需要。由此必然主张用监督、控制、强化组织的手段，强调命令，强调服从。

麦克雷戈认为 X 理论不符合现实的许多情况，如果仍然以它作为指导思想，必然遭到工人的反对，因此，他又提出了与 X 理论完全相反的 Y 理论。Y 理论主要有以下内容和特点：第一，人并非天生厌恶工作，人之初，性本善，而非人之初，性本恶，人对工作的喜恶取决于工作对他是满足还是惩罚；第二，外来的控制和惩罚并不是实现目标的唯一手段，人们在工作中会产生一种自我指挥、自我调节和自我控制的能力，主动地去完成目标；第三，生理和安全的需要以及不愿负责任不是人的本性，在适当的条件下，通过对人们进行某种激励，人们都会努力地去完成工作；第四，想象力、判断力和创造力普遍存在于群众之中，关键是如何激发这种能力。

思 考 题

1. 传统管理阶段的代表性思想是什么？
2. 试简述泰罗科学管理理论的主要内容。
3. 试简述法约尔提出的一般管理的 14 条原则。
4. 试简述霍桑试验的四个阶段。
5. 试简述决策理论学派的代表人物和主要代表性观点。
6. 试简述行为科学学派的主要理论和代表人物。

第三章　企业文化与现代企业制度

　　企业文化是企业在长期的生产经营活动中培育形成的全体员工共同享有的一系列规范和价值观，它是一种管理文化、经济文化和微观组织文化。企业文化对企业员工的行为、企业决策行为和管理方式有着很大的影响，进而影响着企业长期的经营业绩。随着现代文明的发展，企业文化作为经营管理的一种哲学，是管理的新思想、新观念。

第一节　企业文化的含义、特点和功能

一、企业文化的含义

　　文化一词来源于古拉丁文 cultura，本意是"耕作"、"培养"、"教习"和"开化"。中国最早将"文"和"化"两个字联系起来的是《易经》，"观乎天文，以察时变；观乎人文，以化成天下。"意思是指圣人在考察人类社会的文明时，用诗书礼乐来教化天下，以构造修身齐家治国平天下的理论体系和制度，使社会变得文明而有秩序。

　　每个企业都有自己特定的环境条件和历史传统，从而也就形成自己独特的哲学信仰、意识形态、价值取向和行为方式，每个成熟的企业都具有自己特定的企业文化。美国学者约翰·科特认为，企业文化是指一个企业中各个部门，至少是企业高层管理者们所共同拥有的那些企业价值观念和经营实践；是指企业的各个职能部门或地处不同地理环境的部门所拥有的共同的文化现象。简单地说，企业文化是指一个企业在历史发展过程中及在长期的生产经营活动中所形成，在企业占据主导地位并为广大职工所认可的企业价值观。

　　管理学界对企业文化的研究开始于 20 世纪 80 年代，中国著名企业家——海尔集团总裁张瑞敏先生更是把海尔的成功归结为观念和思维方式的成功，他指出"企业发展的灵魂是企业文化"。企业文化是推动企业创新发展的原动力，在现代企业管理中具有十分重要的地位。失败的企业各有各的不同，但成功的企业有一个共同的特征，就是成功的企业文化建设。

　　社会主义的企业文化是指企业在社会主义市场经济的实践中，逐步形成的为全体员工所认同、遵守，带有本企业特色的价值观念，是经营准则、经营作风、企业精神、道德规范和发展目标的总和。企业文化具体包括以下一些主要因素：价值观、行为准则、企业经营管理哲学、经营理念和企业精神等，其核心内容是企业为生产经营管理而形成的观念总和，是一种以人为中心的企业管理理论，它强调管理中的软要素，其核心涵义是企业价值观。

　　要正确认识企业文化，首先要用哲学的方法，从企业文化的现实出发，进行深入的调查研究，把握企业文化各种现象之间的本质联系。依据实践经验，从感性认识到理性认识，进行科学的概括、总结。其次，要通过实践把所认知的企业文化的本质及一般的特征去伪存真，从而确定企业文化的本质。第三，要认识到企业文化不是由单一的因素构成的，找出企业文化最基本的决定性因素及其与诸因素的关系。第四，要看到企业文化这个概念不是一成不变的，它是一个动态过程，在发展中形成，并在社会历史发展中丰富和变化。

二、企业文化的特点

1. 企业文化是在一定环境中由企业生存发展的需要形成的

存在决定意识，企业的核心价值观就是在企业图生存、求发展的环境中逐步形成的。企业作为社会的有机体，要生存、要发展，但是客观条件又存在某些制约和困难，为了适应和改变客观环境，就必然产生相应的价值观和行为模式。同时，也只有反映企业生存、发展需要的文化，才能被大多数员工所接受，才有强大的生命力。

2. 企业文化发端于少数人的倡导与示范

文化不是客观环境的消极反映，而是人们意识的能动产物。在客观上出现对某种文化的需要往往交织在各种相互矛盾的利益之中，羁绊于根深蒂固的传统习俗之内，因而一开始总是只有少数人首先觉悟，他们提出反映客观需要的文化主张，倡导改变旧的观念及行为方式，成为企业文化的先驱者。正是由于少数领袖人物和先进分子的示范，启发和带动了企业的其他人，形成了企业新的文化模式。

3. 企业文化坚持宣传、不断实践和规范管理

企业文化实质上是一个以新的思想观念及行为方式战胜旧的思想观念及行为方式的过程，因此，新的思想观念必须经过广泛宣传，反复灌输才能逐步被员工所接受。例如日本经过几十年的宣传灌输，形成了企业员工乃至全民族的危机意识和拼命竞争的精神。

企业文化一般都要经历一个逐步完善、定型和深化的过程。一种新的思想观念需要不断实践，在长期实践中，通过吸收集体的智慧，不断补充、修正，逐步趋向明确和完善。文化的自然演进是相当缓慢的，因此，企业文化一般都是规范管理的结果。企业领导者一旦确认新文化的合理性和必要性，在宣传教育的同时，应制定相应的行为规范和管理制度，在实践中不断强化，努力转变员工的思想观念及行为模式，建立起新的企业文化。

4. 企业文化具有异质性

企业文化的形成过程说明企业文化具有异质性，不同企业由于其面临的经营环境、所处行业、发展历史等因素的差异，其企业文化必然不同。贝纳利把文化作为对付模仿的最有效和最坚固的壁垒，他指出了其中两个原因：首先，文化有利于产生企业间的差别。其次，文化中包含的模棱两可的因素使其很难理解，更不用说复制。其他组织很难理解和复制自己的文化，也许是企业对其战略优势的最佳保护，这远远胜于任何保证制度或法律手段。企业文化的形成过程同时决定了企业文化的难于模仿性，所以一种企业文化决不可能适用于所有的企业。企业文化同企业资源这种硬件不同，是企业的软件部分，外部往往只能是看到企业的表象，不能理解企业文化真正的内涵，更不要说模仿了。

三、企业文化的功能

企业文化的功能就是企业这一系统整体以"人"为中心、以"人本"文化为导向进行生产、经营和管理的功能。这种功能具体表现在以下七个方面。

1. 导向功能

导向功能是指企业文化对企业领导和员工的导向作用。企业文化包括企业价值观，这本身就使企业文化具有价值导向的功能。美国和日本等国的优秀企业都具有卓越的价值观。例如：向顾客提供一流的产品和服务；强调充分发挥人的主动性、创造性，重视员工间的相互沟通和协作；提倡冒险，允许失败，以开创发展机会，增长才干。

2. 凝聚功能

这是把企业员工紧紧地联系在一起，同心协力，为了实现共同的目标和理想而奋勇拼搏、开拓进取的一种观念、行为和文化氛围。企业的价值观是企业在长期生产经营和管理实践中生成和发育起来的，它是广大员工所认同的一种团体意识。因此，企业共同的价值观是企业群体观念与行为凝聚化、一体化的基础。每一个员工都有理想，有了明确的理想，才会有前进的方向和奋斗的目标，才会有坚强的意志和奋发向上的精神。而个人理想的实现必须经过自己的努力拼搏，同时也要受到集体理想实现的制约。企业的共同理想就成为企业员工的精神支柱，使他们为实现共同理想而聚合在一起。

3. 激励功能

企业文化的核心内容是关心人、尊重人和信任人，强调感情因素在企业管理中的重要作用。因而能最大限度地激发企业员工的积极性和创新精神，使其为实现企业目标而努力奋斗。这种激励作用主要体现在：

（1）信任激励。只有让员工感到上级领导对他们的信任，员工才会尽最大可能发挥聪明才智和积极性，为企业的兴旺发达及在市场竞争中获胜贡献自己的力量。

（2）关心激励。管理者要富有同情心、人情味，要了解员工的思想状况，有的放矢地进行工作，形成"雪中送炭"的领导方式。

（3）宣泄激励。企业管理者和被管理者之间不可避免地会经常发生矛盾，缓解矛盾的方法之一就是宣泄法。宣泄法本身是一种疏导，通过对某种情绪的发泄，从而融洽管理双方的关系。

4. 调适功能

调适功能是指企业文化具有为员工创造一种良好的环境和氛围的功能和能力。这种调适作用主要体现在：员工心理调适；人际关系调适，即人和人之间的直接联系或互动关系，包括个人关系和群体关系；周围的气氛和情调调适。

5. 辐射功能

企业是社会的细胞，通过企业文化建设，不仅可以培养出企业自身"有理想、有道德、有礼貌"的员工队伍，而且还可以通过企业员工与外界的交往，将企业的优良作风、良好的精神风貌辐射到社会，对社会的精神文明和社会风气的根本好转，将产生积极的影响和促进作用。

6. 组织功能

企业文化的一个非常重要的特性，就是它使企业群体具有同一文化意识和文化模式。同一意识和模式影响着每个企业成员的认识、感觉、思绪、情绪、伦理和道德等心理机制与心理过程，而且还从整体上影响企业群体成员的价值取向和行为取向，从而使企业成员的行为、活动及互动关系稳定在某种规范之内，起到自我调控的组织功能。在此基础上通过价值观念作用，把共同价值观转化到每个员工中去，使员工产生理应如此的感觉和意识，自觉地按照这种观念办事。而一旦违反这种价值观念，即使他人不知或不加指责，本人也会感到内疚和不安，失去心理上的平衡。价值观体系这只"看不见的手"全方位地操纵和调节着企业的经营管理活动。

7. 互益功能

优秀的企业文化可以促使企业在社会责任与企业利润目标，长期利益与短期利益之间做出正确选择。企业生存取决于社会的需要，企业只有完成社会赋予它的使命和责任，为社会提供所需要的产品与服务，才能获得生存的权力。利润无非是企业为社会贡献后所获得的奖赏而已。

第二节　企业文化的内容和层次结构

一、企业文化的内容

1. 企业哲学

企业哲学是指导企业生产经营活动，使其符合既定目标的微观世界观和方法论。企业的兴衰成败，关键取决于企业行为的正确与否。而在任何一个企业中，指导企业行为有一个根本的指导思想，这个指导思想不是企业领导人随意决定的，而是企业在各自的生产经营实践中形成的世界观和方法论，即企业哲学。

2. 企业精神

企业精神是企业文化的核心。它是一个企业在长期的生产经营活动中，经过精心设计、精心培育而逐步形成的能激发全体员工的群体意识和信念。企业精神是它在追求经济效益的过程中逐步形成和确立起来的思想成果和精神力量，全体员工所共同拥有的经营信条、价值观念、行为准则以及他们对企业的依赖意识、责任感、荣誉感和自豪感等。企业精神作为企业有意识培养的一种员工群体精神风貌，是对企业全部观念、意识、风俗习惯、行为方式等积极因素进行总结和倡导的结果。不同企业的企业精神的内容是不同的，各个企业塑造或提炼自己企业精神时，都要从自己的实践出发，实事求是，体现出自己的特征。

3. 企业价值观

价值观念是人们对客观事物和个人进行的评价活动在头脑中的反映，是对客观事物和人是否具有价值及价值大小的总的看法和根本观点。企业价值观念就是企业领导者和全体员工对企业生产经营活动和企业中人的行为是否有价值以及价值大小的总的看法和根本观点。它包括企业存在的意义和目的，企业各项规章制度的价值和作用，企业中人的各种行为和企业利益的关系等。价值观念是企业文化的重要组成部分，它为企业的生存和发展提供了基本的方向和行动指南，为职工形成共同的行为准则奠定了基础。企业哲学的不同，导致了企业价值观念不同。以物为本的企业哲学，就会形成一切以有利于物的发展为标准的评价体系；而以人为本的企业哲学，就会形成一切以有利于人的自觉性发挥的评价体系。这种评价体系的不同就是价值观念的不同，它又会导致企业管理行为的不同。前者往往只重视通过硬性的管理手段，迫使员工高效率地工作；而后者则注重通过文化的手段激发员工的自觉性，从而提高效率。因此，价值观念对员工的行为起着直接的支配作用，员工在共同的价值观念支配下，就能自觉地从事生产经营活动。

4. 企业道德

企业道德是企业行为的规范，是企业价值观功能发挥作用的必然结果。它是指从伦理上调整企业单位相互之间、企业与消费者之间、企业与员工之间行为规范的总和。企业道德是一种特殊的行为规范，它的功能、机制是从伦理关系的角度出发的，因此它同法律法规是一种互补关系，企业道德不具有法律法规那样的强制约束力。但是，它具有法律法规所不具有的积极示范效应、强烈的感染力量等。所以它有着更为广泛的适应面，是约束企业、员工和广大消费者行为的不可缺少的手段。

企业道德的具体表现形式有：

（1）职业道德。这是企业的团体道德，每位员工都必须在这一道德约束下工作。

（2）企业领导道德。一是领导者必须能够比较公正地对待和处理他所负责的工作。二是要宽以待人，严以律己。对同事和员工要以诚相待，对自己要严格要求，树立以身作则的典范。三是要充分发扬民主。

（3）员工道德。员工不仅要以企业的道德准则规范自己的言行，还要遵守社会公德，要能够与人为善，互帮互助。企业文化是以企业道德规范为重要内容，这是区别于其他管理理论的一个主要方面。

5. 企业目标

企业目标是以企业经营目标形式表达的一种企业观念形态文化。企业目标是企业要达到的目的和标准，是企业员工努力争取的期望值。它体现了企业的执着追求，同时又是企业员工理想和信念的具体化。企业目标是企业文化追求的动力源。一个科学的、合理的企业目标可以激励人们不懈地努力，创造卓越的业绩，有利于塑造优秀的企业文化。

企业目标的主要功能是导向企业的生产经营行为。具体体现在：①企业目标是作为企业经营战略的第一个目标被提出来的，它反映着企业从现在起到未来某个时期的大致战略走向的主要预期目标。②企业目标一经由管理者传达给全体员工，便成为人们心目中共同的目标，它促使人们相互配合、协调，形成人际关系的向心力。③企业目标还给人以鼓舞和信心。在人们行动遇到困难和阻碍时，目标会激发人们产生克服困难的勇气；当行动一步步接近目标时，它又给人以鼓舞；当目标实现后，它又给人以满足感、荣誉感、自信心，推动人们、推动企业向着新的目标前进。

6. 企业形象

企业形象是企业外感形象与内在精神在社会公众心目中的总体印象和感识。外在形象包括：企业服务特色、产品质量、经营规模、推销方式、公共关系、销售点的格调、商品的外在包装、广告以及企业标志、图案、造型等。内在精神包括：企业宗旨、经营管理特色、管理者和员工的素质、人才、技术力量、产品的研制力和开发力以及创新和开拓精神等。企业形象是企业通过经营给社会公众带来的利益状况，是企业的社会责任感和法律道德观念的综合反映。企业形象体现着企业的声誉，反映着社会对企业的承认程度，是企业文化的重要表现形式。

7. 企业风尚

企业风尚就是企业及员工在其经营活动中逐步形成的一种精神现象，它综合反映企业及员工在价值观念、管理特色、道德风尚、传统习惯、企业精神、生活方式等方面的精神状况。作为一种精神现象和精神状况，它属于企业文化的内容。也就是说，企业风尚在很大程度上取决于企业文化的特点，是企业文化的一种综合反映。企业风尚所包含的传统习惯、伦理道德等反映了企业及员工的风尚；价值观念，精神状态等表现了企业及职工的风骨；工作方式、管理特点等表现了企业及职工的风格；厂容、厂貌、工厂环境及形象等表现了企业及员工的风度。风尚、风骨、风格、风度的结合，就可以反映整个企业风尚是否良好。

8. 企业民主

企业民主是一种企业制度形式，其内涵包括民主意识、民主权力、民主义务等几个方面。企业民主是受社会制度和社会民主影响的，但一般来说，企业民主是一种"以人为主"的价值观念和行为规范，它使企业的每个成员都深深感到这种精神支柱的存在。由于这种文化和民主气氛的存在，从而使员工在思想上归属这个企业，为企业做出自己最大的贡献。企业民主的形成是一个复杂的过程，需要企业各级员工的共同努力才能形成，建立企业民主必须从以下三个方面入手：①培养民主意识及员工的参与观念；②明确企业员工的民主权力和义务；③形成良好的企业民主气氛和环境。

二、企业文化的层次结构

所谓层次结构，就是各个组成部分的搭配和排列。研究企业文化的结构就是把企业文化作为一种独特的文化，找出各个组成部分的关系及相互影响，以此帮助我们认识企业文化各部分之间的关系。企业文化的层次结构分为以下三个部分。

（1）物质层，即外显层文化。它是企业中凝聚本企业精神文化的生产经营过程和产品的总和，包括实体性的文化设施，也就是见之于形、闻之于声、触之有觉的文化形象。物质层是企业文化结构中表层的部分，是人们可以直接感受到的，是从直观上把握不同企业文化的依据。这个层面从外观上体现着企业的管理水平。

（2）制度层，即中层文化。它是介于表层和深层之间的那部分文化，即经营文化和管理文化。它表露在企业群体行为的规范制度上，如企业的组织形式、规章制度、生产方式、交往方式和道德规范等。它较表层文化附着更深的色彩，它制约着员工的行为举止及表层文化的状况。

（3）精神层，即内隐文化。它是企业内部为达到企业总体目标而一贯倡导、逐步形成、不断充实并为全体成员所自觉遵循或沉淀于企业及员工心灵中的意识形态。它包括企业的理想、信念、目标追求、价值取向、行为准则等。这个层次是企业的无形财富，是企业文化的核心，是支撑企业健康成长的脊梁，是企业生命赖以存在的灵魂，塑造企业文化要注重加强这个文化层次的建设。

第三节　企业文化建设的程序和电力企业文化的特点

一、企业文化建设的程序

要建设好具有中国特色的社会主义企业文化并非一日之功，也不是一两句口号所能代替的，而必须经过一个长期艰巨的培育过程，必须有规划、有步骤地进行。企业文化建设的程序一般需经历分析评估、规划设计、培植塑造、调整完善等几个主要阶段。

1. 分析评估

在规划企业文化建设时，要通过调查了解，对企业的历史与现状及其所面临的社会环境等进行认真的分析研究，做出实事求是的评估。分析评估的内容主要包括企业的历史状况、企业的现状与特点、企业的社会环境、横向对比情况等。通过分析评估，能清楚地认识本企业的长处与不足，从而为企业文化建设的总体布局提供可靠的依据，做到心中有数。

2. 规划设计

在对企业进行了分析评估以后，即可着手企业文化建设方案的规划设计。规划设计的项目主要包括如下几方面：企业目标、企业精神、企业价值观、企业道德、企业制度、企业风貌等。其内容既可以是综合的，包括企业文化的方方面面，也可以是几项或单项。在方案设计上，要尽量把抽象的原则要求分解为具体的独立要素，这样才更易于操作和进行定性、定量分析。

3. 培植塑造

企业文化同其他任何文化一样，不是自发产生和自动起作用的。只有经过有目的的培植塑造，才有可能按照有利于企业前进的方向发展。在企业文化建设的框架方案确定后，最重要的是要在指导与实施上下功夫，使方案尽快付诸实践。

4. 调整完善

企业的外部环境是在不断变化的，每个企业在实践中也在不断突破自己，总有新的发现、新的发明和新的创造，在开拓进取中前进正是企业具有强大生命力的体现。因此，任何企业文化建设都不可能是一劳永逸的，这就要求在建设企业文化的实践中，要根据新情况和对现有方案进行不断地充实、修正，最后经过总结概括，形成简练明快、方便实践、利于检验的文字内容，正式成为体现企业特色的企业文化。

二、电力企业文化的特点

在计划经济和改革开放初期，电力长期处于紧缺状况，企业由于不担心产品的销路，所以根本谈不上市场战略，企业的营销措施不是为了扩大用电量，而是千方百计地限制用电量的增长。在这种形势下，企业的一切工作都以安全生产为中心，也因此形成了具有强烈生产导向的电力企业文化。这种企业文化的主要优点是：长期半军事化管理形成了高度的组织纪律性和严谨的工作作风，企业员工对企业有很强的归属感。

随着我国社会主义市场经济体制的逐步建立和完善，电力企业面对的市场环境发生了很大的变化，企业也面临着巨大的市场、政府和顾客等多方面的压力。虽然传统电力企业文化包涵了组织纪律性强、企业凝聚力高等积极的内容。但不可否认的是，在许多企业中，企业文化也表现出许多不利于企业发展的消极因素，这些消极因素的外在表现主要有：经营管理理念落后、不适应市场的变化；盈利能力不强、自我发展能力不足；在某种程度上忽视顾客的利益和投资者的利益；固步自封、自我感觉良好等。

一般来说，企业的战略应与企业现有的文化基本一致，这样才能确保战略目标得以顺利实现。但是，电力企业现在所面临的环境与过去相比发生了巨大的变化，企业所实施的新战略在许多方面与企业传统的文化有冲突。传统的电力企业文化是一种过于注重内部的生产导向型文化，而现在电力企业要实施的新战略必须要以市场为导向，要适应外部环境的变化。因此，为确保企业改革的成功，必须建设以市场为导向的新型电力企业文化。

一般而言，新型电力企业文化必须具有强烈的市场导向性，其核心价值观和主要的共同行为规范应包涵以下内容：

（1）企业领导和管理层关注股东利益。对大多数电力企业而言，股东即是国家。如果企业经营不能保证投资者的利益，企业就不可能得到其经营活动所必须的资金。

（2）企业全体人员必须重视顾客的利益。在市场竞争日益激烈的今天，这一点是不言而喻的。只有通过为顾客提供优质的产品和满意的服务，建立起与顾客长久的互利关系，企业才能生存和发展。

（3）重视企业员工的利益。企业各种经营活动都是靠员工来完成的，再好的策略最终也要靠人来实现。企业只有重视员工的利益，使员工在帮助企业实现经营目标的同时，实现其自我价值，这样才能为企业发展提供动力。

不同电力企业之间千差万别，既有自己的情况和特色，又有共性的方面。企业文化建设应该紧密围绕电力行业特征，既有安全生产为主的生产型企业文化的优点，又是一种开放的市场导向型企业文化。电力企业文化的建设应遵循以下理念。

1. 必须冲破传统文化的禁锢

在继承和发扬优秀电力企业传统文化的基础上，不断变革和提升企业价值观，强化安全理念，紧紧抓住电力企业的生命线，认真研究日常安全管理，发扬 ISO 质量认证的成果，注重管理行为，坚持不懈地贯彻安全优质的思想，使之深入人心。

2. 以人为本的理念

企业不单纯是一个盈利性的经济组织和企业员工养家糊口解决温饱的地方，而且还是企业员工实现自我价值、寻求精神追求和承担社会责任的"文化机构"和人性组织。管理学研究成果表明，员工不仅仅是为企业发展增加财富和追求物质利益，而且还具有多方面需求和发展能力，追求自我实现和全面发展。从泰勒的科学管理理论到现代的企业文化，企业管理的中心发生了位移，管理的实质已从物的管理转向了人的管理，人在企业中的地位逐步提高，已成为管理的核心。以人为本作为企业文化理论的核心就是强调文化认同与群体意识，把管理的重点从物的管理转移到人的管理上来，理解员工、重视员工、培养员工、激励员工，充分尊重企业员工的人格、权利和主人翁地位，把管理从"成本控制"型的资源管理转向充分发挥人的主观能动性上来，实现人力、知识、技术与其他生产要素相统一的"人本管理"。

3. 服务的理念

企业必须重视顾客的利益。只有通过为顾客提供优质的产品和满意的服务，建立起与顾客长久的互利关系，企业才能生存和发展。因此，在电力的生产、建设、经营管理等实践中，应增强责任感，塑造服务于社会、服务于用户的行业形象，牢固树立优质服务的思想。

4. 创新的理念

企业所处的环境是不断变化的，企业必须不断进行改革来适应这种变化，企业文化应能为改革提供有力的支持。应当鼓励锐意改革的做法，提倡创新精神，以发展为主题，以创新为动力，着力培育员工勇于开拓、不断超越的创新精神。营造一种敢为人先、勇创一流的文化氛围和一个生机勃勃、昂扬向上的企业人文环境，使企业逐步走上一条创新发展的健康之路。

5. 和谐的理念

电力企业文化是电力企业全体职工感情的凝聚和升华。和谐的理念是建设电力企业文化的客观要求，也是建立和谐社会发展观的要求，它可以增进职工以及干群之间的相互了解、信任与宽容，在企业内部建立起充满民主、和谐和诚挚的新型人际关系。

电力企业处在改革前沿，改革既有巨大的风险，又是良好的市场机遇。原有的企业文化对目前的经营战略已经发生了阻碍。传统企业文化又具有很强的阻碍变革的倾向，要克服这些阻力，需要很大努力，企业文化的变革不是孤立进行的，既需要企业最高决策层充分认识，也需要企业内部各机构间相互协调，统一思想。如果企业管理层积极重视，执行层严格贯彻，每一位员工热情参与，电力企业文化建设就一定能取得成功。

总之，新型电力企业文化应是一种重视顾客、投资者和员工等企业构成要素的开放型、市场导向型的企业文化，它强调团队精神，能对企业为适应市场环境变化所进行的改革提供支持。

第四节　现代企业制度

《中共中央关于国有企业改革和发展若干重大问题的决定》指出："建立现代企业制度，是发展社会化大生产和市场经济的必然要求，是公有制与市场经济相结合的有效途径，是国有企业改革的方向。"电力企业作为国家基础产业，多年来经过不断地努力得到了长足的发展。随着市场经济在全国范围内的推行，电力企业也一直探索着新形势下的新体制，以期在激烈的市场竞争中立于不败之地，并实现自身的可持续发展。建立现代企业制度是中国企业改革的目标，同时也为电力企业的改革指明了方向。

一、中国电力体制改革概况

在电力工业体制发展的同时，电力体制改革也不断得以深化。1988年成立能源部，同年成立中国电力企业联合会，加强行业协会自律服务功能；1997年成立国家电力公司，与电力部"双轨制"运行；1998年3月撤销了电力部。此后，国家电力公司提出"四步走"的改革安排，制定了"控股型、经营型、现代化、集团化管理的国际一流电力公司"的总体战略构想，积极稳妥地走上实体化经营的道路，扎扎实实地建立现代企业制度，进行了电力市场化改革的探索。2002年2月，国务院印发《电力体制改革方案》，提出要遵循电力工业发展规律，充分发挥市场配置资源的基础性作用，加快完善现代企业制度，促进电力企业转换内部经营机制，建立与社会主义市场经济相适应的电力体制。中国国有企业的改革同时对电力企业也产生了巨大的冲击，尤其是近几年，电力体制改革已经进入了实质性阶段。2002年2月10日国务院印发了《关于电力体制改革方案的通知》，明确提出电力体制改革的指导思想是：按照党的十五大和十五届五中全会精神，总结和借鉴国内外电力体制改革的经验和教训，从国情出发，遵循电力工业发展规律，充分发挥市场配置资源的基础性作用，加快完善现代企业制度，促进电力企业转变内部经营机制，建立与社会主义市场经济体制相适应的电力体制。2002年12月29日国家电网公司、中国南方电网有限责任公司和五大发电集团公司经国务院批准正式成立，并具有独立的企业法人资格。除中国南方电网有限责任公司外，其余各公司是在原国家电力公司企事业单位基础上组建的国有企业，未设股东会和董事会，实行总经理负责制。国家电网公司下设的五大区域电网公司，于2003年9月25日至11月8日分别挂牌成立，具有独立的企业法人资格，设董事会和监事会，董事长是各公司的法定代表人。各区域电网公司所属各省市电力公司目前正在进行改革重组研究试点工作。五大发电公司、两大电网公司的建立以及国家电网公司系统五大区域电网公司的顺利组建，标志着中国电力体制改革已经迈出了关键性的一步，电力体制改革取得了阶段性成果。

二、电力企业如何实施现代企业制度

在市场经济条件下，电力由垄断走向市场，既是电力工业自身进步和发展的必然要求，也是电力体制改革的必然趋势和终极目标。建立产权清晰、权责明确、政企分开、管理科学的现代企业制度，是电力企业进入市场的基本前提和条件。

电力工业的现代企业制度主要由三项制度组成：一是企业法人制度，确立法人财产权。这就需要理顺国家与企业的产权关系，实行出资者所有权与经营者法人财产权的分离。出资者根据其注入企业的资本金拥有相应的产权，而企业拥有法人财产权，承担财产义务和责任，同时又接受产权约束，成为独立的利益主体和自主经营、自负盈亏的法人实体。二是能够准确反映企业经营状况，保障出资者和经营者利益的新型财务会计制度。三是完善法人治理结构、科学合理的企业领导体制和组织管理制度。

建立适应市场经济体制要求的电力工业现代企业制度必须满足三个基本条件：一是电力企业必须成为自主经营、自负盈亏、自我发展、自我约束的独立法人实体和市场竞争主体，这是市场经济对企业的本质要求。二是电力企业必须完全面向市场，按照市场供求变化和价值规律来组织生产、从事经营和管理活动，以追求企业效益最大化为其主要目标。三是政企彻底分开，管电职能独立，既不允许以政代企，也不允许以企代政。政府对企业只能是宏观调控和服务。

1. 企业法人制度

公司是现代企业最典型的一种组织形式。应根据《公司法》将传统计划经济体制下政企合一和产权单一的电力企业，改造为适应市场经济体制、政企分开、产权多元化的有限责任公司或股份有限公司。规范的公司制能够有效地实现投资者所有权与企业法人财产权的分离，有利于政企分开、转换经营机制，企业摆脱对行政机关的依赖，国家解除对企业承担的无限责任，真正实现自主经营。

电力企业要真正成为法人组织必须具备四个基本条件：一是具有独立自主的法人主体地位；二是自负盈亏；三是依法完整纳税的独立经济实体；四是实行符合国际规范的新型财务会计制度。

电力企业采用公司制财产组织形式，实行公司法人制度，需要解决以下几个问题。

（1）领导体制问题。要建立完善的法人治理结构，必须明确股东会、董事会、监事会、经理层各自的权利、责任和义务，形成四者之间的制衡关系，这是电力企业公司化的核心，也是与原国营企业组织形式的重大区别。公司股东会、董事会、监事会与公司经理，应各自相互独立，既有职有权又相互制约。股东会是公司最高权力机构，由出资者或其法定代表组成；董事会对股东会负责，执行股东会的决议；监事会对企业的经营管理实施有效监督；总经理则依法独立行使企业经营管理权。对目前电力企业内部领导体制进行根本性改革，建立科学、规范的法人治理结构，是推进电力工业现代企业制度建设的关键所在。

（2）资产评估问题。对现有资产进行清产核资和资产评估，其目的是明确产权归属对象，确定产权主体代表，界定各投资者的股本金，建立法人财产的股权结构。界定产权关系的总体原则是分清投资和贷款；投资者拥有产权、分享利润，但不还本付息；贷款者拥有债权，不拥有产权，到期收回本息，不参与企业分红。为了减轻电力企业沉重的债务负担，在公司制改组过程中，可以考虑入股资本金的范围和比例以及债的比例，亦可以债权换股权的方式，把债务转化为国家或其他法人组织的股份，从而卸掉一部分债务包袱。对于国家独资的电力企业，也应按照《公司法》规定的规范化独资公司的要求进行改组。在清产核资和资产评估的基础上，核实企业法人占用财产，建立资本金运行制度，明确资本金保全和独立运转原则。

（3）职工安置问题。电力企业经公司化改组后成立的有限责任公司或股份有限公司，对原企业职工如何处置是需要认真解决的问题，它涉及到社会的稳定。实践证明，在现阶段，实施竞争上岗和合理分流相结合，仍不失为一种有效而又稳妥的解决办法。

（4）债权债务分割问题。改组后的电力公司能否承担原电力企业的全部债务，需要认真清理。既不能因公司化改组而使新建立的电力企业背上沉重的债务包袱而影响到公司正常运转和发展，也不能完全不顾及原企业历史性形成的债务。

2. 坚持商业化运营原则

电力是商品，作为商品生产经营企业，应当遵循市场经济规律，讲求投入与产出，不断提高劳动生产率和经济效益，在法律的规范下，按照商业特有的经济规律组织电力生产，追求利润的最大化。电力企业商业化运营是电力进入市场的重要标志，其主要原则如下。

（1）建立统一、开放、竞争、有序的电力市场。电力市场包括电力（热力）销售市场、电力规划设计市场、电力建设市场以及电力技术与信息市场等，这些市场都具有竞争、风险、激励和约束机制等特征。

（2）严格区分商业经营目标和非商业社会目标。长期以来，电力企业承担着两方面非商业化的社会目标：一是电力企业内部如食堂、医院、子弟学校、托儿所等非商业化的社会目标；二是政府指令电力企业必须承担的非商业性社会目标，如支农产品用电（排灌等）、贫困地区农业用电、某些亏损企业的优惠用电等。对于电力企业内部非商业的社会目标，处理办法是将非经营型资产从电力企业中剥离出来，建立独立核算的服务性公司，以合同或契约的形式，核定其服务内容，规范其服务费用，实行有偿服务，面向社会、自主经营、自负盈亏。大力发展第三产业，走多种经营的道路，既可解决企业富余人员，又可促进企业经济效益的提高。对于政府指令电力企业必须承担的社会目标，可以确定范围，采取明补和政府补偿的办法。

（3）明确政府与电力企业责、权、利关系，确立电力企业经营自主权。电力企业和政府应以责任制合同形式明确相互的责、权、利关系，以减少行政干预。国家拥有出资者所有权，还企业法人财产权，使企业真正成为自主经营、自负盈亏的独立经济实体，并依法纳税。

（4）完善电价形成机制。实行价差制度，推行地区差价、峰谷差价、季节差价和优质优价制度，充分利用价格杠杆，拓展电力市场。

3. 政企必须分开

电力企业要实现公司制改组和商业化运营，首先要解决的问题是政企分开。严格意义上的政企分开有两层含义：一是政府转变职能，把属于企业的自主权切实归还给企业，把属于市场调节的职能切实转移给市场，使电力企业彻底摆脱政府附属物的地位，真正成为独立的法人实体和市场竞争主体；二是电力企业与政府电力行政主管机构严格分开，既不允许以政代企，也不允许以企代政。

长期以来，电力部门实行政企合一的管理体制。在市场经济条件下，政府的职能主要是社会行政管理和宏观经济调控，企业的生产经营则是追求和实现其商业化经济目标，不断提高社会效益和企业的经济效益。市场经济的有序运行必须坚持各竞争主体平等竞争的原则。电力企业要取得完整意义上的企业财产法人所有权和自主经营权，就必须放弃政企合一的管理体制，放弃电力行政权。

随着电力体制改革的逐步深化，国家已将电力行政权交给经济综合部门，实现了电力行政主管部门的独立。对于今后电力市场各竞争主体的市场竞争秩序，可以成立电力管制委员会来行使电力行政权和管理权。管制委员会的主要职能是：审批电力企业投资规模和预算；依据有关法律和法规，审批电力企业制定的电价方案；核发电力专营许可证；制定电力市场的游戏规则等。

建立电力工业现代企业制度，政企分开是前提，公司制改组是关键，商业化运营是最终目标，只有三者结合进行改革，同时改革企业财务制度、劳动人事制度和工资制度等，切实转换企业经营机制，才能真正建立起适应市场经济体制要求、充满生机和活力的电力工业现代企业制度。

思 考 题

1. 企业文化的含义是什么?
2. 企业文化有哪些功能?
3. 结合电力企业说明企业文化有哪些内容。
4. 电力企业文化有哪些特点?
5. 电力企业如何实施现代企业制度?

第四章 计 划 职 能

计划职能是管理五大职能的基本职能和首要职能,从某种程度上来说,没有计划就没有管理。它与其他职能有密切的联系,因为计划职能既包括选定组织和部门的目标,又包括实现这些目标的途径。计划是对未来活动如何进行的预先筹划,人们从事一项活动之前,首先要制定计划,这是进行管理的前提。本章从计划的含义、分类、编制和实施等方面对计划职能进行论述。

第一节 计 划 职 能 概 述

计划过程是决策的组织落实过程,决策是计划的前提,计划是决策的逻辑连续。计划通过将组织在一定时期内的活动任务分解到组织的每个部门、环节和个人,从而不仅为这些部门环节和个人在该时间的工作提供了具体的依据,而且为决策目标的实现提供了保证。

一、计划的含义

对计划的理解可以有静态和动态之分。从静态方面来解释,计划是指用文字和指标等形式所表述的企业以及企业内不同部门和不同成员在未来一定时期内关于行动方向、内容和方式安排的管理文件。计划既是所确定的企业在未来一定时期内的行动目标和方式在时间和空间的进一步展开,又是组织领导、控制管理活动的基础。从动态方面来解释,计划是指为了实现所确定的目标,预先进行的行动安排。这些行动安排工作包括:在时间和空间两个维度上进一步分解任务和目标,选择任务和目标实现方式、进度规定、行动结果的检查与控制。因此,计划工作是为企业所确定任务和目标提供一种合理的实现方法。计划工作主要包括以下内容,如图 4-1 所示。

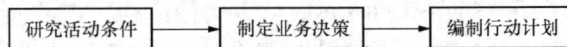

研究活动条件 → 制定业务决策 → 编制行动计划

图 4-1 计划工作的内容

(1) 研究活动条件。组织的业务活动是利用一定条件在一定环境中进行活动条件研究,包括内部能力研究和外部环境研究。内部能力研究主要是分析组织内部在客观上对各种资源的拥有状况和主观上对这些资源的利用能力;外部环境研究是要分析组织活动的环境特征及其变化趋势,了解环境是如何从昨天演变到今天的,以找出环境的变化规律,并据此预测环境在明天可能呈现的状态。

(2) 制定业务决策。活动条件的研究为业务决策提供依据。所谓业务决策,是在活动条件研究的基础上,根据这些研究所揭示的环境变化中可能提供的机会或造成的威胁以及各组织在资源拥有和利用上的优势和劣势,确定组织在未来某个时期内的活动方向和目标。

(3) 编制行动计划。确定了未来的活动方向和目标以后,还要详细分析为了实现这个目标需要采取哪些具体的行动，以及进行这些行动需要对组织的各个部门和环节在未来各个时期的工作提出哪些具体的要求。因此，编制行动计划的工作实质是将决策目标在时间上和空间上分解到组织的各个部门和环节，对每个单位、每个成员的工作提出具体要求。

在国外，计划工作的具体内容常用"5W1H"来描述：

What——做什么？目标——明确计划工作的具体任务和要求，每一时期的中心和重点与内容。

Why——为什么做？原因——明确计划工作的宗旨、目标和战略，论证可行性，说明为什么做，原因是什么。

Who——谁去做？人员——规定计划中每个阶段由哪些部门负责，哪些部门协助，落实人员。

Where——何地做？地点——规定计划的实施地点和场所，了解环境条件和限制，以便安排计划实施的空间布局。

When——何时做？时间——安排明确工作的开始和完成的进度，以便进行有效的控制和对能力与资源进行平衡。

How——怎样做？方式、手段——制定实施措施，以及相应的政策和规划，对资源进行合理分配和使用，对人力、物力、财力进行平衡。

二、计划的作用

计划是管理活动最基本的职能，它的作用主要体现在为组织活动的分工、资源筹措、检查与控制提供依据三个方面。

（1）为组织活动的分工提供依据。为了达到决策选择的目标，组织需要从事一定的业务活动，组织的业务活动是由数量众多的成员在不同时空里进行的，为此必须进行科学的分工。计划的编制将组织的目标活动在时间和空间上进行详细的分解，从而为科学分工提供了依据。

（2）为组织活动的资源筹措提供依据。任何活动的进行都是对一定资源的加工和转换，资源的提供不及时或者数量不足，可能导致组织活动的中断；而数量过多，则会导致资源的积压，从而不仅会增加资金的占用，甚至会造成资源的浪费。计划将组织活动在时空上进行分解，通过规定组织的不同部门在不同时间应从事何种活动、告诉人们何地需要何等数量的何种资源，从而为组织资源的筹集和供应提供了依据。

（3）为组织活动的检查与控制提供依据。组织的各个部分在决策实施中的活动情况与目标要求不一定完全相符，可能会出现偏差。这种偏差如不及时发现并针对原因及时采取措施，则不仅会导致组织活动的失败，而且可能危及组织的生存。要及时发现可能存在的偏差，就必须对组织活动的实际情况进行检查。计划的编制为检查不同部门、不同成员在不同时期的活动情况提供了客观的标准和依据。

但是，在实践中仍有不少人对计划工作有许多误解，有必要加以澄清。首先，计划工作不是策划未来。人类是无法预言和控制未来的，我们仅能决定为了实现将来的目标应采取什么样的行动。计划工作不是做未来的决策，它涉及的是当前决策对将来事件的影响。其次，计划工作并不能消除变化。管理部门之所以要从事计划工作是为了预估各种变化和风险，并对它们做出最为有效的反应。计划工作并不减少灵活性，是一种持续的活动。应该根据实际情况的变化做灵活的调整。

三、计划的性质

计划工作的性质可概括为五个主要方面，即目的性、首位性、普遍性、效率性和创新性。

（1）目的性。每一个计划及其派生计划都是为了促使组织的总目标和一定时期目标的实现。

（2）首位性。计划工作相对于其他管理职能处于首位。把计划工作摆在首位的原因不仅因为从管理过程的角度来看，计划工作先于其他管理职能，而且还因为计划工作是付诸实施的唯一管理职能。例如，一个工程项目的上马与否，必须经过计划、调查、设计等，如果后期认为此项目不行，在经济上不合算，否定了其计划，则下步的组织、领导和控制也就不存在了。计划工作的首位性还存在于计划工作影响和贯穿整个管理工作的全过程，如图 4-2 所示。

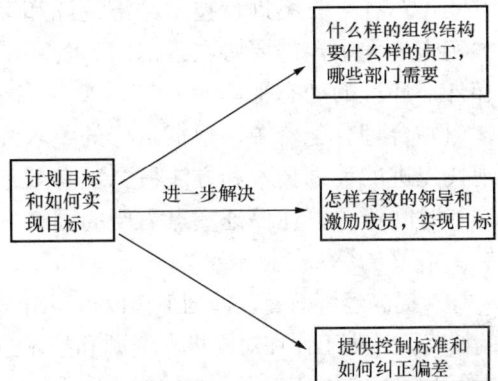

图 4-2 计划领先于其他管理职能

（3）普遍性。虽然计划工作的特点和范围随各级主管人员职权的不同而不同，但它却是各级主管人员的一个共同职能。所有的主管人员，无论是总经理，还是班组长都要从事计划工作。当然，计划工作的普遍性中蕴涵着一定的秩序，这种秩序随着不同组织的不同性质而有所不同。这主要表现在计划工作的纵向层次性和横向协作性。基层管理人员的工作计划不同于高层管理人员制定的战略计划。另外，实现组织的目标不可能仅通过某一类型活动就可完成，还需多种多样的活动相互协作和补充，故必须在横向上制定相互协作的计划。

（4）效率性。计划工作的任务不仅是要确保实现目标，而且是要从众多方案中选择最优的资源配置方案，以求合理利用资源和提高效率。用通俗的语言来表达就是"既要做正确的事"又要"正确地做事"。计划工作的效率，是以实现组织的总目标和一定时期的目标所得到的利益，扣除为制定和执行计划所需要的费用和其他预计不到的损失之后的总额来测定的。特别要注意的是，在衡量费用或代价时，不仅要用时间、金钱或者生产等来衡量，而且还要衡量个人或集体的满意程度。

（5）创造性。计划工作总是针对需要解决的新问题和可能发生的新变化、新机会而做出决定的。因而它是一个创造性的管理过程。计划类似于一项产品或一个工程设计，它是对管理活动的设计，故成功的计划也依赖于创新。

四、计划工作的任务和要求

一般来说，一个完整、健全的计划应该规定任务的性质和目标，必须使计划执行者了解、接收和支持这项计划。但是目标的确定并不能保证目标的实现，而且实现一个目标可能有各种各样不同的方法。因此，必须通过计划的编制、执行和检查，同时合理利用组织的人力、物力和财力来安排组织的各项管理活动，才能有效地实现组织目标。计划工作的基本任务可以概括为：明确组织目标、预测环境的变化，制定实现目标的方案，协调组织的各项活动；合理分配资源；提高经济效益。

（1）明确组织目标。通过未来机遇和风险的估量以及自身优势和劣势的分析，为整个组织和所属各部门确定计划期的目标及其轻重缓急，提出要解决的问题，组织各单位任务，以及期望得到的结果。

（2）预测环境的变化。研究组织在未来将面临的环境，分析环境因素将对组织发展产生的有利和不利的影响，在计划中预先做好准备，保持组织对环境的适应性。

（3）制定实现目标的方案，协调组织的各项活动。寻找和拟定实现组织目标的各种可行性方案，对各个方案进行技术经济论证和综合评价，选择其中最优的一个方案付诸实施。在方案实施过程中，需要协调各部门、各环节的活动，实现供产平衡，以及组织目标、内部条件和外部环境的动态平衡。

（4）合理分配资源。根据目标的要求和资源约束条件，按目标的重要程度和先后次序，用现代先进的计划技术和方法最合理有效地分配和安排组织的现有资源，包括人力、物力、资本和时间资源，在保证重点需要的同时，发挥资源的最大效率，经济而有效地实现组织的目标。

（5）提高经济效益。计划工作以提高组织的经济效益为中心，将提高经济效益贯穿于组织活动的始终。计划工作在对需求、资源和技术进行预测的基础上，通过明确目标、协调经营活动、分配资源和综合平衡，以一定的投入取得最大限度的产出，提高组织的经济效益和社会效益。

为了实现组织的目标，完成计划任务，计划工作应符合科学性和先进性、民主性和群众性、严肃性等要求。

（1）计划的科学性和先进性。计划的科学性是指计划要正确反映实际情况、社会需要和客观规律的要求。所制定的计划不能像一座海市蜃楼，让人可望不可及。计划先进性是指制定的计划要有挑战性，要能充分调动各层管理者及员工的积极性，使组织获得最佳经济效益。制定计划时，要力求二者的和谐统一。

（2）计划的民主性和群众性。制定科学、先进的计划，需要集中群众的智慧。完成计划规定的任务，归根到底也要依靠群众的力量。要动员组织内全体成员参与计划管理，这包括计划的制定、执行和控制，同时还要正确处理各管理层次以及职工群众的责、权、利管理。

（3）计划的严肃性。计划一经批准就应具有权威性，必须全面正确地贯彻执行。计划不能随意更改，若需要修改或调整，应按照组织章程和管理条例规定的程序进行。

五、计划的分类

任何一种未来的行动方案都属于计划。计划的种类很多，可以按不同的标准进行分类。

按时间长短来划分，有长期计划和短期计划；按明确性来划分，有具体性计划和指导性计划；按计划对象来划分，有综合计划、部门计划和项目计划；按涉及范围的广度来划分，有战略性计划和战术性计划；按多种表现表达式划分，有目标、战略、政策、程序和规则、规划和预算。表4-1列出了按不同方法分类的计划类型。

表4-1　　　计划的类型

分类指标	类型
时间长短	长期计划
	短期计划
明确性	具体性计划
	指导性计划
计划对象	综合性的计划
	部门计划
	项目计划
涉及范围广度	战略性计划
	战术性计划
表现形式	目标、战略、政策
	程序和规则、规划、预算

从时间长短来划分，可以将计划分为长期计划和短期计划。长期计划描述了组织在较长

时期（通常为 5 年以上）的发展方向和方针，规定了组织的各个部门在较长时期内从事某种活动应达到的目标和要求，绘制了组织长期发展的蓝图。短期计划是指在一年或一年以内的计划，它具体规定了组织的各个部门从目前到未来的各个较短的时期，特别是最近的时段中，应该从事的各种活动及从事该种活动应达到的目标，因而为各组织成员在近期内的行动提供了依据。长期计划的目的在于组织活动能力的再生和扩大，因而其执行结果主要影响组织的发展能力；短期计划的目的在于已经形成的组织活动能力的充分利用，因而其执行结果主要影响组织活动的效率以及由此决定的生存能力。

按计划的明确性标准可以将计划分为具体性计划和指导性计划。具体性计划具有明确规定的目标，不存在模棱两可的情况。指导性计划只规定某些一般的方针和行动原则，给予行动者较大的自由处置权，它指出重点但不把行动者限定在具体的目标上或特定的行动方案上。相对于指导性计划而言，具体性计划虽然更易于执行、考核及控制，但是缺少灵活性，它要求的明确性和可预见性条件往往很难满足。

按计划对象可将计划分为综合计划、部门计划和项目计划。综合计划一般是指具有多个目标和多方面内容的计划，就其涉及的对象而言，它关联整个组织或组织中的许多方面。习惯上人们把预算年度的计划称为综合计划，在企业中是指年度的生产经营计划。部门计划是在综合计划的基础上制定的，它的内容比较专一，局限于某一种特定的部门或职能，一般是综合计划的子计划，是为了达到组织的分目标而制定的。项目计划是针对组织制定的计划，例如某项产品开发计划，职工俱乐部建设计划等都属于项目计划。

按涉及范围的广度可以将计划分为战略性计划与战术性计划。战略性计划是指应用于企业整体的、为企业未来较长时期（通常为 5 年以上）设立总体目标和寻求组织在环境中的地位的计划。战术性计划是指规定总体目标如何实现的细节的计划。其需要解决的是企业的具体部门或职能在未来各个较短时期内的行动方案。战略性计划与按计划期的长短划分的计划类型在很多方面有相似之处，但也有一些差别，如表 4-2 所示。

表 4-2   战略性计划与战术性计划的比较

	战略计划	战术计划
时间跨度	三年或三年以上	一年或一年以内（周计划、月计划、季度计划、年计划）
侧 重 点	确立组织宗旨、目标、战略等重大问题	明确实现的具体目标和贯彻落实战略、措施的各种方法
范 围	涉及整个组织	局限于特定的部门或活动
特 点	全局性、指导性、长远性	局部性、具体性、短期性
目 的	提高效益	提高效率

按计划的表现形式可以将计划分为目标、战略、政策、程序和规则、规划和预算。

（1）目标。对组织的使命和活动方向及各项任务做最一般的表述，重点在于明确应该干什么，最终要达到什么目的。

（2）战略。战略是实现目标的途径，指出工作重点、资源分配优先顺序等。围绕目标，形成一个统一的"框架"，用于指导各部门的工作。

（3）政策。人们进行决策时思考和行动的指南，它为决策活动提供了方针和自由斟酌的范围，保证了行动和目标的一致，有助于目标的实现。

（4）程序和规则。程序的实质就是对所进行的活动规定时间先后顺序，它为政策的执行提供了方法和步骤。规则往往是一种最简单的计划，指在一定情况下采取或不采取某个特定的行动。

（5）规划。它是一个综合性的计划。它包括目标、政策、程序、规则、任务分配、要采取的步骤、要使用的资源以及为完成既定行动方针所需的其他因素。

（6）预算。它是一份用数字表示预期结果的报表。预算通常是为规划服务的。

第二节　计 划 的 编 制

为了保证编制的计划合理，确保实现决策的组织落实，计划编制过程中必须采用科学的方法。计划编制过程包含5个步骤，如图4-3所示。

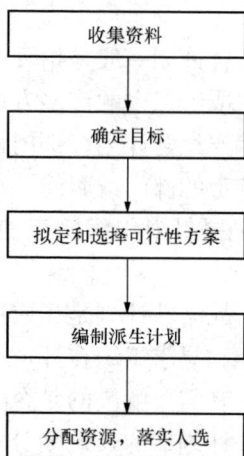

图 4-3　计划编制的 5 个步骤

1. 收集资料

计划是为决策的组织落实而制定的，了解决策者的选择，理解有关决策的特点和要求，分析决策制定的环境特点和决策执行的条件要求，是编制行动计划的前提。由于计划安排的任务需要组织内部不同环节的组织成员利用一定的资源去完成，因此计划的编制者还需收集反映不同部门和环节活动能力以及外部有关资源供应情况的资料，为计划编制提供依据。在计划工作中有这样一个重要的原理：对计划前提了解得越细、越透彻，并能始终如一地运用它，那么组织的计划工作也将更加协调。

2. 确 定 目 标

在制定重大计划时，第二步是确定整个企业的目标，然后为其所属的下级单位确定计划工作目标，目标是计划的主要组成部分。战略计划主要侧重于组织目标的制定，而战术计划所针对的则必然是组织目标体系中的某一方面的具体目标，或者是战略计划中所提出的实现组织目标所必须进行的某项活动。目标对企业来说是很重要的，所有的努力和活动都是为了实现目标。目标有许多作用，它指明了企业前进的方向，并作为行为的标准与实际行动进行比较，目标决定了在既定环境中企业应当扮演的角色。由于目标的存在，可以很好地协调和激励企业员工努力工作。通过为企业员工制定目标可以使他们保持高度的积极性，为实现这些目标而努力。

目标的表述应遵循两个原则：①目标要尽可能地具体。为此要把目标内容具体化、结果或要求具体化、标准具体化。②为了使执行者能理解所提出的目标，并在实施过程中牢记目标，目标的表述要尽可能简短，易懂易记。为此可采用简单的术语来说明要达到的目标，在理解的基础上将所提出的目标条理化。

3. 拟定和选择可行性行动方案

实现某一目标的途径是多条的，拟定和选择行动方案包括三个内容：拟定可行性行动方案、评估方案和选定方案。

拟定可行性行动方案要求拟定尽可能多的方案，可供选择行动方案数量越多，被选方案的相对满意程度就越高，行动就越有效。因此，广泛发动群众、充分利用组织内外的专家，通过他们献计献策，产生尽可能多的行动方案。

评价行动方案时要注意以下几点：认真考察每一个方案的制约因素和隐患；要用总体的效益观点来衡量方案；动态地考察方案的效果，要考虑计划执行所带来的利益，还要考虑方案执行所带来那些潜在的、间接的损失；按一定的原则选择出一个或几个较优方案。

4. 编制派生计划

在做出决策之后，计划工作还没有完成。一个基本计划的执行总是毫无例外地需要一系列派生计划的支持。

5. 分配资源落实人选

一旦选择了最优的或最令人满意的方案，计划工作的最后一步就是分配资源，落实人选。资源分配主要涉及到需要哪些资源、各需要多少及何时投入、各投多少等问题。一项计划所需要的资源及资源多少可根据该项计划所涉及到的工作要求确定，不同的工作需要不同性质和数量不等的资源。根据各项工作对资源的需求、各项工作的轻重缓急和组织可供资源的多少就可确定资源分配给哪些工作和各配给多少。在所进行的各项工作任务明确以后，就要落实每项工作由谁负责、由谁执行、由谁协调、由谁检查。同时，要制定相应的奖惩措施，明确规定完成任务有何奖励，完不成任务又有何惩罚，使计划中的每一项工作落实到部门和个人，并有切实的保证措施。

第三节　目标与目标管理

一、目标的性质和作用

1. 目标的性质

对于任何一个有组织的团体，管理目标是其管理活动的起点，是组织内部各项管理活动的依据；管理目标又是其管理活动的重点，是判断一个组织管理合理性和有效性的标准。

目标是宗旨的具体化，是一个组织在一定时期内通过努力争取达到的理想状态或所希望获得的成果，它包括组织的宗旨、任务、具体的目标项目和指标等。著名的管理专家彼得·德鲁克（Peter Drucker）认为，一个成功进行管理的企业，应在诸如市场、利润、人力资源、物质和金融资源、技术进步和发展、提高生产力、职工积极性发挥和社会责任等八个方面有自己明确的目标。

从管理学的角度看，组织的目标具有独特的属性，包括以下四个方面。

（1）目标的纵向性。组织的目标是分层次的，形成一个有层次的体系，图4-4是目标组织层次体系示意图。

在这个层次体系中，从上而下组织目标范围越来越小，从高层的社会经济目标到特定的个人目标，组织目标也从抽象变得越来越明确、越来越具体。组织目标的层次多少取决于组织的规模和复杂程度。通常，组织目标的层次体系是与组织的层次体系相互对应的。组织中不同层次的管理者参与不同类型目标的建立。例如，董事会和最高层管理者主要参与确定组织的宗旨、整个组织的目标等；中层

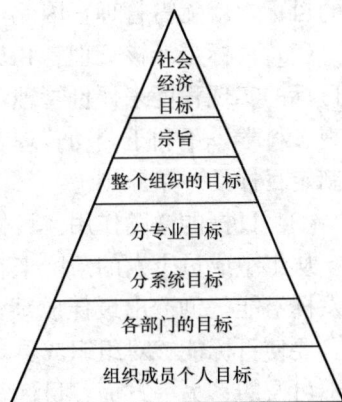

社会经济目标

宗旨

整个组织的目标

分专业目标

分系统目标

各部门的目标

组织成员个人目标

图4-4　组织目标层次

管理者如营销经理或生产经理主要负责分专业、分系统和各部门的目标；基层管理者主要干系部门及他们下属人员目标的制定。

（2）目标的多样性。对一个组织来说，目标很多，即使是主要目标，也是多种多样的。例如，仅仅把大学的主要目标说成是教育和研究是不够的，还应该更具体、更明确化。同样，在目标层次体系中的每个层次的目标，都可能是多种多样的。但是并非目标越多越好，过多的目标会使管理者应接不暇而顾此失彼，因此，应该减少目标的数量，尽量突出主要目标，以免因过于注重小目标而有损于主要目标的实现。

组织目标的多样性还体现在组织中既有明确目标，也有模糊目标。一般来说，明确的目标既有利于计划，也有利于控制，因此管理目标应该越明确越好。但在一些特殊情况下，无法确定具体目标又不能没有目标，这时提出一种模糊的目标也许更合适。

（3）目标的网络化。网络表示研究对象之间的相互关系。组织中各类、各级目标并不是相互孤立的，而是相互联结、相互支持的。因此，组织中的成员在实现目标时，不仅要考虑本部门的利益，还要考虑整个组织的利益。

一个组织的目标通常是通过各种活动的相互联系、相互促进来实现的，组织的目标很少是直线的，即并不是当一个目标实现后接着去实现另一个目标，目标和具体计划通常构成一个网络，目标与目标之间左右关联、上下贯通，融汇成一个整体。

既然目标和计划是以网络的形式相互联结的，要使一个网络具有效果，就必须使各个目标彼此协调、相互支持和相互联结，否则，组织的利益就会受到伤害，组织目标就难以实现。

（4）目标的可考核性。目标应该是可考核的，通常，要使目标具有可考核性，最方便的方法就是使之定量化。但是，并不是所有的目标都适宜定量表示，在组织的经营管理活动中，定性目标是不可缺少的，管理者在组织中的地位越高，其定性目标可能就越多。大多数定性目标也是可以考核的，只是不如考核定量目标那么准确。

2. 目标的作用

目标能够提高组织的工作效率，具体来讲，它的作用有以下三个方面。

（1）目标为组织管理工作指明方向。明确的目标确定了组织所希望达到的未来状况。目标的作用首先在于指导和协调管理者的努力，使他们同心同德，共同完成组织的目标。从管理的角度来看，管理正是为达到同一目标而协调集体所做努力的过程，如果不是为了达到一定的目标，就无需管理，因此，目标为组织管理工作指明了方向。

（2）目标是考核管理者和员工绩效的客观标准。目标为管理者提供了一个客观标准，通过目标的实现程度来评价管理者及员工的工作绩效。否则，光凭主观印象，既不公平，也不客观、科学，不利于调动管理者及员工的积极性。为此，目标本身必须是可以考核的。这也是制定目标的一条原则。

（3）目标的激励作用。目标是一种激励组织成员为实现组织目标发挥最大作用的力量源泉。从组织成员个人的角度来看，这种激励作用表现在两个方面：个人只有明确了目标，才能发挥潜能，创造出最佳成绩；另外，个人只有在达到了目标后，才会产生成就感和满意感。要使目标能够对组织成员产生激励作用，目标应该是经过努力可以实现的，而不是可望而不可及的；另一方面，目标又必须具有挑战性，否则实现了目标，也不会有成就感和满意感。因此，目标要可以实现，同时具有挑战性，是制定目标的又一个原则。

二、目标管理

1. 目标管理的由来

目标管理（Management By Objectives）始创于 20 世纪 50 年代的美国。尽管准确地指明谁是目标管理的创始人并不容易，但公认为彼得·德鲁克（Peter Drucker）对目标管理的发展和使之成为一个体系做出了重大贡献。1954 年，德鲁克在《管理的实践》中首先提出了"目标管理和自我控制的理论"，并对目标管理的原理做了较为全面的概括。他认为：企业的目的和任务必须转化为目标，各级管理者必须通过目标对下级进行领导并以此来保证企业总目标的实现。如果一个领域没有特定的目标，这个领域必然会被忽视；如果没有方向一致的分目标来指导每个人的工作，则企业的规模越大、人员越多时，发生冲突和浪费的可能性就越大。每个管理者或员工的分目标就是企业总目标对他的要求，同时也是他对企业总目标的贡献，也是管理者对下级进行考核和奖励的依据。他还主张在目标实施阶段，应充分信任下属人员，实行权利下放和民主协商，使下属人员发挥其主动性和创造性，进行自我控制，独立自主地完成各自的任务。德鲁克的这些主张在企业界和管理界产生了极大的影响，对形成和推广目标管理起了巨大的推动作用。

由于目标管理在产生的初期主要用于对管理者的管理，所以它也被称为"管理中的管理"。后来，目标管理逐渐推广到企业的所有人员及各项工作上，在强化企业素质，实现有效管理方面，取得了较好的效果。因而到 20 世纪 50 年代末，不仅在美国，而且在日本和西欧各国也广泛流传起来。现在，目标管理已经成为比较流行的一种企业管理体制。

2. 目标管理的概念及特点

（1）目标管理的概念。目标管理是一种综合的以工作为中心和以人为中心的系统管理方式。它是一个组织中上级管理人员同下级管理人员，以及同员工一起制定组织目标，并把其具体化展开至组织每个部门、层次、成员，与组织内每个单位、部门、层次和成员的责任和成果相互密切联系，明确地规定每个单位、部门、层次和成员的职责范围，并用这些措施来进行管理、评价和决定对每个单位、部门、层次和成员的贡献和奖励报酬等一整套系统化的管理方式。

（2）目标管理的特点。目标管理是参与管理的一种形式。实行目标管理，要根据组织的宗旨，首先确定出一定时期特定的总目标，然后对总目标进行分解。某一层次的目标需要一定的手段来实现，将这些手段作为下一层次的目标，实现下一层次目标的手段又可以作为更下一层次的目标，这样逐级展开，并通过上下级共同协商，就可以制定出组织各部门直至每个员工的目标。用总目标指导分目标，用分目标保证总目标，就形成一个"目标—手段"链。这也正是目标纵向性的表现。

目标管理既重视科学管理，又重视人的因素，强调"自我控制"。在管理方法上，目标管理继承了科学管理的原理；在指导思想上，吸收了行为科学的理论，实现了二者的完美统一。大力倡导目标管理的德鲁克认为，员工是愿意负责的，愿意在工作中发挥自己的聪明才智和创造性的。如果我们控制的对象是一个社会组织中的"人"，则必须通过对动机的控制来实现对行为的控制。用"自我控制的管理"代替"压制性的管理"，正是目标管理的主旨，这种"自我控制"可以激励员工尽自己最大努力把工作做好，而不是敷衍了事，勉强过关。

目标管理促使权利下放。推行目标管理，就要在目标制定之后，上级根据目标的需要，授予下级部门或个人以相应的权利。否则，再有能力的下级也难以顺利完成既定的目标，

"自我控制"、"自主管理"也就成了一句空话。因此，授权是提高目标管理效果的关键。推行目标管理，可以促使权利下放。

目标管理注重成果。实行目标管理后，由于有了一套完善的目标考核体系，就能够根据员工实际贡献的大小如实地评价员工的表现，克服以往凭印象、主观判断等传统的管理方法的不足。

3. 目标管理的工作步骤

目标管理的中心思想就是让具体化展开的组织目标成为组织每个成员、层次、部门等行为的方向和激励，同时又使其成为评价组织每个成员、层次、部门等工作绩效的标准，从而使组织能够有效运作。实行目标管理一般要展开以下步骤的工作。

（1）制定目标。它包括确定组织的总体目标和各部门的分目标。总目标是组织在未来从事活动要达到的状况和水平，其实现有赖于全体成员的共同努力。为了协调这些成员在不同时空的努力，各个部门的各个成员都要建立与组织目标相结合的分目标。这样，就形成了一个以组织目标为中心的一贯到底的目标体系。在制定每个部门和每个成员的目标时，上级要向下级提出自己的方针和目标，下级要根据上级的方针和目标制定自己的目标方案，在此基础上进行协商，最后由上级综合考虑后做出决定。

（2）执行目标。组织中各层次、各部门的成员为实现分目标，必须从事一定的活动，活动中必须利用一定的资源。为了保证他们有条件组织目标活动的展开，必须授予相应的权力，使之有能力调动和利用必要的资源。有了目标，组织成员便会明确努力的方向；有了权力，他们便会产生强烈的与权力使用相应的责任心，从而能充分发挥他们的判断能力和创造能力，使目标执行活动有效地进行。

（3）评价成果。成果评价既是实行奖惩的依据，也是上下左右沟通的机会，同时还是自我控制和自我激励的手段。成果评价既包括上级对下级的评价，也包括下级对上级、同级关系部门相互之间以及各层次自我的评价。上、下级之间的相互评价，有利于信息、意见的沟通，从而有利于组织活动的控制；横向的关系部门相互之间的评价，有利于保证不同环节的活动协调进行；而各层次组织成员的自我评价，则有利于促进他们的自我激励、自我控制以及自我完善。

（4）实行奖惩。组织对不同成员的奖惩，是以上述各种评价的综合结果为依据的。奖惩可以是物质的，也可以是精神的。公平合理的奖惩有利于维持和调动组织成员饱满的工作热情和积极性，奖惩如有失公正，则会影响这些成员行为的改善。

（5）制定新目标并开始新的目标管理循环。成果评价与成员行为奖惩，既是对某一阶段组织活动效果以及组织成员贡献的总结，也为下一阶段的工作提供参考和借鉴。在此基础上，为组织及其各层次、部门的活动制定新的目标并组织实施，展开目标管理的新一轮循环。

计划在执行过程中，有时需要根据情况进行调整，为了使组织活动更加符合环境特点的要求，必须对计划进行适时的调整。

4. 目标管理的局限性

尽管目标管理方法有很多优点，但方法本身和在方法的运用过程中，也存在一些局限性。

（1）对目标管理的原理和方法阐明不够。目标管理看起来简单，但要能有效地付诸实施，各级管理者必须对它有深刻的理解，必须能够依次向下属人员解释目标管理是什么，它怎样发挥作用，为什么要实行目标管理，它在评价管理工作成效时起什么作用，以及参与目标管理的人能得到什么利益等。

（2）给予目标制定者的指导不够。目标管理和其他任何计划工作一样，需要为各级目标制定者提供必要的指导准则，使他们了解计划工作的前提条件和组织的基本战略和政策。否则，就无法制定出正确的目标，目标管理也就无法发挥作用。

（3）目标确定困难。一方面，真正可考核的目标是难以确定的，如果再要求同一级管理者的目标在任何时候都具有正常的"紧张"和"费力"程度就更加困难。这就为目标管理的有效实施设置了难以逾越的障碍。

（4）强调短期目标。在大多数实行目标管理的组织中，管理者确立的目标一般都是短期的，很少超过一年，常常是一季度或更短些，因为短期目标才会更具体，操作性强。但强调短期目标，也许会因为短期行为而损害组织长期目标的实现。因此，组织的高层管理者就必须从长期目标的角度提出总目标和制定目标的指导方针。

（5）不灵活的危险。要使目标管理取得成效，就必须保持目标的明确性和肯定性，如果目标经常改变，就说明目标的制定不够周密、准确。这样的目标是无意义的。但另一方面，计划是面向未来的，必须根据未来情况的变化对目标进行修正。因此，实行目标管理，存在这种不能随时按组织目标、计划工作前提条件、组织政策等变化而迅速变化的危险。

第四节 计划的实施

计划工作的目的是通过计划的制定和实施来实现目标。编制计划只是计划工作的开始，更重要和更大量的工作还在于计划的实施。计划实施的基本要求是：保证全面、均衡地完成计划。所谓全面完成计划，是指组织整体、组织内的各个部门要按主要指标完成计划，而不能有所偏废；所谓均衡地完成计划，则是指要根据时段的具体要求，做好各项工作，按年、季、月，甚至旬、周、日完成计划，以建立正常的活动秩序，保证组织稳步发展。实践中计划组织实施行之有效的方法主要有目标管理、计量经济学方法、网络计划技术法、滚动计划法、投入产出法等。

一、计量经济学方法

计量经济学方法是运用现代数学和各种统计方法来描述和分析各种经济关系的方法，它以经济学中关于各种经济关系的学说为依据，运用数理统计方法，根据实际统计资料，对经济关系进行计量，然后将计量的结果和实际情况加以对照。这种方法对于管理者调节经济活动，加强市场预测，以及合理地安排生产计划和改善经营管理等都具有很大的实用价值。

应用计量经济学方法主要有建立模型、参数估计、实际应用三个主要步骤。

（1）建立模型。对实际情况进行分析，把影响问题的主要因素列为自变量，把所有次要因素用一个随机误差项表示，而把问题本身作为因变量，建立起含有一些未知参数的数学模型。

（2）参数估计。利用统计资料确定参数，进而计算相关系数，以检查自变量对因变量的影响程度，还要对参数进行理论检验和统计检验。

（3）实际应用。一是经济预测，即预测因变量在将来的数值；二是评价方案，即对计划工作或决策工作中的各种方案进行评价，以选择出最优方案；三是结构分析，即利用模型对经济系统进行更深入的分析。

二、网络计划技术

网络计划技术是 20 世纪 50 年代后期在美国产生和发展起来的。这种方法包括各种以网络为基础制定计划的方法，如关键线路法、计划评审技术、组合网络法等（详细内容参见本书第十五章）。1956 年美国海军武器计划处采用了计划评审技术，使北极星导弹工程的工期期限由 10 年缩短为 8 年。1961 年美国国防部和国家航空署规定，凡承制军用品必须用计划评审技术制定计划上报。从那时起，网络计划技术就开始在组织管理活动中被广泛地应用。

1. 网络计划技术的基本思路

网络计划技术是一种组织生产和进行计划管理的科学方法，它包括各种以网络为基础制定计划的方法，网络计划的基本原理是：首先将一项计划分解成若干项作业，并将它们之间的先后顺序和相互关系填入作业明细表，并根据它画出网络图；其次通过时间计算找出网络图的关键线路和关键工序；再次通过不断改善网络计划，选择最优方案并付诸实施，即网络计划的优化；最后在计划执行过程中，进行有效地控制和监督，保证合理地使用人力、物力和财力，按预定目标完成任务。

网络计划技术可使管理人员在制定计划时既可统筹安排，又不失去重点，在对工程的时间进度与资源利用上实行优化，因此网络计划技术的应用范围很广。

2. 网络计划技术的特点

网络计划技术虽然需要大量而频繁的计算，但在计算机广泛应用的时代，这些计算大都已经程序化了。这种技术之所以被广泛应用，是因为它有一系列的特点：该技术能清楚地表明整个工程中各项目的时间顺序和相互关系，并指出了完成任务的关键环节和线路，可对工程的时间进度与资源利用实施优化。在计划实施过程中，管理者调动非关键线路上的人力、物力和财力从事关键作业，进行综合平衡。可事先评价达到目标的可能性，该技术指出了计划实施过程中可能发生的困难，以及这些困难对整个任务产生的影响，准备好应急措施，从而减少完不成任务的风险。为了便于组织和控制，管理者可以将工程，特别是复杂的大项目，分成许多支持系统来分别组织实施与控制，这种既化整为零又聚零为整的管理方法，可以达到局部和整体协调一致，易于操作，并具有广泛的应用范围，适用于各行业以及各种任务。

三、滚动计划法

滚动计划是一种定期修订未来计划的方法，是一种动态编制计划的方法。

1. 滚动计划法的基本思想

由于在计划中，管理者很难准确地预测未来各种环境因素的变化，而且计划期越长，不确定性越大。这样，管理者在制定计划时就有必要使计划保持足够的弹性，当环境因素发生变化时可以调整计划或有回旋的余地。滚动计划就是使计划保持弹性的有效办法，它是保证计划在执行过程中能够根据情况变化，适时修正和调整的一种现代计划方法。滚动计划方法主要应用于长期计划的制定和调整。采用滚动计划，可适时根据环境变化和组织活动的实际进展情况进行调整，使组织始终有一个各部门、各阶段的活动导向的长期计划。

滚动计划的基本做法是：制定好组织在一个时期的行动计划后，在执行过程中根据组织内外条件的变化定期加以修改，使计划期不断延伸，滚动向前。滚动计划的主要优点：滚动计划方法使长期计划、中期计划与短期计划相互衔接，短期计划内部各阶段相互衔接，计划更加切合实际，并且使战略性计划的实施也更加切合实际。滚动计划方法大大加强了计划的弹性，它可以提高组织的应变能力。滚动计划的具体做法如图 4-5 所示。

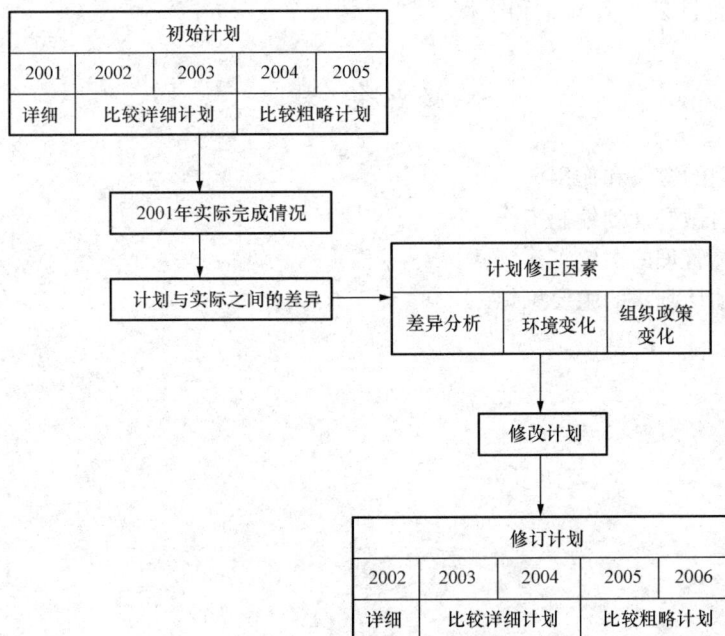

图 4-5　滚动计划的过程

由图 4-5 中可看出，采用滚动计划法时，先用近细远粗的方法制定出初始计划，在计划期的第一阶段结束时，根据该阶段实际执行情况和环境变化情况，对原计划进行修订，并使计划向前滚动一个阶段，以后各阶段均是如此，这种方法变静态计划为动态计划，大大增加了计划的弹性和灵活性，而且还能更好地保证计划的指导作用，提高计划的质量。

2. 滚动计划的评价

滚动计划虽然使计划编制和实施工作的任务量加大，但在计算机普遍应用的今天，其优点十分明显。其最突出的优点是计划更切合实际，并且使战略性计划的实施更切合实际，由于人们无法对未来的环境变化做出准确的估计和判断，所以计划针对的时间越长，不准确性越大，其实施难度也越大。滚动计划相对缩短了计划时期，加大了计划的准确性和可操作性，从而是战略性计划实施的有效方法。其次，滚动计划法使长期计划、中期计划和短期计划相互衔接，短期计划内部各阶段相互衔接。这就保证了即使由于环境变化出现某些不平衡时，也能及时地进行调节，使各期计划基本保持一致。第三，滚动计划方法大大加强了计划的弹性，这对环境剧烈变化的时代尤为重要，它可以提高组织的应变能力。

四、投入产出法

投入产出法是一种应用极为广泛的现代计划方法。这种方法是由美国哈佛大学的瓦西里·列昂节夫（Wassily W. Leotief）教授创立的，它的核心是一张根据调查和统计结果精心编制的投入产出表。这里的投入是指社会在组织物质生产时，对各种原材料、燃料、动力、辅助材料、机器设备以及活劳动等的生产性消耗；产出是指生产出来的产品数量及其分配去向。投入产出法是通过编制投入产出表，建立投入产出数学模型来反映国民经济各部门、再生产各环节间内在联系的一种方法。

应用投入产出法的优点可以确定整个国民经济或部门、企业经济发展中的各种比例关系；可以预测某项政策实施后产生的效果。另外，这种方法还可以从整个系统的角度编制长期或中期计划，而且易于搞好总和平衡。

思 考 题

1. 试简述计划的含义和作用。
2. 试简述如何做好计划编制工作。
3. 试简述目标管理的主要工作步骤。
4. 试简述滚动计划法的主要思想。

第五章 组 织 职 能

组织工作是管理的第二项职能。在管理过程中，组织结构设计对于目标的实现和管理任务的顺利完成具有重要的意义。本章从组织职能的内容、部门划分与职位设计、典型的组织结构类型、组织中的职权配置等方面进行了介绍。

第一节 组织工作的含义及内容

一家工商企业、一个非营利性机构或者一个公共机关，都要把总体的任务分配给各个成员、各个部门去承担，建立起它们之间相互分工而又相互合作的关系，这种关系就形成了一种框架或结构。组织工作的目的，就是要建立这样一种能产生有效的分工合作关系的结构。

众所周知，石墨与钻石都是由碳原子构成的，但由于原子间结构的差异，使两者的力量和价值都无法相提并论。同样的道理，性能同等优良的机器零件，由于组装的经验和水平不同，装出的机器在性能上可能相差很大。一队士兵，数量上没有变化，仅仅由于组织和列阵的不同，在战斗力上就会表现出质的差异。社会化大生产中的管理组织也是这样，由于管理系统内部分工协作的不同，所建立起来的管理组织可能具有差异较大的效能。如果一个组织内部，指挥失灵，人浮于事，内耗丛生，那么这样的组织结构势必难以保证组织目标的实现。可以这样说，组织结构对于企业，就像人的骨骼系统与身体的关系一样，是企业生存发展不可缺少的重要条件。而为了给企业建立起一个合理的、健全的组织结构，管理者就必须有效地开展组织工作。

组织工作就像其他管理工作一样，有其特定的活动过程，具体包括以下三大阶段的工作步骤（如图5-1所示）。

一、组织的设计

组织设计是组织工作中最重要、最核心的一个环节，着眼于建立一种有效的组织结构框架，对组织成员在实现组织目标中的工作分工协

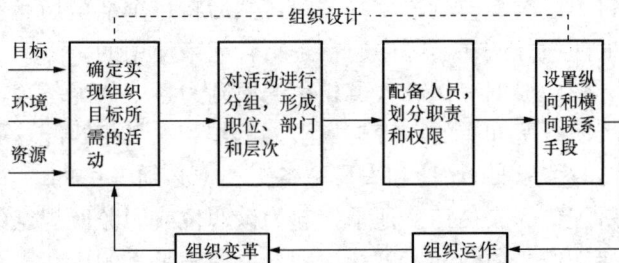

图 5-1 组织工作的过程

作关系做出正式、规范的安排。组织设计的目的，就是要形成实现组织目标所需要的正式组织。

组织设计的步骤包括以下几个方面。

（1）确定组织的目标和实现目标所必需的活动。严格地说，确定目标属于计划工作的内容，组织工作通常是从确定实现目标所必需的活动开始的。以企业机构为例，可以通过回答如下两个问题来确定实现组织（企业）目标需要开展哪些活动。为了达到企业的目标，必须在什么领域有出色的表现？什么领域的表现不佳将会影响企业的效绩，甚至影响到企业的存

在？这些问题的回答可以帮助确定对实现企业目标贡献最大的关键性活动。例如，美国IBM 公司在电子计算机发展的早期，认为产品销售和市场营销是企业的关键活动，为此配备了规模庞大的销售服务队伍。进入 20 世纪 80 年代后，面对计算机行业市场环境的日益复杂多变，产品开发尤其是软件开发就愈为重要。为此，IBM 公司在加强研发投入的同时，也加强了销售部门与研发部门之间的联系。企业关键活动领域的确定，将决定这一企业是单纯生产型的企业，还是经营型的企业，或是科工贸一体化的企业。

对企业生存发展影响重大的关键性活动，应该成为组织设计工作关注的焦点。其他各种次要活动应该围绕主要的关键活动来配置，以达到次要活动服从、服务和配合于主要活动，确保企业目标的实现。

（2）根据组织资源和环境条件对实现目标所必需的活动进行分组。所谓分组，指的是组织单位的划分和组合。对活动进行分组，就是要考虑企业中哪些活动应该合并在一起，哪些活动应该分开。总的原则是，贡献相同或相似的活动应该归并在一起，由一个单位或部门来承担。例如，产品销售和市场营销活动可以合并在一个单位内，库存控制和采购职能，以及质量检验和质量管理工作，都可以结合在一起。与此同时，在进行部门分合时还应该考虑尽可能地使一项活动与其他活动的联系距离保持最短。例如，企业中的各项计划工作通常是归并在计划部门中进行的，但其中的生产计划工作却可能例外，它不是放在计划部门中，而是归入到制造部门。前者的组合考虑了"贡献相似性"原则，后者则是为了使生产的计划同生产的组织和控制活动距离更近些，将生产计划置于接近制造现场处有利于减少不必要的跨系统联系。可以将这种追求跨系统联系尽可能少的原则称为"关系相近性"原则。

不论按照什么原则进行活动的分组，都可以采取两种方法：一种是从小而大的组合法，即先将实现企业目标所必需的活动细分为各项工作，然后将若干工作项目归类形成各种工作岗位或职位，再按一定的方式将某些工作岗位或职位组合成相对独立的部门，并根据管理幅度的要求设置各个管理层次。另一种是由大而小的划分法，即先确定管理的各个层次，再确定每个层次上应设置哪些部门，然后将每个部门所承担的工作任务分解为各个职位的工作。以上两种方法在实际中通常是结合起来使用的。

（3）根据工作和人员相称的原则为各职位配备合适的人员，并通过决策任务的分析确定每个职务所拥有的职责与权限。工作和人员相匹配，职位和能力相适应，也即"人与事相结合"，这是组织设计和人员配备工作中必须考虑的一个重要原则。只有做到这一点，才能确保所配备的人员切实地承担起为该职位或职务所规定的工作任务。为此，在职务设计时必须保持工作的适当的广度和深度，以便满足人的内在需要和发挥人的潜在能力。同时，配备人员必须考虑其现有或经过培训后可能具备的素质、能力是否适合所设定职务的要求，以便人员得到最为妥当的配置。另一方面，组织设计还必须设法使职务和职责权限保持一致。换句话说，分派某人去承担某项工作，必须明确赋予他完成该工作任务的职责，同时相应地授予他履行该项职务的职权。而决策任务的分析是确定各管理层次、各管理部门的职责和职权的重要依据。其基本的原则是，决策权限应该下放到尽可能低的组织层次并尽可能使其接近于活动现场，同时应注意使所有受到影响的活动和目标都得到充分考虑。只有这样的层次才适合于拥有某项活动的决定权。这一原则的前一方面讲的是做出一项决策的权限应该下放到什么层次，后一方面则是讲决策权限可能放到哪个层次以及需要向哪些人通报这些决策。将这两个方面结合起来，就可以明确某项决策宜安排在什么位置上最为合理，由此确定组织的集权与分权体制。

（4）设置各层次、各部门之间纵向与横向联系的手段。如果说组织设计的前几个步骤重点在于把整个企业的活动分解为各个组成部分（各层次、各部门、各职位），那么这一步骤就是要把各组成部分联结成一个整体，以使整个组织能够协调一致地实现企业的总体目标。可以说，分化与整合，或者说分工与协调，是组织工作的两个核心内容。组织分化达到什么样的程度，相应的整合手段也应该达到同等程度的协调功能。

二、组织的运作

组织运作指的是使所设计好的组织运行和运转起来。一个组织在其运作过程中可能遵循正式组织设计所规定的轨迹，但也可能渗入和出现各种非正式的关系。非正式组织存在于正式组织中，这是一种客观的、平常的现象。为了使组织在各种正式和非正式关系交叉的动态运作过程中能取得各方面力量的协调配合，首先需要合理地选聘人员，并鼓励上级人员向下级人员适当授权、下级人员向上级人员全面负责，同时积极有效地进行上下左右的信息沟通联系。除此之外，组织还要将已制定出来的各类规章制度落到实处，使之成为规范和约束员工行为的有效标准，以实现组织运行的正常化、规范化和制度化。从一定意义上说，设计好的组织投入运作的过程，是与管理工作的其他方面的职能密切联系在一起的。

三、组织的变革

组织变革就是对组织的调整、改革与再设计，它属于组织工作过程中的反馈与修正步骤。当组织在运行中发现了前述步骤中的不完善之处，或者当环境出现了新的情况而引起企业目标的修正时，原有的组织设计就要做修改，以提高组织的效能，增进组织的适应性。

组织是一个社会系统，组织变革与技术系统的变革不一样，它不是纯粹的结构再设计的过程，而是一个需要激发变革的动力同时又要克服变革的阻力，并采取有效措施对变革进行妥善管理的过程。变革管理不善，可能导致设计良好的变革计划难以实现。

四、正式组织与非正式组织

1. 正式组织的特征及表现方式

正式组织是组织设计工作的结果，它是通过组织图和职务说明书等文件加以正规确定和筹划的组织形式。正式组织具有如下三个特征。

（1）目的性。正式组织是为实现组织目标而有意识建立的。为了更好地实现组织的目标，正式组织往往需要随着内外环境条件的变化而做相应调整。

（2）正规性。正式组织中成员的职责范围和相互关系通常由书面文件加以明文的、正式的规定，以便确保成员行为的合法性、精确性、纪律性和可靠性。

（3）稳定性。正式组织一经建立，通常都会维持一段较长的时间，以充分发挥组织的效能。过于频繁的变动不仅在于正式组织不可能发生（因为组织运行的惯性及各种人为阻力都会抑制这种变动），而且也不利于提高工作的效率。如何做到稳定性与适应性的结合，达到持续性与变动性的平衡，这是正式组织面临的一大问题。

反映正式组织中各方面关系的文件除了职务说明书外，更重要的是组织图。组织图是参照"树"的形状绘制出来的，它直观、明了，使组织中的每个成员一看就知道自己所处的位置、向谁汇报工作、谁对他拥有直线职权，以及职位、部门组合的依据和管理幅度等，因此人们常将它称作组织的蓝图。组织图清楚地表明，组织中的权力和责任是如何由最高管理层沿着一条明确而又不间断的路线逐级流向下层，并由此构成直线指挥和工作汇报关系的指挥链。组织图界定了各职位、各部门之间的相互关系，从而为组织的正常运行提供了一种井然有序的方式，并指明了上下左右间信息沟通的正式渠道。

2. 非正式组织的产生

在正式组织中，可能存在若干非正式组织。非正式组织是伴随着正式组织的运转而形成的。在正式组织中，某些成员由于工作性质相近、社会地位相当，对一些具体问题的认识基本一致、观点基本相同，或者由于性格、业余爱好和感情比较相投，他们在平时相处中会形成一些被小群体成员所共同接受并遵守的行为规则，从而使原来松散、随机形成的群体渐渐成为趋向固定的非正式组织。任何组织，不论规模多大，都可能有非正式组织存在。非正式组织与正式组织相互交错地同时并存于一个单位、机构或组织之中，这是组织生活的一个现实。

3. 非正式组织与正式组织的对比

正式组织是组织设计工作的结果，是经由管理者通过正式的筹划，并借助组织图和职务说明书等文件予以明确规定的。正式组织有明确的目标、任务、结构、职能以及由此形成的成员间的责权关系，因此对成员行为具有相当程度的强制力。

与之对比，非正式组织是未经正式筹划而由人们在交往中自发形成的一种个人关系和社会关系的网络。在非正式组织中，成员之间的关系是一种自然的人际关系，他们不是经由刻意的安排，而是由于日常接触、感情交融、情趣相投或价值取向相近而发生联系。与正式组织的特征相对应，非正式组织的基本特征是：

（1）自发性。非正式组织中共同的个人行动虽然有时也能达成某种共同的结果，但人们并不是本着有意识的共同目的参与活动的。他们只是由于自然的人际交往而自发地产生交互行为，由此形成一种未经刻意安排的组织状态。

（2）内聚性。非正式组织虽然没有严格的规章制度来约束其成员的行为，但它通过成员的团体意识、团体固有的规范和压力以及非正式领导者的说明和影响作用而将人们团结在一起，并产生很强的内在的凝聚力。

（3）不稳定性。由于非正式组织是自发产生、自由结合而成的，因此呈现出不稳定性。它可以随着人员的变动或新的人际关系的出现而发生改变，从而使其结构表现出动态的特征。

4. 非正式组织的影响作用

非正式组织的存在及其活动，既可对正式组织目标的实现起到积极促进的作用，也可能产生消极的影响。非正式组织的积极作用表现在，它可以为员工提供在正式组织中很难得到的心理需要的满足，创造一种更加和谐、融洽的人际关系，提高员工的相互合作精神，最终改变正式组织的工作情况。

非正式组织的消极作用在于，如果非正式组织的目标与正式组织目标发生冲突，则可能对正式组织的工作产生极为不利的影响。非正式组织要求成员行为一致性的压力，可能会束缚其成员的个人发展。此外，非正式组织的压力还会影响到正式组织的变革进程，造成组织创新的惰性。

5. 对待非正式组织的策略

由于非正式组织的存在是一个客观的、自然的现象，也由于非正式组织对正式组织具有正负两方面的作用，所以，管理者不能采取简单的禁止或取缔态度，而应该对它加以妥善地管理。也就是要因势利导，善于最大限度地发挥非正式组织的积极作用，克服其消极的作用。

一方面，管理者必须认识到，正式组织目标的实现，要求有效地利用和发挥非正式组织的积极作用。为此，管理者必须正视非正式组织存在的客观必然性和必要性，允许乃至鼓励非正式组织的存在，为非正式组织的形成提供条件，并努力使之与正式组织相吻合。

另一方面，考虑到非正式组织可能具有的不利影响，管理者需要通过建立、宣传正确的组织文化，以影响与改变非正式组织的行为规范，从而更好地引导非正式组织做出积极贡献。

第二节 部门划分与职务设计

一、管理幅度与管理层次

管理幅度是影响组织内部各单位规模大小的重要决定因素。在一个单位内，究竟能将多少相近或相关的工作职位或职务组合在一起，就主要取决于该单位主管人员的有效管理幅度。所谓管理幅度，就是一位管理人员直接指挥和监督的下属人数。一个人受其注意力范围的限制，他能直接有效管理的下属数量总是有限的，这就是管理幅度作为组织设计的一条基本原则的缘由。如图 5-2 所示，主管人员 A 的管理幅度为 3，B 的管理幅度为 5，C 为 7，D 为 8。

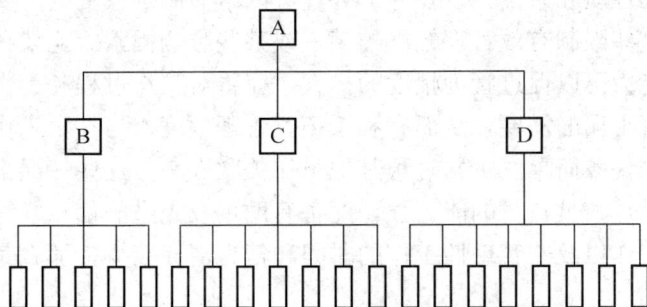

图 5-2 管理幅度示例

管理幅度的大小与管理层次的数量成反比例关系。管理幅度增大，管理层次数就可减少；反之，管理层次数目就增多。以一家具有 4096 名作业人员的企业为例，如果按管理幅度分别为 4、8 和 16 对其进行组织设计（这里假设各层次的管理幅度相同），那么其相应的管理层次依次为 6、4 和 3，所需的管理人员数为 1365、585 和 273 名，如图 5-3 所示。

管理幅度：	4	8	16
管理层次：	6	4	3
管理人员数：	1365	585	273

管理幅度的宽窄对组织形态和组织活动会产生显著的影响。在组织中作业人员数量一定的情况下，管理幅度越窄，组织层次的设置就越多，从而组织就表现为高而瘦的结构特征，因此称这种组织为高耸型组织，如图 5-3（a）所示；反之，管理幅度越宽，组织层次就越少，从而该组织就成为扁平型组织，如图 5-3（c）所示。在高耸型组织中，窄幅度的监督控制可能使管理更为周密，但由于管理层次多，不仅加长了信息的传递渠道，影响信息传递

的速度和组织活动的效率，而且还使管理人员配备数量增多（如图 5 - 3 中，当管理幅度从 16 变为 4 时，管理人员从 273 名增至 1365 名，增多 4 倍），从而造成管理费用上升。相比之下，宽幅度的监督控制可以克服窄幅度管理的缺陷，但是会降低管理的效能，使管理者对下属不能进行密切监督和有效的控制。

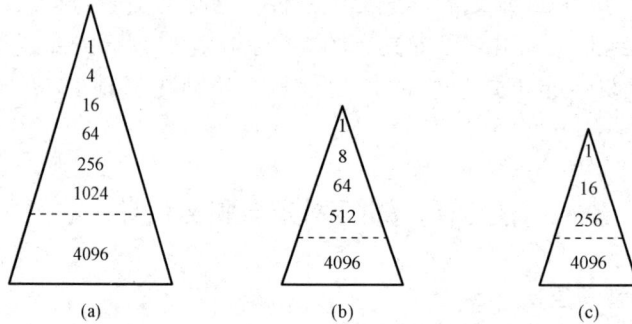

图 5 - 3　管理幅度与管理层次的关系

　　在客观条件不具备的情况下，随意扩大管理幅度很可能造成管理失控的状态。从管理有效性的角度出发，任何管理者都必须遵循管理幅度原则开展管理工作。但这并不意味着可以对不同的企业，以及同一企业的不同部门或不同层次的主管人员，规定一个在各种情况下都普遍适用的、固定不变的直属人员数目。相反，有效的管理幅度是随主管人员的能力、下属人员的素质、工作的性质和条件，以及外部环境等因素而制定权变的。要扩大管理幅度，就需要首先设法改变这些限制有效管理幅度的某一或某些影响因素。比如，提高下属人员的素质和自主协调控制能力可以促进管理幅度的扩大，完善对工作过程和工作成果的标准化可减少主管人员直接监督下属的需要，从而有利于拓宽管理幅度。另外，工作地点相近，工作职能相同或相似，工作任务简单、少并且与其他工作关联性小，这些情况都允许管理人员保持较宽的管理幅度。管理人员自身的能力强，配备有助手及先进的信息联络手段，或者主管人员从事决策与计划工作以及非管理性工作的时间和精力消耗较少，那么其有效的管理幅度范围也可相应增大。

　　二、部门划分的方法

　　所谓部门化，也即活动分组，是指按照一定的方式将相关的工作活动予以划分和组合，形成易于管理的组织单位，如部、处、科、室、组等，这些通常称作部门。部门化可以采取多种多样的方式，从而形成不同形态的组织结构。

　　1. 按人数、时间、地点划分部门，形成简单结构

　　这是最传统的部门划分方式。它只是为了管理方便而将完成相同任务的人员划分为几个部分，划归不同的管理者领导，因此并不体现管理的专业化分工思想。例如，军队中常常按士兵的人数划分为班、排、连等。医院、消防队、航空公司和炼钢厂的基层作业常采用轮班制方式加以组织，所以将人员划分为早班、中班、夜班。警卫和清洁工作则更多地按地点来划分人员，如片警、街区清洁队。这种部门划分方式考虑的是做工作的人数、时间和地点，而不管这些人做什么和做这些工作的内容和方法。

　　2. 按设备、工艺阶段或工作技能划分部门，形成职能结构

　　这是将工作方法作为部门化的依据。例如，企业中的电子数据处理部门，机械加工生产

中的车、铣、磨、钻班组，它们是按工作手段——设备来划分的。机械厂中的铸锻、金加工和装配车间，纺织厂的纺纱、织布和印染车间，以及钢铁企业中的炼铁、炼钢和轧钢这样的分厂，都是按工作（生产）过程的工艺阶段来设置的。至于企业中的原料采购和设备维修、产品销售和市场营销、生产管理和质量控制、研究开发和工程技术、人事管理和财务会计等，这些都是按各项业务活动的开展所需要的专门知识、技巧和能力来划分和组合部门的。这类部门化方式有利于充分发挥专业化分工的优势，取得工作的规模经济和高效率，但它容易导致各部门产生狭隘的职能眼光和本位主义思想，不利于全面考虑组织的总体利益。而且，由于各部门之间协调配合差，高层领导者只得将许多精力花在日常管理事务的处理上，影响了对企业生存发展等重大问题的思考和策划。各部门都只作为成本花费中心或销售收入中心来运作，只有最高层才对收支相抵后的营利状况负责，因此整个企业是一个统一的经营单位。

　　3. 按产品、地区、顾客或营销渠道划分部门，形成事业部结构

　　　　这是基于工作结果来进行部门化。例如，通用汽车公司是按产品品牌和类别设立了别克事业部、雪佛兰事业部、通用轿车及货车事业部等，美国电话电报公司和麦当劳公司则将自身业务划分为几大地理区域。家具制造公司中的住户家具部和团体购买家具部，商业银行中的商业贷款部、工业贷款部和个人贷款部，以及教育机构中的正规部、夜校部和函授部等，这些都是按顾客来划分部门的实例。按营销渠道划分部门与按顾客划分部门有类似之处，但两者考虑的重点不同，后者侧重于产品的最终顾客（消费者或用户），前者侧重于将产品分配至顾客所要经过的中间商通路。美国普莱克斯公司在将职能结构改组为事业部结构时，发现无论是按产品划分部门还是按地区设立部门都未能改善经营状况。后来，不得不将积压下来的肥皂、洗涤剂等产品塞进超级市场和杂货店。经过一番调查研究之后，该公司发觉对这两类营销渠道的推销方法并不一样，按营销渠道设立了超级市场事业部和杂货店事业部，结果促进了经营业务的发展。

　　　　按产品、地区、顾客或营销渠道进行部门化的结果，可以形成自我包容的准独立性经营单位，其具体表现可以是事业部、分部、分厂或分公司。分公司实际上是一种地区事业部的法律表现形式，它与一般事业部的区别主要是，分公司是个法律概念，其存在得到各国法律的承认。一个公司若在国外或国内异地设立附属性的分支机构，一般都挂上"分公司"的牌子，并在当地工商行政管理部门办理非法人企业注册登记并领取非独立核算单位营业执照。许多国家的税法规定，分公司要在其东道主国（或地区）向税务部门交纳营业流转税，而所得税系由总公司在其所属国家（或地区）统一缴纳。与之对比，事业部是企业内部组织管理方面的概念，在法律上如同分厂一样不被承认。一个公司为扩大经营规模而在业务所在地筹建分支机构时，为避免不必要的新单位注册登记和单独纳税问题，往往倾向于采用事业部组织形式。在经营管理权限方面，与传统的职能部门相比，分公司、事业部拥有较大的经营自主权，且内部配备有较完备的职能机构。如果将分公司、事业部从总公司中独立出去，它们可以成为企业性单位运作下去。但只要隶属于总公司内部，总公司对分公司和事业部都是一种行政指挥命令关系，只不过它们与不能独立运作的职能部门相比，通常被要求成为相对自主经营、自计盈亏（而不是自负盈亏），即分公司和事业部都可以成为利润中心。与这种利润责任相适应，总公司也对它们实行一种分权的管理方式，将日常经营管理决策权下放给这些单位的负责人去行使（他们与企业最高管理者一样也是综合管理者或称总经理）。职能结

构与事业部结构的对比如图5-4和图5-5所示。

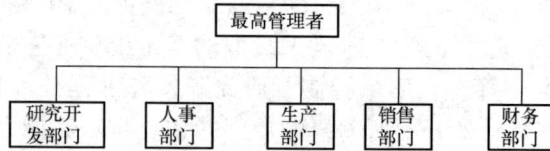

图5-4　职能结构

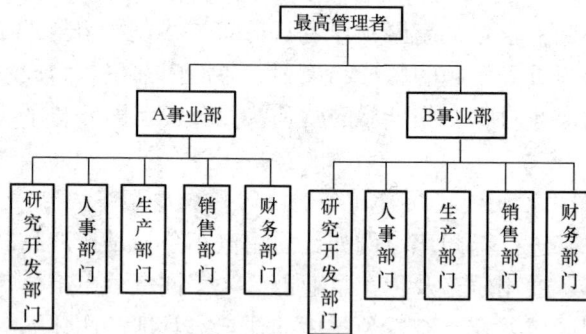

图5-5　事业部结构

组织设立事业部结构的主要优点是便于取得产出方面的协调，它能够从内部所配备的各种职能中汇集所需的工作技能，以便在适当的地点、通过适当的营销渠道、为合适的顾客提供满意的产品。另外，各事业部间自然存在的竞争也可用来激发员工的进取心。事业部结构设计存在的弊端主要是，职能专业化程度低，管理费用增加，并出现资源使用上的重复配置。再就是，高层管理人员对经营业务的统一控制比较困难，并容易在各事业部之间引发对整个企业不利的相互竞争行为。

需要说明的是，事业部、分公司和子公司都是对一个企业经营活动中所涉及的准独立或独立机构的称谓。这些单位都处于本公司的势力范围之内，但它们各自的法律地位和经营管理权限不尽相同。子公司是相对于母公司而言的，是被母公司股权控制的独立法人企业，它严格地说是企业集团的成员，是集团母公司持股的对象，而不是集团总公司内部的组织单位。而分公司则是公司内部的附属机构，不具有独立法人地位，不能独自缴纳所得税，也不具有自负盈亏的能力。从这种意义上说，分公司的地位与一般的事业部极为相近，它们在法律上和经济上都不具有完全的独立性，不具有企业法人资格。

三、组织整合手段

组织结构设计包括两大方面的主要内容：一是把任务分为具体的工作，由不同的职位和部门来承担；二是在分工的基础上，取得各职位、各部门之间的协调运作。协调或整合是组织任务目标得以顺利实现的根本保障。当一个人独自工作的时候，协调可以在他自己的头脑里进行。但在两个或两个以上的人共同工作的时候，为了实现共同的目标和任务，组织就必须设置整合的手段以达到所需要的协调。一般而言，组织整合或协调的手段包括如下五种。

1. 通过组织等级链的直接监督

组织随着劳动者人数的增加和劳动分工协作关系的发生，通常需要推出一个人来负责统一指挥和监督其他人的活动，以达到行动上的配合一致。这个独立于作业活动而存在的指挥和监督人员，就是组织中脑力劳动与体力劳动开始分离后出现的第一个管理者。随着组织规模的扩大，在最高管理者与作业人员之间往往又产生若干层次的中间管理者，这样就形成了指挥监督管理的等级链体系。

2. 通过程序规则的工作过程标准化

随着组织规模的进一步扩大，单纯依靠等级链上的各层次管理者来进行监督和协调已不能满足需要。为减轻等级链的负担，可以把所要进行工作的内容、过程制定成详细的程序和规则，即通过规定标准的工作方法来达到各方面行动的协调配合。

3. 通过计划安排的工作成果标准化

工作过程标准化适用于那些简单、常规的工作。如果某项工作的过程不易分解，无法规定标准化的工作内容和程序，这时需要变控制工作过程为控制工作产出，即对工作过程的产出成果做出标准化的规定。不管作业者按照怎样的程序从事自己的工作，只要产出的成果达到既定的标准要求，就能保证前后工序活动的顺利衔接。

4. 通过教育培训的工作技能标准化

如果工作过程和产出的成果都无法预先规定出妥当的标准，这时只能通过对工作者技能素质的控制来确保工作的协调进行。这种方式就是对从事某一工作所必须具备的知识、能力、经验等"投入"要素做出标准化的规定，在招收、聘用人员时予以贯彻，并在任职之中定期地加以检查、考评和培训，由此来保证工作活动达到统一要求。

5. 通过直接接触的相互调整

这是下级工作人员之间通过直接的接触和沟通而主动调整各自的行动，以取得彼此的协调配合。随着企业规模的扩大、工作复杂性的提高和劳动分工的细化，企业的整合和协调机制也在不断发生变化。在企业发展的初期，简单的协作可以通过工作者之间的直接接触和相互调整来取得。随着企业人员的增加，劳动分工和工作协调日趋复杂化，只依靠个人之间的相互调整已不足以满足需要，必须有一名或多名管理者来对全体工作人员的行动进行统一的指挥和监督。当企业规模进一步扩大后，管理层次明显增多，组织等级链延长，通过逐级的直接监督来协调下层人员的活动就很容易使等级链上的管理人员负荷超重。为了减轻直线管理人员的负担，企业管理队伍中逐渐分化出专门从事标准操作方法研究、产出计划和控制、人员招聘和培训等辅助管理工作的职能人员，由他们帮助推进工作过程、成果和技能的标准化。而标准化协调方式因为缺乏灵活性，难以应付可能出现的复杂多变局面，这时，具有高度应变能力的相互调整机制可能重新成为组织协调的一种重要机制。不过，最初的相互调整主要是依靠简单的直接接触来取得协调，现代企业已经发展出了联络职位、任务小组、项目小组乃至矩阵组织这些正规设置的结构性横向协调机制。

四、职务设计的几种形式

职务设计是指将若干工作任务组合起来构成一项完整的职务。现实中有些职务是常规性的、经常重复的，另一些职务则是非常规性的。有些要求大量变化、多样的技能，另一些只要求范围狭窄的技能。有些职务限定员工遵循非常严格的程序，另一些则对员工如何工作给予充分的自由。有些职务以一组员工按团队的方式进行可取得更好的效果，另一些职务让个人单独做可以做得更好。因此，职务设计应因任务组合的方式不同而各异，而这些不同的组合则形成了多种职务设计方案，具体有如下几种。

1. 职务专业化

在 20 世纪上半叶，职务设计是与劳动分工、工作专业化意义相同的，管理者都在设法将其组织中各个职务的工作设计得尽可能简单、细小、易做。时至今日，分工专业化原则继续指导着许多职务的设计。比如，生产工人在装配流水线上从事简单、重复的工作，办公室职员坐在计算机终端前执行范围狭窄的、标准化的任务，甚至护士、会计及其他职业人员也发现他们的许多任务都只是专业化的劳动。

专业化能带来许多有利之处，如有利于提高人员的工作熟练程度，有利于减少因工作变换而损失的时间，有利于使用专用设备和减少员工培训要求，以及扩展企业招工对象的来源范围和降低生产的劳动成本等。但职务设计过于专业化也可能带来负面影响，如造成工作之间的协调成本上升，并使工作人员的积极性受到影响，不少人无法忍受每天在流水线上旋紧螺栓上千次，这种枯燥、单调、乏味导致了员工的厌烦和不满情绪，同时也影响工作的质量和总体效率。如果说专业化分工在经济发展的早期有利于取得规模经济和高效率，那么到了后期就容易产生工作协调和人员激励方面的不经济。

2. 职务扩大化

职务扩大化是与职务专业化相对立的一种设计思想。它不是将工作划分为细小的部分，使每个人单独承担其中某一部分的活动，相反地，而是把若干活动合并为一件工作，扩大工作的广度和范围。以装配收音机为例，原先由每个人只负责一两项简单的操作，如将某个电容器插在焊孔上，现在则改由每个员工装配一个部件，甚至由单个员工装配整台收音机。这样专业化分工的程度就降低了，员工的工作变得多样化，也就有意思得多了。另一种相似的作法是，让员工有次序地从一项工作更换到另一项工作上去，此称为职务轮换。例如仓库内的工作，一个工人可以在周一干卸货的工作，周二负责把货物搬进仓库，周三负责核对清单，周四将外运货物搬出仓库，周五负责装车。经过这样的转换后，同一个工人在一周内的每一天都从事一种新的工作，如此可以发展员工的多样技能，并减少工作的单调和枯燥感。日本的许多企业甚至还经常在中、低层的管理工作中进行定期或不定期的职务轮换，以更好地培养和激励管理人员。

3. 职务丰富化

如果说职务扩大化是指在同一级别上的工作横向扩展，那么职务丰富化则是从纵向上充实和丰富工作内容，即从增加员工对工作的自主性和责任心的角度，使其体验工作的内在意义、挑战性和成就感。在强调劳动分工的时代，许多人主张在管理人员和作业人员之间进行明确的职责划分，使管理者专门从事计划和控制这类思考工作，而生产工人只是按管理者的吩咐去做执行性工作。对职务进行丰富化设计，就是要将部分管理权限下放给下级人员，使其在完成任务过程中也有参与做决定的权力。美国电话电报公司曾经成功地采用这种职务丰富化设计方法激励了打字员。以前，公司将八个打字员放在一个没有自主权的小组里，负责打印顾客的订货单。这种小组工作效率很低，人员思想也不稳定。后来改建为工作团队形式，小组长直接由打字员担任，并授予该小组计划和控制其工作质量与进度的权力，这样大家的责任心大大加强了，工作效率和工作满足感随之提高。

4. 职务轮换

职位轮换是指让员工定期从一项工作更换到另一项工作上去，如在仓库工作的工人，可以在卸货、出货、记录、盘点等多项职位上定期轮换，这样有利于促进员工技能的多样化，在一定程度上减少了工作的单调和枯燥的感觉。

5. 工作团队

上述几种方式均是依据个人来进行职务设计的，当职务设计围绕群体而不是个人时，就形成了工作团队（work team）。近年来，工作团队代表了一种日益盛行的职务设计方案，越来越多的组织采用这一方式来安排工作以期提高组织的竞争力。工作团队有多种类型，自主管理工作团队便是其中最具代表性的一种，这种团队享有相当大的自主权，除了安排工作进度、决定工作方法之外，团队甚至可以自主挑选成员、自主考评工作绩效，以及决定团队成员的奖惩。

以上说明，职务设计不应该单方面地考虑工作任务的要求，而应当同时兼顾到人员选配与培训以及人员激励的问题，这是因事设职与因人设职相结合的职务设计原则。传统的职务设计只顾工作，不顾人的因素，这无疑是片面的。在职务设计考虑到人的需要和潜能的情况下，人员任用工作就应该服从职务设计所规定的工作人员数量和资格规范的要求，以便使组织的每个职位都能在适当的时候配备上适当数量和素质的人员，确保组织任务目标的落实。

第三节 典型的组织结构类型

对组织中决策权限的分配以及直线指挥和参谋辅助关系的确定，配之以前的组织部门优化设计，可以形成不同的组织结构形式。应该看到，组织中的部门划分和职权关系的确定，这两者是相辅相成、相互配合的。没有按职能划分部门这种结构设计基础，组织就不可能从直线制（这是一种简单结构）演变为直线职能制和职能制（它们都为职能结构）；同理，没有职权关系的界定为基础，直线职能制和职能制组织也就形不成区别。对于任何一种组织形式，包括事业部制和矩阵制，都应该从部门划分和职权关系相结合的角度进行理解。下面分别介绍各种常见的组织结构形式的优缺点及适用条件。

一、直线制结构

这种组织形式的主要特点是：命令系统单一直线传递，管理权力高度集中，实行一元化管理，决策迅速，指挥灵活。但要求最高管理者要通晓多种专业知识。这种形式适用于规模较小、任务比较单一、人员较少的组织。以制造业企业为例，直线制组织的结构如图5-6所示。

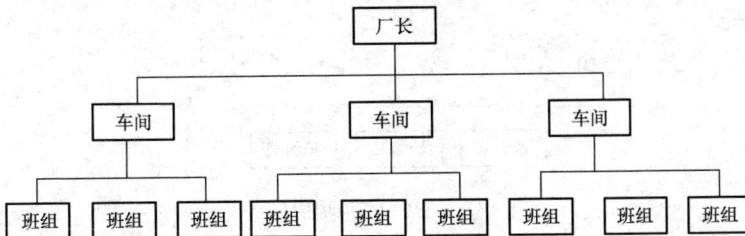

图 5-6 直线制组织结构

二、职能制组织结构

这种组织形式的特点是，在组织中设置若干职能专门化的机构，这些职能机构在自己的职责范围内，都有权向下发布命令和指示。其优点是能够充分发挥职能机构的专业管理作用，并使直线经理人员摆脱琐碎的经济技术分析工作。其缺陷是多头领导，极大地违背了统一指挥原则。这种组织形式适用于任务较复杂的社会管理组织和生产技术复杂、各项管理需要具有专门知识的企业管理组织。以企业为例，职能制组织的结构如图 5-7 所示。

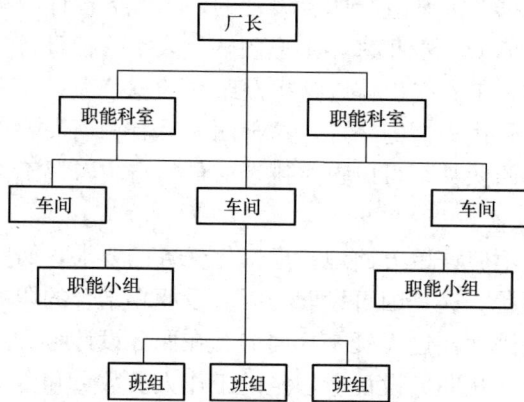

图 5-7　职能制组织

三、直线职能制组织结构

这是一种综合直线制和职能制两种类型组织特点而形成的组织结构形式。它与直线制的区别就在于设置了职能机构。与职能制的区别在于，职能机构只是作为直线管理者的参谋和助手，它不具有对下面直接进行指挥的权力。因此，这种组织形式保持了直线制集中统一指挥的优点，又具有职能分工专业化的长处。但是，这种类型的组织存在着职能部门之间横向联系较差、信息传递路线较长、适应环境变化差的缺陷。直线职能制是一种普遍适用的组织形式，我国大多数企业和一些非营利组织经常采用这种组织形式。以企业为例，这种组织的结构如图 5-8 所示。

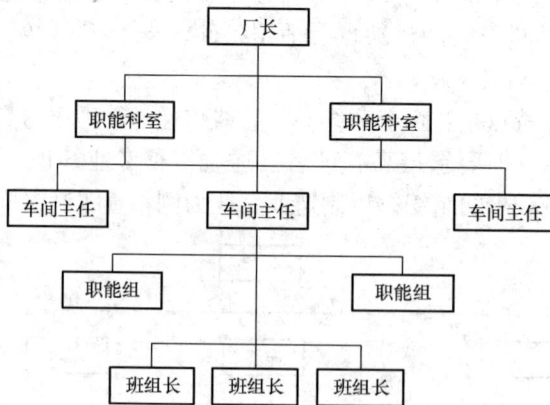

图 5-8　直线职能制组织结构

四、事业部制组织结构

这种类型结构的特点是，组织按地区或所经营的各种产品和事业来划分部门，各事业部独立核算，自计盈亏，适应性和稳定性强，有利于组织的最高管理者摆脱日常事务而专心致力于组织的战略决策和长期规划，有利于调动各事业部的积极性和主动性，并且有利于公司对各事业部的绩效进行考评。这种组织结构形式的主要缺陷是，资源重复配置，管理费用较高，且事业部之间协作较差。这种组织形式主要适用于产品多样化和从事多元化经营的组织，也适用于面临市场环境复杂多变或所处地理位置分散的大型企业和巨型企业，如图 5-9 所示。

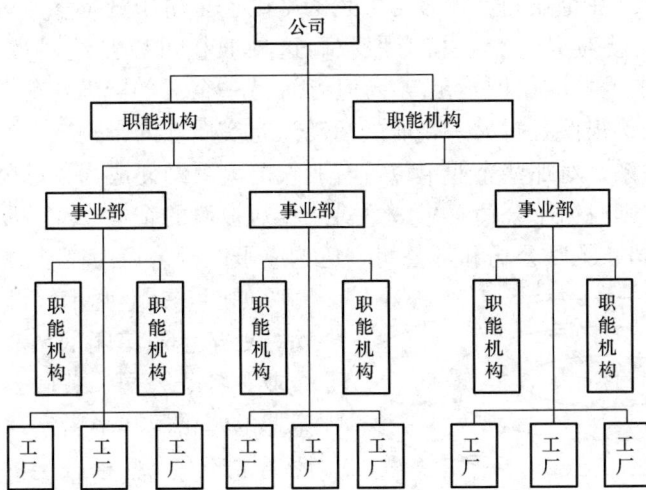

图 5 - 9 事业部制组织结构

五、矩阵型结构

这是一种把按职能划分的部门同按产品、服务或工程项目划分的部门结合起来的组织形式。在这种组织中，每个成员既要接受垂直部门的领导，又要在执行某项任务时接受项目负责人的指挥。可以说，矩阵结构是对统一指挥原则的一种有意识的违背。这种结构的主要优点是：灵活性和适应性较强，有利于加强各职能部门之间的协作和配合，并且有利于开发新技术、新产品和激发组织成员的创造性。其主要缺陷是：组织结构稳定性较差，双重职权关系容易引起冲突，同时还可能导致项目经理过多、机构臃肿的弊端。这种组织主要适用于科研、设计、规划项目等创新性较强的工作或者单位。此种组织形式如图 5 - 10 所示。

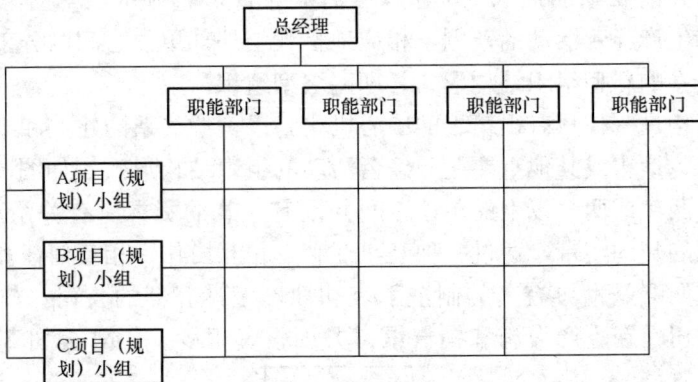

图 5 - 10 矩阵制组织结构

六、控股型结构

现代企业的经营已经超越了企业内部边界的范围，开始在企业与企业之间结成比较密切的长期联系。这种联系在组织结构上的表现就是形成了控股型和网络型组织结构形式。

控股型组织结构是在非相关领域开展多元化经营的企业所常用的一种组织结构形式。由于经营业务的非相关或弱相关，大公司不对这些业务经营单位进行直接的管理和控制，而代之以持股控制。这样，大公司便成为一个持股公司，受其持股的单位不但对具体业务有自主经营权，而且保留独立的法人地位。

　　控股型结构是建立在企业间资本参与关系的基础上。由于资本参与关系的存在，一个企业（通常是大公司）就对另一企业持有股权。这种股权可以是绝对控股（持股比例大于50%以上）、相对控股（持股比例不足50%但可对另一企业的经营决策产生实质性的影响）和一般参股（持股比例很低且对另一企业的活动没有实质性的影响）。

　　基于这种持股关系，对那些企业单位持有股权的大公司便成为了母公司，被母公司控制和影响的各企业单位则成为子公司（指被绝对或相对控股的企业）或关联公司（指仅被一般参股的企业）。子公司、关联公司和母公司一道构成了以母公司为核心的企业集团。

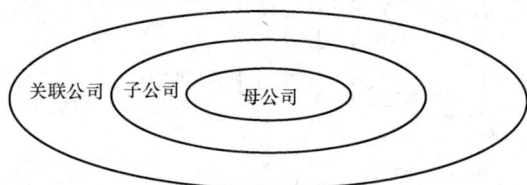

图 5-11　控股型组织结构

　　如图 5-11 所示，母公司也称为集团公司，处于企业集团的核心层，是集团的核心企业。各子公司、关联公司就是围绕该集团企业的紧密层和半紧密层组成单位。企业集团通常还有一些松散层的组成单位，即协作企业，它们通过基于长期契约的业务协作关系而被联结到企业集团中。对这种契约关系，将在后面的"网络型组织"中予以介绍。

　　集团公司或母公司与它所持股的企业单位之间不是上下级之间的行政管理关系，而是出资人对被持股企业的产权管理关系。母公司作为大股东，对持股单位进行产权管理控制的主要手段是：母公司凭借所掌握的股权向子公司派遣产权代表和董事、监事，通过这些人员在子公司股东会、董事会、监事会中发挥积极作用而影响于公司的经营决策。

　　七、网络型组织结构

　　网络型组织结构是利用现代信息技术手段建立和发展起来的一种新型组织结构。现代信息技术使企业与外界的联系加强了，利用这一有利条件，企业可以重新考虑自身机构的边界，不断缩小内部生产经营活动的范围，相应地扩大与外部单位之间的分工协作。这就产生了一种基于契约关系的新型组织结构形式，即网络型组织。

　　网络型组织结构是一种只有很精干的中心机构，以契约关系的建立和维持为基础，依靠外部机构进行制造、销售或其他重要业务经营活动的组织结构形式，如图 5-12 所示。被联结在这一结构中的两个或两个以上的单位之间并没有正式的资本所有关系和行政隶属关系，但却通过相对松散的契约纽带，透过一种互惠互利、相互协作、相互信任和支持的机制来进行密切的合作。卡西欧是世界有名的制造手表和袖珍型计算器的公司，却一直只是一家设计、营销和装配公司，在生产设施和销售渠道方面投资很少。IBM 公司 20 世纪 80 年代初

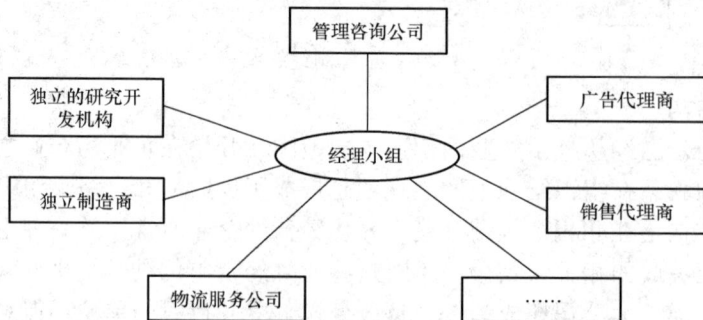

图 5-12　网络型组织结构

在不到一年时间内开发 PC 成功,依靠的是微软公司为其提供软件,英特尔公司为其提供机芯。网络型结构使企业可以利用社会上现有的资源使自己快速发展壮大起来,目前已经成为国际上流行的一种新形式的组织设计。

网络型组织结构是小型组织的一种可行的选择,也是大型企业在联结集团松散层单位时通常采用的组织结构形式。采用网络型结构的组织,它们所做的就是创设一个"关系"的网络,与独立的制造商、销售代理商及其他机构达成长期协作协议,使它们按照契约要求执行相应的生产经营功能。由于网络型组织的大部分活动都是外包、外协的,因此,公司的管理机构就只是一个精干的经理班子,负责监管公司内部开展的活动,同时协调和控制与外部协作机构之间的关系。

第四节 组织中的职权配置

一、集权与分权

集权与分权反映组织的纵向职权关系,是指组织中决策权限的集中与分散程度。所谓分权,就是在组织中将决策的权限分配给中下层组织单位的这样一种倾向。分权的对立面是集权,即决策权限主要集中在高层领导者手中。如果组织生产经营活动的所有决策权限都集中在企业最高领导一人手中,这样的组织无疑是高度集权的。但这样做会使最高领导负担过重,其他管理职位难以发挥作用。组织的最高领导者如果希望其他管理人员分担管理职责,就需要有一定程度的分权。但组织中也不可能存在绝对的分权,因为如果高层管理者将他们的职权全部下放,他们自己作为管理人员的必要性就不复存在,相应的职位就可以取消。集权和分权作为两种倾向,它们所体现的只是权力分散程度上的差别,而不是两种截然相反的极端。实际中的组织都是处于一定程度的集权与分权状态之中。

一般来说,分权化程度较大的组织,其低层次的管理人员有较大的权力自主处理问题或做出决策。判明一个组织的集权或分权程度究竟多大,有如下几方面的标志。

(1) 不同类型决策的集中程度。首先,如果组织中的低层管理者可自主做决定的事项数目越多,则分权程度越大;其次,如果低层管理者所做的决策越具重要性,则分权程度也就越大。例如,在不请示任何上级的情况下,可以自主决定购买价值在 50 万元的设备,要比被限制于 5 万元内的决策权限更显分权化;再次,低层管理者所做决策的影响范围越广,则分权程度越大。例如,允许分部做出生产、财务及人事方面决策的公司,要比那些仅允许分部拥有生产方面决策权的公司分权程度大。

(2) 整个决策过程的集中程度。决策是一个过程,而不仅仅是做决定这一步骤。如果有不同的部门参与了决策信息的收集(如生产部门、销售部门),或者决策方案的拟定(如计划部门、财务部门),决策方案的评价(如专家委员会),决策方案的选择(某主管人员)和决策执行过程的监督(如下级或下属某部门),那么,这样的决策权限就是相对分散的。如果所有这些决策步骤都由某主管一人承担,则决策是较为集权的。决策之后、付诸执行之前,如果必须报请上级批准,那么分权程度就降低。被请示的人越多且其所处层次越高,则分权程度越小。

(3) 下属决策受控制的程度。如果组织制定出许多细致的政策、程序、规则来对成员的决策行为施加前提影响,那么分权程度就降低。相传 1961 年英国有个商人叫霍布森,他去卖马的时候，说可以让顾客任意挑选，但必须符合一个条件，即只允许挑最高门旁边的那一匹。这样，他事先制定的这个先决条件实际上就等于不让挑选了。这是通过规则来限制决策权的例子。如果主管人员对下属的工作监督和控制的密度越高，则分权程度越低。

一个组织的分权化程度宜高还是宜低，并没有绝对的结论。分权程度低，也即集权程度高。其主要好处是：便于从整个组织目标出发处理问题，避免局部利益行为；可使组织的有限资源得到更有效的利用，并有助于确保组织政策和行动的一致性，提高组织的控制力。过分集权的主要弊端是，可能降低决策的质量和速度，影响组织的应变能力，并容易挫伤低层人员的积极性和主动性，同时高层管理者也难以集中精力处理重大的问题。分权程度提高，虽然可以克服集权的弊端，但相应地也丧失了集权的好处。因此，集权和分权的程度应该多大，企业需根据具体情况来确定。例如，组织规模大、地理分布广、经营领域宽的企业，宜实行分权化管理；经营环境稳定，生产技术连续性强，以及主要以内部发展方式成长起来的企业，则倾向于采取集权化的管理方式。

二、授权与尽责

授权是组织纵向职权关系赖以形成的根本性的组织运作问题。所谓授权，就是上级把手中的权力部分委让给下级的这样一个过程。授权过程包括三个方面的内容。

1. 分派职责

在接受任务时，人们必然对接受的任务负有执行的责任，这种与职务及所进行的工作活动相联系的责任被称为职责。职责的分派可以是领导者吩咐下级去准备一份报告，也可以是指派某人负责一个为时半年的任务小组等。完成一项确定的任务所必须履行的义务就是职责。

2. 赋予职权

伴随着职责的分派，个人也应该得到从事该项工作所应有的合法权利，如负责起草报告的下属应该被应允从保密的档案中取阅有关的资料，任务小组负责人应该有权调配从各职能部门抽调来的工作人员等。所谓职权，就是某一职位所固有的做出决策、采取行动和希望决策得到他人执行而发布命令的这样一种正式的合理合法的权力。领导者在对下属授权过程中，必须遵循"职权与职责对等"原则。职责是完成任务的义务，职权是完成任务的手段。任何一个组织成员，假如没有完成任务的充分职权，他就无法履行自己的职责；反之，若职权大于其承担的职责，又会造成权力滥用的现象。权责对等是授权过程的必然要求。

3. 确立责任

如果说授权是上一级管理者随着职责的分派而将部分职权授予给其直属下级的这样一种"向下"的行为，那么负责、尽责则是"对上"而言的，所以常将授权与尽责对应地称作"向下授权"与"向上负责"。所谓负责或尽责，就是指下级对履行职责和运用职权的结果负责。在授权的过程中同时规定下级要对上级负责，可以确保每一个被指派去执行某项工作的人能切实不折不扣地完成工作任务，否则就要接受一定的惩罚。与职权和职责下授不同的是，尽责必须遵从"责任绝对性"原则，即任何上级管理者都不能因为已授权下属人员去执行某项工作，自己就不再对该项工作完成好坏负责任。从下级管理者或作业人员的角度来看，由于其职责是上级指派的，职权也是上级授予的，因而必须向上级汇报完成工作的情况并接受相应的奖惩。而从上级管理者的角度来看，他授权下级执行某些职责，并不意味着他对该项职责的落实情况就不再负有任何责任。实际上，授权的对象是他确定的，而且在授权下去的工作的执行过程中，他还负有检查、监督的义务。因此，上级管理者责无旁贷地要对下级的工作结果好坏负最终责任。对上级管理者来说，不论某项任务是由自己还是授权他人去执行，其最终责任都是不可下授的。以这种责任绝对性原则确立责任关系，就可以沿着组织等级链从下向上延伸"尽责"，从而逐级保证组织目标的顺利实现。

以上授权过程三部分内容的联系如图 5 - 13 所示。

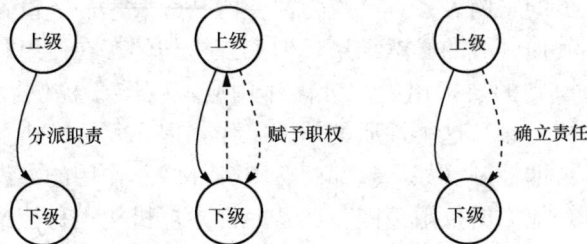

图 5 - 13 授权过程三要素

上述授权过程表明，一个中间管理人员可以把上级授予给他的职责和职权再委让给下级，但自己向上级报告的责任及对最终结果应负的责任则是不能推诿、下授的。由于这个原因，许多管理人员不愿意授权，宁可自己包揽一切。但不能实行有效授权的管理者，实际上是一个不称职的管理者，因为管理工作的本质就是通过他人并同他人一道把事情办成。害怕对下属授权后如果下属犯错误而自己还要为他承担责任，从而试图靠自己做事来避免授权给他人，这样的管理者无论多么精明能干，总会感到所管辖的工作范围远远超出他本人的能力和精力。应该承认，授权确是一个困难的过程，但如果组织建立了完善的控制系统，那么这种不愿授权的状况就可以大大减少。授权可使管理者在某些事情上"放手不干"，但绝不是"放手不管"。授权的目的就是把管理者的作用从他所能做的工作扩大到他能控制的方面，从而延伸管理者的"手臂"，增加其有效管理的范围。

三、直线职权与参谋职权

直线与参谋概念可以泛指部门的设置，也可以专指职权关系。直线部门通常被认为是对组织目标的实现直接做出贡献的单位，如大工业公司中的生产系统、销售系统都被列为直线部门；而把采购、会计、人事、设备维修和质量管理等列为参谋部门。但从职权关系来看，无论是在生产系统、销售系统内部，还是在辅助性的参谋单位内部，只要存在上下级关系，就必定有直线职权发生。生产系统和销售系统同是直线部门，但它们是两条线上的直线关系，如果销售部门主管跨系统对生产部门人员提出如何包装产品的要求，这就不是直线关系，而是非直线关系了。我们将跨系统发生的非直线关系，以及参谋部门对直线部门提供的辅助关系，统称为参谋职权或参谋关系。

直线职权是循着组织等级链（亦称指挥链）发生的职权关系。例如，在企业生产系统中，总裁→负责生产制造的副总裁→制造分部总经理→分厂经理（厂长）→车间主任→工段长→工人，从上级到下级构成了严密的指挥链关系。组织运作中的指挥链原则就要求指挥命令和汇报请示都必须沿着一条明确而又不间断的路线逐级传递，上级不越级发号施令（但可越级检查），下级也不越级汇报请示（但可越级告状和建议），这样才能保证指挥统一。指挥链亦称为等级链原则。

　　跨系统行使职权，与在同一直线系统中越级行使职权一样，都可能违背统一指挥的要求。统一指挥原则是比等级链或指挥链原则更高一层次的组织原则，它指组织中每个下属应当而且只能向一个上级主管直接汇报工作。为了保证组织成员的行动协调一致，组织设计和运作中除了规定直线系统中只有直接上级（顶头上司）才能对下级（直属人员）行使指挥权外，还必须明确跨系统（包括不同直线系统之间以及参谋系统与直线系统之间）的职权关系。

　　参谋部门对直线人员的斜向关系，是权力冲突的一大发生源。设置参谋部门是劳动分工从生产作业领域扩展到其他领域的必然结果，但参谋机构的存在使组织中的职权关系趋于复杂化。从"统一指挥"原则的要求出发，参谋作用应该仅限于提供服务（如机修和采购部门）和咨询建议（如法律专家）这类性质的辅助工作，但在实际中企业往往还设立有起帮助协调（如计划部门）和帮助控制（如质量部门、财务部门）作用的参谋机构。对直线管理人员来说，协调、控制本是他们的权限范围，如若允许参谋机构也行使这方面的权力，冲突肯定难以避免。如何充分发挥参谋作用，而又不破坏统一指挥的原则，这是组织管理的一门艺术。

　　从组织管理科学的角度处理直线与参谋关系，需要对参谋机构的辅助作用及其权限强度做出明确规定。通常而言，参谋职权可分为如下几种。

　　（1）建议权：即参谋人员的权限仅限于提供建议、提案或协助，其意见可能得到有关人员的欢迎和采纳，也可能被置之不理。

　　（2）强制协商权：此时参谋人员的影响力在一定程度上有所提高，即有关人员在做出决定之前必须先询问和听取参谋人员的意见。处理这种关系的关键在于，要具体地规定在什么情况下参谋人员的意见应得到应有的重视，而又不限制直线主管人员的自主决定权。

　　（3）共同决定权：这时参谋人员的权限提高到了足以影响有关人员自主决定权的程度。换句话说，有关人员不仅要在做出决定前认真地听取参谋人员的意见，而且在命令采取行动时还需得到参谋人员的同意和许可。这种权力常在企业必须确保某项决策得到专家评定的情况下采用。比如，有些企业可能规定任何合同都需经过法律顾问复审，任何人事决定都需通过人事部门检查等。

　　（4）职能职权：这是对直线主管人员行使决策和指挥权限的最高程度的限制。这种情况允许参谋人员对有关人员直接下达指示，而且这些指示要像来自直线主管的命令一样得到同等的重视。当然，这种指示也有可能被直线主管撤回，但在此之前它是绝对必须执行的。通常参谋人员的专门知识和技能是在开展某项工作的重要条件的情况下采用。比如：化工厂的安全技师可能被授权强令停止安全没保障的生产作业，直至隐患得到彻底根除；有些强调"质量彻底优先"的企业，质量管理人员也需要拥有职能职权。与这种职权的扩大相对称，职能部门的职责除了要搞好服务、当好参谋外，还包括组织实施、专业协调和监督检查等。

　　拥有职能职权的部门是严格意义上的职能部门。但在更经常情况下，参谋部门和职能部门这两种提法是交叉、混用的，如"直线职能制"组织实际上就是指直线参谋制，而"职能制"组织中的职能机构才是严格意义上拥有职能职权的职能部门。明确职能与参谋两个概念内涵上的异同，有助于更好地区别不同组织形式中的职权关系的性质。

思 考 题

1. 组织结构设计应遵循哪些原则?
2. 职务轮换对于激励员工有什么作用?
3. 你认为管理层次是多好还是少好,为什么?
4. 组织结构的基本类型有哪些? 各有何特点?

第六章　领　导　职　能

领导职能是管理的第三个职能。管理的组织职能是对组织资源进行配置，而如何让它们合理运作起来，则需要领导职能来完成。领导职能的成败是一个组织能否实现既定目标的关键，组织成员的激励、人际关系与群体行为的调整、经营管理和劳动报酬的设计无不与领导行为及其效用有关，缺乏有效领导的组织是无力的、难以发展的。本章主要从领导的有关理论、激励和沟通等方面对领导职能进行论述。

第一节　领导的含义与作用

一、领导的定义

领导的定义可以从不同角度或不同侧面来阐明，主要有以下几种：①领导就是影响员工、要他们好好工作并努力完成组织目标的一个过程；②领导就是影响力；③领导就是有意的过程，并且是建立在一定影响的基础之上，通过有意地施加影响，个人依赖自身的力量和可信性，从而改变或影响其他人及他们的环境；④领导是企业的创造者和维持者；⑤领导是解决问题的初始行为。

很显然，每个定义都说明了领导的特征，我们认为领导应包含三个方面。

（1）领导者必须有部下或追随者。没有部下的领导者谈不上领导。

（2）领导者拥有影响追随者的能力或力量。这包括由组织赋予领导者的职位和权力，也包括领导者个人所具有的影响力、才能、品德、知识等非权力因素。

（3）领导的目的是通过影响部下来达到企业的目标。

所谓领导就是指挥、带领、引导和鼓励被领导者为实现组织目标而努力的过程。

二、领导与管理

领导不同于管理，两者既有联系又有区别。在生产力十分落后的情况下，领导和管理是"合二为一"的。管理工作的独立是社会分工的结果，领导从管理工作中独立出来也同样是社会分工的结果。只有在生产力发展到一定水平，社会活动日趋复杂的情况下，领导才有可能从管理中分化出来。领导与管理是在构成同一过程中既相互区别又相互联系的两个体系，它们各有其自身的功能和特点，同时又都是当今经济条件下，组织取得成功必不可少的组成部分。

从本质上说，管理是建立在合法的、有报酬的和强制性权力的基础上对下属命令的行为。下属必须遵循管理者的指示。在此过程中，下属可尽自己最大的努力去完成任务，也可能只尽一部分努力去完成工作。但是，领导更多地是建立在个人影响权和专长权以及模范作用的基础之上。因此，一个人可能既是管理者，又是领导者。管理者和领导者两者分离的情况也是有的，一个人可能是领导者但并不是管理者，如非正式组织中最具影响力的人就是典型的例子，组织没有赋予他们职位和权力，他们也没有义务去负责组织的计划和工作，但他们却能引导和激励、甚至命令自己的成员。一个人可能是个管理者，但并不是个领导者。领导的本质就是被领导者的追随和服从，它不是由组织赋予的职位和权力所决定的，而是取决于追随者的意愿，因此有些握有职权的管理者可能没有部下的服从，也就谈不上是真正意义上的领导者。

三、领导的作用

尽管人们对领导的功能有不同的理解，但作为组织中处于组织、指挥、协调、控制和决策地位的领导者，他们在被领导者实现组织目标的过程中总会扮演指挥者、协调者与组织者的角色，同时也发挥着指挥、协调和激励等方面的作用。

（1）指挥作用。为保证企业活动的协调和统一，需要有头脑清醒、胸怀全局、高瞻远瞩、运筹帷幄的领导者，来帮助人们认清所处的环境和形势，指明活动的目标和达到目标的途径。领导就是引导、指挥、指导，领导者应帮助组织成员最大限度地实现组织的目标。他们不是站在组织成员的后面去推动、去督促，而是作为带头人来引导前进，鼓舞人们去实现组织的目标。领导者只有站在群众的前面，用自己的行动带领人们为实现企业的目标而努力，才能真正起到指挥的作用。

（2）协调作用。在许多人协同工作的集体活动中，领导者必须协调企业中的各种资源或因素，促使企业的所有活动以企业战略目标实现为导向。①思想协调。组织内的每个人的才能、理解能力、工作态度、进取精神、个体心理等存在着较大的差异，加上外部环境的影响，员工在思想上会发生种种分歧，因此领导者应将思想协调放在首位。②目标协调。领导者必须不断地协调企业长远利益和短期利益，调整内部各种关系，使之与企业的战略协同一致。③权力协调。为完成工作目标或任务，领导者必须授权，所以也需要协调好权力与责任的关系。④信息协调。领导者必须注意信息的沟通，否则，就会指挥不灵，所以领导者在上下级之间、下级相互之间要加强信息沟通与协调。

（3）激励作用。企业中的每个成员都会有不同的动机和要求，领导者必须最大程度地在工作中帮助他们实现各种愿望，提高对工作的满意程度，但是不能偏离企业目标。激励是促进企业和个人发展的重要手段。一个组织的领导者，就像一个交响乐队的指挥一样，他能充分指挥、协调配合，从而奏出和谐、优美的乐章。如果领导者不具备这种能力，即使组织内有再多的优秀人才，也很难发挥其整体作用。

第二节 领 导 理 论

20 世纪 30 年代以来，人们对于领导及其效能问题，有各种各样的解释或理论，内容十分丰富，但总的来说，还有待整理和提高。在西方国家有很多学者从不同角度研究了关于领导的理论，按提出理论的时间先后顺序，现有的有关领导理论可分为三大类，即性格理论、行为理论和权变（或情境）理论。

一、性格理论

长期以来，西方国家的管理学者们一直把领导者的各种个人性格和特征作为描述和预测其领导成效的标准。这种研究试图区分领导者和一般人的不同特点，并以此来解释他们成为领导者的原因，这就是所谓的性格理论，也就是研究怎样的人才能成为良好的、有效的领导者。

1940 年以来，这类利用领导者个人性格和特征来解释或预测领导效能的理论，逐渐被人们放弃。其理由是：①他们忽略了领导者的地位和影响作用。事实上，一个领导者能否发挥其领导效能，会因被领导者不同而不同。②领导者的性格特征内容过于繁杂，且随不同情况而变化，难以寻求由此获得成功的真正因素。③难以探索领导者所有性格特征彼此的相对重要性。④各种有关实证研究所显示的结果相当不一致。

二、行为理论

领导才能与追随者的意愿都是以领导方式为基础的，所以许多人开始从研究领导者的内在特征转移到外在行为上，这就是行为理论。这种理论认为，依据个人行为方式可以对领导进行最好的分类，然而至今还没有一个公认的"最好的"分类。这里着重介绍比较有代表性的管理方格论。

美国管理学家罗伯特·布莱克（Robert Blake）和简·穆顿（Jane Mouton）于 1964 年设计了一个巧妙的管理方格图，在"关心人"和"关心生产"的基础上提出了管理方格论，用一种二维坐标组合形式来描述领导方式的差异，如图 6-1 所示。图中横坐标和纵坐标分别表示领导者对生产的关心程度和对人的关心程度。每个坐标都划分为 1~9 的九个单位，因此有 81 种组合，在坐标系上就有 81 个方格，这就是所谓的"管理方格"。但是管理方格理论主要强调的并不是产生的结果，而是领导者为了达到这些结果应考虑的主要因素。

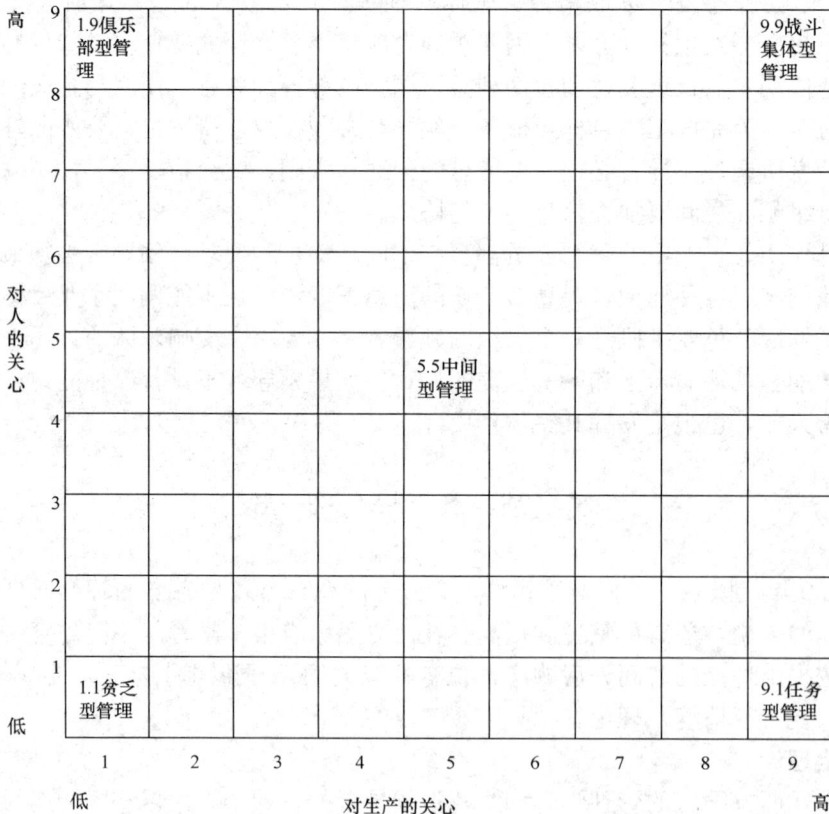

图 6-1　管理方格图

方格图中有 1.1、9.9、5.5、9.1、1.9 五种典型的领导方式。

1.1 贫乏型：领导者对职工漠不关心，领导者本人也只以最低限度的努力来完成必须做的工作。

9.1任务型：领导者的注意力集中于任务的效率，而不重视下属的发展和下属的士气。

1.9俱乐部型：领导者集中注意对职工的支持与体谅，但对任务效率和规章制度、指挥监督等则很少关心。

5.5中间型：领导者对人的关心度和对生产的关心度能够保持平衡，追求正常的效率和令人满意的士气。

9.9战斗集体型：对职工、对生产都极为关心，通过协调和综合工作相关活动而提高任务效率与工作士气。

应该指出，上述五种典型仅仅是理论上的描述，都是极端的情况，在实际生活中，很难出现纯之又纯的典型领导方式。

三、权变理论

随着领导行为研究的不断深入，人们越来越关心领导行为风格和被领导者的特征、管理情境等的关系，研究者们提出了若干领导行为权变理论。权变理论认为，领导行为的有效性不单纯取决于领导者的个人行为，某种领导方式在实际工作中的有效程度主要取决于具体的情景和场合。领导是个动态的过程，其有效性将随着被领导者的特点和环境的变化而异。其中比较著名的是"菲德勒权变理论"和"路径—目标理论"。

（1）菲德勒权变理论。该理论由美国管理学家菲德勒（Fred E. Fiedller）提出，认为对领导工作影响作用最大的三个基本因素是职位权力、任务结构和上下级关系。所谓职位权力是指领导者所处的职位具有的权威和权力的大小，或者说领导的法定权、强制权和奖励权的大小。权力越大，群体成员遵从指导的程度越高，领导的环境也就越好；反之，则越差。任务结构是指任务的明确程度和部下对这些任务的负责程度。如果这些任务越明确，而且部下责任心越强，则领导环境越好；反之，则越差。上下级关系是指下属乐于追随的程度。如果下属对上级越尊重，并且乐于追随，则上下级关系越好；反之，则越差。

菲德勒对1200个团体进行了抽样调查，根据上述三种因素的情况，领导者所处的环境从最有利到最不利，共分为8种类型（见表6-1）。其中，三个条件齐备的是领导最有利的环境，三者都缺乏的是最不利的环境。领导者所采取的领导方式，应该与环境类型相适应，才能获得有效的领导。

表6-1　　　　　　　　　　　　　菲 德 勒 模 型

环境的有利程度	最有利 ——————————————→ 最不利							
上下级关系	好				差			
任务结构	明确		不明确		明确		不明确	
职位权力	强	弱	强	弱	强	弱	强	弱
环境类型	1	2	3	4	5	6	7	8
有效的领导风格	任务导向型				关系导向型			任务导向型

（2）路径—目标理论。路径—目标模型是由美国管理学家罗伯特·豪斯（Robert House）提出的。该理论认为，领导者的工作是帮助下属达到他们的目标，提供必要的指导和支持以确保个体目标与群体或组织的总体目标一致。按照路径—目标理论，最有效的领导

者应该能帮助其下属实现组织目标和个人目标，特别是一些成就与报酬目标。领导要做到这一点，就要明确规定职位与工作职责，消除工作中的障碍，在制定目标时谋求群体成员的帮助，促进群体内部的团结和协作，增进个人在工作中得到满足的机会，减少不必要的紧张与外部控制，使期望的酬劳得以实现，以及做其他一些能满足人们期望的事情。

豪斯将领导的行为分为四类：支持型领导、指令型领导、成就型领导、参与型领导。支持型领导，领导关心下属和他人的各种需要和行为目标，力求创造出友好、公平的工作情境。指令型领导，这种领导方式是让下属明确知道领导对他们的期望，对下属的工作提出具体的要求。成就型领导，领导激励下属，为他们建立起富有挑战性的工作目标，并期望下属达到自己的最佳水平。参与型领导，领导鼓励下属参与决策和共同行动、咨询式管理和建立互助的管理和工作情境。

路径—目标理论认为，领导者的行为能否成为激励因素，在选择领导方式时应当考虑以下两方面：第一，职工的个人特点，如责任心、教育水平、对成就的需求等。自我评价较高并能影响周围的人或事物的组织成员，更乐于接受参与型的领导方式，而一些缺乏主见的人较喜欢指令型的领导方式。第二，环境因素，包括权力结构、工作性质、工作小组等情况。在工作任务十分明确的情况下，一般要采取支持型的领导方式；而在工作任务不十分明确的情况下，则应采取指令型的领导方式。

第三节　激　　励

一、激励的含义

激励是指激发人的行为动机的心理过程。领导者激励下属，就是使下属的动机和欲望得到满足，从而使下属产生领导者所希望和要求的行为。这里的动机和欲望、希望和要求都属于心理或精神状态。

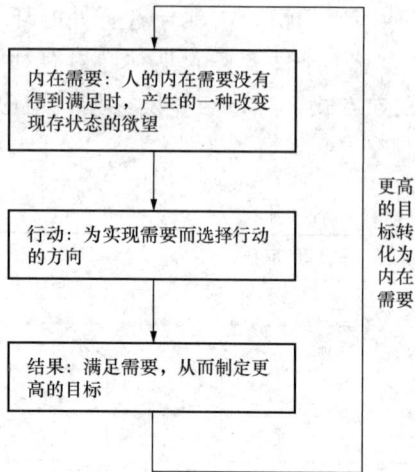

图 6 - 2　激励的过程

激励可以分为内在的和外在的两种。内在激励是指人在执行某个特定的行为的过程中所获得的满足感。完成一个复杂的任务可以使人有一种愉悦的成就感，解决某个有益于他人的问题也可使人满足。外在激励的源泉是行为的结果，而不是行为本身。人们可以受到内在激励、外在激励或者同时受到两种激励。激励的过程如图 6 - 2 所示。

二、激励理论

自 20 世纪 20、30 年代以来，管理学、心理学、社会学和行为科学等领域的研究者们从不同的角度研究了怎样激励人的问题，并提出了许多激励理论。下面介绍一些主要的激励理论。

1. 需求层次理论

需求层次理论是由美国人本主义心理学家马斯洛提出的，他系统地阐述了人类需求的规律。他认为人的需求是以层次的形式出现的，由低级的需求开始逐渐向上发展到高级的需求，当一组需求得到满足时，这组需求就不再成为激励因素了。这些基本的需求包括生理的、安全的、社交的、被尊重和自我实现的需求（见表6-2）。必须指出，马斯洛本人并没有说过人一定在某一层次的需求获得百分之百的满足之后，下一个层次的需求才能够显示出来；事实上在社会中有许多人，他们的各项基本需求只可能有部分的满足，同时也有部分不满足，这是常有的事情。

表6-2　　　　　　　　　　　　　　　马斯洛的需求层次理论

	需　求	描　述
低级需求	生理的需求	最基本的需求，如衣、食、住、行等
	安全的需求	对生命财产安全和未来的需求
高级需求	社交的需求	对友谊、爱情、归属等方面的需求
	尊重的需求	对自身重要性的需求和受到别人尊重的需求
	自我实现的需求	实现一个人的所有潜能的需求

（1）生理需求。这是人类为了维持其生命最基本的需求，也是其他层次需求的基础，如衣、食、住、行和性等。人类的这些需求得不到满足就无法生存，也谈不上其他需求。

（2）安全需求。随着生理需求的满足，安全需求便作为激励行为的目标而提出来，包括对人身安全、生活安全、免遭痛苦、威胁或疾病等方面的安全需求。在现代企业组织中，安全需求表现为渴望一种安全而稳定的职业，有医疗保险、工作稳定、避免失业，保证退休以后享受应有的福利待遇等。

（3）社交需求。社交需求指人们在社会生活中，希望被他人所接受、关心和爱护，在感情上归属于某一个群体的要求。这种心理上的社会需求比生理和安全的需求更细致，需求的强烈程度也因人的文化背景、个性特点和受教育水平而有明显区别。

（4）尊重需求。它是一种对于自尊和来自他人尊重的心理需求。自尊包括对于获得信心、能力、成就的渴望和感到自身重要性的要求；来自他人的尊重建立在自己工作成就的基础之上，某人由于对集体或社会做出了贡献而得到他人的认可与赞扬，他就受到了别人的尊重，增强了自信与自尊。

（5）自我实现的需求。马斯洛认为这是最高一级层次的需要，指的是把一个人的能力发挥到极致的愿望，最大限度地发挥个人的潜能并有所成就。

应该注意的是，马斯洛所列举的需求各层次，决不是一种刚性的结构。所谓层次，并没有明显的界限，层次与层次之间往往相互叠合，某一项需要的强度降低，则另一项需要将随之上升。此外，可能有些人的需求始终维持在较低的层次上，而马斯洛提出的各项需求的先后顺序，不一定适合于每一个人，即使两个行业相同的人，也并不见得有相同的需求。

2.X 理论和 Y 理论

这是关于人性的问题，由美国管理心理学家道格拉斯·麦格雷戈（Douglas McGregor）总结提出，他认为管理学理论对人性的假定可以分为 X 理论和 Y 理论。

X 理论对人性作了如下四种假定：①员工天生不喜欢工作，只要可能，他们就会逃避工作；②由于员工不喜欢工作，因此必须采取强制措施或惩罚办法，迫使他们实现组织目标；③员工只要有可能就会逃避责任，安于现状；④大多数员工喜欢安逸，没有雄心壮志。

与上述消极的人性观点对照，Y 理论的假定是积极的：①员工视工作如休息、娱乐一般自然；②如果员工对某项工作做出承诺，他们会进行自我指导和自我控制，以完成任务；③一般而言，每个人不仅能够承担责任，而且会主动寻求承担责任；④绝大多数人都具备做出正确决策的能力，而不仅仅是管理者才具备这一能力。

按照 X 理论假定，对员工的激励就是以强制措施或者说惩罚为主，迫使他们去为了实现组织目标而工作。而按照 Y 理论假定，对员工的激励就应当以正面激励为主。麦格雷格认为 Y 理论更接近于现实，对提高管理效率更为重要。因此他建议让员工参与决策，在组织中建立良好的人际关系，形成良好的氛围，这有助于提高员工的积极性。事实上，这一问题在马斯洛需要层次理论的框架基础上进行解释效果更佳，X 理论假设较低层次的需要支配着个人的行为，Y 理论则假设较高层次的需要支配着个人的行为。

3. 强化理论

美国心理学家斯金纳提出的强化理论认为，人的行为是对其所获刺激的函数。如果刺激对他有利，他的行为就有可能重复出现；若刺激对他不利，则他的行为就可能减弱，甚至消失。因此领导者要采取各种强化方式，使员工的行为符合组织目标。强化可分为两类：

（1）正强化。正强化就是奖励那些符合组织目标的行为，以便使这些行为得以进一步加强，重复地出现，从而有利于组织目标的实现。正强化包括物质奖励和精神奖励。其科学方法是：应使其强化的方式保持间断性，强化的时间和数量也不固定，亦即管理人员应根据组织的需要和职工的行为状况，不定期、不定量地实现强化。

（2）负强化。负强化就是惩罚那些不符合组织目标的行为，以便使这些行为削弱，甚至消失，从而保证组织目标的实现，包括物质惩罚和精神处分。负强化应使其强化的方式保持连续性，即对每一次不符合组织目标的行为都应及时地予以处罚，从而消除人们的侥幸心理，减少直至完全消除这种行为重复出现的可能性。强化理论认为，管理者应把重点放在积极强化而不是简单的惩罚上，惩罚产生的作用可能很快，但效果可能仅是暂时的，也可能产生不愉快的消极作用。

为了保证强化能实现预期的效果，强化过程要有科学的时间安排。①固定比率和变动比率。这是指不考虑行为的时间间隔，在行动达到一个固定数字后即给予强化或需多种行为发生后才给予一次强化。这类安排在维持要求的行为上是最有力的，较易激发起增加所要求行为的次数。②固定间隔和可变间隔。这是指不考虑行为，以一个固定的时间间隔提供强化，或以变动的时间间隔提供强化。

4. 期望理论

美国心理学家弗鲁姆认为，某一活动对某人的激发力量取决于他所能得到的结果的全部预期价值乘以他认为达成该结果的期望概率，用公式可以表示为

$$M = V \times E$$

式中　M——被激发起来的力量，这是指调动一个人的积极性，激发出人的内在潜力的强度；

　　　V——目标效价，这是指达到目标后，满足个人需要的价值大小；

　　　E——期望值，这是指根据以往的经验进行的主观判断，达到目标并能导致某种结果的概率。

图 6-3 表明，期望理论模型从左到右，激励是如何影响个人付出努力的。在通常情况下，员工觉得他们达到某一给定高度的绩效的可能性越小，那么他们向那个高度绩效去努力

的可能性就越小。努力与绩效之间的关系就是期望。一个员工从事某项工作的动力即激励力的大小，取决于他对三个关系的主观判断和认识，即主观努力与工作绩效之间的关系，工作绩效与奖励之间的关系，奖励与满足个人需要之间的关系。

图 6-3 期望理论模型

在这个公式中，虽然期望值和目标效价都是一种主观判断，但是管理者仍然能够利用期望理论来开发激励项目。

当员工认为通过自己的努力达到预期目标的概率较高，就会有信心，可能激发出很强的工作力量。当员工感到其目标的实现以及相关的正结果超过了他们能力范围，就会导致生产率低下。管理者需要重新分配任务，进行奖励等。

根据绩效水平给予奖励，员工如果认为取得绩效后能够获得合理的奖励，就有可能产生工作热情。如果员工取得的绩效没有获得奖励或奖励很少，其工作积极性就低。管理者应把员工的绩效和奖励联系起来。应确保结果或奖励能满足员工某方面的需要，如果员工认为这一奖励的吸引力很大，能够满足他的个人目标或者某方面的需要，他的工作积极性就更高，努力就更大。

5. 波特—劳勒激励模式

此激励模式是美国管理学家波特和劳勒从内在期望理论的基础上建立的，其特点是将激励看成是一个循环的完整过程。从图 6-4 中我们可以归纳出该模式的几个基本点。

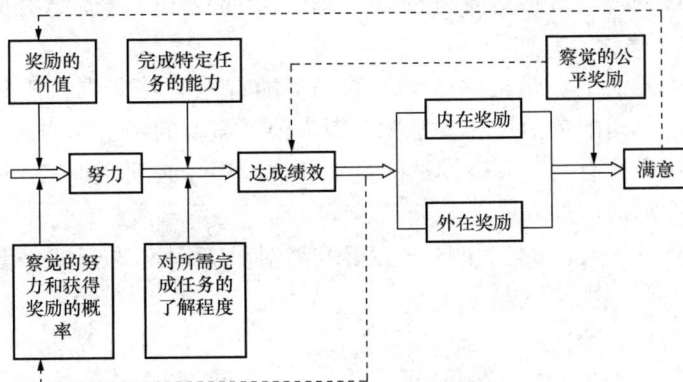

图 6-4 波特—劳勒激励模式

（1）个人努力的程度受到奖励价值的影响，还受到个人察觉出来的努力和受到奖励的概率的影响。个人察觉出来的努力是指其认为需要或应当付出的努力；受到奖励的概率是指其对于付出努力之后得到奖励的可能性的预测。很显然，过去的经验、实际绩效及奖励的价值将对此产生影响。

（2）个人实际能达到的绩效不仅仅取决于其努力的程度，还受到个人能力的大小以及对任务的了解和理解程度的影响。

（3）个人所应得到的奖励应当以其实际达到的工作绩效为价值标准，尽量剔除主观评估因素。要使个人看到只有当完成了组织的任务时，才会受到精神和物质上的奖励。这样奖励才能成为激励个人努力达到组织目标的有效刺激物。

（4）个人对于所受到的奖励是否满意以及满意的程度如何，取决于受激励者对所获报酬公平性的感觉。如果受激励者感到不公平，则会导致不满意。

（5）个人是否满意以及满意的程度将会反馈到其完成下一个任务的努力过程中。满意会导致进一步的努力，而不满意会导致努力程度的降低甚至离开工作岗位。

总之，波特—劳勒激励模式提示管理者，激励是一个受多种因素影响的复杂过程，要想取得预期效果，管理者必须将激励的每个环节考虑周全，不能简单化地进行处理。

三、激励的实务

进入 20 世纪 90 年代以来，西方企业在多种激励理论的基础上，提出了一些形式新颖的激励实务，竭力改善企业员工的满意度和绩效，值得参考。

（1）绩效工资。企业突出绩效工资意味着员工是根据他的绩效贡献得到奖励的，因此这种工资一般又称为奖励工资。它实际上是激励的期望理论和强化理论的逻辑结合，因为增加工资是和工作行为挂钩的。

（2）分红。分红是员工和管理人员在特定的单位中，当单位绩效打破预先确定的绩效目标时，接受奖金的一项激励计划。这些绩效目标可以是细化了的劳动生产率、成本、质量、顾客服务或者利润。和绩效工资不同的是，分红鼓励协作和团队工作，因为全体员工都对经营单位的利益在做贡献。

（3）员工持股计划。员工持股计划（Employee Stock Plans，ESOPS）给予员工部分的股权，允许他们分享改进的利润绩效，相对而言，它在小企业的管理中比较流行。

（4）总奖金。总奖金是以绩效为基础的一次性现金支付计划，单纯的现金支付皆在提高激励的效价，这种计划在员工感到他们的奖金真正反映了公司的繁荣才是有效的，不然，效果适得其反。

（5）知识工资。知识工资是指一个员工的工资随着他能够完成的任务的数量增加而增加，知识工资增加了公司的灵活性和效率性，因为公司需要的做工作的人会越来越少，但要贯彻这个计划，公司必须有一套高度发达的员工评估程序，必须明确工作岗位，这样工资才可能随着新工作的增加而增加。

（6）灵活的工作日。灵活的工作日主要指取消对员工固定的五日上班八小时工作制的限制。

第四节 沟　　通

一、沟通的含义

1. 沟通的概念及意义

沟通是指可理解的信息或思想在两个或两人以上的人群中的传递或交换的过程，目的是激励或影响人们的行为。沟通是管理工作十分重要的组成部分。有效的沟通有助于激励员工完成任务，实现工作满足感；有助于员工更好地理解自己的工作，感受到自己的工作与整体任务的相关性。沟通对于促进组织成员之间的彼此了解、增强组织的团结力量以及最终实现组织的目标都具有十分重要的意义。

（1）沟通是企业凝聚力增强的"助力器"。每个企业由许多个体组成，企业每天的活动也是由许多具体的工作任务所构成。由于各个体的地位、利益和能力的不同，他们对企业目标的理解、所掌握的信息也不同，这就使得各个体的目标有可能偏离企业的总体目标，在这种情况下需要互相交流意见，统一思想认识，自觉地协调各个体的工作活动，以保证组织目标的实现。沟通也是企业与外部环境建立联系的桥梁。

（2）沟通是领导职能实现的基本途径。任何一个领导者，要实现其指挥、组织、决策、监督、协调等职能，不得不通过沟通来了解和掌握企业内部的情况。通过沟通，领导者可以了解员工的意见倾向、价值取向、各部门之间的关系以及管理效率等，领导者才知道应如何实施指挥、组织、决策、监督、协调等工作。沟通与每个领导者息息相关，领导者成功的关键在于有效的沟通。

（3）沟通是企业与外部环境联系的桥梁。企业必须与外界进行各种信息的沟通，沟通的对象包括顾客、供应者、政府、社区、公众、股东等。企业还需要与政府、社区和公众沟通，以取得各方面的理解、合作与支持。企业需要不断地与外界保持密切的、持久的沟通，才能把握一切成功的机会。

2．沟通过程

沟通过程是一个发送者把信息通过沟通渠道传递给另一个接收者的过程。在管理学意义上的沟通是一个复杂的过程，这种复杂过程如图 6-5 所示。在这个过程中，至少存在着一个发送者和一个接收者，信息在两者之间是这样传递的。

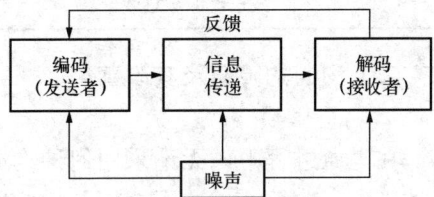

图 6-5　沟通过程

步骤 1：发送者把头脑中的想法进行编码而生成信息，把信息编译成适当的传输符号，如言语、文字、图片、身体姿势、表情动作等。

步骤 2：通过适当的渠道和方式将上述信息传输给接收者。由于选择的符号种类不同，传递的方式也不同。传递的方式主要有口头的沟通、非语言的沟通和书面的沟通。

步骤 3：传递的信息是为接收者所接收。接收到信息的人会进行解码。所谓解码就是接收者把信息转译成为具有特定含义的信息。

步骤 4：当接收者为信息解码并接收利用后，就会决定是否应该有反馈、回应或者传递新信息的必要。实际上在沟通中，发送者和接收者的角色是可以在沟通的过程中互换的。

在沟通过程中，很容易受到噪声的影响。这里的噪声指的是信息传递过程中的干扰因素。典型的噪声包括难以辨认的字迹，电话中的静电干扰，接受者的疏忽大意，以及生产现场中设备的背景噪声等。噪声有可能在沟通过程中的任何环节上造成信息的失真。

3．沟通的种类

（1）按照组织系统，沟通可分为正式沟通和非正式沟通。一般来说，正式沟通指以企业正式组织系统为渠道的信息传递。它是沟通的主要形式，一般与组织的结构网络和层次相一致。正式沟通渠道主要有五种模式：链型、Y 型、轮型、环型、全通道型。非正式沟通指以企业非正式组织系统或个人为渠道的信息传递。非正式沟通渠道不仅能真实地表露或反映人们的思想动机，而且往往提供了正式沟通渠道难以获得的信息。非正式沟通一般有四种沟通模式：单串型、流言型、随机型、集合型。

（2）根据沟通时是否有反馈，可把沟通分为单向沟通和双向沟通。单向沟通指没有反馈的信息传递。单向沟通一般比较适合下列情况：沟通的内容简单；下属易于接受和理解解决问题的方案；下属没有了解问题的足够信息，反馈不仅无助于澄清事实反而容易出现沟通障碍；情况紧急而又必须坚决执行的工作和任务。

双向沟通指有反馈的信息传递，是发送者和接收者相互之间进行信息交流的沟通。双向沟通比较适用于下列情况：沟通时间充裕，沟通的内容复杂；下属对解决问题方案的接受程度非常重要；上级希望下属能对管理中的问题提供有价值的信息和建议。单向沟通和双向沟通两种沟通的优缺点如表 6 - 3 所示。

表 6 - 3　　　　　　　　　　　　单向沟通和双向沟通比较

因　　素	单向沟通	双向沟通
时间	少	多
沟通内容的准确性	低	高
接收者接收信息的自信度	小	大
噪声	小	大
接收者的满意度	小	大
发送者的满意度	大	小

二、沟通的障碍及其改善

1. 沟通障碍

在沟通过程中，无论采用何种沟通方式，都会遇到各种干扰，影响接收者获得信息或信息被丢失、曲解。这些干扰就是我们所说的"沟通障碍"。

（1）个人因素。个人因素主要包括两大类：一是有选择地接受，另一是沟通技巧的差异。所谓有选择地接受，是指人们拒绝或片面地接受与他们的期望不一致的信息。研究表明，人们往往听或看他们感情上有所准备的东西，或他们想听或想看的东西，甚至只愿意接受中听的，拒绝不中听的。除了人们接受能力有所差异外，有的人擅长口头表达，有的人擅长文字描述，这些沟通技巧上的差异也影响着沟通的有效性。

（2）技术因素。技术因素主要包括语言、非语言暗示、媒介的有效性和信息量。大多数沟通的准确性依赖于沟通者赋予字和词的含义。由于语言只是个符号系统，本身并没有任何意思。每个人表述的内容常常是由他独特的经历、个人需要、社会背景等决定的。因此，语言和文字极少对发送者和接受者双方都具有相同的含义，更不用说许许多多的不同的接受者。同样的字词对不同的人来说，会导致完全不同的感情和含义。

另外当人们进行交谈时，常常伴随着一系列有含义的动作。动作包括身体姿势、头的偏向、手势、面部表情、移动、触摸和眼神。这些无言的信号强化了所表述的含义。

管理人员特别关心各种不同沟通工具的效率。一般说来，书面和口头沟通各有所长，如表 6 - 4 所示。

表 6 - 4　　　　　　　　　　　书面沟通和口头沟通的比较

沟通方式	优　点	缺　点	举　例
书　　面	准确，持久，可以核实	效率低，缺乏反馈	文件，备忘录，报告表格，内部期刊
口　　头	快速传递，快速反馈，信息量大	信息失真比较严重，核实比较困难	会议，电话，讲座，交谈

（3）结构因素。结构因素包括地位差别、团体规模、空间约束和信息传递链四个方面。

地位是沟通中的一个重要障碍。地位的高低对沟通的方向和频率有很大的影响。地位高的人常常居于沟通的中心地位，地位低的人常常通过尊敬、赞扬和同意来获得地位高的人的宠幸。

当工作团体规模较大时，人与人之间的沟通也相应变得较为困难。企业中的工作常常要求员工只能在某一特定地点进行操作。这种空间约束的影响往往在员工单独在某位置工作或在数台机器之间往返运动时尤为突出。空间约束不利于员工之间的交流，限制了他们的沟通。

一般来说，信息的传递链越多，即信息通过的等级越多，到达目的地的时间越长，信息失真也越大。信息连续地从一个等级到另一个等级时所发生的变化，称为信息链传递现象。

（4）人际因素。人际因素主要包括沟通双方的相互信任、信息来源的可靠程度。沟通是发送者与接受者之间"给"与"受"的过程。信息传递不是单方的而是双方的事情，因此，沟通双方的诚意和相互信任至关重要。上下级间的猜疑只会增加抵触情绪，减少坦率交谈的机会，也就不可能进行有效的沟通。

2. 沟通的改善

只要采取适当的行动方式将这些沟通障碍有效消除，就能实现管理的有效沟通，具体来说包括以下几个方面。

（1）坚持及时性、适量性、灵活性、有效性四项沟通原则。及时性，即指沟通双方要尽可能加快信息交流的速度，使信息发生效用，包括及时发送、及时反馈、及时利用等。适量性，即指在沟通过程中，接收者在一定时间内接收的信息不足或过量，会影响其对信息的正确处理。信息量不足，接收者就无法完整、准确地理解信息内容，达不到沟通的目的；信息量超载，不但造成浪费而且不能使有用的信息发挥作用。灵活性，即指沟通系统需留有余地，以适应各种变化。有效性，即指沟通者要把着眼点放在如何实现沟通的有效性上，而不要拘泥于某种固定的模式上。根据不同对象、场合、内容和目的，运用灵活多变的方式，以达到最佳的沟通效果。

（2）创造一个相互信任、有利于沟通的小环境。企业经理人员不仅要获得下属的信任，而且要得到上级和同事们的认可。信任不是人为的或从天上掉下来的，而是诚心诚意争取来的。所以，这些经理人员应尽量缩短信息传递链，拓宽沟通渠道，保证信息的畅通无阻和完整性。如减少组织机构重叠，在利用正式沟通的同时，开辟高层管理人员至基层管理人员的非正式的沟通渠道，以便于信息的传递。

（3）管理人员要发展支持性沟通应该做到：在信息沟通中，多以合作的态度和帮助对方解决问题的方式进行交谈，从而提高信息沟通的质量；作为信息发送者，管理者应表现出真诚、朴实的态度，而作为信息接收者的下属也应做出相应的反应，设身处地为沟通的对方着想，以增加相互理解，使沟通更为容易；以平等方式来对待下属，表明对下属的信任和尊重，从而得到下属友好的反应，这样信息沟通会更为有效；提倡共同协商讨论的行为方式，避免独断专横、蛮不讲理的行为。

（4）建立共同的价值观。通过培训，提高对文化的鉴别和适应能力，在文化共识的基础上，根据环境的要求和公司战略的需要建立组织的共同价值观和强有力的企业文化，以便管理者更好地统一员工的思想，在组织中建立信息沟通共同的参照框架，建立畅通的沟通渠道和达到有效的沟通。

思 考 题

1. 试分析领导工作与管理工作的关系。
2. 结合领导理论谈谈领导者应如何做才能取得较高的生产率和较高的员工满意度。
3. 结合激励理论分析一个成功的管理者应怎样激励员工。
4. 结合实际谈谈沟通的障碍因素及如何改善。
5. 试分析正式沟通和非正式沟通之间的关系。

第七章　控　制　职　能

控制是管理工作的第四大职能。在管理过程循环中，如果说制定计划是管理工作的第一步，然后是组织和领导计划的实施，那么，接下来的问题便是要考虑计划实施的结果如何，计划所确定的目标是否得以顺利实现，甚至计划目标本身制定的是否科学合理。要弄清楚这些问题并采取妥善的处理措施，就必须开展卓有成效的控制工作。控制职能是管理过程中一项不可或缺的职能。本章主要从控制的内容、原则、过程和类型等方面对控制职能进行论述。

第一节　控　制　的　概　述

一、控制的必要性

控制是使活动达到预期目标的保证。企业在开展生产经营活动中，由于受外部环境和内部条件变化的影响，实际执行结果与预期目标不完全一致的情况是时常发生的。对管理者来讲，重要的问题不是工作有无偏差，或者是否可能出现偏差，而在于能否及时发现已出现的偏差或预见到潜在的偏差，采取措施予以预防和纠正，以确保组织的各项活动能正常进行，从而使组织预定的目标能够顺利实现。

控制是管理工作过程中不可缺少的一个环节。管理者尽管可以制定出周密的计划，可以将组织结构设计得非常有效，可以通过领导工作充分地调动员工的积极性，但是这些往往不足以保证所有的行动都能按计划执行，不能保证管理者追求的目标都一定能够达到。控制通过监视组织各方面的活动和组织环境的变化，保证组织计划与实际运行状况保持动态适应。

控制职能的含义与作用，是与计划职能紧密联系在一起的。控制与计划是既互相区别，又紧密相连的。计划是控制的依据，为控制工作提供标准，没有计划，控制也就没有依据。但如果只编制计划，不对其执行情况进行监视、反馈和纠偏，则计划目标也就很难得到圆满实现。

控制与计划两职能之间的关系不仅体现在计划提供控制标准，而控制确保计划实现这一关系上，同时还表现在以下两个方面。一方面，计划本身的某些作用已经具有了控制的意义。如政策、程序和规则，它们在规定人们行为准则的同时，也对人的行为产生极大的制约作用。又如，预算和进度表等形式的计划，它们既是计划的一个重要组成部分，同时又可以直接作为一种有效的控制工具。可见，某些计划形式实际上涵盖了控制的内容。另一方面，广义的控制职能实际上也包含了对计划在其执行期间内的修订或修改。计划在执行过程中产生的结果与目标之间的偏差，其原因除了执行的因素外，还可能是制定计划时对外部环境和内部条件估计出现了失误，造成了目标设定过高或过低，或者是在计划执行中企业所面临的内外环境条件出现了重大变化，导致目标脱离现实，这时，改变计划确定的目标和控制标准就是控制工作的一大任务。

因此，计划和控制是同一个事物的两个方面。有目标和计划而没有控制，人们可能知道自己干了什么，但无法知道自己干得怎样，存在哪些问题，哪些地方需要改进。反之，有控制而没有目标和计划，人们将不会知道要控制什么，也不会知道怎么控制。计划和控制两者密不可分。事实上，计划越是明确、全面和完整，控制的效果也就越好；控制工作越是科学、有效，计划也就越容易得到实施。控制把组织、人员配备、领导指挥职能与计划设定的目标联结在一起，在必要时，它能随时启动新的计划方案，使组织运行的目标更加符合自身的资源条件并适应组织环境的变化。

二、控制的涵义

"控制"一词最初来源于希腊语"掌舵术"，意指领航者通过发号施令将偏离航线的船只拉回到正常的轨道上来。由此说明，维持朝向目的地的航向，或者说维持达成目标的正确行动路线，是控制概念的核心含义。所谓控制，从其传统的意义方面来说，就是"纠偏"，也即按照计划标准衡量所取得的成果，并纠正所发生的偏差，以确保计划目标的实现。

但从广义的角度来理解，控制工作实际上应包括纠正偏差和修改标准这两方面内容。这是因为积极、有效的控制工作不能仅限于针对计划执行中的问题采取"纠偏"措施，还应该能促使管理者在适当的时候对原定的控制标准和目标做适当的修改，以便把不符合客观需要的活动拉回到正确的轨道上来。就像在大海中航行的船只，一般情况下船长只需对照原定的航向调整由于风浪和潮流作用而造成的偏离，但当出现巨大的风暴和故障时，也有可能需要改变航向，选择新的目的地。这种控制标准和目标发生调整的行动，应该是现代企业管理中控制工作的有机组成部分。因此，管理中的控制职能应该定义为由管理人员对组织实际运行是否符合预定的目标进行测定，并采取措施确保组织目标实现的过程。

三、控制的地位

现实中，组织的运行往往是循环进行的，上一阶段控制的结果就可能导致组织确立新的目标，提出新的计划，并在组织结构、人员配备和领导等方面做出相应的改变。控制可以说既是一个管理工作过程的终结，又是一个新的管理工作过程的开始。

如果将管理工作过程简略地看作是 PDCA 循环的过程（P—计划 plan；D—实施 do；C—检测 check；A—处理行动 action），那么，控制工作在管理循环中的地位和作用可以用图 7-1 表示。

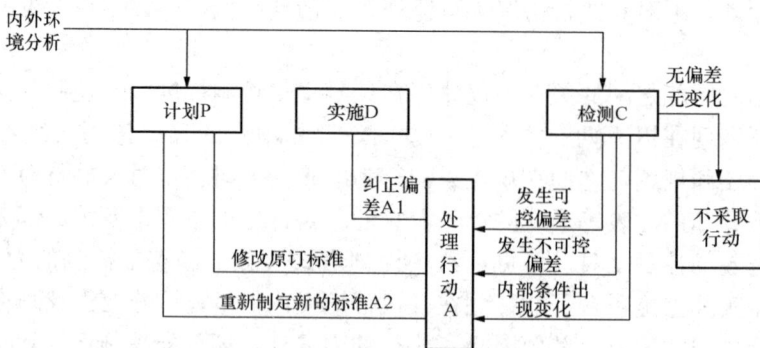

图 7-1　管理工作循环简图

图 7-1 中说明，控制工作通过检查或检测计划执行中所发生的偏差以及内外环境条件所出现的变化，进而采取处理措施，就可以促使管理工作过程成为一个闭环的系统。

例如，某公司计划在今后五年内每年要增加 3% 的市场占有率。到计划第一年年底时统计资料反映出，市场占有率增加了3％，管理者得到这一反馈信息后认为可照原计划进行下去。第二年，市场占有率只增加2％，这表明管理者应采取适当的纠正措施（如加强广告宣传、优质服务等）来扩大市场份额。第三年年底检测出市场占有率增加了5％，超过了原定的计划，第四年仍保持这样的势头。这样，管理者就可能要考虑对原来的控制标准做些调整。如此，计划、控制、再计划、再控制管理工作过程就不断循环往复下去。从这种意义来讲，控制是联结管理过程循环的支点。没有这个支点，管理过程就不能实现循环。

正是从这种循环的角度看，可以说控制既是一个管理工作过程的终结，又是一个新的管理工作过程的开始。而且，计划与控制工作的内容还常常相互交织地联系在一起。

四、管理控制的目标和作用

为了与物理、机械、生物及其他领域的控制区别开来，通常将由管理者作为一项重要的管理职能来开展的控制工作称之为"管理控制"。在现代管理活动中，管理控制工作的目标主要有两个。

（1）限制偏差的累积。一般来说，任何工作的开展都不免要出现一些偏差。虽然小的偏差和失误不会立即给组织带来严重的损害，但在组织运行一段时间后，随着小差错的积少成多和积累放大，最终可能对计划目标的实现造成威胁，甚至给组织酿成灾难性的后果。防微杜渐，及早地发现潜在的错误和问题并进行处理，有助于确保组织按预定的轨迹运行下去。所以，有效的管理控制系统应当能够及时地获取偏差信息，及时地采取矫正偏差措施，以防止偏差的累积而影响到组织目标的顺利实现。

（2）适应环境的变化。组织计划和目标在制定出来后总要经过一段时间的实施才能够实现。在这个实施过程中，组织内部的条件和外部环境可能会发生一些变化，如组织内部人员和结构的变化、政府可能出台新的政策和法规等。这些变化的内外环境不仅会妨碍计划的实施进程，甚至可能影响计划本身的科学性和现实性。因此，任何组织都需要构建有效的控制系统，帮助管理人员预测和把握内外部环境的变化，并对这些变化带来的机会和威胁做出正确、有力的反应。

管理控制上述两个目标的实现，实际上是与管理控制的两大功能联系在一起的。如前面图7-1所示，管理控制通过其"纠偏"功能（A1），使计划执行中的偏差得以防止或缩小，从而确保组织的稳定运行；同时通过其"调适"功能（A2），积极调整原定标准或重新制定新的标准，以确保组织对内外运行环境的适应性。这两类控制功能的不同作用，可从图7-2和图7-3对比中得到清楚说明。

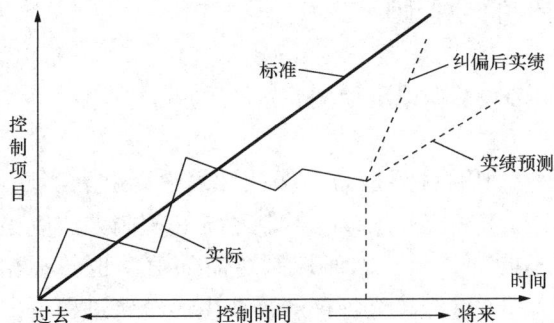

图 7-2　控制的"纠偏"作用示意图　　　　图 7-3　控制的"调适"作用示意图

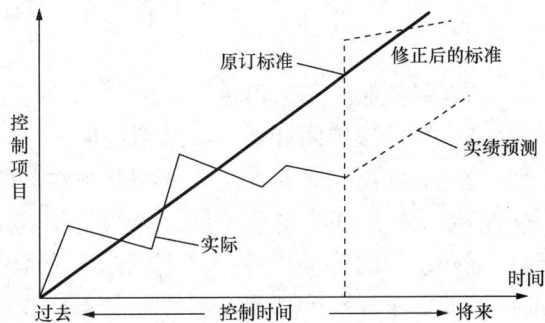

五、管理控制的特点

1.目的性

管理控制无论是着眼于纠正执行中的偏差还是适应环境的变化，都是紧紧地围绕组织的目标进行的。同其他管理工作一样，控制工作也具有明确的目的性特征。换言之，管理控制并不是管理者主观任意的行为，它总是受到一定的目标指引，服务于达成组织特定目标的需要。控制工作的意义就体现在它通过发挥"纠偏"和"调适"两方面的功能，促使组织更有效地实现其根本的使命目标。

2.整体性

管理控制的整体性特点体现在两个方面。

首先从控制的主体来看，完成计划和实现目标是组织全体成员共同的责任，管理控制应该成为组织全体成员的职责，而不单单是管理人员的职责。让全体成员参与到管理控制工作中来，这是现代组织中推行民主化管理思想的重要方面。

再从控制的对象来看，管理控制覆盖组织活动的各个方面，人、财、物、时间、信息等资源，各层次、各部门、各单位、各个人的工作，以及企业生产经营的各个不同阶段等，都是管理控制的对象。不仅如此，管理控制中需要把整个组织的活动作为一个整体来看待，使各方面的控制能协调一致，达到整体的优化。

3.动态性

一个组织的外部环境和内部条件随时都在发生着变化，从而决定了控制标准和方法不可能固定不变。管理控制应具有动态的特征，这样可以保证和提高控制工作的有效性与灵活性。

4.人性

管理控制本质上是由人来执行的，而且主要是对人的行为的一种控制。与物理、机械、生物及其他方面的控制不同，管理控制不可忽视人性方面的因素。管理控制应该成为提高员工工作能力的工具。控制不仅仅是监督，更重要的是指导和帮助。管理者可以制定纠正偏差计划，但这种计划要靠员工去实施，只有当员工认识到纠正偏差的必要性并具备纠正能力时，偏差才会真正被纠正。通过控制工作，管理者可以帮助员工分析偏差产生的原因，端正员工的工作态度，指导他们采取纠偏的措施。这样，既能达到控制的目的，又能提高员工的工作和自我控制能力。

第二节 控 制 的 原 则

为确保控制工作取得更好的成效，管理控制必须遵循以下原则。

一、控制应该同计划、组织相适应

管理的各项职能相互关联、相互制约。既然控制的目的是为了保证计划得以顺利实现，它就需要依靠组织中的各单位、各部门及全体成员来实施。所以，控制系统和控制方法应当与计划和组织的特点相适应。不同的计划具有不同的特点，因而控制所需的信息也各不相同。例如，对成本计划的控制信息主要是各部门、各单位甚至各种产品在生产经营过程中发生的费用；对产品销售计划的控制，则要收集销售产品的品种、规格、数量和交货期的情况。控制工作越是考虑到各种计划的特点，就越能更好地发挥作用。

同样，控制还应当反映组织结构的类型和特征。组织结构既然明确规定了企业内每个人所担任的职务和相应的职责权限，因而它也就可以成为确定计划执行的职权所在和产生偏差的职责所在的依据。由此也说明了，有效的管理控制必须要能够反映一个组织的结构状况并通过健全的组织结构予以保证，否则，只能是空谈。健全的组织结构有两方面的含义：一方面，要能在组织中将反映实际情况和工作状态的信息迅速地上传下达，保证联络渠道的畅通；另一方面，要做到责权分明，使组织结构中的每个部门、每个人都能切实担负起自己的责任。否则，偏差一旦出现就难以纠正，控制也就不可能得以实现。

二、控制应突出重点，强调例外

在一个完整的计划执行过程中，组织通常需要选出若干的关键点，把处于关键点的工作预期成果及其影响因素作为控制的重点。按照"次要的多数、关键的少数"原理，管理人员不必完全了解计划执行中的全部具体细节，就可能达到对组织活动的有效控制。而且，由于控制的对象减少了，控制工作的成本也相应降低。因此，控制要突出重点，抓住关键。管理者不能也没有必要事无巨细地对组织活动的方方面面都进行控制，而是要针对重要的、关键的因素实施重点控制。作为一位负责的管理人员，谁都可能会希望自己对所管理的领域有全面的了解和把握，但明智的管理者需要认识到，组织中的工作活动往往错综复杂涉及面广，谁也无法对每一方面、每一件事均予以控制。全面控制并不见得是一种经济、有效的控制。管理者需要从实际工作出发，因地制宜地找出和确定最能反映或体现其所管辖单位工作成果的关键性因素，对之加以严密控制，其他方面则相对放松控制，这样可收到有的放矢、事半功倍的效果。

控制也应当强调例外原则。管理者将控制工作的重点放在计划实施中出现的特别好或特别坏的"例外"情况上，可以使他们把有限的精力集中于真正需要引起注意和重视的问题方面。当然，例外并不能仅仅依据偏差数值的大小来确定，而要考虑客观的实际情况。在同一个组织中，对于不同类别的工作，一定额度的偏差所反映的事态严重程度并不一样。有时，管理费用高于预算的5%可能无关紧要，而产品合格率下降1%却可能出现产品严重滞销问题。所以，在实际工作中，例外原则必须与控制关键问题的原则结合起来，注意关键问题上的例外的情况。

三、控制应该具有灵活性、及时性和经济性的特点

灵活的控制是指控制系统能适应主客观条件的变化，持续地发挥作用。控制工作本身是动态变化的，控制所依据的标准、衡量工作所用的方法等都可能随着情况的变化而调整、变化。如果事先制定的计划因为预见不到的情况而无法执行，而事先设计的控制系统仍按部就班地如期运转，那将会在错误的道路上越走越远。例如，假设预算是根据一定的销售量制定的，那么，如果实际销售量远远高于或低于预测的销售量，原来的预算就变得毫无意义了。这时就要求修改甚至重新制定预算，并根据新的预算制定合适的控制标准。

控制工作还必须注意及时性。信息是控制的基础，为提高控制的及时性，信息的收集和传递必须及时。如果信息的收集和传递不及时，信息处理时间又过长，偏差便得不到及时矫正。更有甚者，实际情况已经发生了变化，这时采取的滞后的矫正措施则可能不仅没有积极作用，反而会带来消极的影响。

为进行控制而支出的费用和由控制而增加的收益，两者都直接与控制的程度相关。这意味着，控制工作一定要坚持适度、适量的原则，以便提高控制工作的经济性。换句话说，从

经济性角度考虑，控制力度并不是越大越好，控制系统也不是越复杂越好。控制系统越复杂、控制工作力度越大，只意味着控制的投入越大。在许多情况下，这种控制投入的增加并不一定会导致计划更顺利地实施。事与愿违的情况，在现实中是经常发生的。有时，自然消退也是一种行之有效的控制办法。

四、控制过程应避免出现目标扭曲问题

组织在将规则程序和预算这些低层次的计划作为控制标准时，最容易发生目标与手段相置换的问题。本来，规则程序和预算只是组织实现高层次计划目标的手段，但在实际控制过程中，有关人员对这些手段的关注可能超过对实现组织目标的关注，或者忘记了这些手段性措施只是为实现组织目标服务的，以致出现了为遵守规定或完成预算而不顾实际控制效果的种种刻板、僵硬、扭曲的行为。控制的机能障碍也就由此产生。当人们丧失了识别组织整体目标的能力时，往往会出现"不是组织在运用控制职能，而是控制在束缚着组织"的不正常现象。因此，管理者在控制工作过程中特别要注意到次一层级控制标准的从属性和服务性地位，这点对于成功、有效地实施控制至关重要。

五、管理控制需要将财务绩效控制与非财务绩效控制有机地结合

有效的管理控制系统应该是一个综合性的、完整的控制体系，它能将企业各方面的情况以整合、一体的方式反映到高层管理者及有关人员，使他们对组织的绩效有全面的把握。平衡记分卡法就是将传统的财务评价与非财务方面的经营评价结合起来，从与企业经营成功关键因素相关联的方面建立绩效评价指标的这样一种综合管理控制系统和方法。它涵盖四个主要的绩效评价领域：财务绩效、顾客服务、内部业务流程及组织学习和成长能力。在这四个评价领域，管理者要确定出组织力争实现的关键绩效指标。一般而言，每个领域的评价指标限定在 5 项之内，这样就一共会有 20 项绩效控制指标。其中财务指标集中反映组织活动对改善短期和长期财务绩效的贡献，具体包括净收益、投资回报率等传统的绩效指标。顾客服务指标则衡量诸如顾客如何看待这个组织以及顾客保持率、顾客满意度等。业务流程指标集中反映内部生产及业务工作的绩效统计状况，如订单履约率、单位订货成本等。最后一个角度是考察组织学习和成长的潜力，它侧重评价组织为了未来的发展而对人力资本及其他资源管理的状况，具体衡量指标包括员工队伍稳定状况、业务流程改进程度以及新产品开发水平等。平衡记分卡法对这些衡量绩效各个角度的指标进行一体化的设计，确保各指标间相互配合，并使企业短期的行动与长期的战略目标联结起来。这样平衡记分卡法就有助于促使管理者将注意力集中在决定一个组织未来成功的关键性战略绩效指标上，同时也有助于管理者将这些绩效指标清晰地传达至整个组织中，使有关人员关注组织的总体运营情况，而不仅仅是眼前的财务指标实现情况。

六、控制工作应注重培养组织成员的自我控制能力

广大员工在生产和业务活动的第一线，是各种计划、决策的最终执行者。所以，员工进行自我控制是提高控制有效性的根本途径。比如，要提高产品质量，仅靠工商部门监督和新闻报道是不够的，重要的是企业改善管理，加强控制；而在企业中，光靠管理者重视和完善控制制度也是不够的，广大员工应加强质量意识，并对产品生产每个环节严格把关，这才是提高产品质量的最终保证。

自我控制具有很多优点。首先，自我控制有助于发挥员工的主动性、积极性和创造性。自我控制是员工主动控制自己的工作活动，是自主的。这样，他们在工作中便能潜心钻研技

术，对工作中出现的问题会主动设法去解决。其次，自我控制可以减轻管理人员的负担，减少企业控制费用的支出。再次，自我控制有助于提高控制的及时性和准确性。实际工作人员可以及时准确地掌握工作情况的第一手材料，因而能及时准确地采取措施，矫正偏差。

当然，鼓励和引导员工进行自我控制，并不意味着对员工可以放任自流。员工的工作目标必须服从于组织的整体目标，并有助于组织整体目标的实现。管理者要从整体目标的要求出发，经常检查各单位和员工的工作效果，并将其纳入企业全面控制系统之中。

第三节 控制过程及要素

一、控制工作的基本过程

控制工作作为管理工作中相对独立的一个环节，它也是由若干活动步骤组成的。一般将管理工作中的控制过程划分为以下几步：

1. 确立标准

控制标准的订立对计划工作和控制工作起着承上启下或连接的作用。如前所述，计划是控制的依据，但各种计划的详尽程度是不一样的。有些计划已经制定了具体的、可考核的目标或指标，这些指标就可以直接作为控制的标准。但大多数的计划是相对比较抽象、概括的，这时需要将计划目标转换为更具体的、可测量和考核的标准，以便于对所要求的行为结果加以测评。例如某销售商计划在今后五年内使销售额每年增长 25%，某车间希望将本月产量提高 10%，这类的目标往往要等到计划期快结束时才可以衡量是否已经达到要求，因而对平时工作的考核性较差。如果能将"车间的产量提高 10%"的目标转换为"每个职工每班生产 110 个部件"这样的标准，无疑更便于日常检查和评价。再如麦当劳快餐店就制定有非常详尽、具体的工作标准：其一，95% 以上的顾客进餐馆后 3min 内，服务员必须迎上去接待顾客；其二，事先准备好的汉堡包必须在 5min 内热好供应给顾客；其三，服务员必须在就餐人员离开 5min 内把餐桌打扫干净。

任何一个组织，其针对某一工作的控制标准都应该有利于组织整体目标的实现。在此前提下，对每一件工作订立的控制标准都必须有明确的时间界限和具体内容要求。上述麦当劳快餐店的第一项标准就规定时间在 3min 以内，目标是 95% 以上的顾客，这样服务员就有章可循了，其工作好坏随时可以得到检测和评价。企业控制工作涵盖的范围很广泛，因此，为实行控制而制定的标准也就有多种层次和多个方面。从最基层的工作任务控制角度来说，常用的控制标准有四类：一是时间标准，如工时、交货期等；二是数量标准，如产品产量、废品数量等；三是质量标准，如产品等级、合格率、次品率等；四是成本标准，如单位产品成本、期间费用等。举例来说，对企业生产工作的控制，可具体检查产量是否达到数量标准，原材料规格和产品合格率是否达到质量标准，产品在时间上是否按期生产出来并如期完成交货，原材料消耗及职工工资是否超出成本费用限制等。通过这种全方位的控制，就可以确保生产过程按质、按量、按时和低成本地实现计划规定的任务。

2. 测量实绩与界定偏差

对照标准衡量实际工作成绩是控制过程的第二步，它又分为两个小步骤，一是测定或预测实际工作成绩；二是进行实绩与标准的比较。

控制既然是为了纠正实际工作结果与标准要求之间的偏差，就必须首先掌握工作实际情况。掌握实绩可以通过两种方式，一是测定已产生的工作结果；二是预测即将产生的工作结果。无论哪种方式，都要求搜集到的信息能为控制工作所用。控制工作对信息的要求可以从五个方面考虑：信息的及时性，测量单位的适宜性，信息的可靠性和准确性，信息的适用有效性，信息的通畅性。

在获取有关实际工作绩效方面的信息时，对于管理者需要全面地考虑需要衡量什么、如何衡量、间隔多长时间进行衡量和由谁来衡量等问题。

（1）衡量的项目。衡量什么是衡量工作中最为重要的方面。管理者应该针对决定实际成效好坏的重要特征项进行衡量。但实际中容易出现一种趋向，即侧重衡量那些易于衡量的项目，而忽视那些不易衡量、不明显但相当重要的项目。有一办公设备制造商主要依据销售额的成果数字来对其 10 位地区推销员实施控制，就像该销售部经理喜欢说的那样，"签了字的订单将告诉我们谁最能干。"公司有位负责南部地区销售工作的推销员是一位上了年纪、即将退休的人。他的销售业绩一直得到不错的评价。可在他退休而由别人接替以后，才发现他那片的新客户发展得极差。这位即将退休的推销员一直只是拜访老客户，而且就在这些客户中，他对出现的服务方面的抱怨也是敷衍了事。接替者在经过了几年艰苦的努力之后，才使该地区恢复到该达到的状态。出现这种令人不满意的状况的原因，就是该公司只依靠简便的销售额衡量，而忽视了较不明显但对长期销售影响重大的其他因素，如发展新客户。这个例子说明，实绩衡量应该围绕构成好绩效的重要特征项来进行，不可偏废。

（2）衡量的方法。管理者可通过如下四种方法来获得实际工作绩效方面的资料和信息：一是亲自观察法，通过个人的亲自观察，管理者可亲眼看到工作现场的实际情况，还可以与工作人员现场谈话来了解工作进展及存在的问题，进而获得真实而全面的控制信息。不过，由于时间和精力的限制，管理者不可能对所有工作活动都进行亲自观察。二是报表和报告，这是通过书面资料来了解工作实际情况的常用方法。这种方法可节省管理者的时间，但所获资讯是否全面、准确则取决于这些报表和报告的质量。三是抽样调查，即从整批调查对象中抽取部分样本进行调查，并把结果看成是整批调查对象的近似代表，此法可节省调查时间及成本。四是召开会议，让各部门主管汇报各自的工作近况及遇到的问题。这既有助于管理者了解各部门工作的情况，又有助于加强部门间的沟通和协作。

（3）衡量的频率。管理者要考虑需间隔多长时间衡量一次工作绩效，是每时、每日、每周，还是每月、每季度或者每年。是定期的衡量，还是不定期的衡量。

（4）衡量的主体。所谓衡量的主体，即衡量实际工作绩效的人是工作者本人还是同一层级的其他人员，是上级主管人员还是职能部门的人。衡量实绩的主体不一样，控制工作的类型也就形成差别。如目标管理之所以被认为是一种"自我管理"、"自我控制"的方法，就是因为工作执行者成为了工作成果的衡量者和控制者。相比之下，由上级主管或职能部门人员进行的衡量和控制就是一种外部或外在的控制。

测量到实际工作结果后，就可以将之与标准进行比较，确定有无偏差以及偏差的大小。举个例子来说，某部门负责生产滑雪板，制定的工时标准是每对 10h，实际上共耗用了 12000 个工时，产量为 1000 对。经过简单的计算和分析，可以确定该部门生产每对滑雪板多用了 2 个工时，即

$$工时差距 = 实际工时 - 标准工时 = \frac{12000}{1000} - 10 = 2(h)$$

通过差距或偏差的确定，就容易发现计划执行中的问题和不足。但并非所有偏离标准的情况均需作为"问题"来处理，这里有个容限的幅度。所谓容限，就是准许偏差存在的上限与下限范围，在这个界限范围内，即便实际结果与标准之间存有差距，也被认为是正常的。表 7-1 是某公司设立的控制标准与容限示例。如果计划执行中没有偏差发生，或偏差在规定的容限之内，则该控制过程暂告完成。若执行中出现了不能容许的偏差，则控制过程进入下一步骤。

表 7-1 控制标准与容限示例

标　　准	容　　限
全勤	每月准许请假 2 天
上午 8：00 开始工作	迟到不得超过 5min
等候时间 1min	可再加 15s
工作场所表面皆擦拭清洁	显见微疵以 2 个为限

3. 分析原因与采取措施

解决问题需要先找出产生差距的原因，然后再采取措施纠正偏差。有句古老的谚语说，"冰冻三尺，非一日之寒。"因此必须找出造成偏差的真正原因，而不能仅仅是头痛医头、脚痛医脚。例如，销售收入的明显下降，无论是用同期比较的方法，还是用年度指标来衡量都很容易发现问题，但引起销售收入下降的原因却不容易一下就抓准，到底是销售部门营销工作中的问题，还是对销售部门授权不够引起的，还是生产部门制造质量下降和不能按期交货，或是技术部门新产品开发进度太慢致使产品老化、竞争力下降，或是由于宏观经济调整造成的，如此等等。每一种可能的原因与假设都不容易通过简单的判断确定下来。而对造成偏差的原因判断得不准确，纠正措施就会无的放矢，不可能奏效。

对偏差原因作了彻底的分析后，管理者就要确定该采取什么样的纠偏行动。具体纠偏措施有两种：一是立即执行的临时性应急措施，另一是永久性的根治措施。对于那些迅速、直接地影响组织正常活动的急性问题，多数应立即采取补救措施。例如，某一种规格的部件在加工过程中出现了问题，一周后如不能生产出来，其他部门就会受其影响而出现停工待料。此时不应花时间考虑该追究什么人的责任，而要采取措施确保按期完成任务。管理者可凭借手中的权力，采取如下行动：一是要求工人加班加点，短期突击；二是增添人工和设备；三是派专人负责指导完成等。危机缓解以后，则可转向永久性的根治措施，如更换车间管理人员，变更整个生产线，或者重新设计部件结构等。现实中不少管理者在控制工作中常常局限于充当"救火员"的角色，没有认真探究"失火"的原因，并采取根治措施消除偏差产生的根源和隐患。长此以往，必将自己置于被动的境地。

以上是从控制着眼于纠正偏差方面说的。积极的控制还会引致计划的修改或重定，从这个角度来看，控制工作过程的步骤会有些变化，如第二步就不是衡量计划执行的当前和预期结果，而是要检测计划执行中内外环境条件已发生或将发生的变化，确定差距也不是进行实际与应该（标准）之间的比较或者实际与实际（历史水平或横向水平）的比较，而是主要进行应该与应该比较（查看有关标准、指标或目标之间是否平衡一致）、应该与将来比较（查看决策前提的变化及决策本身的连续控制）。还有，针对差距采取措施，也不是着眼于纠正计划执行不力所引起的偏差，而更多是考虑原控制标准制定不合理或内外环境条件变化这些方面的问题，其行动措施的结果不是促使实绩向目标、标准靠近，而是使控制标准本身发生变化。

二、控制过程的构成要素

从控制过程的步骤分析中可以看出，有效的管理控制必须满足以下条件。

（1）具有明确的控制目的。控制工作的目的性，可以表现为使实际成绩与控制标准、目标相吻合，或者使控制标准、目标获得适时的调整。有效的控制系统不仅要能使执行偏差得到及时纠正，还应该能够促使管理者在现实情况（内外环境条件）发生较大变化时对原定标准或目标做出正确的修正和更改。

（2）具有及时、可靠、适用的信息。信息是控制的基础。只有掌握了有关执行偏差或环境变化的足够信息，管理者才有可能做出有针对性的决策。

（3）具有行之有效的行动措施。管理者应能够通过落实所拟定的措施方案，使执行中的偏差尽快得到矫正，或者形成新的控制标准和目标。

总而言之，控制系统是由控制的标准和目标、偏差或变化的信息，以及纠正偏差或调整标准和目标的行动措施这三部分要素构成的。这三个构成要素共同决定了控制系统的效率和效能，因此，它们也就是有效控制的基本条件。

第四节　控 制 的 类 型

管理控制活动可以从不同的角度进行分类。下面介绍几种典型的管理控制分类。

一、根据控制目的和对象的角度不同分类

根据控制目的和对象的角度不同分类，可以将控制分为负馈控制和正馈控制。

在图 7-1 中以处理行动 A1 和 A2 分别代表这两类不同的控制，用"控制论"的术语来说，它们实际上就是负馈控制和正馈控制。"负馈"使偏差得到缩小，"正馈"使控制标准和目标发生振荡或变动。正馈控制和负馈控制应该得到并重使用。

当然，要处理好这两方面控制工作的关系，在现实中确实不容易。增进适应性的正馈控制，有时很易于被用来作为无视"控制"的借口，因为以前的标准不再是合理的，因而就容易说控制是行不通的，不再严格地进行控制（指负馈控制）。而这样做的结果，就会导致系统运行的不稳定，不平衡。但另一方面，平衡不应该是静态的平衡。现代的企业面临复杂多变的环境。环境条件变了，计划的前提与以前不一样了，如果还僵硬地抱着原先设定的控制标准不放，不做任何调整，那么组织就很快要衰亡。现代意义下的控制，应该持一种动态平衡的观念，应能促进被控制系统在展现朝向目标行为的同时，适时地根据内外环境条件做出调整、适应和变化。例如，一家公司如果预料到生产所需的原料将出现市场短缺，那现在就可能需要增加储备，提高库存水平；企业在发现产品供大于求、价格大幅跌落时，需要改变原定的生产计划，以减少或停止该产品的生产。这两个例子中，作为控制标准的合理库存量和产品产量水平均发生了变更，这是适应环境条件的正馈控制。将预期需达到的水平做出改变和保证预期水平的达到，这是既相互对立又往往需要得到统一的两种不同的要求。现代企业控制的难点就在于，如何妥善地处理好适应性和稳定性、正馈控制和负馈控制的关系。

二、根据控制力量的来源分类

根据控制力量的来源分类，可以将控制分为外在控制和内在控制。外在控制是指一个单位或个人的工作目标和标准的制定，以及为了保证目标和标准的顺利实现而开展的控制工作，由其他单位或个人来承担，自己只负责检测、发现问题和报告偏差。例如，上级主管的行政命令监督、组织程序规则的制约等，都是这种外在强加的控制。与之不同，内在控制不是"他人"控制（它既不是来自上级主管的"人治"，也不是来自程序规则的"法治"），而是一种自动控制或自我控制（称之为自治）。自我控制的单位或个人，不仅能自己检测、发现问题，还能自己订立标准并采取行动纠正偏差。例如，目标管理就是一种让低层管理人员和工人参加工作目标的制定（上下协商确定目标），并在工作中实行自主安排（自己决定实现目标的方法、手段）、自我控制（自己检查评价工作结果并主动采取处理措施）的一种管理制度和方法。目标管理通过变"要我做"为"我要做"，使人们更加热情、努力地去实现自己参与制定的工作目标。当然，目标管理只有在个人目标与组织目标差异较小、员工素质普遍较高时采用才容易奏效。而在目标差异较大、员工素质较低时，较多的外在强加控制则是更为需要的。

三、根据控制信息获取的时间点分类

根据控制信息获取的时间点分类，控制分为反馈控制、前馈控制和现场控制。反馈控制是在活动完成之后，通过对已发生的工作结果的测定来发现偏差和纠正偏差（此为负反馈），或者是在企业内外环境条件已经发生了重大变化，导致原定标准和目标脱离现实时，采取措施调整计划（此为正反馈）。反馈控制实际上是一种事后的控制，故反馈亦称作后馈或事后控制。企业中使用最多的反馈控制包括财务报表分析、产品成品质量检验、工作人员成绩测评等。反馈控制对于本次所完成的活动已不再具有纠偏的作用，但它可以防止将来的行为再出现类似的偏差。亡羊补牢仍然为时不晚，否则，小失误常常会酿成大问题。例如，有一企业采购部门在购买某种稀缺原材料的谈判中没能按标准价格成交，答应了该供应商提价 2% 的要求。这一让步在单批订货中并没有造成明显的损失。对于一家大企业来讲，10 万美元的订货中多付出 2000 美元的费用，这也许是微不足道的，但是当订货积累到一定数量后，如总订货增加到 500 万美元时，那么将导致 10 万美元的损失，此数就不再是一个小数目了。但如果该企业及时发现了 2% 的提价是个"问题"，设法寻找新的货源，则可使企业避免这笔巨额损失。这是反馈控制的防微杜渐作用。

与反馈控制以过去的信息为导向不同，前馈控制旨在获取有关未来的信息，依此进行反复认真的预测，将可能出现的执行结果与计划要求的偏差预先确定出来（此为负前馈），或者事先察觉内外环境条件可能发生的变化（此为正前馈），以便提前采取适当的处理措施预防问题的发生。前馈控制亦称预先控制，它由于未雨绸缪地采取了防患于未然的行动，从而可以克服反馈控制系统的滞后性问题。例如司机驾车上山，如果等上坡时速度表显示出车速下降后再去踩油门，那就未免太晚了些。有经验的驾驶员知道，上坡是影响速度的变量，因此需要未上坡前就先踩油门，以提前补偿变量因素的影响。同理，猎人打飞鸟，他总是把瞄准的方向定在鸟儿飞行前方的某一预估距离。而在企业经营管理中，原料在进厂之前或投入生产过程之前便对其进行把关检验，要求工作人员"持证上岗"，确保能力素质，以及对设备进行预防维修等，这些都是前馈控制的例子。

关于正、负馈和前、反（后）馈概念的区别和联系，这里归纳如下。

（1）正前馈是在预测环境条件变化基础上调整控制标准。

（2）正反馈是在比较控制标准与现实环境要求的差距后调整控制标准。

（3）负前馈是在预测上作实绩变化基础上矫正执行活动。

（4）负反馈是在比较现有工作实绩的差距后矫正执行活动。

与前馈控制和反馈控制都不同，现场控制则是一种同步、实时的控制，即在活动进行的同时就施予控制。管理者亲临现场进行指导和监督，就是一种最常见的现场控制活动。

现场（同步）控制的方法可分为两种：一是驾驭控制，有如驾驶员在行车当中根据道路情况随时使用方向盘来把握行车方向。这种控制是在活动进展过程中随时监视各方面情况的变动，一旦发现干扰因素介入，立即采取对策，以防执行中出现偏差。另一是关卡控制，它规定某项活动必须经由既定程序或达到既定水平后才能继续进行下去。如企业中规定，某产品售价是否可以调整或某项投资是否继续都要经过有关主管人员的同意，以及生产过程中对在制品质量进行分段检验等，这些都起着关卡控制的作用。日本汽车业在 20 世纪 70 年代末、80 年代初以价低质优的产品有力地打击了美国汽车商，一条重要的经验就是充分使用了关卡控制法。在日本的汽车厂中，装配线上的每个工人同时又是产品质量的检查员，负责对其前一道工序产品质量进行检查、筛选、剔除，及时发现不合格品。而美国的汽车装配厂总是等到汽车装配完了再进行总检查，不合格品返工的损失就大多了。

四、根据问题的重要性和影响程度分类

根据问题的重要性和影响程度分类，控制可以分为战略控制、绩效控制和任务控制。

战略控制是对战略计划和目标实现程度的控制。战略控制中不仅要进行负馈控制，更常需要进行正馈控制。也就是说，在战略控制过程中常有可能引起原定战略方案的重大修改或重新制定。也正因为这个缘故，人们倾向于将战略的计划与控制系统笼统地称作战略计划系统，而将任务的计划与控制系统称作是任务控制系统。这说明，在较低层次的管理控制中，以负馈为手段的常规控制占主要地位，随着组织层次的提高和考虑环境变化的需要与责任的加重，正馈控制的成分就越来越增大。

现举例说明战略控制的原理和方法。某公司拟定了一个五年的战略计划，欲成为一家提供高质量产品的、以用户服务为中心的企业。现在时间过去了两年，该公司经理希望对计划的执行情况进行审查，以便商讨将来的对策。表 7 - 2 是关于该公司五年战略计划头两年执行情况的一份简要报表。

表 7 - 2　　　　　　　　　　某公司战略计划执行情况一览表

战略成功因素	经营目标		执行情况	偏差鉴定	差异原因分析及处理
	五年目标	头两年目标	头两年实绩	（+有利，－不利，？不确定）	
（1）成本控制：间接费用对直接费用比率、销售毛利率	10%	15%	12%	+？3%	间接费用削减幅度是否过大了些；还是计划目标过于保守；在销售额增加情况下，直接费用是否有超标；是否因质量问题引起毛利下降
	39%	40%	40%	0	

战略成功因素	经营目标		执行情况	偏差鉴定	差异原因分析及处理
	五年目标	头两年目标	头两年实绩	（＋有利，－不利， ？ 不确定）	
（2）产品质量： 退货率、合格率	1.0% 100%	2.0% 92%	2.1% 80%	－0.1% －12%	产品质量问题严重！在产品合格率较低的情况下较好地控制了退货率，说明服务人员在其中起了重要的作用，但是否导致其工作压力加大而离职
（3）用户服务： 安装周期 用户服务人员占 销售人员比例	2.5天 3.2%	3.2天 2.7%	2.7天 2.1%	＋0.5 ＋? 0.6%	服务人员工作效率较高，但在人数减少的情况下是否任务压力太重了
（4）服务人员 士气： 缺勤率 离职率	2.5% 5%	3.0% 10%	3.0% 15%	0 －5%	服务人员规模难以维持与间接费用降低有密切关系。服务人员离职可能是因工作量太大，责任、压力过重，还可能与公司用人、奖惩制度有关
（5）总体绩效： 公司人均月销售额 新产品数	$12500 6	$11500 3	$12100 5	＋? $600 ＋? 2	销售额增加是否因为市场增长迅速；企业提高生产率的同时是否忽视了产品质量；新产品开发目标是否过于保守
（6）竞争形势： 竞争对手投放市场 的产品数	6	3	6	－3	竞争对手力量相当雄厚，对本企业很不利

根据差异分析结果，这家公司高层管理人员可能采取两种反应措施。一是负反馈，在继续执行原计划的前提下采取偏差纠正执行行动，即着眼于改进对用户的服务和产品质量。这时，确保产品合格率就比追求销售额增长更重要，而为了保持期望的用户服务水平和服务队伍的规模，适当提高间接费用开支和强化对服务人员的激励就成为必须采取的基本对策。第二种控制方式则是正反馈。鉴于公司现有经营实力与既定战略方向和目标的要求差距甚远，而且外部面临强大的竞争对手，这时可以考虑采取修正战略计划的正馈控制措施，也即将公司战略方向从原定的高质量、强服务转变为提供标准化、低价格的产品，在继续现有成本控制努力的同时，适当放宽对产品质量、用户服务和新产品开发的要求，这样调整标准的结果就使现在的偏差问题不显得那么突出、严重了，从而对纠偏措施的需要相对降低。这个例子说明，正馈和反馈两者考虑的侧重点是极为不同的，战略控制应该站在更高的角度看待问题，而不能像低层次的控制活动那样仅局限于矫正眼前的、内部的具体执行工作。

绩效控制是一种财务控制，即利用财务数据来观测企业的经营活动状况，以此考评各责任中心的工作实绩，控制其经营行为。此种控制亦称为责任预算控制或以责任发生制为基础进行的控制。从一般的企业来看，其内部组织单位通常可以区分为四类责任中心。

（1）成本（责任）中心。这类组织单位只对成本费用负责，而不对收入、利润和投资负责，因而是成本费用责任单位。成本费用责任中心的应用范围最广。任何对花费负有责任的产品生产单位均可成为成本中心，如工厂、车间、工段、班组等。有些不进行生产的服务部门，如会计、人事、法律、总务等部门，则可成为费用中心，也就是广义的成本中心。成本中心只对本单位发生的可控花费（责任成本）负责，对其评价和考核以开支报告为依据，通过衡量责任成本的实际数与预算数的差异来作为其工作好坏的标志。

（2）收入（责任）中心。这类组织单位只对其销售过程所实现的收入情况及为取得这些收入所花费的直接费用负责，因而称之为收入责任单位。收入责任中心体制通常在不负盈亏责任但相对独立的销售机构中采用。这类机构一般自身无权为扩大销售额而降低价格，也无权控制产品的质量和设计，主要依靠增加的销售费用来增强人员推销而不是用来做广告宣传。对这种部门的绩效考评，就要看它是否使用既定的直接销售费用完成了预算中的销售定额，而不考虑其所销售产品的制造成本，因而它不能直接作为利润责任中心。

（3）利润（责任）中心。作为利润责任中心的单位既对经营成本负责，又对经营收入及利润负责。这意味着它既要能控制责任成本的发生，也要能对应当取得的经营收入进行控制，因而主要适用于企业中有独立收入来源的较高组织层次的单位，如分厂、分部、分公司等。利润中心可以是自然形成的，也可能是"人为"界定的，前者犹如独立的企业，可在外界市场上进行购销活动，后者是在企业内部各责任中心单位之间进行购销，并按照内部转移价格结算。这样实际上大多数的成本中心都可转化成"人为"的利润中心，通称为模拟利润中心。对利润中心的评价与考核是以成果报告为依据进行的，主要衡量其实际销售收入和销售成本是否达到目标销售额和目标成本水平。其考评指标有两个：一是销售毛利，亦称贡献毛益，指销售收入扣减变动成本后的余额；另一是销售利润，即将贡献毛益再减去该利润中心直接发生的固定成本和从总部管理费用中分摊来的间接固定成本后的余额，也就是销售收入与全部变动成本和固定成本的差额。将销售利润除以销售收入，可以得到销售利润率这一相对指标。

（4）投资（责任）中心。投资责任中心单位既对成本收入、利润负责，也对投入和使用的资金负责，即它不但要能控制收入和成本，也要能控制生产经营过程所占用的全部投资（包括流动资金和固定资产及长期投资等）。投资中心限于在拥有较大经营自主权的部门（如超事业部和规模较大的分公司）以及企业最高层次（包括总公司、子公司等）中采用。对投资中心的考评也以成员报告为依据，主要衡量指标是投资报酬率，亦称资金利润率，它是销售利润率与投资周转率（即资金周转次数）的乘积。具体计算公式如下

$$投资报酬率 = \frac{利润总额}{投资总额} = \frac{利润总额}{销售收入} \times \frac{销售收入}{投资总额} = 销售利润率 \times 投资周转率$$

可见，投资报酬率高低与销售利润率水平成正比关系，投资中心是比利润中心更高一级的责任中心。同理，销售利润率高低也与其内部单位的成本花费水平有密切关系，这说明利润中心又比成本中心高一个层级。三种责任中心之间是相互嵌套的关系。

为明确区分和计算上述提及的各项绩效考评指标，现将它们之间的关系归纳如下，见图7-4。

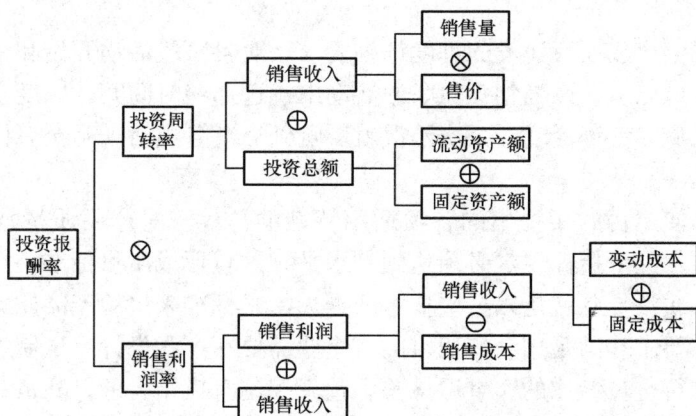

图 7-4 各项绩效考评指标关系图

任务控制多是采用负馈控制法，其目的是确保有关人员或机构按既定的质量、数量、期限和成本标准要求完成所承担的工作任务。举例来说，一家家具制造厂为一条组装流水线设定了如下工作标准：每天完成 500 件家具的生产，每星期（每周为五日、每日为八小时工作制）的人工成本是 4000 美元，次品率为 1.5%。该厂还建立了一套管理信息系统，用它来测定一星期来的数据。本周它所测出每天的产量是 480 件家具，人工成本是 3800 美元，而产品的次品率为 2%。次品原因是一台铆接机出了毛病。在该例中，将实际结果与标准要求相比较，可以发现

$$日产量差距 = 480 - 500 = -20(件)$$
$$周产量差距 = -20 \times 5 = -100(件)$$
$$单位产品成本差距 = \frac{3800}{480 \times 5} - \frac{4000}{500 \times 5} = 1.583 - 1.6 = -0.017(美元)$$
$$次品率差距 = 2\% - 1.5\% = 0.5\%$$

以上偏差信息表明，成本指标完成得相对比较好（权且不考虑次品增加可能造成的返工损失及其他浪费），但生产量和次品率都有待改进。对于次品超标准问题，基于其原因是铆接机出了毛病，可向厂里维修部门申请速来修理或更换机器。产量速度落后的情况，如若决定以周末加班方式来处理，则全班人马需要在以后的每周里加班 1h 40min，即按每小时 60件（480/8＝60 件）的生产率，一周产量差距 100 件需加班 100min 才能完全补偿（这里未考虑弥补第一周已发生的产量偏差之需要）。

五、根据控制工作的专业领域分类

控制工作可以按其所发生的专业领域进行分类。诚然，不同类型组织中所开展的具体专业活动是不一样的，所以控制的内容也不尽相同。从企业组织来看，其专业控制工作主要有以下几种。

1. 库存控制

这主要是对量大面广的原材料、燃料、配件，在制品、半成品和产成品等存货品种和数量的控制。库存增加，不仅需要占用生产面积，还会造成保管费用上升、资金周转减慢、材料腐烂变质等。但库存过少，又容易造成生产过程因停工待料而中断，产成品因储备不足而造成脱销损失等。因此，库存应当保持在适当的水平，以保证生产和销售的需要。

2. 进度控制

这是根据产品生产或项目建设的进度计划要求，对各阶段活动开始和结束的时间所进行的控制。进度控制可以从一系列相互关联的活动中挑选那些时间冗余幅度小的关键活动路线加以密切注视，以免某关键活动的一次延误就影响到后续各项活动乃至总体进度按时完成。

3. 质量控制

质量是由产品使用目的所提出的各项适用特性的总称。对产品质量特性，按一定的尺度、技术参数或技术经济指标规定必须达到的水平，这就形成质量标准，它是检验产品是否合格的技术依据。质量控制就是以这些技术依据为衡量标准来检验产品质量的。为保证产品质量符合规定标准要求和满足用户使用目的，企业需要在产品设计、试制、生产制造直至使用的全过程中，进行全员参加的、事后检验和预先控制有机结合的、从最终产品的质量到产品赖以形成的工作的质量全方位抓的质量管理活动。

4. 预算控制

预算是用财务数字或非财务数字来表示预期的结果，以此为标准控制执行工作中的偏差的一种计划和控制手段。企业中的预算包括销售预算、生产预算、费用预算、投资预算以及反映现金收支、资金融通、预计损益和资产负债情况的财务预算等内容。预算控制的好处是它能逐个把组织内所有部门的活动用可考核的数量化方式表现出来，以便查明其偏离标准的程度并采取纠正的措施。预算与会计是有区别的，会计只记录组织活动进行的状况，而预算则不仅告诉人们目前活动进行的状况，而且还把各方面指标限定在既定的范围内。但预算无法反映组织中那些难以用数量表示的因素，也不说明表面上的数字偏差背后所产生的原因。

5. 人事管理控制

管理者除了对本组织的预算、财务和生产销售进行控制外，还必须注意对人事方面的管理进行控制。从本质上讲，人事方面的管理控制主要集中在对组织内人力资源的管理上。具体有两大方面：一是主要人事比率的控制。即分析组织内各种人员的比率，如管理人员与职工的比率、后勤服务人员与生产工人的比率、正式职工与临时工的比率，以及人员流动率和旷工缺勤率等，这些比率是否维持在合理的水平上，以便采取调整和控制措施。比如，反映调离和调进本单位的职工占职工总数比例的人员流动率如果太高，会影响职工队伍的稳定和增加培训费用，但如果人员长期不调动，也会使组织缺少新的血液和活力，因此流动率需要控制在一定的限度内。另一个是对管理人员和一般员工在工作中的成绩、能力和态度做出客观公正的考核、评价和分析鉴定，这既有利于激励原来表现好的员工继续保持和发扬下去，也有利于使原来表现差的员工朝着好的方向转化和发展。

6. 内部和外部审计

审计是对组织中的经营活动和财务记录的准确性和有效性进行检查、监测和审核的一种反馈控制工具。审计的内容很多，财务审计是其中最重要的部分。按其开展的方式，审计可分为外部审计和内部审计两种。前者是指由非本单位的专门审计人员和机构（如国家审计部门）对某一单位的财务程序和财务经济往来进行有目的的综合检查审核，以监督其行为的合法性，如有无偷漏税、贪污和其他侵吞国有资产等违法行为。内部审计则不只是考虑合法性要求，而更着眼于改进企业生产经营活动的绩效。执行内部审计的人主要是本企业的高层经理人员和财务人员，有些大企业还常配备有专门的审计人员，以便定期开展审计工作，确保组织活动的正常和顺利进行。

思 考 题

1. 试简述控制的含义及其管理控制的特点。
2. 控制的原则包括哪些？
3. 试简述控制的过程及分类。
4. 作为一个管理者，如果未能控制整个组织的活动，会产生什么后果？
5. 结合实际讨论控制的作用以及在具体的控制过程中所应采取的控制方法。

第八章 决 策 职 能

决策职能是管理工作的第五项职能。决策是整个管理活动的核心,整个管理过程都是围绕着决策的制定和组织实施而展开的。1978 年诺贝尔经济学奖得主西蒙(Herbert A. Simon)强调,管理就是决策,决策充满着整个管理过程。决策对于管理活动是非常重要的,决策的正确与否,直接决定着管理活动的成败。本章主要从决策的含义和类型、决策的过程和决策的方法等方面对决策职能进行论述。

第一节 决策的含义和类型

一、决策的含义和特点

所谓决策就是指决策者为了解决组织面临的问题,实现组织目标,在充分搜集并详细分析相关信息的基础上,提出解决问题和实现目标的各种可行方案,依据评定准则和标准,选定方案并加以实施的过程。这一概念包括以下两层含义:第一,决策是一种自觉的有目标的活动。决策总是为了解决某个问题,达到某种目的而采取的行动;第二,决策必然伴随着某种行动,是决策者与外部环境、内部条件进行某种交互作用的过程。

选择或调整组织在未来一定时间内的活动方向、内容或方式的组织决策具有以下主要特点。

(1)目的性。组织的决策总是为了解决一定的问题或达到一定的目标,在一定条件和基础上确定希望达到的结果和目的。有目标才有方向,方案的拟定、比较、选择、实施以及实施效果的检查就有了标准和依据,所以目标的确立是决策的首要环节。

(2)选择性。决策的实质是选择。如果只有一种方案,无选择余地,也就无所谓决策。在制定可行方案时,应满足整体详尽性和相互排斥性要求。所谓整体详尽性,是指将各种可能实现的方案尽量都考虑到,以免漏掉那些可能是最好的方案。所谓相互排斥性,就是说可行方案本身要尽量相互独立,不要互相包含,更不应当为了选择硬凑出某个方案来。

(3)可行性。决策的目的是为了指导组织未来的活动。缺少必要的人力、物力和技术条件,理论上非常完善的方案也只能是空中楼阁。因此,决策过程中不仅要考察采取某种行动的必要性,而且要注意实施条件的限制性。

(4)满意性。选择活动方案的原则是满意原则,而非最优原则。最优决策往往只是理论上的幻想,因为它要求决策者了解与组织活动有关的全部信息;决策者能正确地辨识全部信息的有用性,了解其价值,并能据此制定出没有疏漏的行动方案;决策能够准确地计算出每个方案在未来的执行结果。然而根据目前的认识,确定未来行动总是有一定风险的,也就是说,各行动方案在未来的实施结果通常是不确定的。在方案的数量有限、执行结果不确定的条件下,人们难以做出最优选择,只能根据已知的全部条件,加上主观判断,做出相对满意的选择。

(5)过程性。决策的过程性特点可以从两个方面去考察。首先,组织决策不是一项决策，而是一系列决策的综合。只有当这一系列的具体决策已经制定，相互协调，并与组织目标相一致时，才能认为组织的决策已经形成。其次，这一系列的决策本身就是一个过程，从活动目标的确定，到活动方案的拟定、评价和选择，这本身就是一个包含了许多工作，由众多人员参与的过程。

（6）动态性。决策具有显著的动态性，它不仅是一个过程，而且是一个不断循环的过程。决策的主要目的之一便是使组织活动的内容适应外部环境的要求。然而，外部环境是在不断发生变化的，决策者必须跟踪并研究这些变化，从中找到可以利用的机会，据此调整组织的活动，实现组织与环境之间的动态平衡。

二、决策的类型

根据不同的分类标准，可把决策分为：

1. 战略决策和战术决策

从决策调整的对象和涉及的时限来看，组织的决策可分为战略决策和战术决策。它们之间的区别如表 8 - 1 所示。

表 8 - 1　　　　　　　　　　战略决策和战术决策的区别

	战略决策	战术决策
调整对象	调整组织的活动方向和内容	调整在既定方向和内容下的活动方式
时间范围	未来较长一段时间	未来各个较短时间
部　门	整体	某个或某些具体部门
实　施	组织活动能力的形成与创造过程	对已经形成的能力的应用

2. 确定型、不确定型和风险型决策

对决策问题的未来情况有完整的信息，没有不确定因素时，这类问题的决策称为确定型决策。在这种情况下，每个决策方案只产生一种确定的结果，根据决策目标可以做出肯定的抉择。

不确定型决策是指在不稳定条件下进行的决策方案面临多种自然状态，而决策者难于确定其出现的概率，需要进行综合分析，即做出决策。这类决策问题常常存在多种不可控因素，决策约束条件难以确定，不存在固定的决策程序和方法，决策方案也不易拟定、评价和选优，实施结果的风险很大。

风险型决策是指在决策过程中可能出现多种自然状态，每一个决策方案在不同自然状态下有不同的结果，而且能够预先估计出各个自然状态出现的概率。所以，风险型决策又叫随机型决策。

3. 程序化决策与非程序化决策

从决策所涉及的问题看，可把决策分为程序化决策与非程序化决策。

组织中的问题可被分为两类：一类是例行问题，另一类是例外问题。例行问题是指那些重复出现的、日常的管理问题，如管理者日常遇到的产品质量、设备故障、现金短缺、供货单位未按时履行合同等问题。程序化决策是相对简单的，并且在很大程度上依赖以前的解决方法。在许多情况下，程序化决策变成了依据先例的决策，管理者仅需要按别人在相同情况下所做的那样做。例如，由于夏天气温升高使得空调等家用电器的用电负荷剧增，造成电力供应紧张。这样的问题的处理并不需要供电公司经理确定决策目标、拟定决策方案、评价选择并实施方案等，经理只需根据以往的做法，求助于一个系统化的程序、规则或政策就可以了，这样的决策称为程序化决策。

例外问题则是指那些偶然发生的、新颖的、性质和结构不明的、具有重大影响的问题，如组织结构变化、重大投资、开发新产品或开拓新市场、长期存在的产品质量隐患、重要的人事任免以及重大政策的制定等问题。这些决策是独一无二的，是不重复发生的。当管理者面临这种新出现的问题时，是没有事先准备好的解决方法可循的，它需要一种定式的反应，这种决策称为非程序化决策，也就是说没有固定的系统化的程序、规则或政策可依据的决策。

4. 初始决策与追踪决策

从决策需要解决的问题来看，可将组织决策分成初始决策与追踪决策。

初始决策是指组织对从事某种活动或此活动的方案所进行的初次选择；追踪决策则是在初始决策的基础上对组织活动的方向、内容或方式的重新调整。如果说初始决策是在对内外环境的某种认识的基础上做出的话，追踪决策则是由于这种环境发生了变化，或者是由于组织对环境特点的认识发生了变化而引起的。显然，组织中的大部分决策当属追踪决策。

5. 组织决策与个人决策

从决策的主体看，可把决策分为组织决策与个人决策。

组织决策是指多个人一起做出的决策，个人决策则是指单个人做出的决策。

相对于个人决策，组织决策具有以下优点：能更大范围的汇总信息；能拟定更多的备选方案；能得到更多的认同；能更好地沟通；能做出更好的决策。但组织决策也有某些缺点，如花费较多的时间、产生"群体思维"（groupthink）❶ 以及责任不明等。

6. 定量决策与定性决策

定量决策又称计量决策。它是指采用数学方法和数学模型进行决策的一类方法，定量决策过程中通常要使用电子计算机进行辅助计算。

定性决策又称非计量决策。它是指在决策过程中，充分发挥专家集体的智慧、能力和经验，在系统调查研究分析的基础上，根据掌握的具体情况与资料，进行决策的方法。

第二节 决 策 的 过 程

管理决策是一个科学的过程，也可以说是一项系统工程，一般包括以下五大部分，如图8-1所示。

一、问题的识别与判断

决策是为了解决一定问题而制定的，决策的目的是为了实现组织内部活动及其目标与外部环境的动态平衡。因此，制定决策，首先要分析不平衡是否已经存在，是何种性质的不平衡，以及不平衡对组织的不利影响是否已产生了改变组织活动的后果。

通过调查、收集和整理有关信息，发现不平衡，识别问题，明确奋斗目标，是决策的起

---

❶ 所谓"群体思维"，是指个人由于真实或臆想的来自集体的压力，在认知或行动上不由自主地趋向于和其他人保持一致的现象。

点。没有问题就不需要决策；问题不明，难以做出正确决策；问题判断失误，决策不可能正确。从本质上来说，不能识别出正确问题以至于没有采取行动与正确地解决了错误的问题是一样的。所以说，决策的正确与否首先取决于对问题判断的准确程度，这是一个非常重要的初始环节。

二、明确目标

目标体现的是组织想要获得的结果，所想要的结果的数量和质量都要明确下来，因为目标的这两个方面都指导着决策者选择合适的行动路径。

明确决策目标，不仅能为方案的制定和选择提供依据，而且能为决策的实施和控制、组织资源的分配和各种力量的协调提供标准。

明确决策目标要注意以下几个方面。

（1）提出目标。提出目标包括明确组织改变活动方向和内容至少应该达到的状况和水平（必须实现的最低要求）以及希望实现的理想目标。

（2）明确多元目标之间的相互关系。任何组织在任何时候都不可能只有一个目标，而需要实现多重目标。在选择了主要目标后，还要明确其与非主要目标的关系，以避免在决策的实施中将组织的主要资源和精力投放到非主要目标活动中去。

（3）限定目标。限定目标就是把目标执行的有利结果和不利结果加以权衡，规定不利结果在何种水平是被允许的，一旦超过这个水平，组织就应当停止原目标的执行，终止目标活动。

三、拟定方案

一旦问题被正确地识别出来，管理者就要提出达到目标和解决问题的各种方案。决策的本质是选择，因此，在决策过程中，拟定可替代的方案要比从既定方案中选择重要得多。实现同一个决策目标的方式或途径可能是多种多样的，不同的途径和方式实现目标的效率不一样，决策要求以费用最低、效率最高、收益最大的方式实现目标。这就要求对多种途径和方式进行比较和选择，为了保证决策的合理性，应当将所有可能的备选方案都制定出来。

为了使方案在拟定的基础上进行的选择有意义，这些不同的方案必须能相互替代、相互排斥，而不能相互包容。可以利用信息和技术拟定可行的方案或利用团队合作的方式产生有创意的方案。可供选择的方案数量越多，被选方案的相对满意程度就越高，决策就越有可能完善。制定备选方案是一项技术性很强的管理活动，无论哪一种备选方案，都必须建立在科学的基础上。方案中能够进行量化和定量分析的，一定要将指标量化，并运用科学、合理的方法进行定量分析，使各个方案尽可能建立在客观科学的基础上，减少主观性。

四、评价和选择方案

方案拟定出来后，需要对每一个方案进行分析、评价。从客观上来说，应选择那些能最大程度上实现所有目标且最经济的方案，即"最优"方案，当"最优"方案很难找到或者根本不存在时，只好退而求其次——寻找"满意"方案。要进行选择，首先要了解各种方案的

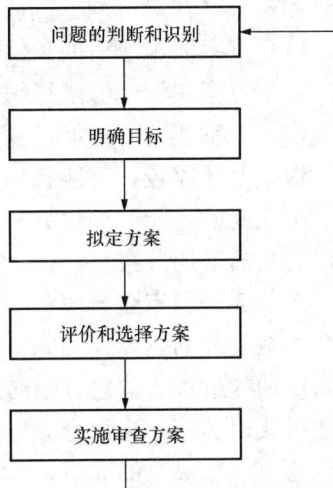

图 8 - 1 决策的过程

优势和劣势，在对不同方案加以评价和比较时，应注意以下几方面。

（1）方案实施所需的条件能否具备，筹集和利用这些条件需要付出何种成本。

（2）方案实施能够给组织带来何种长期和短期利益。

（3）方案实施中可能遇到的风险、活动失败的可能性。

根据上述比较，就能找出各方案的差异，比较出各方案的优劣。在此基础上进行的选择，不仅要确定能够产生具有综合优势的实施方案，而且要准备好环境发生预料中的变化时可以启用的备用方案。

五、实施和审查方案

方案实施前，要保证完备的条件、充足的资源和相应的职权。同时，实施过程也是一个不断反馈的过程。拟定方案时所忽视的地方和方案本身的缺陷，在实施过程中不断地显露出来，需要边实施、边审查、边改进。特别是当环境的变化需要重新进行一次决策时，这一步又成为下一轮决策的起点。

第三节　决　策　方　法

一、定量分析法

定量分析法是根据已有的实际数据以及变量间的相互关系，建立一定的数学模型，然后通过计算，取得结果，进行判断，下面简单介绍几种定量的分析方法。

1. 量本利分析法

量本利分析法又称保本分析法或盈亏平衡分析法，是通过考察产量或销售量、成本和利润的关系以及盈亏变化的规律来决策的方法。

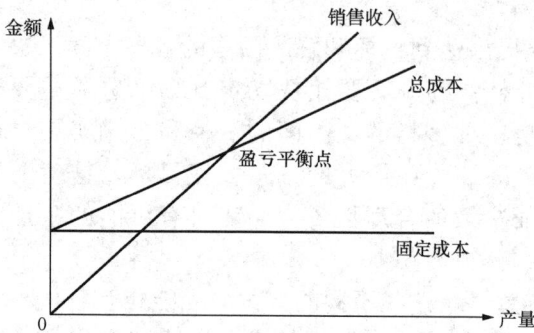

图8-2　量本利分析图

它的基本原理是边际分析理论。其具体方法是，把企业的总成本分为固定成本和可变成本后，观察产品的销售单价与单位可变成本的差额，若单价大于单位可变成本，便存在"边际贡献"。当总的边际贡献与固定成本相等时，恰好盈亏平衡。这时每增加一个单位产品，就会增加一个边际贡献的利润。在应用量本利分析法时，关键是找出企业不盈不亏时的产量，称为保本产量或盈亏平衡产量，此时企业的总收入等于总成本，如图8-2所示。

下面以一个实例来介绍这种方法的常用指标。

【例8-1】　某企业生产某产品的固定投资为120000元，生产一单位本产品的变动成本为2元，产品价格为4元，目标利润为180000元，本投资方案可带来产量200000件。

解　假设 p 代表单位产品价格，Q 代表产量或销售量，F 代表固定成本（固定投资），v 代表单位变动成本，π 代表利润，c 代表单位产品贡献（$c=p-v$）。

（1）求保本产量。

企业不亏不盈时，$pQ=F+vQ$。

所以，保本产量 $Q = F/(p-v) = F/c = 120000/(4-2) = 60000$（件）。

（2）求保目标利润的产量。

设目标利润为 π，则 $pQ = F + vQ + \pi$。

所以，保目标利润 π 的产量 $Q = (F+\pi)/(p-v) = (F+\pi)/c = (120000 + 180000)/(4-2) = 150000$（件）。

（3）求安全边际和安全边际率。

安全边际＝方案带来的产量－保本产量＝200000－60000＝140000

安全边际率＝安全边际/方案带来的产量＝140000/200000＝0.7

2. 现值分析法

将不同时期内发生的收益或追加的投资及经营费用，都折算为投资起点的现值，然后与期初的投资比较，净现值大于零的方案是可行方案；净现值最大的方案为最佳方案。折现时多采用复利计算。其计算公式为

$$NPV = \sum_{t=1}^{n}\left[S_t/(1+i)^n\right] - P_0$$

式中 NPV——净现值；

$\quad i$——贴现率；

$\quad S_t$——第 t 年的现金净收入；

$\quad n$——投资方案的有效年限；

$\quad P_0$——原始投资总额。

【例 8-2】 某企业准备进行投资，现在有两个方案可以选择，两个方案的寿命相同，各年的现金流量如表 8-2 所示，试分析该企业应该选择哪个方案（贴现率为 12%）。

表 8-2 各年现金流量表

年份	0	1~10
方案 X 的净现金流/万元	－20	5.8
方案 Y 的净现金流/万元	－30	7.8

解 按净现值法，解得方案 X 的净现值为 12.8 万元，方案 Y 的净现值为 14.1 万元，所以应该选择方案 Y。

3. 线性规划

线性规划是在一些线性等式或不等式的约束条件下，求解线性目标函数的最大值或最小值的方法。运用线性规划建立数学模型的步骤是：①确定影响目标大小的变量；②列出目标函数方程；③找出实现目标的约束条件；④找出使目标函数达到最优的可行解，即为该线性规划的最优解。线性规划法的模型简单，求解方法成熟，是应用最为成功的一种。线性规划主要是解决有限资源的合理分配问题。

【例 8-3】 某企业在计划期内要安排甲、乙两种产品的生产，已知生产单位产品所需的设备台时及 A、B 两种原材料的消耗，以及资源的限制，如表 8-3 所示。

表 8 - 3 设 备 及 资 源 限 制 表

	甲	乙	资源限制
设备	11	1	300
原料 A	2	1	400
原料 B	0	1	250

该企业每生产一单位甲产品可获利 50 元，每生产一单位乙产品可获利 100 元，问企业应分别生产多少个甲产品和乙产品才能使企业获利最多？

解 设 x_1＝生产甲产品的数量，x_2＝生产乙产品的数量。

企业所要求的最大利润的目标可以表示为

$$\max z = 50x_1 + 100x_2$$

约束条件包括以下几点。

(1) 台时数方面的限制：$x_1 + x_2 \leqslant 300$

(2) 原材料的限制：$\begin{cases} 2x_1 + x_2 \leqslant 400 \\ x_2 \leqslant 250 \\ x_1 \geqslant 0, \ x_2 \geqslant 0 \end{cases}$

应用图解法可以得到甲产品和乙产品的最优生产数量分别为 50 单位和 250 单位。

量本利分析法、现值分析法和线性规划的方法一般都用于确定型决策。

4. 决策树法

决策树法是一种风险型决策方法，它用树型图来描述各方案对未来收益的计算、比较以及选择的方法，用于解决连续决策的方案评价。

用决策树法比较和评价不同方案的经济效果，需要以下几个步骤。

(1) 根据可替换方案的数目和对未来市场状况的了解，绘出决策树型图。

(2) 计算各方案的期望值，包括计算各概率分支的期望值，即用方案各自然状态的收益值分别去乘以各自然状态出现的概率，然后将各概率分支的期望收益值相加，并将数字记在相应的自然状态点上。

(3) 考虑到各方案所需的投资，比较不同方案的期望收益值。

(4) 剪去期望收益值较小的方案分支，将保留下来的方案作为备选实施的方案。

【例 8 - 4】 某企业准备生产新产品开拓市场，对未来三年的市场预测表明，三年的需求量每年基本相同，但需求情况及概率高低不同。就生产而言，有三种方案：新建一条生产线需投资 150 万元；扩建原生产线需投资 100 万元；收购其他企业的一条旧生产线需要投资 80 万元。三个方案在不同自然状态下的年收益值及概率如表 8 - 4 所示。

表 8 - 4 三个方案的收益值和概率

收益值 方案	市场需求的收益值		
	高需求	中等需求	低需求
	0.3	0.4	0.3
新建生产线	200	120	−40
扩建生产线	140	100	0
收购生产线	100	80	20

根据已知条件绘制决策树，并把各概率枝上的收益值相加，填入相应的收益点上，如图8-3所示。

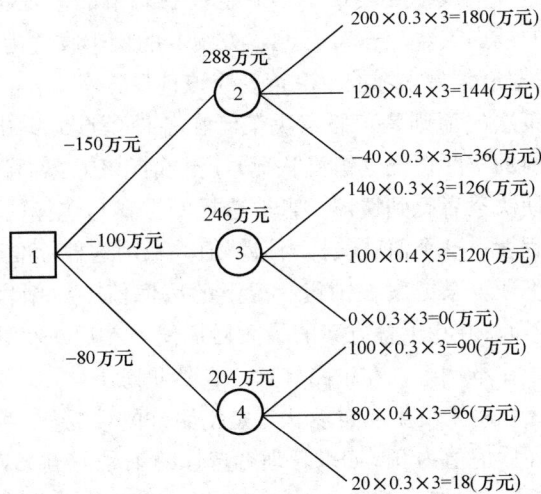

图8-3 决策树

比较三个方案的净收益值：

新建生产线 288－150＝138（万元）

扩建生产线 246－100＝146（万元）

收购生产线 204－80＝124（万元）

由计算结果可知，若以最大净收益值为标准，应该选择扩建生产线。

5. 不确定型决策方法

不确定型决策指决策者在知道哪些情况可能发生，但不知道各种情况发生的概率的条件下进行的决策。这种决策是比较困难的，不确定型决策的标准一般有最大最大标准决策法、最大最小标准决策法、最小最大遗憾标准决策法和现实定义标准法四种。下面以一个实例来说明这四种决策标准。

【例8-5】 某企业打算投资生产某产品。根据市场预测，产品销售状况有销路好、销路一般、销路差三种情况。生产该产品有三种方案：a. 改进生产线；b. 新建生产线；c. 由其他企业贴牌生产。据估计，各方案在不同销售状况下的收益见表8-5。企业应采取哪种方案？

表8-5 各方案在不同销售状况下的收益 单位：万元

收益　　方案	销路好	销路一般	销路差
a. 改进生产线	150	100	－50
b. 新建生产线	250	80	－100
c. 由其他企业贴牌生产	100	60	10

解 最大最大标准指在所有的备选方案中，比较各种方案的最理想状态，以其中最为理想的状态为标准进行决策。这种决策标准称之为不确定状态下的乐观主义者行为准则。在本例中，方案a的最大收益为150万元，方案b的最大收益为250万元，方案c的最大收益为100万元，

所以根据最大最大标准，决策者应该选择方案 b。

最大最小标准决策法指在所有的决策方案中，比较各个方案可能出现最坏状况，以其中最小损失为标准进行决策。这种决策标准表现了不确定性状态下的悲观状态和悲观主义者的行为准则。在本例中，方案 a 的最小收益为－50 万元，方案 b 的最小收益为－100 万元，方案 c 的最小收益为 10 万元，因此根据最大最小标准，决策者应该选择方案 c。

最小最大遗憾标准决策法的原则是：假定决策者在各种备选方案中作出了选择之后，在执行决策时发现，如果按当前的实际情况（销售状况），不选择该方案而选择其他备选方案，收益会更高或亏损之间的差会使决策者感到遗憾。未被选择的方案与选择的方案二者之间的损益值，可以看作是决策者遗憾的程度，这个值就被称为遗憾值。采用这种标准进行决策时，首先计算各方案在各销售状况下的后悔值（某方案在销售状况下的后悔值＝该销售状况下的最大收益－该方案在该销售状况下的收益），并找出各方案的最大后悔值，然后进行比较，选择最大后悔值最小的方案作为所要的方案。在本例中，在销路好这一自然状态下，b 方案（新建生产线）的收益最大，为 250 万元。因此，在将来发生的自然状态是销路好的情况下，如果管理者恰好选择了这一方案，他就不会后悔，即后悔值为 0。如果管理者选择的不是 b 方案，而是其他方案，他就会后悔（后悔没有选择 b 方案）。比如，他选择的是 c 方案（由其他企业贴牌生产），该方案在销路好时带来的收益为 100 万元，比选择 b 方案少带来 150 万元的收益，即后悔值为 150 万元。各个后悔值的计算结果见表 8-6。

表 8-6 各方案在各销售状况下的后悔值 单位：万元

收益 方案	销路好	销路一般	销路差
a. 改进生产线	100	0	60
b. 新建生产线	0	20	110
c. 由其他企业贴牌生产	150	40	0

由表 8-6 可以看出，a 方案的最大后悔值为 100 万元，b 方案的最大后悔值为 110 万元，c 方案的最大后悔值为 150 万元。经过比较，a 方案的最大后悔值最小，所以选择 a 方案。

不确定型决策总是在最乐观结果与悲观结果之间进行选择。而现实主义标准是：决策者首先要决定一个系数，可以称之为乐观系数或悲观系数 α，α 在 0 与 1 之间，α 为乐观系数时，$1-\alpha$ 则为悲观系数，二者互补。决策时，预测每个方案的预期收益（以现实主义为标准），预测公式为

$$预期收益 = \alpha \times (最大收益) + (1-\alpha) \times (最小收益)$$

然后，将各个方案的现实主义预测值进行比较，再按现实主义预测值最大化进行方案选择。在本例中，设乐观系数 $\alpha = 0.5$，则方案 a 的现实主义标准预期收益为 $150 \times 0.5 + (-50) \times 0.5 = 50$，方案 b 的现实主义标准预期收益为 $250 \times 0.5 + (-100) \times 0.5 = 75$，方案 c 的现实主义标准预期收益为 $100 \times 0.5 + 10 \times 0.5 = 55$，在乐观系数为 0.5 时，方案 b 的预期收益最大，因此选择方案 b。

由此可知，不确定型决策的主观随意性较大，无论是标准的选择，还是现实主义标准中系数的确定，都带有一定程度的盲目性。因而在决策时，能够运用其他决策方法的，应尽量应用其他决策方法，使不确定型决策转变为确定型决策或风险型决策。

二、定性分析法

定性分析法是建立在人们经验的基础上，对决策方案进行分析、评价和判断的一种方法，定性分析法的关键在于发扬民主，集思广益，科学地进行决策。常用的方法有以下几种。

1. 头脑风暴法

"头脑风暴"一词原本是用来形容精神病人胡思乱想、胡言乱语的情形，当作为一种决策方法提出的时候，其含义则是指在决策的会议上，人们可以无拘无束、自由奔放地思考问题，无所顾忌地畅所欲言。头脑风暴法是比较常用的专家论证决策方法，该方法便于与会者发表创造性意见，因此主要用于收集新设想。头脑风暴法的创始人是心理学家奥斯本（A. F. Osborn），他为该决策方法的实施提出了四项原则：第一，对别人的建议不做任何评价，将相互讨论限制在最低限度内；第二，建议越多越好，在这个阶段，参与者不要考虑自己建议的质量，想到什么就应该说出来；第三，鼓励每个人独立思考，广开思路，想法越新颖、奇异越好；第四，可以补充和完善已有的建议以便更具说服力。

2. 德尔斐法

德尔斐法是美国兰德公司提出的一种专家集体决策法，取名为德尔斐法（Delphi Technique）。此种方法的特点是采取参加决策的专家互不见面，意见的发表和交流采取匿名书的方式进行。其一般过程为：第一步，参加决策的每个成员单独地、不记名地写出自己对集体所面临的问题的意见及解决问题的办法；第二步，将所有成员的意见及解决问题的方案在一个信息处理中心集中，进行系统化管理；第三步，将除其本人以外其他成员的意见、方案，再送交给每一个成员；第四步，每个人对他人意见进行分析，提出新的意见，将意见集中起来送交信息中心处理；第五步，信息中心对送交上来的信息再按上述步骤反复几次，直到基本取得一致意见。

德尔斐法有这样几个优点：第一，避免了集体决策中面对面的争论，有利于新的意见和看法讲出来；第二，避免了面对面的集体决策容易形成的崇拜权威，服从权威意见，抑制创造性思维的缺陷，有利于名不见经传小人物的新思想、新观念表达出来，产生有价值的方案；第三，能较好地使参与决策的每个专家畅所欲言；第四，德尔斐法的成果经过统计处理，可对专家的意见进一步进行定量化，从而取得较为准确的决策结果。当然，德尔斐法也存在着一定的不足之处：决策时间较长；信息处理的工作量较大；不利于直接交流。因此，德尔斐法不适于需要做快速决策的情况。

3. 电子会议法

这是利用现代的电子计算机手段改善群体决策的一种方法。基本的做法是所有参加会议的人面前除了一台计算机终端之外什么也没有了。会议的主持者通过计算机将问题显示给参加会议的人，会议的参与者将自己的意见输入计算机，通过计算机网络显示在各个与会者的计算机屏幕上，个人的评论和票数统计都投影在会议室的计算机屏幕上。国外的实践者认为，这种电子会议的主要优点是匿名、诚实和快速；决策的参与者能够不透露姓名地表达自己所要表达的意见，一敲键盘即刻显示在屏幕上，使所有的人都能够看到；这种方式还有利于人们充分地表达信息而不受惩罚；自己在"发言"过程中不担心被别人打断和打断别人；而且这种方式需要的时间短，据统计，这种方式比传统的面对面的直接讨论的方式至少节省的时间在一半以上。

思 考 题

1. 如何理解西蒙的管理决策理论?
2. 试简述决策的含义和类型。
3. 试简述决策常用的方法和过程。
4. 为什么决策者很难做到完全理性?

第九章　电力企业生产管理

生产活动是企业最基本的活动，也是其他活动的基础。它是为高效地生产合格产品和提供顾客满意的服务而对企业进行计划、组织和控制等职能的活动。在市场经济条件下，生产管理的基础作用显得更为重要。现代电力工业以电网的形式使发电、供电、用电等环节成为一个不可分割的有机整体。电力企业生产管理主要包括发电生产管理、供用电生产管理和电网调度管理等。本章从电力企业生产管理的特点和任务出发，对电网调度管理、发电和供用电管理进行介绍。

第一节　电力企业生产管理概述

电力企业生产管理就是根据电力生产的特点，建立一套行之有效的生产指挥系统和生产安全技术责任制度，管理日常的生产运作工作，维护发、供电各个环节及整个电网的正常生产秩序，从而保证电力企业生产经营目标的实现。

电力企业属于资金和技术密集型企业。电力企业生产管理要高度重视科学技术管理，不断地吸收当代科学技术的新成就来充实和提高发、供电生产及管理水平，努力提高发电设备的等效可用系数和供电设备的安全经济运行水平，保证电力安全可靠运行，对于保持电网运行的稳定性来说是非常重要的。

一、电力企业生产的实质、任务和特点

1. 电力企业生产的实质

电力生产过程实质上是电能的生产、分配和销售过程。电力生产的主要特点是生产、流通和消费同时进行，并由此决定了电力生产过程是一个不可分割的有机整体。它可以概括为电能的生产（发电）、电能的传输（送电）、电能的分配（配电）和电能的销售（营业）几个主要环节，构成了完整的电力生产过程。

2. 电力企业生产的任务

电力生产是通过一系列极为复杂的生产环节来进行的，这些生产环节构成一个整体——电力系统。在一个电力系统内，无论有多少个发电厂、变电所，无论有多少用户，也无论其隶属关系如何，电力生产都必须接受其电力系统的统一调度。因此电力企业的生产管理实际上是对电网安全和经济运行的管理。电力企业依据市场需求，充分利用企业的人力、物力和财力资源，高效、低耗地计划、组织和控制发供电生产，确保电网安全、可靠、经济地运行，向社会提供合格的电能，同时获得尽可能大的经济效益，这是电力企业生产管理的中心任务。

3. 电力工业生产的特点

电力生产是建立在现代科学技术基础上的高度集中的社会化大生产。电力工业由于其行业特点，具有与其他行业不同的特征。

（1）电能是一种无形的、不能储存的特殊商品。电能的生产、流通和消费是同时进行、

同时完成的。如果没有电能的销售环节，发电厂就无须也无法生产出电能，此时发电机在原动机的带动下只能产生端电压，而不能生产电能。

（2）电能的生产、传输、分配和使用必须严格保持平衡。这不仅是指数量上的平衡，而且还含有时间的概念，即在某一确定的时间里，生产和消费的电能必须保持平衡。这一特征要求电力企业要充分利用各种经济手段和技术手段来实现计划用电量。

（3）电网在高度集中统一的调度下生产运行，这种统一调度、统一管理、统一指挥的特征是电力企业最基本的特征。

（4）电力生产技术水平先进，生产社会化程度高，电力生产企业是典型的资金和技术密集型企业。

二、电力企业生产管理的特点

为了安全可靠地向用户供电，电网必须按照用户用电的质量要求和数量要求保证连续供电，电网要有能源储备和备用容量，以满足用户不同时间或发生突变情况下的负荷要求。

电网内所有的发电、供电企业都要在统一的前提下进行生产运行，发电厂要严格按照规定的负荷曲线开、停机组或者增、减出力，供电企业要严格按照固定的电压控制点参数与潮流方式调整运行。全电网必须按用户用电需求进行生产，全电网发电出力与用电负荷在每一个瞬间都必须达到平衡。

坚持电网的经济效益和社会效益相统一。发、供电企业要在保证电压、频率质量的条件下，在服从电网全局利益的前提下，争取其自身的最佳经济效益。电力企业生产必须在服从整体经济效益和社会效益的前提下不断提高电网的经济效益。

第二节　发 电 生 产 管 理

一、电厂选址问题

随着电力工业体制的改革，电力工业的垄断地位被打破，发电企业将面临严峻的市场考验，而合理地选择电厂的厂址不仅关系到建厂的质量、费用、工期以及建设的安全性和经济性，更关系到电厂将来的市场竞争能力和可持续发展的问题。如果厂址选择不当，将会增加发电企业的发电成本，降低其市场竞争能力。不合理的厂址选择给社会和环境造成的潜在影响也是很严重的。

1. 电厂选址的原则

大型电厂的厂址选择，应根据中长期电力规划、燃料资源、运输条件、地区自然条件和建设计划等因素全面考虑。在选址工作中，应从全局出发，正确处理厂址与农业、其他工业、国防设施和人民生活等方面的关系。另外，选择厂址时，应注意节约用地，尽量利用荒地和劣地；注意尽量少拆迁房屋，以减少人口搬移；注意尽量减少土石方量。电厂用地范围应根据建设和施工的需要，按规划容量确定。在厂址自然条件许可时，应考虑电厂扩建的可能性。

2. 电厂选址的主要工作

在选择发电厂的厂址时，应研究电网结构、电力和热力负荷、燃料供应、水源、交通、燃料及其大件设备的运输、储灰场、地质、地震、地形、水文、气象、环境影响、占地拆迁和施工等条件，拟定初步方案，通过全面的技术经济比较和效益分析，提出论证。

在电厂选址的工作中主要包括：在初步可行性研究阶段，当有多个推荐的厂址时，应对各厂址的建设顺序和规模提出意见；在选定厂址时，应对建设规模和建成期限提出意见，并对装机容量和机、炉型号提出建议；注意对厂址及其周围区域的地质情况进行调查和勘探。在初步可行性研究阶段，以收集分析已有资料和现场勘探调查为主，查明厂址区域的主要地质条件；在确定厂址时，应按国家的有关规定，取得专业部门对厂址地区地震基本烈度的鉴定意见；厂址应避让重点保护的文化遗址，也不宜设在有重要开采价值的矿藏上；供水水源必须可靠，并考虑水利规划对水源变化的影响；选择厂址时应落实运输条件、合适的储灰场以及出线条件。

二、火力发电厂生产的基本过程

火力发电厂简称火电厂，是利用煤、石油、天然气等燃料的化学能产生出电能的工厂。火电厂的容量大小各异，具体形式也不尽相同，但其生产过程是相似的，图 9-1 为凝汽式燃煤电厂的生产过程示意图。

火力发电厂（以燃煤发电厂为例）主要生产过程是：原煤由输煤设备从煤场送到锅炉的原煤斗中，再由给煤机送到磨煤机中磨成煤粉。然后，煤粉送至分离器进行分离，分离出的合格的煤粉送到煤粉仓储存。煤粉仓的煤粉由给粉机送到锅炉本体的喷燃器，由喷燃器喷到炉膛内燃烧（直吹式锅炉将煤粉分离后直接送入炉膛）。燃烧的煤粉放出大量的热能将炉膛四周水冷壁管内的水加热成汽水混合物。混合物被汽包内的汽水分离器进行分离，分离出的水经下降管送到水冷壁管继续加热，分离出的蒸汽送到过热器，加热成符合规定温度和压力的过热蒸汽，经管道送到汽轮机做功，推动汽轮机旋转，汽轮机带动发电机发电，发电机发出的三相交流电通过发电机端部的引线经变压器升压后引出送到电网。在汽轮机内做完功的过热蒸汽被凝汽器冷却成凝结水，凝结水经凝结泵送到低压加热器加热，然后送到除氧器除氧，再经给水泵送到高压加热器加热后，送到锅炉继续进行热力循环。

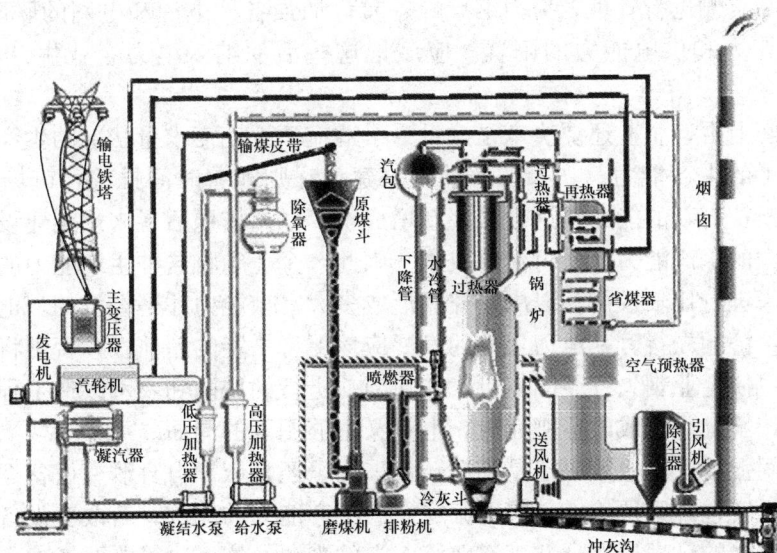

图 9-1　火力发电厂生产过程示意图

以上分析虽然复杂，但从能量转换的角度看却很简单，即燃料的化学能→蒸汽的热势能→机械能→电能。在锅炉中，燃料的化学能转变为蒸汽的热能；在汽轮机中，蒸汽的热能转变为转子旋转的机械能；在发电机中，机械能转变为电能。

三、电力企业生产能力规划

规划和设计常备生产能力是建设一个新的生产系统或重新规划现存生产系统所必须进行的一项重要工作，它对企业生产经营发展将产生长期影响。电力企业发电、供电和用电同时完成的特点和我国电力需求峰谷差大、季节性强的特点对电力企业生产能力的规划与设计提出了很高的要求，在过去，电力企业的生产能力规划是由电力管理部门统一规划、统一部署的，电力企业只是负责企业的生产运行管理，在电力企业走向市场，尤其是打破垄断、引入竞争以后，电力企业必须根据自身的市场容量与发展前景，而不是整个电力市场的容量，来进行生产能力的规划，这时电力企业必须考虑以下问题。

（1）电力企业生产能力可分为发电能力、输电能力和供电能力，由于经营输电业务的电网公司由国家统一管理，在此只讨论发电能力和供电能力的规划。

发电能力的规划是按照负荷曲线和企业竞争上网的电量，规划企业在峰谷不同阶段的发电能力。对于大型企业来说，应该具备三种电源：尖峰电源、基荷电源和腰荷电源。尖峰电源变动激烈，最好由调整能力强、易于启停的机组担任，另外，因尖峰电源运行时间短，一般采用效率差但建设费用低的机组比较经济。基荷电源一般由效率高的电源担任。腰荷电源应具有前面两种电源的中间性质，既可担任变动负荷，也可长时间运行，运行费用较低，适合在负荷曲线腰部区域运行。发电能力规划的任务就是根据企业的营销状况确定上述三种电源的比例和装机容量，以满足各个时段竞争的需要。

供电能力规划是确定供电区域内的网络结构。一般按电压等级分层，按供电区域或范围分片，先进行高压主干网架规划，再规划低压配网结构。在进行供电能力规划时，企业应按区域内电力需求状况，确定供电能力的大小。由于发、供、用同时完成的特点，对电力市场的需求预测至关重要。

最后，对需求侧进行管理，努力缩小峰谷差；加强各种电源和电网的联网来互相补充，可以降低发电能力和供电能力的闲置。应该把这些活动纳入电力企业生产能力的规划范围内。

（2）从时间上看，企业还要决定是建设一个适应于近期需求量状况的生产能力，还是适应长期预测水平的生产能力。如果按照前者来建设，则随着时间推移，市场需求量不断增长，企业须不断扩充新的能力，这会带来新增成本；如果按照后者来规划建设，则又会在近期内为维持较大的生产能力而支付额外成本。因此，企业须将这种生产能力的建设和维持费用换算成现值来进行比较权衡，以决定究竟形成多大富余能力才是经济的。电力工业是基础工业，是国民经济的先行官，电力工业的发展应该保持一定的超前性，否则将制约国民经济的发展，同时也使企业丧失发展的良机。如在当前进行的城网和农网改造工程中，有些地区对供电能力设计不足，造成改造刚完成，电就又不够用了的局面。

（3）从空间上看，企业须决定是利用转包采购，还是依靠自身改变设备运转强度生产能力的需求。如果转包，则须确定转包部分应占总生产能力的比例；若改变设备运转强度，则必须确定设备开动的合理班次，并落实熟练工人的来源。这一决策既要考虑企业处处的经济利益，又受到转包供应品质量与可靠性、企业生产专业化与一体化以及劳动力供应等多种因素的制约。

四、发电厂生产管理的主要内容

（1）运行管理。发电厂运行管理是电力生产管理的关键环节，它包括建立健全发电厂的生产指挥系统、制定并执行各种生产技术管理规程和责任制度等。

（2）发电厂安全管理。发电厂运行管理是电力生产的关键环节，而安全生产管理则是电厂运行管理最重要的组成部分。它关系到电厂设备的安全运行和发电厂职工的人身安全。实现安全、可靠运行是发电企业完成发电任务、发挥效益的首要前提。发电厂要贯彻"安全第一，预防为主"的方针，完成安全生产管理任务，切实保证安全供电和职工人身安全。

（3）发电厂计划管理。计划管理必须服从国家的宏观规划和行业计划的指导，通过编制发电计划、制定技术经济计划指标对企业的生产活动实行全面的计划管理。

（4）发电厂可靠性管理。发电厂可靠性管理是采用现代化科学手段来管理和指挥生产，以实现可靠性目标，提高经济运行管理水平。它用直观的各种标准、指标进行宏观综合分析，依次判断生产运行状态；衡量其管理水平、设备安全健康状况、经济效益等。因此，发电厂可靠性管理就是要科学分析实际生产状况，找出不安全、不经济的潜在影响因素，从根本上采取措施，充分发挥现有设备的潜力，提高可用率和安全性，提高生产能力和经济运行水平，降低能耗。

（5）设备管理。发电厂是技术资金密集型装置企业，设备技术状态和组织状态的好坏，对企业本身及全社会都有影响。而强化设备管理是保证电力企业安全生产的重要一环。设备管理是围绕设备从选择购进直到报废全过程而开展的系列管理工作的一种新学科，也就是对主要生产设备从设计、制造、调试、使用、维修、改造、技术反馈到更新、报废全过程进行管理。其主要内容包括设备选择和评价、设备的使用管理、设备的检修与保养、设备的改造和更新及设备的日常管理等工作。

（6）燃料管理。燃料管理是指建立燃料管理机构、制定和执行燃料管理的职责规定以及燃料的储存和保管等。

（7）环境管理。环境管理是在环境质量允许的条件下，以环境科学的理论为基础，运用技术的、经济的、法律的、教育的和行政的手段，对人类的社会经济活动进行管理，协调社会经济发展与环境保护的关系。环境管理主要是编制企业环境保护计划、建立环境管理制度、进行环境监测和严格控制污染等。就火力发电企业来说，环境管理的主要任务是从保护环境的目的出发，在新建、扩建、改造时，对工程项目进行可行性研究，选择最佳方案，确保达到环境保护对工程项目的要求。

五、发电厂的安全可靠管理

1. 发电厂安全可靠管理的任务

发电厂安全可靠运行是电网安全可靠供电的基础，也是电力部门完成生产任务、提高经济效益的中心工作。发电厂安全可靠管理的任务主要有：落实安全责任制、健全安全监察机构和充实人员。对安全生产中的薄弱环节，及时采取有效技术措施加以解决，消除频发性和恶性事故。运行人员要精心做好监察工作，掌握设备技术状况的变化规律，运行人员还应认真执行设备巡回检查制度，掌握设备的运行情况和存在的缺陷；应做好发电设备的运行和维护工作，对设备要定期试验，对安全保护和各种自动装置要定期校验和切换；严格执行安全规程，加强操作管理；开展群众性的安全大检查活动，做好事故预防，编制反事故措施计划，坚持以预防为主的安全生产方针。

2. 发电厂安全管理

发电厂安全管理的主要环节就是在全过程安全管理中对运行、检修、维护和技术改造环节的安全管理。要落实安全质量责任制，实行安全质量监督，从而保证发电厂的安全生产，实现发电厂的经济效益。发电厂安全管理的主要任务是保证人身安全、设备安全和运行安全，从而保证电网安全运行。

（1）人身安全。劳动人民是国家的主人，保证劳动人民在生产中的安全健康是国家的一项基本方针。所以，在任何厂矿企业都必须保证全体工作人员的安全和健康，这就要求在日常工作中完善防护措施，严格贯彻规章制度，防止人身伤亡，并做好劳动保护工作。

（2）设备安全。设备是进行生产的物质基础，没有良好的设备，就不可能进行正常的生产，更不可能取得好的经济效益。这就要求保证良好的检修质量，做好设备的运行维护，不断提高设备的健康水平，保证设备的安全运行。

（3）运行安全。电力生产的主要产品是电能，电能的质量除了电压和频率以外，还有一个保证连续不间断供电的要求。如果供给用户的电能频率和电压合乎规范，但是却时供时停，则用户无法进行正常的生产和生活。因此，对电能生产者来说，安全运行，时时刻刻保证供电的连续性就有非常重要的意义。

3. 发电厂可靠性管理

可靠性管理是电力企业实行现代化管理的重要内容。科学的发展及电力用户对供电可靠性要求的提高，促使发电厂的生产运行由强调安全管理逐步过渡到可靠性管理。电力生产可靠性管理的内容较广泛，它包括设备的制造质量、电网规划、工程设计、施工安装、生产运行等过程的质量管理。所谓可靠性是指系统、设备、元件等在规定的条件下和预定的时间内，发挥和完成规定功能的能力，其数量指标常以完成规定功能的概率来表示。发电厂可靠性管理的综合指标主要有设备可用率和强迫停运率两个指标，即

$$设备可用率 = \frac{设备年可用小时}{8760} \times 100\%$$

$$强迫停运率 = \frac{设备强迫停运小时数}{运行小时数 + 强迫停运小时数} \times 100\%$$

提高设备可用时间，可提高可用率和降低停运率。因此，发电设备的完好状态是可靠性的物质基础。发电厂在生产过程中，应注意抓好消除设备缺陷、实现设备完善化和定期进行调验等工作，做好设备的可靠性统计工作。

六、发电厂设备管理

发电厂设备管理的主要内容包括设备的选择和评价，设备的使用管理，设备的检修、保养与修理，设备的改造与更新以及设备的日常管理等内容。

（1）设备的选择和评价。根据技术先进、经济合理、生产适用的原则选择设备，并通过技术、经济分析和评价，以选择最优方案。

（2）设备的使用管理。针对发电厂的设备特点，正确地使用设备，制定合理使用设备的一系列规章制度，用各种组织形式把运行人员、维修人员、技术人员和管理人员吸收到设备管理中来，使设备管理具有广泛的群众基础。

（3）设备的检修、保养与修理。在掌握发电厂故障与磨损规律的基础上，合理地制定设备检修、维护修养和修理的周期与编制设备种类检修计划，组织施工和维修使用材料、配件

的供应及储备，按规定进行定期检查、运行试验和维修保养。

（4）设备的改造与更新。根据发电厂发展的要求和改造老设备以及节约能源的需要，有计划、有步骤、有重点地进行技术改造和更新，实现企业的技术进步。

（5）设备的日常管理。发电厂设备日常管理主要包括设备的分类、登记、编号、调拨、事故处理、设备异动、缺陷管理和报废等。

第三节　供用电管理

一、供用电管理的意义

电网的生产运行系统是由发电、送电、变电、配电和用电五个基本环节组成。其中送电、变电和配电组成了供电系统。它是电力商品流通的重要渠道，担负着电力输送、技术参数变换和电力分配的任务，使电力产品供应和销售得以实现。供电管理在电力企业管理中，占有重要地位，它的主要任务是不断提高供电可靠性，保证供电电压质量、保证安全、降低线损以提高供电系统的经济效益。

电力系统由发电厂生产出的电能，经过供电系统的输送，最后通过用电环节来完成的销售而实现本身的使用价值。电力企业生产电能的数量和质量对用户完成生产任务有重大影响。反之，各用户对电能的消耗和使用方式又影响电力企业的生产和电能质量。如用户的用电设备发生事故，将直接影响电网的安全运行；用户用电的效率低，将消耗大量无功的电，使电压质量下降；用户的用电时间集中，将使负荷曲线出现高峰和低谷，使发供电设备利用率降低。电力企业要取得好的经济效益，不仅取决于自身的生产情况，还取决于用户对电能的使用状况。用电管理就是要疏通销售渠道，使用户安全、经济、合理地用电，使电能发挥最大的社会效益和经济效益。

此外，保证安全可靠的发、供电是电力系统运行的首要条件。在运行过程中，供电的突然中断大多由事故引起，所以必须从各个方面采取措施以防止和减少事故的发生。如严密监视设备的运行状态和认真维修设备，以减少事故发生的可能；不断地提高运行人员的技术水平，以防止人为事故。为了提高运行的安全可靠性，还必须配备足够的有功功率电源和无功功率电源；完善电力系统结构，提高电力系统抗干扰的能力，增强系统运行的稳定性；利用现代通信技术和计算机技术对系统的运行进行安全监视和控制等。

二、供电系统管理

供电系统是联系电源和用户的纽带，供电系统管理是对供电系统的运行、维护等进行的管理。其主要内容包括供电质量管理、计划管理、线损管理、设备运行和检修管理。

供电质量管理主要包括电压质量和供电可靠性管理两项内容。保证连续不断地按照供电质量标准向用户供电是供电管理的核心工作。供电计划管理包括电力负荷预测、供电网络的规划、供电计划以及供电实施运行与技术改造计划等内容。线损管理包括实行电网的合理布局，制定并实施降低线损的技术措施、科学管理线损指标、调荷管理，完善计量管理等。设备运行和检修管理包括供电设备的运行调度、送电线路和变电站的运行维护、事故处理和分析、反事故措施的制定和实施以及送、变电设备的检修管理等内容，是供电系统管理的一项重要工作。

在供电系统管理中，应该重点做好以下几方面的工作。

（1）加强线损管理。线损是供电运行管理的一项重要的综合性技术经济指标，电网的发、送、变电等各个环节都与线损有联系，降低线损是增加供电能力、保证售电收入和盈利的有效措施。

（2）建立配套完善的供电网络。目前我国电网运行中存在的主要问题是网络建设薄弱，送、变电能力和发电能力不配套，无功电源不足，供电装备技术落后，供电可靠性水平不高。为了提高供电运行的管理水平，实现供电网络现代化，就必须从电网规划、设计、建设到供电设备管理等方面入手，大力改善供电网络的技术装备水平，为供电运行管理打下良好的基础。

（3）加强设备运行和检修管理。加强送、变、配电设备及相应附属设备的运行和检修管理，力争减少人身事故、设备事故和误操作事故，尽力防止触电身亡事故。

（4）建立以经济责任制为核心的供电运行管理制度。建立严密的供电运行指挥系统和严格的生产岗位责任制度。

三、供用电经济管理

供用电中的经济管理是运用经济杠杆作用与经济价值规律进行的管理，是供用电管理的重要手段之一，采用的主要手段有丰枯电价和峰谷电价。

1. 丰枯电价

丰枯电价是利用河流的水量在一年中不同的季节水量不同的特点制定的电价。一年中水量大的季节称为丰水期，水量小的季节称为枯水期。由于丰水期水量大，为了充分利用水力资源，使之不发生弃水现象，鼓励丰水期多用电，制定的丰水期电价，它比枯水期电价便宜。相反，枯水期水量少，所以此时期的电价相对高。丰水期和枯水期均以基础电价为基础，在基础电价的基础上丰水期电价下调，枯水期电价上调。而基础电价是以所在电网当年报请国家批准的电能电价为基准。

丰、枯期的参考划分标准如下。丰水期：5～9月份；枯水期：每年1～3月份及11～12月份；平水期：4月和10月。丰枯期的划分也要视具体地区划分。

丰枯电价的确定标准：丰枯电价以基础电价为基准，基础电价以报请国家批准的当年《电网电价表》的电能电价为基础，平水期电价＝基础电价；丰水期电价＝基础电价×90％；枯水期电价＝基础电价×110％。

2. 峰谷电价

由于发、供、用电同时发生，所以电力供应要时刻保持产、供、销平衡。而峰谷用电负荷的差异会对电力生产、电网调度造成很大压力，不仅使高峰时间发电成本升高、供不应求的矛盾突出，而且还会造成电网低频运行，影响电网安全。

峰谷分时电价是运用价值规律，在不同的用电时间实行不同的电价，也就是区分用电高峰时间和低谷时间的电价。它利用经济杠杆的间接调控手段促进了用电单位自觉调整用电时间，合理用电，以提高用电负荷率，提高经济效益。

实行峰谷分时电价，是现行电价制度的重大改革，它有利于充分利用现有的发电设备，有利于均衡发电、均衡用电，有利于解决峰、谷用电矛盾。峰谷分时电价体现了电能商品的时间差价，有利于调动用户避峰填谷。同时，也降低了电力系统成本，提高电力企业的生产效率。

将一天24h分为峰、谷、平三个时段，其电价不同，称为峰谷电价。

　　峰谷电价的时段划分如下：高峰时段：7：00～11：00，19：00～22：00（共 7h），一般为早晚两个高峰；低谷时段：0：00～7：00（共 7h）；平段：11：00～19：00，22：00～24：00（共 10h）。

　　峰谷分时电价的确定。峰谷电价以丰枯电价为基准，高峰时段电价＝平段电价×110％；低谷时段电价＝平段电价×40％；平段电价＝丰枯电价。

　　峰谷电价中峰段电价高于谷段电价，其目的是鼓励用户，尤其是各工业用户多在低谷期用电，避开高峰段用电，达到削峰填谷的目的。这种方法不仅可以缓解高峰时段负荷重的状况，而且提高了系统的负荷率，也为工矿企业节约了电费开支，降低了产品成本，更重要地是缓解了供电紧张状态，有利于电力系统安全、经济运行。

四、供用电法规管理

　　供用电双方目前应执行和遵守的法规主要有《中华人民共和国电力法》（1995 年 12 月28 日颁布，1996 年 4 月 1 日正式实施）、《电力供应与使用条例》（1996 年 4 月 17 日颁布，1996 年 9 月 1 日施行）、《供电营业规则》（1996 年 10 月 8 日颁布，1996 年 10 月 8 日实施）和供用电监督管理办法（1996 年实施）。

　　其中供用电双方签订的供用电合同具有法律效力，受到法律的保护，它促使供电（电业部门）和用电（用电单位）双方互相配合、互相保证、互相制约、互相监督。在合同中应明确规定供用电双方的权益、责任和义务。

五、电力营业管理

　　电能是现代社会广泛使用的一种必不可少的能源形态，是发展国民经济的重要物质基础，它在国民经济中发挥着极其重要的作用。

　　营业是经营业务的简称，电业营业管理是电力营销管理的主要部门之一，是电力营销管理工作中的重要环节，是电力企业生产经营的重要组成部分。营业管理的主要工作是业务扩充、电费管理和日常营业工作。

　　（1）业务扩充。报装接电又称业务扩充，其主要任务是接受用户的用电申请，根据电网实际情况办理供电与用电不断扩充的有关业务工作，以满足用户用电增长的需要。

　　（2）电费管理。用户办理有关业务手续后，开始接电，电网就开始为用户供应电能，并尽可能满足用户的需求。用户使用电能，按商品交换原则，必须按国家规定的电价和实用电力、电量，定期向供电部门缴纳足额的电费。营业管理工作中的抄表、核算、收费管理，就是要根据国家规定的电价和用户的用电类别，抄录、计算用户的实用电力和电量，定期向用户收取电费。电费管理是电力企业在电能销售环节和资金回笼、流通及周转中极为重要的一个程序，是电力企业生产经营成果的最终体现，也是电力企业进行简单再生产和扩大再生产，并为国家提供资金积累的保证。

　　（3）日常营业工作。日常营业工作是指供电企业的营业部门对于已经接电力用户的照明或动力用户，在用电过程中办理的用电业务变更事项与服务管理工作。其主要工作内容：变更用电及其管理，用户管理工作和服务性工作。

　　变更用电及其管理主要涉及：减少合同约定的用电容量；暂时停止全部或者部分受电设备的用电；临时更换更大容量变压器；迁移受电装置用电地址；移动用电计量装置安装位置；暂时停止用电并拆表；改变用户的名称；一户分为两户及其以上的用户；两户及其以上的用户合并为一户；合同到期终止用电；改变供电电压等级；改变用电类别等。

用户管理工作主要内容：用户户务资料；电能计量的资料；电费计收有关账卡；业务工程材料、费用管理；用电检查，三电工作及违章用电和窃电的稽查工作；对临时用电、临时供电以及转供电的管理；销户等工作。

服务性工作主要包括：①咨询类。用户想了解办理用电的有关手续，或者想征求供电部门对其用电的意见，或者征询、寻求电力设施的装置规定和合理使用方法等。②宣传、解释类。它包括宣传、解释电业规章制度、电价政策、安全节约用电常识等。③排除用电纠纷。④处理人民来信来访类。

六、电价

电价是电力这个特殊商品在电力企业参加市场经济活动，进行贸易结算时的货币表现形式，是电力商品价格的总称。根据价值规律的要求，商品的价格必须以价值为基础，价格应是价值的客观反映，这是制定电价的根本原则。

1. 电价的构成

按照经济学的理论，价格是商品价值的货币表现，商品的价值是由生产商品所消耗的社会必要劳动时间决定的，商品的交换应以价值量为基础进行等价交换。因此，商品的价格包括三部分：一是商品的物质消耗支出，这部分支出是指商品转移价值的货币表现 C；二是生产商品的劳动报酬支出，这部分支出是指商品的劳动者劳动所创造价值的货币表现 V；三是盈利，指为社会创造价值的货币表现 M。价格构成的一般模式为：$P = C + V + M$。

电价是电能价值的货币表现，它由电能成本、税金和利润构成。因此，电价的基本模式同其他商品价格模式一样，为：$P = C + V + M =$ 电能成本 + 盈利（包括利润和税金）。

在生产过程中，电能成本主要包括两部分：一部分是生产过程中所耗费的生产资料的价值（如燃料、材料等）作为劳动对象的价值转入成本之中，另一部分厂房、机械作为劳动资料的部分消耗的价值也转入成本之中，再一部分是劳动者为自己劳动所创造的价值。电力价值、成本和价格的关系如图 9-2 所示。

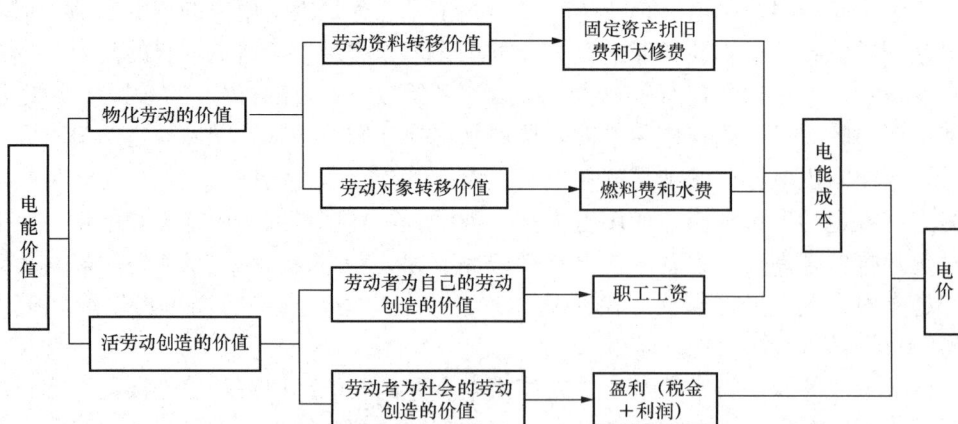

图 9-2 电能价值、成本和价格关系图

2. 电价的特点

电力工业的特点决定了电价的特点，电价的主要特点如下：电价受一次能源价格变动的影响最大，因为电能产品中燃料费用约占总成本的 80% 左右。电力生产发、供、用同时完成，发供电受用电制约，决定了电价的多样性。不同的用户，不同的时间使用，电价不一

样；不同的地点使用，价格不一样；不同的受电电压，价格也不一样。用户对可靠性不同的要求，使得电力企业生产的成本不同。因此，电价随可靠性的变化而变化。电价水平不仅要使电力企业合理受益，而且要对用户公平合理，因为电能是国民经济各部门和人民必需的能源，有很强的公益性。

3. 电价种类

（1）按照生产流通环节分为上网电价、网间互供电价和销售电价。

上网电价是指独立核算的发电企业向电网经营企业提供上网电量时与电网经营企业之间的结算价格。《中华人民共和国电力法》规定：上网电价实行同网同质电价。

网间互供电价是指电网与电网间通过联络线相互提供电力、电量的结算价格，售电方和购电方为两个不同核算单位的电网，包括跨省电网和独立电网间、省级电网和独立电网间、独立电网和独立电网间相互交换电力电量的阶段价格。

销售电价是根据电力综合成本，按照不同用电性质形成的电价。

（2）在销售环节中，按用电性质不同进行分类。我国的销售电价按用电类别分为八类：居民生活用电电价；非居民照明用电电价；商业电价；普通工业用电电价；非工业用电电价；大工业用电电价；农业生产用电电价和趸售电价。

4. 上网电价的确定

电力体制改革后，水电厂和火电厂的上网方式采用的是竞价上网，其上网电价实行同网同质同价。这是把商品按质论价办法引入电价机制的重要规定，也是电价方面的一项重大改革。它是指独立核算的电力生产企业向电网售电的价格，属同一电网、同等质量的，其价格也应当是相同的。这样有利于公开竞争，提高生产水平，有利于降低工程造价和发电成本，贯彻国家电力产业政策。

按照电价的构成，上网电价由发电单位成本、发电单位利润和发电单位税金构成，计算公式如下

$$上网电价 = \frac{发电成本 + 发电利润 + 发电税金}{厂供电量}$$

其中，发电单位成本按厂供电量计算。发电单位利润按电力项目贷款办法，在规定期限内还清投资本息和电网发电企业平均的利润水平计算；还清投资本息后，只按电网发电企业平均的利润水平计算。发电单位税金按国家规定的税种和税率计算。

5. 电价管理模式

2005 年，国家发改委颁布了电力价格管理新办法：对于发电企业的上网电价，在竞价上网前，将由政府价格主管部门按照合理补偿成本，合理确定收益和依法计入税金的原则核定，或通过政府招标确定。政府价格主管部门制定的上网电价，同一地区新建设的同类型发电机组将实行同一价格，并事先向社会公布，原来已经定价的发电企业上网电价也将逐步统一。同时，上网电价将与燃料价格实行联动。竞价上网后，容量电价由政府制定，电量电价由市场竞争形成。各区域电力市场可以实行全部电量集中竞价上网，也可以同时允许大用户和独立核算的配电公司与发电公司进行双边交易。此外，销售电价分类将最终简化为农业电价、居民电价和工商业及其他电价三类。农业电价与居民电价实行定期校核和调整，调整居民电价前需依法召开听证会；工商业及其他电价与上网电价实行联动。

第四节　电 网 调 度 管 理

随着电力工业的发展，电网逐步向大电厂、大机组、大电网、高参数和自动化方向发展，单机容量越来越大，输电电压越来越高，自动化水平也越来越高，这是整个电力工业发展的必然趋势。从企业管理的角度来看，现代电力是以电网的形式使发电、供电和用电环节成为一个相互联系、不可分割的整体，电力企业生产管理就是对电网生产活动的管理。

电网是一个庞大的产、供、销电能的整体。根据电力生产的特点，电网中的每一个环节都在调度机构的统一指挥下，随用电负荷的变化协调运行。如果电网没有统一的组织、指挥和协调管理，电网就难以维持正常的运行，更谈不上经济型的电网。因此，现代电网都必须实行统一调度、分级管理的原则。随着电力系统的发展和电力体制改革的不断推进，电力调度的任务更加繁重，电力调度在保证电网安全、经济运行方面发挥着极其重要的作用。

一、调度管理概述

电力系统调度是电力系统运行的一个重要指挥部门，应贯彻《电力法》和《电网调度管理条例》，负责领导电力系统内发、输、变、配电设备的运行、操作管理和事故处理，保证电力系统安全、优质、经济运行，有计划地向电力用户供应符合质量标准的电能。电力系统的调度是随着电力工业的发展和电网的形成而产生的，并随着电网的发展和互联，电力系统调度任务由简单到复杂，由一级调度至多级调度，逐步地形成了统一调度、分级管理的体系。

调度管理实行统一调度、分级管理是由电力生产的以下特点所决定的：

（1）发电、供电和用电同时完成。电力不易储存，在这个整体中电力用户也是不可缺少的一个环节。

（2）电力负荷（用电）随时间不停地连续变动，有规律性也有随机性，要求电厂出力也应及时地做相应调整，这样发、用电才能平衡。

（3）电力产品品种单一，是无形的而又可测量的，其质量指标是频率和电压。国家质量标准规定电网额定频率为 50Hz，它是电网发电和用电整体平衡的标志，不完全取决于某一个电厂或电力用户，但又与每一个电厂和电力用户有密切的关联。电网频率高于或低于额定值，都表明发、用电不平衡，这种不平衡超出规定限度，就会对发、用电设备、产品质量等产生不良影响或者危害，甚至会威胁到电网的安全。电网有不同的电压等级，对每一电压等级的电压都规定有一定的变化范围，并作为质量考核的依据。电网中不同点的电压可能不相同。电压太高或太低对于电气设备乃至电网安全不利，电压质量是否合乎要求不仅取决于电网运行，而且与电力用户也有密切联系。总之，电能质量是发电机与用电关系的一种客观量度，电能质量恶化到一定程度，就会造成电网事故。

（4）电网覆盖面积大，随时随地都有可能因为自然原因、设备原因或者人为原因引发事故，如果事故不能迅速消除，往往会迅速扩展，波及面扩大，造成严重后果。

所谓统一调度，是根据电力生产的上述特点，由一个调度机构来统一编制和实施全网的运行方式，包括统一安排发、用电短期计划；统一安排主要发、供电设备的检修进度；统一布置全网性安全稳定和继电保护设施；统一指挥电网的操作和事故处理；统一布置和指挥发电厂的功率调整来适应电网高峰低谷负荷的变化；统一指挥电网的频率调整和电压调整；统一指导全网调度自动化和调度通信设备的运行；统一协调水电厂（站）水库蓄水的合理使用；对计划用电实施监控以及处理其他涉及电网运行的事宜。这个调度机构就是对全网的安全、优质、经济运行负责的最高一级的电网调度机构。

由于电网是按电压等级分层、按地域划分分区的一个巨型系统，统一调度要有效率，因此电网最高一级调度机构的工作内容就不能包揽一切，而必须分级管理。

所谓分级管理是指在电网最高一级调度领导下实行的各级调度机构的分级负责制，它能发挥各级调度机构的主动性和积极性，在规定的调度管辖范围内，具体落实统一调度的各项要求，自主地处理职责范围内的调度管理事宜。

统一调度、分级管理是一个不可分割的整体。统一调度是分级管理基础上的统一调度，分级管理是统一调度下的分级管理。统一调度不仅是电力生产特点的要求，也是发挥大电网优越性的要求。大电网能承受较大的冲击负荷，保持频率、电压稳定，能使不同地区间的电力互相调剂、机组互为备用，提高供电可靠性，增强防御自然灾害和电网事故的能力；能有效地进行水火电调剂，合理利用水能，取得较好的社会效益；能充分利用错峰效益缓解用电高峰时的电力紧张局面等。

电网的安全要靠统一调度来保障，电能的质量是靠统一调度来确保。总之，统一调度、分级管理体现了电网运行的客观规律，符合我国社会主义市场经济的要求。电网的安全、优质、经济运行是国家利益所在，也是电网内广大的发电、供电和用电单位的共同利益所在。

二、调度管理的性质

电力系统是一个庞大复杂的组成系统，是由几个到几百个发电厂和千万个用户通过多种电压等级的电力线路和变电所互相连接而成的。由于电力生产具有发、供、用同时完成的特点，所以，电力系统内各部门是一个紧密联系的、不可分割的整体。在电力生产过程中每一个瞬间都要求平衡稳定、协调一致，要求按量、按质、按时，十分严格地完成调度任务，没有高度的集中统一指挥，电力系统的安全、优质、经济运行就不可能得到保证。

电力系统调度管理有指挥性质、生产性质、职能性质三个方面的主要性质。

（1）指挥性质。电力系统调度管理指挥系统内发电厂和变电所进行倒闸操作和事故处理，调整有功和无功功率等。

（2）生产性质。电力系统调度管理负责电网的安全、稳定和经济运行，制定电网的正常和特殊运行方式，规定输电线路的稳定极限并负责控制，确定继电保护和自动装置定值，负责电网通信和调度自动化的建设及其维护工作。这些工作是电力生产的一个组成部分，是由电力系统调度直接负责的带有综合性、技术性的生产工作。

（3）职能性质。调度机构既是生产单位，又是电力公司的一个职能部门，负责电力系统运行方面的技术管理工作，掌握系统内发、供电单位的生产运行情况，制定电力系统运行操作的调度管理规程，开展调度、运行、继电保护、通信、自动化等专业的培训，制定和贯彻有关电网运行的安全经济措施。

实质上，电力系统调度工作的三种性质融合在每一项工作中，如指挥操作和事故处理也属于电力生产工作，随着电网自动化水平的提高，在调度端实现了远方操作开关、自动发电控制和在线经济调度，指挥生产则变成了调度直接控制生产。

三、电网调度管理的任务

电网调度管理的主要任务是领导电力系统的运行操作，并保证实现以下的基本要求：

（1）按最大范围优化配置资源的原则，实现优化调度，充分发挥电网的发供电设备能力，以最大限度地满足社会和人民生活用电的需要。

随着经济建设的发展和人民生活的不断提高，全社会的用电需求日益增长。这就从客观上要求电力系统具备充足的发、供电设备和足够的可利用的动力资源。因此，必须加快电力建设、保证燃料供应。这是整个电力工业的任务。现在存在的主要问题是季节性缺电，这就要求要调度设备尽最大能力满足负荷需要。如果装机容量小，燃料供应不足，也没有备用容量，那么调度也是难办的。有了设备，在高峰负荷时，把备用机组开起来；如果有备用机组而不开，到时满足不了负荷需要，那就是没调度好；当然多开机组可以充分满足负荷需要，但若不经济，那也是没调度好。如水电来水多时，应尽量多安排火电机组检修；夏季高峰负荷时尽量少安排机组检修。这就要求灵活调度，巧妙安排，尽设备的最大能力来满足负荷需要。

（2）使整个电网安全可靠运行和连续供电。电能不易储存，电网停止供电将造成损失。电网要对电力用户连续不断地供电，首先就必须保证整个电网安全可靠运行。电能关系到千家万户，与社会经济生活紧密相连，一旦发生事故，造成大面积停电，就会引起社会的混乱，因此从这个意义上说，电网事故是社会的灾难。随着国民经济各部门和人民生活用电更加广泛，对供电的可靠性要求越来越高，停电造成的损失和影响也越来越大。比如铁路，过去只用于信号，停电时可以用柴油发电机发电，不致影响铁路正常运行。现在，电气机车所需电力很难用自备电源解决，一旦停电就必然影响铁路正常运行。又如高层住宅电梯的增多，电饭煲、微波炉、电水壶、电热水器、空调、电暖器、洗衣机、电冰箱、电视机等家用电器广泛进入家庭，停电对人民生活的影响就比原来只用于照明时要大得多。因此，停电会给人们生活带来很大的不便。停电还会造成不良的国际影响。改革开放使我国国际交往增多，驻华使馆、领事馆、文化、金融、商业机构以及人员往来大量增多，外商独资、中外合资企业不断增多，与境外联网送电的情况也增多，如内蒙、云南、广东等。在某些情况下，停电还会影响社会稳定，例如在考试期间、高考期间停电，持续高温或严寒气候恶劣条件下停电，百货商场晚上停电等。

由于历史原因，我国电网结构薄弱，加之自然力（如刮风、打雷、下雨、下雪等）的破坏和设备潜在的缺陷，都可能造成电网中断供电。这时，调度机构就要采取措施，首先不要影响供电；其次，若影响了供电，影响面不要扩大；第三，即使不可避免地要扩大影响面，也要把影响范围尽可能缩小，并尽早恢复供电。

（3）保证电能质量。频率和电压是当前我国标志电能质量的两个基本指标。电能质量不完全由电网内某个环节（如发电厂）决定，而依赖于全电网所有发、供、用电单位的协调运行。对一般电网而言，电网正常运行，要求频率控制在 $50\pm0.2\text{Hz}$ 以内。电压质量的保证要困难一些，它涉及面广，要考虑一次网、二次网，也就是超高压、高压、配电线路等，用户的接户线也要考虑。电压质量要求，按用户受电端的电压变动幅度，应不超过额定电压规定的变动值。现在看来，电压有两个问题：无功容量不足和调整手段不够。往往是高峰负荷时电压过低，低谷负荷时电压过高，所以电压质量问题需要多级调整，有几级调度，就要有几级调整。网调应把 500kV 系统电压维持稳定，省调应保持 220kV 系统电压稳定，电力系统各发电厂、变电所母线电压应按保证调度规定的范围来调整和监视。

（4）经济合理利用能源。经济合理利用能源，就是使整个电网在最大经济效益的方式下运行，高温高压经济机组多发，不经济机组不发或少发，合理调整线路负荷，合理开停机调相机等，以降低每千瓦时电能的燃料消耗和电能输送过程中的损耗，使供电成本最低。多烧煤，少烧油，以节省原油。汛期来水时，组织水电大发，火电调峰，以充分利用水力资源。电网调度的任务之一，就是综合考虑发电机组的经济性，自然能源的分布性以及电网输电方式等因素，合理安排发电机组的出力和开、停等，以获得电网的最大效益，并同发电厂签订并网协议，逐步实行议价上网。

（5）其他。在供需矛盾相对缓和的情况下，电力调度要面向市场，广泛开拓电力市场。如发布电网的备用容量信息，做到不拉闸限电；安排设备综合检修，减少对用户的重复停电等。

四、电网调度管理的内容

（1）预计负荷。要求预计月、日的最大和最小负荷，并做出负荷曲线。要充分考虑节假日、天气等因素对负荷的影响，根据季节性的变化和生产活动的规律做好负荷预计工作。

（2）平衡电源。根据预计负荷的大小，编制发电任务计划，同时确定运行方式，包括机组的检修和备用方式。机组的运行方式，必须及时准确地按规定通知到各有关部门，安排运行方式要合理，调度要经济。

（3）倒闸操作。在电力系统中，凡是涉及两个以上单位的运行操作，必须在调度部门的统一指挥下进行。正常的倒闸操作包括：根据日负荷曲线的变化，改变电力潮流，适应负荷变化的调整操作；保持系统周波正常的操作；保持各中枢点电压正常的操作；大电力系统间的倒闸操作及继电保护装置改变定值等。

（4）事故处理。系统事故由调度统一指挥处理，各级人员紧密配合，按照事故处理规程采取紧急措施，尽快恢复正常供电。

（5）经济调度。电网调度应使电力网在最佳经济的方式下运行，以取得良好的经济效果。这就需要合理安排火电机组和水电机组的运行方式，合理调度有功和无功负荷，合理安排火电机组的开停机方式和次数等。

五、电网的经济调度

1.电网经济调度的概念

电网经济调度又称为电网经济运行，它是在保证电网安全稳定运行和满足电能质量、用电需要的前提下，以最合理的运行方式，最充分地使用发电能源，获得电网的最大经济效益及社会效益。

经济调度的目的在于保证电网供电计划要求、系统安全稳定及电能质量的前提下，使全系统的售电成本最低。其主要方向是系统燃料消耗量最少或燃料费用最低；水电耗水率最低，汛期尽可能不弃水；减少输、变、配电损失等。经济调度工作的实质在于通过系统内的水火电协调平衡及火电机组间最佳负荷分配（或水库尽可能保持较高水位运行），合理调整潮流降低线损，获取全网的最大经济效益。

2.电网经济调度工作

电网经济调度工作一般分为互相联系的两个环节来进行，一是电厂间的经济负荷分配，二是线损管理。

（1）厂间经济负荷分配。不同时段的运行方式，对电网经济运行问题有不同的考虑深度。年度调度主要考虑不同时期合理控制各水库水位。避免或减少汛期弃水，尽量提高水电机组在非汛期的调峰能力和降低耗水率；合理安排经济性不同的各类型机组检修进度计划，为高效机组安排充足的燃料等。日调度计划中，在充分考虑水火电最佳协调的基础上，尽量减少开停机次数，按照燃料耗量或燃料成本等微增率的原则进行火电机组间或火电厂间的负荷分配。

（2）线损管理。线损是电能从发电厂供出到用户的输送过程中在线路和变压器及其他环节中发生的损失。全网的线损分成两部分，即网损和地区损失。其中，网损由网调负责管理，网损率是网局对网调的重要技术经济考核指标；地区损失由电业局负责。

线损率的高低与电网的规划、建设、生产运行及设备更新改造等诸多因素有着密切关系。降低线损的措施有：合理提高、简化电压等级；安装必要数量的无功补偿设备；无功就地平衡；减少线路远距离输送无功电力；推广应用节能变压器；实行力率电价；严格查处窃电等。

3. 电网调度自动化

随着电网的不断发展与壮大，科技与管理的进步对电网安全、优质、经济运行的要求也越来越高，电力系统调度所需要的监控信息量也极为迅速地增长，必须由电网调度自动化系统来承担此重任。

调度自动化系统是一个复杂的系统，由若干相互联系的部分组成，其中包括信息收集、信息处理、显示打印、自动控制等环节。将发电厂、变电所的有功、无功、电压、线路负荷以及水电厂的水库水位信息等，通过通信通道送到有关调度部门，利用计算机将这些信息按调度要求进行分析、综合、储存和运算并生成新的信息，再将有关部分反馈给有关部门和单位，同时将处理后的信息显示或生成报表。

调度自动化系统的主要功能体现在以下几个方面。

（1）安全监控。即通过人机联系的屏幕显示和调度模拟盘对电网运行进行在线的安全监视、记录、打印制表、事故追忆、本系统自检、运动通信通道状态检测等，对电网中重要开关进行遥控以及对变压器分接头、调相机、容器等进行自动调节或投切。

（2）自动发电控制和经济调度控制。在考虑电网频率调整的同时，进行调峰、调频以及经济调度控制，直接控制到调频电厂，其他非调频电厂按日调度负荷曲线控制并考虑线损修正；对互联电网实行联络线功率频率偏移控制，对有条件的电厂实行电压和无功功率自动控制。

（3）安全分析。在实现网络结构分析和状态估计的基础上，进行实时潮流计算和安全分析，进行事故预想并提出对策，以利于调度人员提高处理事故的应变能力。通过约束条件和紧急控制等手段，消除线路过多负荷，使电网处于正常运行状态。

六、运行方式与设备检修调度管理

1. 运行方式

对于一个发电厂来说，"运行方式"有两层含义，一是指全厂机组的运行方式，二是指某个机组的附属设备、系统的运行方式。这两个方式对发电厂的安全、经济运行都是至关重要的，因此，运行方式的管理是发电厂运行管理的一项重要内容。

（1）运行方式的管理。发电厂机组的主机设备（锅炉、汽轮机、发电机、主变压器）由电网调度机构管辖，该设备的状态（运行、检修、备用）由电网调度机构决定（事故情况下除外）；各机组的附属设备、系统及各机组间的公用设备、系统由发电厂值长管辖，其状态由发电厂值长决定。

（2）运行方式的制定。机组的运行方式无论对电网还是发电厂的安全、经济运行都是至关重要的，在制定运行方式时要进行全面的、充分的考虑，在确保安全的前提下使电网及发电厂的经济性达到最大化。电网调度机构根据电网的预计负荷、电网的接线方式、各厂的出力计划及设备检修申请编制运行方式。发电厂值长应根据机组经济调度微增曲线、机组各附属设备和系统的运行状况及其特性、设备检修申请等合理地安排机组各附属设备、系统的运行方式。

2. 设备检修调度管理

（1）设备检修调度管理的原则。

1）安全与经济兼顾，当安全与经济发生矛盾时，经济服从安全。

2）谁管辖谁负责。由电网调度机构管辖的设备未经调度人员批准不得由运行或备用转入检修；设备转入检修或试验后，不再属于电网调度员调度；设备检修或试验结束后，是否投入运行或备用由值长决定。

（2）设备检修调度管理。

1）电网调度机构管辖设备的检修管理。凡属电网调度机构管辖设备的检修、试验，不论有无计划，均应由发电厂有关部门主任填写设备检修申请单，经发电厂运行副总、总工或生产厂长批准后，于开工前一天10时前送交发电厂值长，由值长向电网调度员提出申请；当设备出现异常时，可随时向上级调度员提出检修申请，但在设备允许的情况下，必须提前6h提出申请；向电网调度员提出申请时，要说明检修的性质、主要项目、停电范围、检修时间、综合出力、紧急恢复备用时间以及对系统的要求等。电网调度机构管辖设备的检修开工，必须在接到电网值班调度员的命令后方可进行。电网调度批准的设备检修时间，均从设备退出运行或破坏备用，调度员下达开工令时开始，到设备重新投入运行达计划出力并报竣工或转入备用时为止。设备投入运行所进行的一切操作、试验、试运行时间，均应计算在检修时间内。若设备检修或试验不能按期完成，应在计划检修工期未过半前办理延期申请，延期时间以电网值班调度员批复为准。

2）发电厂值长管辖设备的检修管理。不影响机组出力的辅助设备和公用系统的检修及试验，检修部门主任或专工应在开工前一天10：00前填写设备检修申请单，经发电厂运行副总、总工或生产厂长同意后，交值长批复。设备检修申请批复后，检修人员仍应按规定办理相应的检修工作票。在当值时间内可以完工的设备检修、试验或消缺工作，检修部门主任或专工可直接向值长提出申请，经值长批准后进行。值长批复的检修时间，均以设备退出运行或破坏备用时开始，到设备重新投入运行或转入备用时为止。检修或试验工作不能按期完成时，检修工作负责人应提前2h向工作许可人办理延期手续，二日及以上的工作应在批准期限前一天办理延期手续。

七、电网事故处理

电网事故也是灾害，严重事故可以危及人们生命财产安全，造成国民经济的严重损失，因此必须正确迅速处理，尽快恢复正常供电。

系统值班调度员为电网事故处理的指挥人和负责人，发电厂、变电所以及下级调度值班人员应当依照系统值班调度员的命令进行处理，但属于各运行单位自己调度管辖的设备以及该设备的故障消除和处理，则由各单位自行负责。系统调度的领导人在处理现场时，应监督事故处理是否正确，并给予相应指示，但要通过值班调度员最直接的领导人。事故处理过程中应停止交接班，除非特殊情况，一般不更换值班调度员。

1. 系统事故的处理原则

尽快限制事故的发展，消除事故根源，并解除对人身和设备的威胁，防止稳定破坏、系统瓦解和大面积停电。用一切可能的方法保持设备继续运行和不中断或少中断重要用户的正常供电，首先要保证对发电厂厂用电和变电所所用电的供电。尽快对已停电的用户恢复供电，对重要用户应优先恢复用电。及时调整系统运行方式，并使它恢复正常。

为了保证电网的安全稳定运行，调度员要根据当时电网的薄弱环节，做好经常性的事故预想，进行反事故演习，以便于稳、准、快地进行事故处理。

2. 现场自行处理范围

为了防止事故扩大，凡符合下列情况的操作，可由现场自行处理，并迅速向系统值班调度员作简要报告，事后再作详细汇报。

直接对人员生命安全有威胁的设备停电；在确知无来电可能的情况下将已损坏的设备隔离；运行中设备受损伤已对系统构成威胁时，根据现场事故处理规程的规定，将其停用或隔离；发电厂厂用电全部或部分停电时，恢复其电源；整个发电厂或部分机组因故与系统解列，在具备同期并列条件时与系统同期并列；其他在系统调度规程或现场规程中规定，可不待系统值班调度员指令自行处理。

在系统发生事故时，事故单位的值班运行人员应立即清楚、准确地向系统值班调度员报告事故发生的时间、现象，跳闸开关，运行线路潮流的异常变化，继电保护及自动装置的动作情况，人员和设备损伤情况，频率、电压的变化，开关切除故障次数等。

在事故处理期间，事故单位的值长、值班长应留在岗位上进行全面指挥，并随时与系统值班调度员保持联系。如确要离开而无法与系统值班调度员保持联系时，应指定合适的人选代替。

八、电力通信

电力通信网是电网重要的组成部分，是实现电网自动化和管理现代化的基础。电力通信网为电网生产运行、管理、基本建设等方面服务，要满足调度电话、行政电话、电网自动化、继电保护、安全总装置等各种业务的需要。电力通信网按传递信息的信道不同可分为有线通信和无线通信两大类。电力通信网包括调度通信子系统、数据通信子系统和交换通信子系统三个子系统。

（1）调度通信子系统。调度通信子系统为电网调度服务，保证电力生产过程中各级调度之间与其管辖的电厂和变电站之间建立直达通信电路。

（2）数据通信子系统。现代电网中，计算机已经广泛应用于电力生产过程中的安全监视数据、远动数据、生产调度数据、水文预报数据的收集和处理等。火电厂、水电厂、供电局和有关变电站发供电的运行数据，通过通信电路传到调度中心，经过计算机和电网自动装置加以处理，调度中心根据处理结果指挥电网安全发、供电。

（3）交换通信子系统。交换通信子系统为电力生产、基建和管理部门之间的信息交换服务。

思 考 题

1. 电力工业的生产特点是什么？
2. 发电生产管理主要内容包括哪些？
3. 供用电经济管理的主要手段有哪些？
4. 我国是如何确定上网电价的，你认为这种确定方式是否适合我国目前的情况，为什么？
5. 为什么说电网调度是重要的？电网调度的任务包括哪些？

第十章 电力企业战略管理

企业战略管理是企业管理发展的高级阶段，是企业高层管理者为了企业的长期生存和发展，在充分分析企业内外部环境的基础上，确定和选择达到目标的有效战略，并将其付诸实施的动态管理过程。

在电力工业市场化改革不断深入的形势下，电力企业所处的环境发生了重大变化。为在复杂多变、竞争激烈的电力市场中保持正确的发展方向，明确企业的定位，使企业能够长期地不断发展壮大，电力企业必须实施战略管理。

本章简单介绍战略及战略管理的基本概念，介绍企业战略的层次划分；介绍电力企业各种发展战略和竞争战略的类型、特点及实施的途径，为电力企业实施战略管理提供帮助。

第一节 战略及战略管理的概念

一、企业战略的概念

什么是企业战略（Business Strategy）？在战略管理的发展过程中，不同的管理学家或企业家从不同的认识角度赋予企业战略以不同的内涵。但总的说来可以分为两种观点：一种认为企业战略应包括企业使命与目标，即广义的企业战略；一种则认为企业战略不应该包括这一部分内容，即狭义的企业战略。下面介绍几位学者对企业战略所作的定义。

1. 安德鲁斯的定义

安德鲁斯是美国哈佛商学院的教授。他认为企业总体战略是一种决策模式，决定和揭示企业的目的和目标，提出实现企业目的和目标的重大方针与计划，确定企业应该从事的经营业务，明确企业的经济类型与人文组织类型，以及决定企业应对员工、顾客和社会做出的经济与非经济贡献。

2. 魁因（J. B. Quinn）的定义

魁因是美国达梯莱斯学院的管理学教授。他认为，战略是一种模式或计划，它将一个组织的主要目的、政策与活动按照一定的顺序结合成一个紧密的整体。制定一个完善的战略有助于企业组织根据自己的内部能力与弱点、环境中的预期变化以及竞争对手可能采取的行动而合理地配置自己的资源。

从上面可以看出，魁因的定义和安德斯的定义都属于广义的定义。

3. 安索夫（H. I. Ansoff）的定义

安索夫认为，企业战略是贯穿于企业经营与产品和市场之间的一条"共同的经营主线"，决定着企业目前所从事的或者计划要从事的经营业务的基本性质。安索夫指出，企业在制定战略时，要先确定自己的经营性质。有的企业按照产品系列的特性确定自己的经营性质，有的则是根据构成产品系列的技术来确定经营的性质，还有些企业是根据所有的市场确定自己的经营性质的。无论怎样确定自己的经营性质，目前的产品和市场与未来的产品和市场之间存在着一种内在的联系，安索夫称这种现象为"共同的经营主线"。通过分析企业的"共同经营主线"可把握企业的方向，同时企业也可以正确地运用这条主线，恰当地指导自己的内部管理。

安索夫的企业战略定义与安德鲁斯和魁因的不同，属于狭义的战略定义。

4. 明茨伯格（H. Mintzberg）的定义

加拿大麦吉尔大学管理学教授明茨伯格指出，生产经营活动中，人们在不同的场合以不同的方式赋予企业战略不同的内涵，说明人们可以根据需要接受各种不同的战略定义。只不过在正式使用战略的定义时，人们只引用其中的一个罢了。在这种观点的基础上，明茨伯格提出了企业战略是由五种规范的定义阐明的，即计划（plan）、计策（ploy）、模式（pattern）、定位（position）和观念（perspective）构成了企业战略的 5P'S。值得强调的是，这五个定义只是从不同角度对战略加以阐述，企业战略仍只有一个。

（1）战略是一种计划。明茨伯格指出，战略是一种计划，它是一种有意识的、有预计的行动，一种处理某种局势的方针。根据这个定义，战略具有两个本质属性：一是战略是在企业发生经营活动之前制定的，以备人们使用；二是战略是有意识、有目的地开发的。在实践中，企业战略是公开而明确的，作为一种计划写进企业正式文件中，当然不排除有些是不公开的，只为少数人了解的企业战略。

（2）战略是一种计策。这是指在特定的环境下，企业把战略作为威胁和战胜竞争对手的一种"手段"，成为一种威慑力量。例如，一个企业针对竞争对手想要扩大生产能力的计划，提出自己的战略是扩大厂房面积和生产能力。由于该企业资金雄厚、产品质量优异，竞争对手无力竞争下去，便放弃扩大生产能力的设想。然而，实际情况却是，一旦竞争对手采取了放弃的态度，该企业并没有将扩大能力的战略付诸实施。在这种情况下，战略是作为一种计策，使竞争对手感到威胁，知难而退。

（3）战略是一种模式。明茨伯格认为，仅把战略定义为企业采取经营活动之前的一种计划是不充分的。在现实中，人们仍需要有一种说明战略执行结果的行为，即战略体现为一系列的行为。因此，明茨伯格提出第三种定义：战略是一种模式，它反映企业的一系列行动。无论企业是否事先对战略有所考虑，只要有具体的经营行为，就有战略。这种战略与企业的行为相一致，行为的最终结果说明了战略的执行情况，使之有水到渠成的效果。

战略作为一种计划与战略作为一种模式两种定义是相互独立的。在实践中，计划往往可能在最后没有实施，模式却可能事先并没有具体计划，但最后却形成了。就是说，战略可能是人类行为的结果，而不是人类设计的结果。因此，我们可以称第一个定义的战略是设计的战略，而第三个定义的战略是已实现的战略。在已设计的战略与已实现的战略之间是准备实施的战略，这是指那些已经设计出来，即将实施的战略。另外还有预先没有计划，自发产生的战略。没有实现的战略是指那些预先计划，没有结果的战略。

（4）战略是一种定位。战略应是一种定位，是一个组织在自身环境中所处位置。对企业来讲，就是确定自己在市场中的位置。战略实际上成为企业与环境之间的一种中间力量，使得企业的内部条件与外部环境更加融洽。借用管理学的术语来讲，战略就是要把企业的重要资源集中到相应的地方，形成一个产品和市场的"生长圈"。

企业战略是一种定位，引进了"多方竞争"以及超越竞争的含义。换句话说，企业在生产经营中既要考虑与单个竞争对手在面对面的竞争中处于何种位置，也需考虑在若干个竞争对手面前自己在市场中所处的地位，甚至企业还可以在市场确定一种特殊的地位，使得对手们无法与自己竞争。例如，企业凭借专利或产品特殊质量，形成其他企业无法与之竞争的细分市场，并给以充分的资源保证，造成以小胜大或生存下去的态势。

（5）战略是一种观念。战略是一种观念，它体现组织中人们对客观世界固有的认识方式。例如，有些企业是进取型的，创造出新的技术，开拓了新的市场；而有的企业则一成不变，固守在早已建成的市场上。企业的经营者对客观世界的不同认识会产生不同的经营效果。

战略是一种观念的定义，强调了战略都是一种抽象的概念，只存在于需要战略的人的头脑之中，没有谁亲眼见过战略，或触摸过战略。可以说，每一种战略都是人们思维的创造物，是一种精神的产物。战略是一种观念的重要实质在于，同价值观、文化和理想等精神内容为组织成员所共有一样，战略的观念要通过组织成员的期望和行为而形成共享。在这个定义里，还需要强调的是集体的意识。个人的期望和行为是通过集体的期望和行为反映出来的。因此，研究一个组织的战略，要了解和掌握该组织的期望如何在成员间分享，以及如何在共同、一致的基础上采取行动的。

了解这些不同的定义，有助于对战略过程的深刻理解，避免发生概念上的混乱。不过，应该看到，这五种定义彼此之间存在着一定的内在联系。它们有时是某种程度的替代，如定位型战略定义可代替计划型定义，但在大多数情况下，它们之间的关系是互补的，使战略趋于完善。因此，只能说每个战略定义有其特殊性，不能说哪种战略定义更重要。例如，日本本田公司曾被当作成功地利用观念型战略定义进入计划，进入某种预想位置的典型例子而广为宣传，使人们了解到本田公司有意识地作为一个低成本的生产厂商，以进攻型方式进入了美国的摩托车市场，打破了美国自己产品的垄断，创造了小型家庭用车市场。实际上，本田公司事先并不是有意识地进入美国市场销售小型家庭摩托车的，不过在该公司的总经理清楚了他们在市场上所处的位置以后，马上制定出相应的计划，深入占领了这一市场。这个例子说明战略的定义和顺序应根据企业自身情况采用，这便是由模式唤起了企业的计划。

二、企业战略的层次

一般来讲，在大中型企业中，企业的战略可以划分为三个重要的层次：企业总体战略、经营单位战略、职能部门战略。

1. 战略形成层次的原因

企业的目标是多层次的，不仅有企业的总体目标，而且还应有企业内各个层次以及各经营项目的目标，形成一个完整的目标体系，以便保证企业使命的实现。企业的战略，不仅要说明企业整体目标以及实现这些目标所用的方法，而且要说明企业内每一层次、每一类业务以及每一部分的目标及其实现方法。因此，企业的总部制定总体战略，分公司制定经营单位战略，部门制定职能性战略。

从本质上讲，企业的层次不同，对战略的描述亦不同。

2. 总体战略，又称公司战略

总体战略是企业战略中最高层次的战略。它需要根据企业的目标，选择企业可以竞争的经营领域，合理配置企业经营所必需的资源，使各项经营业务相互支持、相互协调。可以讲，从公司的经营发展方向到公司各经营单位之间的协调，从有形资源的充分利用到整个公司价值观念、文化环境的建立，都是总体战略的重要内容。

总体战略的侧重点在两个方面：一是从公司全局出发，根据外部环境的变化及企业的内部条件，选择企业所从事的经营范围和领域，即要回答这样的问题：我们的业务是什么？我们应当在什么业务上经营？二是在确定所从事的业务后，要在各项事业部门之间进行资源分配，以实现公司整体的战略意图，这也是公司战略实施的关键措施。

3. 经营（事业部）战略，又叫竞争战略

经营单位战略是战略经营单位、事业部或子公司的战略。它是在企业总体战略的制约下，指导和管理具体经营单位的计划和行动，为企业的整体目标服务。这种战略所涉及的决策问题是在选定的业务范围内或在选定的市场——产品区域内，各经营单位应在什么样的基础上来进行竞争，以取得超过竞争对手的竞争优势。为此，各经营单位的管理者需要努力鉴别并稳固最有盈利性和最有发展前途的市场，发挥其竞争优势。

4. 职能战略，又称职能层战略

职能战略是在职能部门中，如生产、市场营销、财会、研究与开发、人事等部门，由职能管理人员制定的短期目标和规划。其目的是让职能部门的管理人员更加清楚地认识到本部门在实施企业总体战略中的责任和要求，有效地运用各部门的经营职能，实现公司和事业部门的战略计划。职能战略通常包括市场战略、生产战略、研究与开发战略、财务战略、人事战略等。

公司战略、经营战略和职能战略构成了一个企业的战略层次，它们之间相互作用，紧密联系。高一层次的战略构成下一层战略的战略环境，同时，低一层的战略为上一层战略目标的实现提供保障和支持。

三、战略管理及战略管理过程

1. 战略管理及特点

（1）战略管理的概念。战略管理是企业确定其使命，根据组织外部环境的内部条件设定为企业的战略目标，为保证目标的正确落实和实现进行谋划，并依靠企业的能力将这种谋划和决策付诸实施，以及在实施过程中进行控制的一个动态管理过程。

（2）战略管理的特点。战略管理具有如下特点。

1）全局性。战略管理不是强调企业某一事业部或某一职能部门的重要性，而是通过制定企业的使命、目标和战略来协调企业各部门的活动。在评价和控制过程中，战略管理重视的不是各个事业部或职能部门自身的表现，而是它们对实现企业使命、目标、战略的贡献大小。这样也就使战略管理具有综合性和系统性的特点。

2）战略管理的主体是企业的高层管理人员。战略管理中起决定作用的是企业高层管理人员。尽管战略管理过程中需要企业中各层管理者的参与，但高层管理人员无疑是最重要的。这是因为他们能够统观全局，了解企业全貌，更重要的是他们拥有对企业的战略资源进行分配的权力。

3）战略管理涉及企业大量资源的配置问题。战略决策需要在相当长的时间内进行一系列的活动，这些活动需要有充足的资源作为保证。因此，需要为保证战略目标的实现，对企业的资源进行统筹规划，合理配置。

4）战略管理具有长远性。战略管理是对企业未来较长时期内，对企业生存发展问题进行统筹规划。战略管理是面向未来的管理，战略决策要以经理人员所期望或预测将要发生的情况为基础。在迅速变化和竞争性的环境中，企业要取得成功，必须做出长期性的战略规划。

5) 战略管理需要考虑企业外部环境等诸多因素。现今的企业都存在于一个开放的系统中，它们影响着这些因素，但更通常地是受这些不能由企业自身控制的因素所影响。因此在未来竞争性的环境中，企业要使自己占据有利地位并取得竞争优势，就必须考虑与其相关的因素，这包括竞争者、顾客、资金供给者、政府等外部因素，以使企业的行为适应不断变化的外部力量，企业能够继续生存下去。

2. 战略管理过程

战略管理是对一个企业的未来发展方向制定决策和实施这些决策的动态管理过程。一个规范的、全面的战略管理过程可大体分为三个阶段，它们分别是战略分析阶段、战略选择及评价阶段、战略实施及控制阶段。但在进行战略分析之前，首先要确立或审视企业的使命。

(1) 战略分析。这是指对企业的战略环境进行分析、评价，并预测这些环境未来发展的趋势，以及这些趋势可能对企业造成的影响及影响方向。战略分析包括企业外部环境分析和企业内部条件分析两部分。企业外部环境分析的目的是为了适时地寻找和发现有利于企业发展的机会，以及对企业来说所存在的威胁，做到知彼，以便在制定和选择战略中能够利用机会而避开威胁。企业内部环境分析的目的是为了发现企业所具备的优势或弱点，以便在制定战略和实施战略时能扬长避短、发挥优势，有效地利用企业的资源。

(2) 战略选择及评价。战略选择及评价过程实质就是战略决策过程，即对战略进行探索、制定以及选择。一个企业可能会制定出实现目标的多种方案，这就需要对每种方案进行鉴别和评价，以选择出适合企业自身的适宜方案。

(3) 战略实施及控制。一个企业的战略方案确定后，必须通过具体化的实际行动，才能实现战略及战略目标。在战略的具体化和实施过程中，为了使实施中的战略达到预期目的，实现既定的战略目标，必须对战略的实施进行控制。这就是将经过信息反馈回来的实际成效与预定的目标进行比较，如二者有显著的偏差，就应当采取有效的措施进行纠正。当由于原来分析不周、判断有误，或是环境发生了预想不到的变化而引起偏差时，甚至会重新审视环境，制定新的战略方案，进行新一轮的战略管理过程。

第二节　电力企业战略环境分析

一、宏观环境

宏观环境是指那些给企业造成市场机会或环境威胁的主要社会力量，直接或间接地影响企业的战略管理。其主要因素有：政治和法律因素、经济因素、科技因素和社会文化因素。

1. 政治和法律因素

政治和法律因素是指对企业经营活动具有的现在的和潜在的作用与影响的政治力量，同时也包括对企业经营活动加以限制和要求的法律和法规等。具体来说，政治因素分析包括国家和企业所在地区的政局稳定状况；执政党所要推行的基本政策以及这些政策的连续性和稳定性。这些基本政策包括产业政策、税收政策、政府订货及补贴政策等。与电力企业战略密切相关的宏观因素有以下几个方面。

(1) 国家电力工业改革的政策方针。打破垄断，引入竞争，实行发、输、配、售分开的改革政策，对电力企业产生了巨大的影响，可以说是革命性的变革。如当前进行了区域电力市场的建设，尽管还处于初期，但已经对发电企业产生了重大的影响，同时对电网经营企业也产生了重大影响。

电力工业对外资开放的政策，也将对国内的电力企业产生重大影响。

（2）西部大开发战略和西电东送战略。首先西部大开发和西电东送给西部地区的电力企业提供了广阔的发展空间。西部大开发必将带来西部地区经济的发达、人民生活水平的提高，提高对电力的需求，从而使西部电力市场增长加快，有利于西部地区电力企业的快速发展。西电东送为西部地区的电力销售打开了方便之门，扩大了市场，有利于西部电力企业提高发电量，扩大市场占有率。

西电东送对东部地区的电力企业同时带来了很大影响，然而对供电企业和发电企业带来的影响是截然不同的。对发电企业来说，由于增加了电力的供给，势必增加竞争的强度，并且面对着西部地区大量的低成本电力，必将长期忍受成本的劣势，受到极大的威胁。而对于供电企业来说，由于供应方市场竞争的加剧，使其可通过竞价上网得到便宜的电力供应，降低了购电成本，扩大了利润空间。

政治因素对企业的行为有直接的影响，但一般政府主要是通过制定一些法律和法规来间接地影响企业的活动。为了促进和指导企业的发展，国家颁布的《经济合同法》、《企业破产法》、《商标法》、《质量法》、《专利法》和《中外合资法》等法律以及对污染程度的规定、卫生要求、产品安全要求、对某些产品的定价等规定对企业的经营行为产生很大的制约，对电力企业来说，电力法、供用电营业规则等为电力企业的经营提供了法律保障，同时也约束着电力企业的合法经营。

2. 经济因素

经济因素是指国民经济发展的总体状况，国际和国内经济形势及经济发展趋势，企业所面临的产业环境和竞争环境等。

近几年，由于国家加大基础设施建设，拉动内需，加快国有企业改革，大大加快了国民经济增长速度，GDP连续几年保持高速度增长，极大地促进了电力需求的增长。

产业结构的调整将对电力需求产生巨大影响。随着国家产业结构调整，第二产业比重下降，第三产业乃至第四产业——信息产业等低能耗、高产出的产业的发展，使社会对电力的需求由数量型向质量型转变，因此，电力除保持一定的增长外，对供电可靠性、稳定性、优质服务产生了更高的要求，这些对电力企业的生产经营活动产生了巨大影响。

电力行业是资金密集型行业，电力企业的经营常常需要筹集大量资金。而利率水平对企业筹资的影响很大，利率高则意味着企业筹资成本增加或筹资困难，降低电力企业的利润，利率低，则电力企业能够筹措到低成本的资金，提高利润率。我国连续几次降息，刺激了证券市场的发展，为企业筹资大开方便之门，电力企业应该积极寻求上市。消费者收入水平的提高，家电电器的普及，能够刺激居民用电市场的增长，提高居民对电价的承受能力，增加售电量。

与其他环境力量相比，经济环境对企业的经营活动有更广泛而直接的影响。

3. 科技因素

科技因素不但指那些引起时代革命性变化的发明，而且还包括与企业生产有关的新技术、新工艺、新材料的出现和发展趋势及应用前景，企业在战略管理上需要做出相应的战略决策，以获得新的部分优势。

技术的变革在为企业提供机遇的同时，也对它形成了威胁。因此，技术力量主要从两个方面影响企业战略的选择。一方面技术革新为企业创造了机遇。表现在：第一，新技术的出现使得社会和新兴行业增加对本行业产品的需求，从而使得企业可以开辟新的市场和新的经营范围。如家用电器技术的发展及家用电器产品的不断涌现，形成了广阔的居民用电市场，成为电力市场的一个新的增长点，电动汽车、电动自行车的出现也为电力行业提供了新的市场。电热膜采暖是我国近年来引进的新型电采暖技术，该技术以电力为能源，通过各房间的温控器调节，使安装在天棚内的电热膜以适当的温度向房间辐射热量，达到供暖的目的。该技术因其调节方便、计量准确、节省空间、无污染等优势，在哈尔滨、沈阳等北方城市颇受青睐。采用电热膜采暖技术，省去了锅炉房及供热管道，每家除卫生间、厨房有自来水和煤气管道外，其他房间均无管道，房间因此显得更加宽敞，电热膜采暖技术升温快，温度便于控制，室内温度丝毫不比锅炉供热逊色。据有关人士介绍，电热膜采暖运行费用大体与燃煤锅炉相当，甚至低于燃煤锅炉费用。第二，技术进步可能使得企业通过利用新的生产方法、新的生产工艺过程或新材料等各种途径，生产出高质量、高性能的产品，同时也可能会使得产品成本大大降低。如电力系统的自动化水平的提高，用电营业自动化系统为电力企业科学管理、提高服务水平打下了坚实的基础。而电力线上网技术的出现又为电网经营企业带来新的商机。超导技术的采用可使输电的线路损耗接近于零，将大大降低供电成本，提高电力企业经济效益。

　　另一方面，新技术的出现也使企业面临挑战。技术进步会使社会对企业产品和服务的需求发生重大变化。技术进步对某一产业形成了机遇，可能会对另一个产业形成威胁；对某些企业形成机遇，而对另一些企业则形成威胁。如太阳能技术对电力的需求产生不利影响，各项节能技术也对电力需求产生不利影响。远距离超高压输电技术使某区域内的优势企业的优势受到另一区域内企业的威胁。各种节能、节电技术的利用，会影响到电力企业的售电量，但同时也会带来相关产业的发展，如当前正在发展中的节能产业。技术的发明和进步不仅影响行业的生存和发展，而且也影响多数企业具体的生产和销售活动。

　　4. 社会因素

　　社会因素包括社会文化、社会习俗、社会道德观念、社会公众的价值观念、职工的工作态度以及人口统计特征等。变化中的社会因素影响社会对企业产品或劳务的需要，也能改变企业的战略选择。

　　社会文化是人们的价值观、思想、态度、社会行为等的综合体。文化因素强烈地影响着人们的购买决策和企业的经营行为。不同的国家有着不同的主导文化传统，也有着不同的亚文化群、不同的社会习俗和道德观念，从而会影响人们的消费方式和购买偏好，进而影响着企业的经营方式。因此企业必须了解社会行为准则、社会习俗、社会道德观念等文化因素的变化对企业的影响。

　　人口统计特征是社会环境中的另一重要因素，它包括人口数量、人口密度、年龄结构的分布及其增长、地区分布、民族构成、宗教信仰、家庭规模、家庭寿命周期的构成及发展趋势、收入水平、教育程度等，对电力需求有重要的影响。

　　自然环境是指企业所处的自然资源与生态环境，包括土地、森林、河流、海洋、生物、矿产、能源、水源、环境保护、生态平衡等方面的发展变化。电力行业是二次能源行业，受一次能源资源的限制，如电厂对煤、水、油等资源的需要，使电厂的建设、生产经营都受到这些资源的限制。另外，环境保护的要求对企业的生产经营有着极为重要的影响。电力企业尤其是发电企业一定要加强对排污的处理，做好环保工作，这是企业的社会责任，对企业的长期生存发展非常重要。

二、电力行业结构分析

1. 行业结构分析的理论

行业结构分析的主要内容是分析本行业中的企业竞争格局以及本行业和其他行业的关系。行业的结构及竞争性决定着行业的竞争原则和企业可能采取的战略，因此行业结构分析是企业制定战略最主要的基础。

迈克尔·波特认为，行业内部的竞争根植于其基础经济结构，并且远远超越了现有竞争者的行为范围。一个行业内部的竞争状态取决于五种竞争力量：潜在进入者、替代品的威胁、买方的讨价还价能力、供应方的讨价还价能力以及现有竞争者之间的竞争，如图 10-1 所示。这些力量汇集起来决定着该行业的最终利润潜力。这里利润潜力是以长期投资回报来衡量的，不

图 10-1 行业中的竞争力量

是所有的行业都有相同的潜力。最终利润潜力会随着这种合力的变化而发生根本性变化；这些力量随行业不同而强度不同。在强度大的行业，没有一个企业能赚取超常收益，而在强度相对缓合的行业，获取高收益是不足为奇的。由于行业中竞争的不断进行，会导致投资收益率下降，直至趋近于竞争的最低收益率。若投资收益率长期处于较低水平，投资者将会把资本投入其他行业，甚至还会引起现有企业停止经营。在相反情况下，就会刺激资本流入和现有竞争者增加投资。所以，行业竞争力量的综合强度还决定资本向本行业的流入程度。这一切最终将决定企业保持高收益的能力。

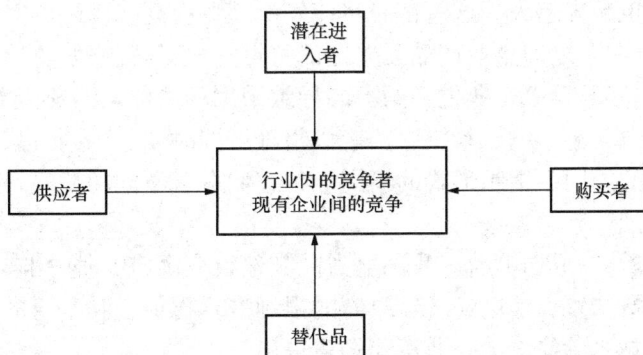

2. 电力行业竞争结构分析

随着电力工业改革的进行，发、输、配、售一体化经营的格局已经被打破。国家电力拆分后形成的五大发电集团及其他投资主体建立的发电公司已经在发电环节形成了竞争的格局。在输配电环节，由国家电网公司和南方电网公司分别管理所辖地区，在这一市场中虽然没有直接的竞争者，但由于发电市场结构及一些政策的影响，一些竞争力量已经显示出来。

（1）现有竞争者。现有竞争者的竞争突出表现在发电市场。在发电市场中，现有竞争者由各种类型的发电企业构成，其竞争形式主要表现为竞价上网，因此其竞争手段主要表现为价格竞争。然而由于发电企业的类型，如新老电厂、大小机组、产权结构等的不同，在制定竞价规则时又不是完全的价格竞争，如试点省市的情况。尽管如此，其竞争优势主要来源于成本。

发电市场竞争者之间竞争的激烈程度取决于以下几点。

1）发电企业的数量及势均力敌的发电企业。电力工业改革后，成立了五大发电集团公司，在成立之初，这五大发电集团公司从装机容量、市场份额以及人员等方面都实力相当，必然会出现激烈的竞争。伴随我国电力供需关系的缓和，发电企业的竞争将会越来越激烈，

各企业为争夺发电指标，为占有更大的市场份额而进行竞争。

2）电力需求增长速度。在电力需求增长较快的时期，电力企业的竞争将不会激烈，因为快速增长的需求能够满足电力企业快速发展的需要。相反，当需求增长趋缓甚至下降时，电力企业的竞争将会非常激烈。

3）发电企业非常高的固定成本，发电企业竞价上网的竞争非常激烈。电源建设成本高，为了降低单位电量成本，只能通过多发电，提高机组的发电小时数。而由于电力产品的特点，峰谷差的存在，使得发电企业又必须保留一定的备用容量，随着峰谷差的加大，备用容量也越来越大。这些都必然使发电市场在高峰以外的时段竞争更加激烈。

4）电力企业产品无差别的特点造成竞争激烈。

5）发电企业类型的不同导致采用的战略、目标及组织形式的不同，使竞争加剧。如小火电、小水电、新机组、老机组等不同时期、不同背景下建立的电厂由于其还贷要求、投资者的不同、组织形式的不同导致它们有着不同的战略目标、采用不同的战略，使得竞争更加激烈。

6）退出障碍。我国电力同其他行业国有企业一样，有众所周知的极高的退出障碍，如人员安置、地区经济、政府的限制等，再加上其本身的特点——高度专门化的资产、专门化的技术等使电力企业不能轻言退出。

（2）潜在进入者的威胁。在电力市场放开以后，电力企业面临潜在进入者的威胁，而进入障碍主要有下面几个方面。

1）规模经济。现有电力企业大都经过了相当时期的发展，已经达到了一定的规模，这种规模有纵向的，有联合的，如现在的发输配售一体化经营的规模，对新加入者构成很高的进入障碍。虽然纵向一体化经营模式在电力工业改革中将被打破，但这些企业之间的某种联系将在很长时期内难以消除。现有的电力企业由于历史较长，都有一定的多种经营业务，这些业务共享主业的技术、资源，形成了一种联合上的规模，如粉煤灰的利用、检修公司、物资公司等，而这些企业与供应商的联系也成为新加入者的进入障碍，在发输配售分离后，电力企业的规模虽会减小，但仍具有一定规模，如目前认识比较统一的发电公司组织形式是在现有发电企业的基础上，捆绑组建具有一定竞争力的独立发电公司。

2）现有电力企业在用户心目中建立的良好的声誉、产品的可靠性等或用户长期以来对其产生的依赖，是新加入者的又一进入障碍，新加入者必须付出一定的代价来抵消这些方面的劣势。

（3）电力产品的替代品。电力产品面临的替代品主要有天然气、煤气、液化气等，其主要竞争表现在居民生活用能方面，在今后的城市供热等方面也将形成威胁，随着我国西部大开发、西气东输战略的实施，会使这一威胁加大，而导致威胁增大的主要原因是价格及性能、使用的方便性。在价格与性能方面，电力都具有明显的优势，然而在居民生活用能的终端消费比重中电力明显偏低。这一方面是受过去长期用电政策的影响，另一方面是受电网供电能力及居民用电设施与入户线路瓶颈的影响。这是电力同替代能源的竞争，如果电力企业不去占领这个市场，则必会将这个市场拱手让给其他的能源供应企业，给电力企业的长远发展造成重大损失。

（4）购买者讨价还价能力分析。对于发电企业来说，买方唯一者方式，使购买者——批发商讨价还价能力很高，对发电企业构成很大威胁。

对于供电企业，当前属于垄断经营，购买者几乎没有讨价还价的能力。而电力工业的改革正是要改变这一现状，在将来，在一个营业区内会有两个以上的供电企业，购买者的讨价还价能力将提高。而大用户可以直接与发电企业签订合同，使大用户的讨价还价能力大大增强。发电企业与供电企业在大用户上的竞争，在厂网分开后即将显现出来。大用户自建电厂也会增强其讨价还价能力。

而在购买者当中，若某几个大用户占了供电企业较大的份额，则其讨价能力较高。如果这些大用户若再受到地方政府的保护，将使其讨价还价能力更强，相对来说，居民用户讨价还价能力会低一些，但在生活用能如做饭、洗浴等方面，由于替代品的存在，居民是有较高讨价还价能力的，作为电力销售企业，必须认识到这一点才能摆正自己在能源市场中的位置。

（5）供应者讨价还价能力分析。在发电市场中，发电企业最主要的供应商是燃料的供应者，保证稳定可靠、价低质高的燃料供应对发电企业是至关重要的。

对供电企业，发电市场竞价上网，在发电企业多且发电能力过剩的网内，供应者——发电企业的讨价还价能力降低，但随着大区域联网、全国联网的实施，发电企业可向电力紧缺的地区供应电力，则提高了发电企业讨价还价能力。同样对于发电能力不足的地区，发电企业有较高的讨价还价能力，但联网后供电企业可以向其他地区发电企业购电，又使该地区的发电企业讨价还价能力降低。总之，随着联网范围的扩大，发电市场的规模也在扩大，电力企业的对手分析也要扩大范围，分析的难度增大。

对发电企业来说，"向大用户直接供电"的前向一体化战略，使发电企业对供电企业的讨价还价能力增加。发电企业自营煤矿的后向一体化，可以稳定燃料的供应，降低煤炭企业的讨价还价能力。以煤炭为主的发电结构使发电企业依赖于煤炭经营企业，而使用其他能源发电技术的发明和采用，降低了发电企业对煤的依赖程度，降低了其讨价还价能力。"西气东输"为天然气发电创造了条件，既降低了煤炭经营企业的竞争能力，又可以缓解终端能源市场中与天然气竞争的激烈程度，对天然气经营企业和发电企业来说是一个双赢的战略。

三、企业内部环境分析

1. 财务状况分析

（1）对一些财务指标进行趋势分析，发现有哪些优势和劣势，从财务指标的变化趋势分析企业所处的财务状况。财务指标一般包括销售利润率、资产利润率、资本利润率、每股平均收益、流动比率、速动比率、存货周转率、资本结构等。

（2）分析企业的利润来源，企业对提高投资收益率的规划情况。

（3）企业的筹资渠道是否畅通？

（4）财务主管人员是否为将来设计出资产负债表和损益表？

（5）是否具备一个严密的现金管理系统和成本控制系统？

2. 设备状况

（1）对于发电企业来说，设备状况包括装机容量、自动化水平、发电可靠性、利用小时以及备品配件情况等。对于供电企业来说，设备状况包括主配变容量及结构、线路长度、供电可靠性、自动化装置及水平等。

（2）应考虑到所有生产设施（包括厂房面积等）是否很有效率，是否充足，有无扩建的余地。

3. 市场营销能力

在电力工业改革后，市场营销成为不管是供电企业还是发电企业共同面对的重要问题，在市场营销能力的分析中，主要考虑以下方面：

（1）市场营销队伍建设情况，人员素质，营销工作的有效性。

（2）采取的定价策略。

（3）收集市场信息的能力，对顾客的需求了解的程度。

（4）顾客对企业的服务是否满意。

4. 科技开发能力

（1）各类研究与开发人员的数量、构成、知识结构。

（2）研究与开发人员的研究能力，技术创新与改造的能力。

（3）研究试验设备的数量、构成及装备程度。

（4）研究经费是否充足？

（5）研究与开发的组织管理能力。

5. 人员的数量及素质

（1）最高层管理人员的知识结构、年龄结构、管理风格、管理模式、价值体系。

（2）在涉及完成计划、降低成本和提高质量等实施和控制方面，中层管理人员和作业管理人员的数量和素质。

（3）职工的数量、技能和熟练程度，工作态度、职工的激励水平。

（4）本企业的工资政策，职工遴选、培训及晋升系统。

6. 组织结构

（1）现有的组织结构的类型？

（2）组织结构中的责权关系是否明确？

（3）现有的组织结构在实现企业目标的工作中是否有效地合作并且是高效率的？

（4）每个组织结构的计划和控制工作是充分的还是过分繁冗的？

7. 过去的目标和战略

（1）企业过去几年中的主要目标。这些目标是否都已达到？这些目标是否适合企业自身？

（2）企业过去采用的战略。企业过去采用的战略，对企业制定新的战略有很大的影响，过去战略的成功，会使企业倾向于采用与过去战略相似的战略。

第三节 电力企业的发展战略

一、密集型发展战略

密集型发展战略是指企业现有产品与市场尚有发展潜力，于是充分挖掘自身潜力，实现自我发展的战略。对于电力企业来说，其具体形式有市场渗透和市场开发。

1. 市场渗透

企业利用其在原有市场上的优势，通过改进广告、宣传和推销工作，在某些地区增设商业网点，借助多渠道将同一产品送达同一市场、短期削价等措施，在现有市场上扩大现有产品的销售，千方百计使现有顾客多购买本企业的现有产品；把竞争者的顾客吸引过来，使之购买本企业的现有产品；想办法在现有市场上把产品卖给从未买过本企业的顾客。

就电力企业而言，产品是电能，市场渗透一是提高电能质量；二是搞好城网、农网改造，为电力市场的开拓和发展做好基础工作；三是合理布局客户服务中心；四是推行优惠电价政策（如峰谷电价、超用优惠电价等）；五是大力宣传、做广告，树立电力产品优质能源的形象。"千辛万苦、千言万语、千方百计"的"三千"，正是市场渗透战略的生动写照。

市场渗透，可能给企业带来增加市场份额的机会。然而采取市场渗透战略的难易程度，取决于市场的特点和竞争者的地位。

当国家经济全面增长或某个区域经济增长，整个市场都在增长，或能使其增长时，对于那些占有小量市场份额，以及那些新进入市场的企业来说，获得市场份额相对容易。这是因为已经存在的企业的绝对销售水平还在不断地增长。在1997年以前的20多年里，中国缺电形势严峻，国家从产业政策的角度出发，出台了集资办电和新电新价政策等，提高了独资办电厂、合资办电厂、集资办电厂的积极性。到1998年为止，国电公司全资及控股的装机容量占全国总容量的49.9%，其他50.1%的容量由其他电力公司占有，这是电力市场发展到目前的占有率水平。也就是说在20年间，在国家产业政策的引导下，各种公司抢滩电力市场，瓜分电力市场，竞争日趋激烈。

相反，在稳定的市场中要想实现市场渗透难度较大。经验曲线理论告诉我们，在成熟市场中更难实现市场渗透，因为市场领先者的有利的成本结构，会防止有少量市场份额者侵入市场。但是，市场领先者的自我满足可能会使占有少量市场份额的竞争者追上它，或者占有少量市场份额的竞争者会在某个细分市场上建立起良好的声望和地位（而这个细分市场对市场领先者来说可能毫无利润可赚），通过这个细分市场可以向更广的市场进行渗透。有时候市场渗透可以通过与他人合作来实现，尤其是在成熟市场中。电力企业是资金、技术、人才密集型企业，进入资本市场本身难度较大，合作、合资应是一个较好的选择。

在下降的市场中，市场渗透的可能性取决于是否有其他公司从市场中退出，如果有，则对某一个公司提高市场的占有率会相对容易些。电力科技的发展和国家能源政策、环境保护政策的出台，2003年火电五万及五万千瓦机组将全部退役淘汰，2015年火电十万千瓦机组将全部退役淘汰，这就为想要进入电力市场的公司提供了一个良好的机遇。燃煤电厂建设单机容量30万千瓦及以上的高参数、高效率、调峰性能好的机组，运用国内外先进的脱硫技术，降低煤耗，提高机组等效可用系数，争取市场的占有率。

2. 市场开发

企业在原有市场的基础上，通过在新地区或国内外增设新的商业网点或利用新分销渠道，加强广告促销等措施，在新市场上扩大现有产品的销售。当然，企业在冒险进入新市场的同时要保持它现有产品的安全性。特别是在进入新的细分市场，为产品开发新的用途。一般来讲，市场开发和产品开发是相继进行的，二者密不可分，因为进入新的细分市场要求开发出现有产品的替代品或新的功能和特性。

在资本密集型行业内，公司的资产是专门为特定产品和技术服务的，因而不容易转产其他产品。在这种情况下，公司的有特色的核心能力就主要来源于产品而不是市场，因而不断地通过市场开发来挖掘产品的潜力（新用途）。电力行业，其资本的密集型和技术的密集型，首先是要挖掘电能的巨大潜力，在天然气、地热等能源挤占电力市场的今天，开发电能的新用途显得尤为重要，需求的管理应真正纳入我们的市场开拓战略之中；二是在技术条件允许的条件下，搞好电网、电源的建设和合理布局，注意开拓农村这一长远的用电市场；三是提高营销技术和管理水平，建立科学完善的电力营销管理体系，分工协作明确，管理方式科学，千方百计让客户早用电、用好电。

出口也是市场开发的一种方法。一般来讲，一些制造、销售或营销等经营业务放在海外，以实现国际化，而不是通过出口来进行市场开发，这主要是由于防御性的原因，因为在重要的海外市场，出口会引起关税壁垒和进口控制等。当前，世界经济一体化、极大地影响着世界电力工业的变化。市场开放成为一大趋势。国际电力投资业务正在世界上各大公司兴起。比如法国电力公司到 1998 年底，在世界各地投资已超过 40 亿美元，其海外经营范围包括发、输、配电等各个方面。我国的电力公司应适应这一世界经济大趋势，参与国际分工，获得国际电力市场一定的份额。对泰国、越南等东南亚邻国，实施境外输送工程，加快电力出口。

二、纵向一体化战略

纵向一体化战略是指企业在两个可能的方向上扩展现有经营业务的一种发展战略，它包括后向一体化战略和前向一体化战略。

1. 后向一体化战略

后向一体化战略企业自己供应生产现有产品或服务所需要的全部或部分原材料或半成品。如电力企业自己生产所需要的各种电器设备、设施和材料；过去用的燃料煤是从煤矿公司购买，现在决定自己开采煤矿，包括运输，均由自己经营。这些都属于后向一体化战略。登封电厂集团通过收购煤矿，实现了后向一体化战略，保证了煤的供应，使发电业务能够发展壮大。伊敏煤电公司自己供应发电用煤，在煤炭价格上涨的情况下控制了成本的上升。

2. 前向一体化战略

前向一体化战略是指沿着与公司的输出有关的活动伸展，也就是指企业自行对本公司产品做进一步深加工，或对资源进行综合利用，或公司建立自己的销售组织来销售本公司的产品或服务的战略。登封电厂集团通过自建磨料厂、铝厂等解决卖电难题，实现了前向一体化战略，使企业获得了很好的发展。国家开放发电企业向大用户直供电的方式，又为发电企业实施前向一体化战略创造了有利条件。

3. 电力企业纵向一体化战略的利弊

纵向一体化战略有以下益处。

（1）后向一体化战略可使企业能对所用原材料的成本、可获得性以及质量等具有更大的控制权，保证企业生产对原材料的供应。同时提高潜在进入者的进入障碍。如煤电一体化战略，使登封电厂集团、伊敏煤电公司等在煤炭供应紧张时期，在煤炭供应、控制燃料成本和质量等方面得到了保障。同样在电源建设和电网建设高潮中，自己生产、供应所需的设备、设施和各种材料，控制了这些物资的价格涨幅度，并使质量、可获得性得到了保障。

（2）通过后向一体化战略，企业可将煤炭、设备等上升的成本转化为利润。

（3）前向一体化战略可使企业能够控制销售和分配渠道，这有助于消除库存积压和生产下降的局面。发电企业向大用户直接供电或自己经营用电企业来消化本企业的电力，解决了卖电难和上网竞争的问题。

（4）当企业产品或服务的经销商具有很大毛利时，通过前向一体化战略，企业可增加自己的利润。

（5）采用纵向一体化战略，通过建立全国性的市场营销组织机构以及建造大型的生产厂而从规模经济中获益。

（6）一些企业采用前向或后向一体化战略来扩大它们在某一特定市场或行业中的规模和势力，从而达到某种程度的垄断。

然而，纵向一体化战略也存在以下一些风险。

（1）由于纵向一体化使企业规模变大，要想脱离这些行业就非常困难。此外，由于规模大，要使企业的效益有明显地改善，就需要大量投资于新的经营业务。

（2）由于纵向规模的发展，不仅需要较多的投资，而且要求公司掌握多方面的技术，从而带来管理上的复杂化。

（3）由于前向、后向产品的相互关联和相互牵制，不利于新技术和新产品的开发。

（4）可能产生生产过程中各个阶段的生产能力不平衡问题。因为各个生产阶段的最经济的生产批量或生产能力可能大不相同，从而导致有些阶段能力不足，而有些阶段能力过剩。这一点在电力行业表现就比较突出，电力工业采用的一直是发、输、配、售纵向一体化经营，由于长期缺电的局面，形成了发输配售各阶段的不平衡发展。

三、多种经营战略

多种经营战略又称多角化战略、多样化战略，是相对于专业化经营战略而言的，是企业在新产品领域和新的市场领域形成的战略，即企业同时增加新产品种类和增加新市场战略。这是一种产品市场战略。企业实行这种战略是为了求得长期稳定和发展，以增强企业的整体经营实力，提高企业对外部环境的应变能力，追求最大的经济效益。

1. 多种经营战略的类型

根据现有经营业务领域和未来的经营业务领域之间的关联程度，把多角化战略分为：

（1）横向多角化战略。这是指以企业现有的产品/市场为中心，向水平方向扩展经营业务领域的多角化战略。

（2）纵向多角化战略，又称垂直多角化战略。这是指企业以现有的产品、市场为基础，纵向扩大经营业务领域的多角化战略。

（3）多向多角化战略。这是指企业开发与现有产品、市场领域有关，但用完全不同的产品、市场来扩大经营业务领域的多种经营。

（4）复合式多角化战略。这是指企业开发与现有的经营业务领域没有明显关系的产品，在市场中寻求成长机会的多角化战略。

2. 采用多种经营战略的原因

（1）外部因素。

1）产品需求趋向停滞。当企业的原有产品处于其寿命周期的衰退期时，原有产品由于需求停滞而无法满足企业发展的要求，企业必须寻求需求增长快的新产品和新市场，从而采用多角化战略。

2）市场的集中程度。集中程度高时，产品由少数卖方企业控制。在集中程度高的行业中，企业要想得到更高的增长率，一般是用降低价格、扩大供应能力、支付高额广告费等方法蚕食对手企业的市场占有率，但用这些方法，既增加费用又有风险。因此，在集中程度高的行业中，企业想追求较高的增长率和收益率，只有进入本企业以外的新产品、新市场。

3）需求不确定性。假如原有产品的需求动向有很大的不确定性，企业为了分散风险，便要开发其他产品。

（2）内部因素。

1）纠正企业目标差距。当实际完成情况低于原定目标而产生目标差距时，往往采用多角化经营战略弥补，以实现预期目标。

2）挖掘企业内部资源潜力。企业在日常的经营活动中常常积累有未能充分利用的资源，企业可以通过多角化战略的实施充分利用富余的资源，提高企业的经济效益。

3）实现企业规模经济。为了实现规模经济，企业要考虑是使用职能要素还是产品要素获得最低单位成本，即实现最佳使用密度。导致规模经济的具体要素一般有特殊用途的机器设备、专门的技术技能、专门的营销服务与专门的信息网络等。

4）实现范围经济。企业使用与生产环节或产品无关的要素以获得最少的单位生产间接费用，并由此达到最佳的使用广度。导致范围经济的具体要素一般有通用机器设备、普通应用的技术技能、一般的营销服务和通用的信息网络等。从寻求范围经济的角度出发，企业希望在两个或多个经营单位中分享如制造设施、分销渠道、研究开发等资源，减少在各经营单位的投资，降低成本。

5）转移竞争能力。在这方面，企业实施多角化战略，是希望将企业中现有的竞争能力转移到新的经营业务中去，以改善新的经营单位的竞争能力。

6）企业重建。企业为了更多地创造价值，购入一些效率不高或经营不善的企业，并加以改善。企业在进行这种多种经营时，可以不考虑被购入的经营单位是否与本企业同属于一个产业。

第四节　电力企业的竞争战略

一、成本领先战略

成本领先是指企业通过在内部加强成本控制，在研究开发、生产、销售、服务和广告等领域里把成本降到最低限度，成为行业中的成本领先者的战略。在激烈的市场竞争中，成本低的企业通常能够取得有利的竞争优势。

1. 成本领先战略的优点

成本领先战略的优点主要表现在其与五种竞争力量的竞争当中。

（1）对潜在的进入者形成进入障碍。成本是形成行业进入障碍的重要因素。采用成本领先战略的企业通常为了降低成本，而形成了较大的生产规模，新加入者必须以较大的规模进入，必然会面临巨大的风险；而经验曲线形成的成本优势同样使新加入者望而却步。因此，采用成本领先战略可以形成强大的进入障碍。

（2）增强与供应商和购买者的讨价还价能力。低成本使得企业在与供应商的讨价还价中具有较大的灵活性，当供应商涨价超过行业中成本优势居于其次的竞争对手所能承受的价格时，成本领先的企业具有较大的讨价还价能力。同样，在同买方的竞争中，当买方把价格压到成本居于其次的竞争对手所能承受的价格时，成本领先的企业就具有了较高的讨价还价能力。

（3）降低替代品的威胁。成本低的企业，在同替代品的竞争中可以以性能价格比的优势提高竞争地位，从而降低替代品的威胁。如电价的降低，可以促进在居民生活及商业用能中电能的消费比重，降低煤、油、气对电力的竞争威胁。

（4）在同行业中保持领先地位。成本低的企业在与同行业的竞争者的价格竞争中处于有利位置，当行业中其他企业已没有利润时，成本领先的企业仍有一定的利润。在当前发电市场的竞价上网的竞争中，成本领先的企业有很大的竞争优势。成本领先战略将成为发电市场竞争战略的最基本战略。

2. 实施成本领先战略需具备的条件

成本领先战略的实施，是基于与降低成本有关的两个理论，即规模效益和经验效益。因此采用成本领先战略的企业必须有较高的市场占有率和易于形成规模与经验积累的产品。它要求企业具有以下条件。

（1）设计一系列便于制造和维护的相关产品，彼此分摊成本。同时，要使该产品为主要的客户集团服务。

（2）在现代化设备方面进行大量的领先投资，采取低价位的进攻性定价策略。这些措施在短期内可能造成亏损，但长远的目标是提高市场占有率，获得更多的利润。

（3）低成本给企业带来高额边际收益。企业为了保持低成本地位，继续扩大规模，改进设备，购买新设备，形成更低的成本、更高的市场占有率，从而取得更高的收益，形成一个良性循环。

（4）良好的经验曲线。企业在生产工艺、研究开发、产品开发、销售方面降低支出，形成良好的经验曲线。

（5）建立起有效的成本控制系统，对企业采取的降低成本的措施的实施进行控制。

3. 成本领先战略的风险

采用成本领先战略也有一定的风险。

（1）生产技术的变化或新技术的出现可能使得过去改进设备的投资或经验曲线变得无效，变成无用的资源。

（2）行业中新加入者通过模仿、学习或者购买更先进的设备，从而获得更低的成本，以更低的成本进入本行业或在进入本行业后，迅速降低成本，后来居上，从而使企业的成本领先地位荡然无存。

（3）由于采用成本领先战略的企业集中精力于降低成本，从而使他们对产品市场变化的预见能力降低，不能发现顾客需要的变化，即使成本再低，却不被顾客所接受。

（4）受通货膨胀的影响较大。通货膨胀使生产成本升高，降低成本领先优势，从而不能与采用其他竞争战略的企业竞争。

4. 电力企业成本领先战略的优势

成本领先战略可以使企业获得高于产业平均水平的收益，并使企业利润在竞争中受到保护。成本领先战略之所以被竞争者广泛采用，在于它具有很强的可操作性、与买方谈判的伸缩性、对抗上游产品价格波动的稳定性、对市场占有份额的保护性及替代产品抢占市场的抵抗性。

（1）很强的可操作性。为了使本企业成本低于竞争对手，1995年邯钢率先推出了以市场竞争中的目标价格倒逼成本，对各生产环节实行"成本否决"、层层分解、层层落实的经验。各省电力公司在学邯钢过程中也积累了一整套行之有效的成本控制办法，加强了自身在竞争中的有利地位。

将构成成本的诸要素化为具体指标，进行层层分解，落实到每个员工，激励员工的责任心及荣誉感，就能形成人人围着成本转，企业围着市场转的局面。可以说，成本领先战略具有很强的可操作性。

（2）具有很强的与买方谈判的伸缩性。市场竞争从某种意义上说是非常残酷的。发电企业的竞价上网是由计算机按报价筛选确定的，而若干电力输出省电力公司向某一特定负荷区售电则要通过谈判，签订购、售电合同。这时，买方总想以尽可能低的价格购电。当买方所给的价格已使成本较高的省电力公司无利可图时，成本较低电力公司仍可在价格上进行回旋，最后以买方可接受价格成交，卖方舍去的是部分利润，得到的是市场份额。

（3）对抗上游产品价格波动的稳定性。燃料、检修材料及配件是电力生产企业的重要上游产品，其价格波动是难免的。当燃料价格有较大提高时，由于现阶段电力售价是政府管制价格，政府会酌情各网辖区内的售电价作相应调整，但往往不会足额调整，部分要求各省电力公司进一步内部挖潜，降低成本，保证已有利润，否则就要用原有利润中部分来弥补上游产品价格上涨留下的价格缺口。无疑，成本越低，对抗上游产品价格波动的稳定性越强。

对向省外售电的省电力公司而言，上游产品价格上涨会带来更大风险，因为在购售电合同有效期内上游产品的涨价不可能立即通过修改合同来弥补。省电力公司成本越低，抗风险能力越强，这是不言而喻的。

（4）对市场占有份额的保护性。向外省购电的负荷区，由于自身供求关系的变化，常会减少次年（或次季）的购电数量。这时，成本较低的省电力公司无疑会进一步降低售价而保全自己的原有销售量，而将无法承受低价格的竞争对手挤出市场。

在发电企业的竞价上网中也会遇到同样的情况。由于气候、经济及国际大环境的影响而使电网负荷萎缩时，发电企业同样要进一步降低报价以保全自己的市场份额。在这种情况下，只有那些成本有承受能力的企业不至于压负荷或停机。

（5）对替代产品抢占市场的抵抗性。电力的替代产品主要是燃油、煤气、液化石油气及燃煤。

对于锅炉而言，城市中的企业、浴室、宾馆、饭店过去均使用燃煤锅炉，由于它们严重地污染环境，已逐步被各地淘汰。取而代之的是燃油、燃气及电热锅炉。根据国家电力公司需求指导中心组织专家通过对某大城市地区的一栋办公大楼（2000m²），采暖负荷为1400kW，对采暖所用的燃油、燃气及蓄热电热锅炉三者的固定投资费用及运行费用分析见表 10-1 和表 10-2。

表 10-1　　　　　　燃气锅炉、燃油锅炉与电热锅炉的固定投资费用分析　　　　（单位：万元）

比较内容＼锅炉种类	燃油锅炉	燃气锅炉	蓄热电热锅炉	备　注
额定功率	1400W	1400W	1400W	
锅炉价格	32	38	31	均为进口元件
辅助设备费	75	75	90	软水器、泵、补水箱、管道阀门等
总投资费用	107	113	121	

续表

锅炉种类 / 比较内容	燃油锅炉	燃气锅炉	蓄热电热锅炉	备 注
热效率	80%～90%	80%～90%	95%～98%	
环保	烟气污染	烟气污染	无污染	
消防安全	消防要求高	一般消防	消防要求低	
自动化程度	需专人值守	需专人值守	不需专人值守	

表 10-2　　　　　　　燃气锅炉、燃油锅炉与电热锅炉的运行费用分析　　　　　（单位：元）

锅炉种类 / 比较内容	燃油锅炉	燃气锅炉	电热锅炉	备 注
额定功率	1400W	1400W	1400W	
燃料费或电费	133600	112200	96000	峰谷电价 人工煤气
其他费用	5300	2000	500	
运行费	138900	114200	96500	

　　显然，在一次性固定投资略高的情况下，蓄热式电热锅炉的运行成本大大低于燃油及燃气锅炉的运行成本，且有明显的填充电网低谷用电的优点。当然，条件是企业要有成本领先的优质电力，可以根据具体情况推出 0.15～0.30 元/kW·h 的低谷用电电价。这样，燃煤锅炉退出市场后，电力将占据大部分市场，比燃油及燃气更具竞争力。

　　对城乡的居民生活而言，电炊无污染，且十分安全。贵州省贵阳市从 1985 年试点推行居民电炊至今已 15 年，无一例因电炊而引发的人身事故，而同期煤气及液化石油气均发生了中毒、爆炸、火灾等灾害。过去 15 年间，电炊凭着它的清洁与安全，在贵阳市与煤气、液化气三分天下。

　　由于电力企业对成本进行了有效控制，对城乡居民电炊电价部分省、市已实行优惠，除生活用电的基数部分（60～100kW·h）按照明电价收取外，超基数部分作为电炊用电，在照明电价基础上降价 0.12～0.15 元/kW·h，电价水平为 0.24～0.26 元/kW·h，每户每月电炊用电按 100kW·h 计，其支出为 50 元左右，而液化石油气价格则逐年提高，平均每瓶气价为 50 元（议价气。平价气若将有效期内开户费均摊，气价也基本为 50 元/瓶）。每月每户用一瓶气，费用支出与电炊相当。无疑，电炊将逐步占据液化气的市场，与煤气均分天下。

　　煤气是个十分特殊的行业。一方面，原有的煤气气源厂都是由政府出资兴建，另一方面它要求产气与用气的平衡，否则超过储存能力就要排空燃烧。因此，各地方政府都对煤气行业采取了一定的保护。随着我国社会主义市场经济体制改革的深化与人民群众对生活质量要求的提高，煤气市场的一部分也将向电炊转移，电力将以它独具的优势而在市场中占有更大的份额。

　　5. 电力企业实现成本领先战略的措施

　　电力企业总成本由基建成本、生产成本、融资成本三大块构成，要实现成本领先战略，必须"三本"齐抓。

　　（1）降低基建成本。电力建设工程的基建造价关系到投产后的折旧费用高低，也关系到贷款额度的还款利息，投产后这些利息将以财务费用的形式计入生产成本。可以说降低基建成本是降低生产成本的源头。

　　降低基建成本，要采取下列措施。

　　1）优化设计方案。设计方案不良不仅是最大的浪费，而且后患无穷。对设计方案进行优化是降低工程造价的科学手段及根本措施。要组织专家对设计方案进行充分论证，做出评判，行政领导不可对此强行干预。

　　2）对基建体制进行改革。全国降低工程造价的先进单位贵州省电力公司对基建体制进行了改革，变独立核算的建设单位——省电力建设管理部为省公司的派出机构，使之真正成为省公司的代言人。同时，成立省公司技经室，由省公司总经理直接领导。工程概预算一经审批，除不可抗力及国家政策的重大调整外，一律不予调整，即使特殊情况下的调整，也必须经总经理亲批。基建单位对基建项目也以工程承包的形式控制造价，取得了实效。

　　3）认真实行招投标制。对设计、施工及主要设备采购认真实行招投标制，让设计、施工单位及供货厂家进行公平竞争，无疑会提高质量、降低造价。这里要强调的是"认真"，即提高招投标工作的透明度，严格按法定程序办事，防止暗箱操作，杜绝不正之风。否则，招投标就会流于形式，成本上升，并造成恶劣的社会影响。

　　4）认真实行工程监理制，实现达标投产。国家要求实行工程监理制，要求基建工程实现达标投产。只有通过严格监理，保证工程质量，才能顺利实现达标投产。这些看起来与降低工程成本没有直接关系，但它却减少了工程移交生产后的"填平补齐"开支，防止基建成本虚降而投产后生产单位却需二次大量投入的现象发生，这实质上也是降低工程造价的重要措施。

　　（2）降低生产成本。如果说降低基建成本是降低电力生产成本的源头，那么，降低电力生产成本则是降低电力总成本的主体，要降低电力生产成本，应采取下列措施。

　　1）逐步以大容量、高参数机组及超高压输电代替小机组、低电压输电，实现规模化经济。30万千瓦及以上容量的机组，煤耗低、厂用电率低、劳动生产率高，对环境污染的防治手段齐备；超高压输电容量大、线损率低。无疑，这是降低生产成本的主要途径。

　　2）提高自动化水平，提高劳动生产率。提高自动化水平，实现水电站及变电所的无人值守；提高火电厂的集控水平，减少燃运及机、炉、电的现场值守人员；以电话和网上报装取代部分柜台报装；以音频自动抄录用户电能表或按单元、楼宇集中抄表取代抄表员逐户抄表等，这些措施无疑将减人增效，提高劳动生产率，降低生产成本。但是，它也将相应增加科研及新装备的资金投入。

　　3）严格控制费用支出。管理费用是电力生产成本的重要构成部分。各发供电单位普遍采用定额控制或层层承包的办法对它进行严格控制。对大宗支出，以资金管理委员会形式进行集体讨论决策，以减少决策失误，也是一种可行的做法。

　　4）加强对电力销售环节管理，防止"跑、冒、滴、漏"。电力的销售环节是电力生产的最后一环。销售环节的电量流失将使从发电到输配电员工的劳动付诸东流。因此，必须加强对抄、核、收人员的考核，防止漏抄、错抄、少计；防止计量设备的失准或倍率差错而造成的电量损失；要充实用电检查力量，提高用电检查人员素质，有力制止窃电行为，减少电量损失，建立良好的用电秩序。

（3）降低融资成本。融资是电力企业扩大再生产，进行基本建设的主要资金来源。随着我国金融体制改革的深入，银行已开始了商业化运营。我国加入 WTO 后，还将有更多的外资银行进入我国的金融市场。电力企业凭着自身的信誉度，在融资中完全有可能"货比三家"，选择条件最优、利率较低的银行进行融资。降低融资成本的另一途径是提高资本金比例，加大自有资金对基建的投入，以减少利息支出。降低融资成本，就是降低生产成本，从一些企业背负沉重利息负担甚至行将破产的例子中就可见降低融资成本的重要性。

6. 电力企业采用成本领先战略的风险

电力企业成本领先战略在具有明显优势的同时，也存在一定风险。

（1）为降低成本，电力企业就需不断对原有设备进行更新，从而带来巨大的投资压力。不以大机组、超高压输电取代原有设备，就不能最大限度降低生产成本，而新建这些项目动辄数亿元、数十亿元，要筹集这些资金，除融资外，电力企业必须投入约 20％的资本金，无疑对电力企业形成不小的资金压力。

（2）对技术进步保持敏感所带来的压力。电力企业要保持成本领先的地位，就必须不断以新技术装备自己，对技术进步保持敏感。这不仅意味着新的不间断的投入，同时，对原已习惯的工作方式、积累的经验也必须果断摒弃，对员工要花资金进行再培训，使之能熟练地掌握新技术。

（3）市场变化的巨大风险。电力企业为保持成本领先，必然会追求规模，再以规模带来的低成本去占领市场。当由于某种原因市场对电力的需求发生变化时，庞大的生产规模将会造成电力企业的沉重负担。

（4）省内市场由上述原因引起的需求萎缩。在上述情况下，即使电力企业依靠自身成本领先而挤占竞争对手的部分市场份额，但由于需求总量的大量缩减，仍将使部分设备停运，但设备保养、人员安置等固定成本支出并未减少。

（5）很强的可效法性带来的风险。从经验基础上发展起来的成本领先战略具有很强的可操作性，同时也有很强的可效法性。隶属于国家电力公司的各电力企业既是竞争对手，又大多是国电公司的子公司，他们不断参观、互访，而降低成本的措施又较易效法，他们通过学习对方降低成本的做法并加以发展，从而超越竞争对手，使自己处于领先地位。

二、差异化战略

差异化战略是企业通过品牌形象、产品技术、经销方式、客户服务等方面形成全产业范围内独特性的特点去赢得市场。成本领先者尽管依赖成本领先来获得竞争优势，但仍必须在相对竞争对手标新立异的基础上创造价值相等或相近的地位，以领先于产业平均收益水平。在这里要强调差异化战略并不是说企业可以忽视成本因素，只不过这时主要的战略目标不是成本而已。

实施差异化战略有时可能要放弃获得较高市场占有率的目标，因为差异化战略是针对顾客需求的差异来占领市场的，它的排他性是与高市场占有率不相融合的。

1. 电力企业实施差异化战略的益处

实施差异化战略可以给电力企业带来以下益处。

（1）增强与行业内竞争者的竞争能力。发电企业在发电可靠性、电压质量、频率合格率以及对买方的信誉方面的差异化优势，可以提高买方对企业的认识和依赖，从而在行业内竞争者中形成竞争优势。供电企业则利用在供电可靠性、供电质量、优质服务等方面的差异化优势，在同其他供电企业的竞争中处于有利地位。

你无我有，你缺我供，趁机卖出好价格，是不同类型电力企业之间竞争采用的战略。无论是调峰电力或枯水期电力，都是利用自身的资源及装备优势，销售本企业的特色产品。它无需追求很高的市场份额，利用获得的丰厚利润，弥补在非峰时段或非枯水季节发电较少的损失，使企业在年终结算时仍然利润可观。在发电厂竞价上网中，水电站利用自身的良好调节特性，打出调峰电力这张牌，无疑火电厂是无法与之竞争的。因为火电企业，有的通过自身努力，低谷时可压负荷 50％以上仍可稳定运行，而有的压负荷 30％即已难以承受，这就迫使它们频繁启停，成本上升，无疑会失去竞争力。

（2）提高对买方的讨价还价能力。发电企业的差异化优势可以提高购电企业或大用户对该企业的依赖程度，从而提高其对买方的讨价还价能力。尽管在当前的发电市场竞争中，以"竞价上网"的竞争为主，但随着市场化改革的深入，竞争的不断加剧，发电企业的差异化将逐渐明显，买方将会对发电企业的差异化的认识不断加深，并逐渐产生依赖。

同样，在将来一个地区出现两个以上供电企业时，供电企业在供电质量、服务质量方面的差异化优势可以提高用户对该企业的认识和依赖，降低用户的讨价还价能力。

（3）不必刻意去追求低成本。采用成本领先战略的企业，必须时时、处处关心自身成本，否则难以在竞争中生存，而差异化战略成本退而居其次，它们优先关心的是如何尽可能多地生产出具有特色的产品，即使为此要增加生产成本。例如，火电企业在枯期采用优质燃料，采用特殊工艺对设备进行抢修等；供电企业为提高供电质量和服务质量增加电网建设与改造投资和服务方面的开支等。应当指出，差异化战略并不是可以不注重成本，只是这时成本已不是企业的首要战略目标，突出差异化、成本退而居其次而已。

（4）对替代产品具有更强的抗御性。电力企业通过优质产品和优质服务使用户满意并对电力产品产生依赖，并提高用户使用其他能源的转换成本，从而能够成功抵抗其替代产品——煤、油、气的威胁，提高电力在终端能源消费中的比重，达到开拓电力市场的目的。因此，差异化战略具有对替代产品更强的抗御性。

（5）具有更强的承受上游产品价格波动的能力。实行差异化战略其产品价格较高，获利也较丰厚，因此具有更强的承受上游产品——燃料、零配件等价格波动的能力，减少与客户的合同纠纷，从而带来更好的信誉。

（6）提高电力行业的进入障碍。电力企业在市场上树立的良好质量形象和优质服务形象及在社会各界的良好信誉所建立的差异化优势，使潜在的进入者面临很高的进入障碍，欲消除这种障碍，新加入者必须付出高昂的代价，并长期忍受这种劣势，从而面临很高的风险。在当前一个地区只有一家供电企业，如这家企业在这个地区依靠其良好服务、稳定可靠的供电和良好的信誉，在人们心中留下了很好的印象，则区域外或行业外的企业很难顺利地进入该地区的电力市场。发电企业依靠其质量优势，与购电方的良好合作关系，与大用户建立的长期合作关系，同样也给其他欲向该地区电网送电的企业构成巨大的障碍。

2. 电力企业如何实现差异化战略

电力企业的差异化战略就是电力企业通过向客户提供特有产品及特别服务，形成独特风格，在本行业中独树一帜，以击败竞争对手。如在一个地区存在两个以上售电企业时，用户可以选择任一售电企业，那么用户将根据售电公司的电力产品的差异来选择售电公司，如某一售电公司电能质量高，供电可靠，服务质量好等，即使价格不同，用户也可能愿意选择它；发电企业可以凭借可靠性高、可调性强、电压合格率高形成其差异化的优势。这就是差异化战略取胜的原因。电力企业的特有产品还是电力，但水电厂或水电占优势的省电力公司可以为市场提供调峰电力，火电厂或火电占优势的省电力公司可以为市场提供枯水期电力，抽水蓄能电站及燃气轮机为市场提供调峰电力等。调峰电力、枯水期电力就是这些企业的特有产品。

电力企业实施差异化战略主要途径有以下几种。

（1）树立电力产品差异化的观念。长期以来，电力产品单一的观念在人们的头脑中已经根深蒂固，对电力企业差异化战略的实施形成巨大的障碍。然而随着电力供求关系的改变，这一观念也应发生转变。在缺电情况下，人们对电力的需求是最基本的需求，只要能用上电就满足了，在这种最低级的需求下，电力产品是单一的，没人奢望有更高的需求。在电力供求关系缓解后，人们更高的需求便被提了出来，如要求有更高的质量、更稳定的供应、各种电压等级和不同时段电力的需求。由此便产生了电力产品的种类，如可间断供电和持续供电、峰谷电、各种等级的电力以及对电力质量的不同要求。这些对电力企业的经营提出了新的要求，同时也为电力企业的发展开辟了空间。电力企业应该转变观念，适应需求的变化，满足不同用户对电力的不同需求，同时也使企业得到发展。

（2）提高电力产品质量。产品质量是让用户满意的基础。对于供电企业来说，要做到让客户满意，首先应提供电压和频率合格的优质电力，并保证供电的可靠性。对于发电企业来说，稳定可靠的运行、合格的电压和频率是上网的基本条件，很难想象一个设备故障频繁，电压、频率不稳定的发电企业在市场化运营的电力市场中会有立足之地，在竞争日益激烈的电力市场中，质量成为电力产品差异化的重要来源。因此，提高电力产品的质量是电力企业实施差异化战略的重要途径。

（3）提供优质服务水平。虽然从产品的整体概念来说，服务是产品概念的一部分，但由于电力产品效用的单一性，其产品的服务水平在很大程度上体现着电力产品的差别。因此，电力企业的优质服务在实施差异化战略中起着至关重要的作用，尤其是对于供电企业更是如此。

由于长期的计划经济体制的影响，再加上长期缺电局面和垄断经营，"重发、轻供、不管用"是对电力行业服务工作的真实写照。在电力工业市场化运营的今天，缺电已经成为历史，垄断格局正在逐步打破，优质服务成为电力企业开拓电力市场，迎接市场竞争的重要手段。在竞争不断加剧的情况下，提高优质服务水平成为电力企业实施差异化战略的又一重要途径。"彩虹工程"、"客户服务中心"、"向社会承诺"等都是当前电力企业实施优质服务的重要举措。

（4）树立电力企业产品品牌形象。品牌是产品的重要标识，是企业的无形资产，顾客对产品品牌的印象对于实施差异化战略具有重要意义。随着竞争的出现，电力企业经营区域的扩大，品牌这一其他行业中的重要概念必将进入电力行业中来，并在电力企业的竞争中发挥重要的作用。因此电力企业从现在起应着手创建自己的品牌，扩大知名度，争创电力行业中的名牌。

三、重点集中战略

重点集中战略是主攻某个特定的顾客群、某产品系列的一个细分区段或某一个地区市场，即围绕着很好地为某一特定目标服务这一中心建立的，它所制定的每一项职能性方针都要考虑这一目标。

重点集中战略与前两个基本竞争战略不同。成本领先战略和差异化战略面向全行业，在整个行业的范围内进行活动。而重点集中战略则是围绕一个特定的目标进行密集性的生产经营活动，要求能够比竞争对手提供更有效的服务。企业一旦选定了目标市场，便可以通过产品差异化或成本领先战略的方法，形成重点集中战略。也就是说，重点集中战略，基本上是特殊的差异化战略或成本领先战略。

集中战略的前提是，公司要以更高的效率和更好的效果为某一狭窄的战略对象服务，从而超过更广范围内的竞争对手。公司在为战略对象服务时或处于低成本地位或具有差异化优势，或二者兼有。对电力企业而言，就是将目标集中在某一特定客户群体或某一负荷地区或某一时段，采取成本领先或差异化战略，或者二者兼用，使自己在这一客户群或负荷区内或时段的市场份额得以保持和发展。

1. 重点集中战略的实施条件

重点集中战略实施的关键是选好目标市场。一般原则是尽可能选择那些竞争对手最薄弱的目标和最不易被替代品冲击的目标。在选择目标之前，企业必须确认：

（1）购买者群体之间在需求上存在着差异。电力用户不同的需求给电力企业重点集中战略实施提供了条件。

（2）在企业的目标市场上，没有其他竞争对手试图采取重点集中战略。

（3）企业的目标市场在市场容量、成长速度、获利能力、竞争强度等方面具有一定的吸引力。如东部地区用电量增长迅速，而当地的小火电越来越受环保的约束，很多属于关停之列，使得这一目标市场需求很大，由于高峰时段电价高，获利能力很强，随着小火电关闭、老机组退役和新建火电机组受到环保要求的限制，竞争强度逐渐减弱，成为西部发电企业非常有吸引力的目标市场。

（4）企业资源有限，不能追求更大的目标市场。采用重点集中战略的企业通常是规模较小的企业，由于资源的限制，不能在整个市场的范围内进入竞争。一些电力企业，由于发电设备、资金、人员等制约，不能在所有地区、所有时段同其他发电企业进行竞争。而一些大型电力企业，如各大集团公司，拥有各种类型的发电机组、装机容量大，在电网允许的情况下可以在全国范围内参与发电市场的竞争。

2. 重点集中战略的风险

重点集中战略也有一定的风险。

（1）以较宽的市场为目标的竞争对手采取同样的重点集中战略；或者竞争对手从企业的目标市场中又找到了可以再细分的目标市场，并以此为目标实施重点集中战略，使原实施重点集中战略的企业失去竞争优势。

（2）由于技术进步、替代产品的出现、用户价值观和偏好的改变等原因，目标市场中需求的差异变小，使企业采用重点集中战略的条件消失。

（3）在较宽范围经营的竞争对手与重点集中战略的企业在成本上的差距日益扩大，使企业在目标市场上的差异化优势被抵消，导致重点集中战略失效。

（4）集中战略目标市场的客户群体对电力企业扶持让利的依赖。电力企业对目标市场客户的让利扶持一是总量有限、二是时间有限。客户对让利降价幅度提出进一步要求，电力企业将难以承受。让利扶持的目的是使这些客户在一定时间内扭转被动局面，不可能无限延期。总之，目标市场中的客户如果对电力企业的让利扶持产生依赖，甚至将电力企业帮助他们打开销路转变成依赖电力企业代销产品，这都将给集中战略带来风险。

四、竞争战略选择的原则

企业如何结合自己的情况选择基本竞争战略，一般遵循两个原则：一是从三个基本竞争战略中选择其一；二是从企业具体情况出发。

1. 三选一原则

三选一原则实际上是二选一。这是因为重点集中战略是在目标市场上的成本领先重点集中战略或差异化重点集中战略。也就是说，重点集中战略是成本领先和差异化战略在某一细分市场上的运用。因此从三种竞争战略中选择一个，实际是从成本领先战略和差异化战略中选择一个，而是否选择重点集中战略主要考虑企业的实力是否有能力在整个市场范围内进行经营活动。

霍尔（W. K. Hole）从美国的 8 个产业中选择了 64 个大型企业，对它们的竞争战略和其在产业中竞争地位的变化进行了研究，这 8 个产业是钢铁、橡胶、重型卡车、建筑机械、汽车、大型家用电器、啤酒酿造和烟草。这些产业在当时曾一度陷入困境，出现很大亏损，有些企业濒临倒闭。但是其中有少数企业取得了佳绩。霍尔的研究结论表明：这些成功的企业有一个共同特点，就是在成本领先与差异化二者之中取得了某一方面的竞争优势。企业或者致力于降低成本，利用价格优势，增加销售额，扩大市场占有率以获得较高利润；或者是大力推进产品的差异化，在本行业中提供技术水平最高、质量最好的产品或服务。

从理论上说，企业不可能同时追求成本领先和差异化，这是由两个战略实施所要求的条件决定的。采用成本领先战略，要求企业在所有的生产经营环节实行彻底的合理化，除成本控制，最重要的是生产的大批量，充分利用大机器生产标准的产品。而差异化战略则是针对市场中需求的差异，采用特别的工艺、设备和技术，通过市场营销行为，树立企业产品在消费者心中的形象，这一切决定了不能大批量的生产标准化的产品，与成本领先战略的实施条件发生冲突。因此追求这两个目标的企业往往走向失败。

然而在实践中，也有在两个方面都取得了成功的例子。在霍尔的案例中，经营建筑机械的卡特·皮勒公司既在生产方面努力取得了成本的优势，又在流通与服务方面取得了差异化的优势；卷烟业的菲力浦·莫里斯公司，依靠高度自动化的生产设备，取得了世界上生产成本最低的好成绩，又在商标、促销方面投资，取得了差异化方面的成功。因此在成本领先与差异化当中选择其一并不是绝对的。在具体选择时可以考虑以下几种组合。

（1）一个企业可以在不同的产品线上采取不同的竞争战略。奔驰公司在生产环节上采用差异化战略，而在卡车线上采取成本领先战略。

（2）价值链的不同活动上采取不同的竞争战略。如上面的例子中在生产环节采用成本领先战略，而在销售环节采用差异化战略。

（3）一个企业在不同时期采取不同的竞争战略。当行业处于投入期和成长期时，可以采用成本领先战略；而在到达成熟期后，则采用差异化战略。

2. 从企业实际情况出发选择竞争战略

企业在选择竞争战略时除遵循三选一原则外，还应考虑以下因素。

（1）经营单位所面临的生产力与科技发展水平。在一个高度发达的经济系统内，一方面由于企业之间的激烈竞争，另一方面由于居民收入随着生产力发展而迅速提高，成本领先战略就在很大程度上失去了意义，此时差异化战略更有效，相反，在经济较落后地区，则应重视成本领先战略以刺激需求。如东部沿海地区，由于经济发达，用户对电价的敏感程度大大降低，而对供电质量和可靠性更加关心。而在内地和西部地区，无论是企业还是居民，都对电价有着极高的敏感度，降低电价成为该地区用电量增长的重要手段，因而成本领先战略是这类地区电力企业的首选战略。

（2）企业自身的生产与营销能力。一般来说，规模较小的企业生产与营销能力比较薄弱，应选择集中化的竞争战略，以便集中优势力量于某一特定的顾客、地区或市场。如果企业生产能力较强而营销能力较弱，应运用成本领先战略。如果企业是生产能力弱而营销能力强，则应选择差异化战略。如果企业是生产能力和营销能力都很强的大企业，则应在生产时采取成本领先战略，而在销售环节采取差异化战略。当前的发电市场竞争中，成本领先战略是优先考虑的战略，而在销售市场中，优质服务、提高供电可靠性等差异化战略则又成为首选。

（3）产品的市场寿命周期。通常在产品的投入期或成长期，为了抢占市场并防止潜在进入者的进入，企业可采用成本领先战略，以刺激需求，取得低成本、高市场占有率、高收益和更新设备的良性循环。而到了成熟期和衰退期，消费需求出现多样化、复杂化和个性化，企业应采取差异化或集中化战略。在电力市场中，随着电力供求关系的缓解，电力市场的成熟期即将到来，用户对电力产品的需求开始出现多样化，电力企业应提高电力供应的可靠性和供电质量，开发各种电力产品，满足用户的不同需求。

（4）企业产品类别。不同的产品需求对价格、质量、服务等方面有不同的敏感性。对于广大城乡居民用户，电力产品是生活必需品，在保证基本质量的前提下，价格成为竞争中最重要的因素，因此在电价制定上要广泛征求用户的意见，实施用户听证制度，否则将影响居民用电的增长。在居民用电市场上，电力企业应采取成本领先战略。

总之，基本竞争战略的选择，要从企业的自身情况和所处环境出发，根据企业的资源、行业特点和消费者特征，慎重选择。

思 考 题

1. 试简述战略及其战略管理的含义。
2. 试对电力企业的宏观环境进行分析。
3. 试讨论关于电力企业的发展战略。
4. 试简述电力企业实现成本领先战略的主要措施。
5. 试简述竞争战略选择的原则。

第十一章　电力市场营销管理

电力市场营销管理是电力企业管理中的重要职能之一，通过本章的学习，主要掌握电力市场营销的基本概念、电力市场营销活动、主要的电力市场营销组合策略以及电力市场营销的组织计划与控制。

第一节　电力市场及电力市场营销

一、电力市场的定义及分类

1. 电力市场的定义

电力市场属商品经济的范畴，是一定时间、地点条件下电力商品交换关系的总和。它是电价、电力系统运行、负荷管理、供电用电合作、通信和计算机系统的总和，是电力工业经营管理与技术的综合体。电力市场具有交换和买卖电力、提供信息、融通资金的功能。电力市场的本质是在电力工业内部引进竞争机制，从而促进电力公司生存与发展的良性循环。

2. 电力市场的基本特征

电力市场的基本特征是开放性、竞争性、计划性和协调性。与传统的垄断电力系统相比，电力市场具有开放性和竞争性。与普通的商品市场相比，电力市场具有计划性和协调性。这是因为电力系统是相互紧密联系的，任一成员的操作均将对电力系统产生影响。所以要求电力市场中的电力生产、使用、交换具有计划性；同时由于电力是一种特殊的商品，无法存储，也就是说电力系统要求随时做到供需平衡，所以要求电力市场中的供应者之间、供应者与用户之间相互协调。

3. 电力市场的基本原则

(1) 公平竞争的原则。建立电力市场的目的是在电力系统中引进竞争机制。在一个充满竞争的电力市场中，参与者之间都是平等的。所以电力市场最基本的原则是公平。对于发电厂，平等的环境能够促进竞争，激励各发电厂提高生产效率，降低成本，增加活力。在电力市场中，发电厂最关心的问题有两个：发电计划和上网电价。对于用户，按真实的供电成本收费，尽量减少用户间补贴是保证用户间平等的根本点。

(2) 公开性原则。在电力市场中，为保证贯彻公平性这一基本原则，必须具有一定的公开性，以便监督。电价是人们最关心的问题，必须公开发电厂的上网电价和用户的用电电价。发电厂根据上网电价，随时了解自己发电厂的运行经济状况；用户可依据用电电价制定最优用电计划和调整用电结构。

(3) 法规的保障原则。由于电力商品的特殊性，要求电力市场在进行供、求匹配贸易的同时，还要负责电网的安全和稳定运行，所以要求电力市场的运行必须有法规的保障。另外，在进行贸易时，有关电价、赔偿等问题，也应做到有法可依。

4. 我国电力市场的类型

(1) 国家级电力市场。它负责全国电力市场研究与监督，如制定法规、仲裁纠纷等；负责国家级电力市场操作，如负责三峡等超大型跨网电站和网间的能量调度。

（2）网级电力市场。它监督各省级电力市场；负责网级电力市场操作。

（3）省级电力市场。它监督地区级电力市场；负责省级电力市场操作。

（4）地区级电力市场。它监督县级电力市场；监督地区级电力市场操作。

（5）县市级电力市场。它负责县市级电力市场操作。

此外还有发电侧电力市场和用户端电力市场。

（1）发电侧电力市场。目前我国电力市场的改革趋向是"网厂分开、竞价上网"。即将电网经营企业拥有的发电厂与电网分开，建立规范的、具有独立法人地位的发电实体，市场也只对发电侧开放。发电侧电力市场的市场主体是各独立发电企业与电网经营企业，目前以省级电力市场为主，各省电力公司是其省内电力市场竞争的组织者；我国现行发电侧电力市场的模式是以单一购买者形式为主，即参与市场竞争的各个独立发电企业将电能提供给电网经营企业，用户不能与发电厂签订购电合同，只能由电网经营企业采用趸售或零售的方式供电。独立发电厂的产生，要求在发电单位之间开展公平竞争。独立发电厂一般不拥有供电专营区域和输电系统，只负责电力生产。同时，原有的电力公司之间也要求展开竞争。此时，用户市场尚未开放，各电力公司仍拥有供电专营区域。如果某电力公司供电不足，需要增加容量或购买电能等，可以在电力公司之间进行功率交换，从而在电力生产者之间形成竞争。但这时发电单位还不能直接与用户签订合同。这种市场，一般称为趸售市场，有时又称为批发电力市场。批发电力市场，比较初级的做法是由各电力公司为其所需容量进行招标。当某电力生产者中标后，由电力公司与其签订合同，商定贸易形式、价格、容量等。这种做法，没有专门的中介机构进行管理与组织，因而其竞争规模、效益均受到影响。

（2）用户端电力市场。它实现供、求的双向选择，特别是扩大了用户的选择权。如果单纯从市场的角度来看，市场应能满足参与者自由选择的权利，即供方有选择用户的权利，用户有选择供方的权利。但是由于电力供应的特殊性，电力市场一般难以满足参与者自由选择的要求。当前的一种世界趋势是放开发电市场，即发电厂有权选择贸易方，而对输电市场和用户则较少放开。电力市场必须保证输、配电系统向使用者开放。在用户市场未开放时，向用户供电是配电公司（供电局）的任务。各配电公司有自己垄断的专营区域，任何人或单位是不能在这区域内卖电的。而在用户市场开放后，除配电公司外，电力市场还允许经过批准的（持许可证的）电力零售商向用户售电。这种同时开放发电市场和用户市场的模式，给电力生产者最多的竞争机会，给用户最大的选择权利，真正体现了市场原则，对于保证电力市场的稳定运行、扩大参加者自由选择的权利、避免网络拥有者利用其地位垄断电力供应非常重要。

二、电力市场营销的定义与顾客让渡价值理论

1. 电力市场营销的定义

电力市场营销是指为了满足用电客户的需求和欲望而实现潜在交换的各项活动。电力企业在变化的市场环境中，以满足人们的电力消费需求为目的，通过电力企业一系列与市场有关的经营活动，提供满足消费者需要的产品和相应的服务，从而实现电力企业开拓市场、占领市场的目标。电力市场营销活动应当包括电力企业的全部业务活动，即包括电力市场与消费者研究、选定电力目标市场、电力产品开发、电力定价、电力分销、电力促销和售后电力服务等。

电力市场营销的定义体现了以下两个要点。

（1）电力市场营销是以满足电力消费者的需求为核心的。

（2）电力市场营销的最终目的是实现电力企业的经营目标。

2.顾客让渡价值理论

在现代市场营销观念指导下，企业应致力于顾客服务和顾客满意。因为，消费者看重的不仅是价格，真正看重的是"顾客让渡价值"。顾客让渡价值是指顾客总价值与顾客总成本之间的差额。顾客总价值是指顾客购买某一产品与服务所期望获得的一组利益，它包括产品价值、服务价值、人员价值和形象价值等。顾客总成本是指顾客为购买某一产品所耗费的时间、精神、体力以及所支付的货币资金等。因此，顾客总成本包括货币成本、时间成本、精神成本和体力成本等。

顾客让渡价值的多少受顾客总价值与顾客总成本两方面因素的影响。顾客总价值（TCV）是产品价值（P_d）、服务价值（S）、人员价值（P_s）和形象价值（I）等因素的函数，可表示为：$TCV = f(P_d, S, P_s, I)$，其中任何一项价值因素的变化都会影响顾客总价值。顾客总成本（TCC）是包括货币成本（M）、时间成本（T）、精力成本（E）因素的函数，即 $TCC = f(M, T, E)$，其中任何一项成本因素的变化均会影响顾客总成本，由此影响顾客让渡价值的大小。同时，顾客总价值与总成本的各个构成因素的变化其影响作用不是各自独立的，而是相互作用、相互影响的。某一价值因素的变化不仅影响其他价值因素的增减，从而影响顾客总成本的大小，而且还影响顾客让渡价值的大小；反之亦然。因此，企业在制定各项市场营销决策时，应综合考虑构成顾客总价值与总成本的各项因素之间的这种相互关系，从而提高顾客让渡价值和顾客满意度。

在电力企业中，加大技术进步力度，提高电能质量和供电可靠性，增加产品价值，降低顾客货币成本是顾客需要的中心内容，也是顾客选购产品的首要因素。因而在一般情况下，它是决定顾客购买总价值大小的主要因素。对于电力产品，产品价值有其特殊性。最主要的指标是电能的周波、电压合格率及供电可靠性。顾客用电就是要花最少的货币资金买尽可能多的高合格率、高可靠性的电能。当前，电力企业在提高产品价值，降低顾客货币成本方面，应做好三方面的工作。第一，加强主干电网建设、城市电网改造和农村电网建设。对电力企业而言，要实现有电卖得出去，提高企业经济效益；对顾客而言，则是有钱买得到电，实现产品价值。第二，尽量降低电力建设造价，尽快取消不合理的"搭电"收费，从而降低顾客购买的货币成本，使顾客花更少的钱买到更多的电；转变观念进行电价创新。如加大实行峰谷电价力度，推行丰枯电价、不同用电可靠度电价、不同负荷电价，从而增强产品适应性，满足不同顾客对产品价值的不同要求。第三，加大技术进步力度，搞好安全生产，提高电能产品的合格率和可靠性。

面向顾客科学管理，增强服务价值，减少顾客购买的时间成本和精力成本。顾客让渡价值理论认为，顾客在支付货币资金购买了商品的产品价值的同时，亦用时间成本、精神成本和体力成本购买产品的服务价值。服务价值是指伴随产品实体的出售，企业向顾客提供的各种附加服务，包括产品介绍、送货、安装、调试、维修、技术培训、产品保证等所产生的价值，它是构成顾客总价值的重要因素之一。正如美国哈佛商业杂志发表的一项研究报告指出的那样，公司只要降低5%的顾客流失率，就能增加25%～85%的利润，而在吸引顾客再度光顾的众多因素中，首先是服务质量的好坏，其次是产品本身，最后是价格。因此，现代的市场竞争已不仅是产品本身的竞争而是服务的竞争。于是美国 IBM 公司树起了"IBM 就是服务"的企业精神，可见其深谙提高顾客的服务价值之道。电力产品和其他产品一样，其整体概念包含核心产品、有形产品和服务产品，同时又具有公用产品的特殊性，所以更需要千方百计提高服务价值。

三、电力市场营销观念

市场营销观念是企业市场营销活动的指导思想。企业的市场营销观念演变经历了由"以生产为中心"转变为"以顾客为中心"，从"以产定销"变为"以销定产"的过程。电力市场营销的观念经历了五个阶段，即生产观念向产品观念、推销观念、市场营销观念和社会市场营销观念。

1. 生产观念

生产观念产生于 20 世纪 20 年代前。其主要表现是"我生产什么，就卖什么"。出发点是企业。生产观念的企业致力于提高生产效率和分销效率，扩大生产，降低成本以扩展市场。生产观念是在卖方市场条件下产生的。在资本主义工业化初期以及第二次世界大战末期和战后一段时期内，由于物资短缺，市场产品供不应求，生产观念在企业经营管理中颇为流行。我国在计划经济旧体制下，由于市场产品短缺，企业不愁其产品没有销路，企业在其经营管理中也奉行生产观念，具体表现为工业企业集中力量发展生产，轻视市场营销，实行以产定销。我国的电力企业在最初的发展阶段，也是这种观念，由于当时电力的供需矛盾较大，电力企业一味地追求产量，而忽视了经营，没有重视产品是否满足顾客需求，这将最终使企业遭受失败。比如在我国西部某地区，由于供电企业提供的电力商品质量不能达到用电企业的要求，结果被用户上诉到法院，最后法院判决对客户赔偿 200 万元人民币。

2. 产品观念

产品观念认为，消费者最喜欢高质量、多功能和具有某种特色的产品，企业应致力于生产高值产品，并不断加以改进。它产生于市场产品供不应求的"卖方市场"形势下。此时，企业把注意力放在产品上，而不是放在市场需要上。产品观念与生产观念的区别在于生产观念重视以量取胜，生产观念重视以质取胜。但无论是生产观念还是产品观念，都是从生产者的角度展开的，电力企业长期以来"重生产，轻经营"，重视电力生产、输送和配供电，很少去研究电力市场需求与营销策略，正是这种以生产者为中心的营销观念的体现。

3. 推销观念

推销观念产生于 20 世纪 20 年代末至 50 年代前，表现为"我卖什么，顾客就买什么"。它认为，消费者通常表现出一种购买惰性或抗衡心理，如果听其自然的话，消费者一般不会足量购买某一企业的产品，因此企业必须积极推销和大力促销，以刺激消费者大量购买本企业产品。许多企业在产品过剩时，也常常奉行推销观念。电力推销观念发生在电力供大于求的阶段，由于电力供过于求，电力企业采用一些措施推销，这种推销手段一般也是站在电力企业角度考虑问题的。如在鼓励消费者多使用电器时，并未考虑到消费者是否能承担电费以及消费者的用电行为是否经济。

4. 市场营销观念

市场营销观念是以满足顾客需求为出发点的，即"顾客需要什么，就生产什么"。市场营销观念产生于 20 世纪 50 年代，当时市场趋势表现为供过于求的买方市场，同时广大居民个人收入迅速提高，需求多样化，市场竞争加剧。许多企业开始认识到，必须转变经营观念，才能求得生存和发展。市场营销观念认为，实现企业各项目标的关键在于正确确定目标市场的需要和欲望，比竞争者更有效地满足目标市场的需要和欲望。

市场营销观念与推销观念的主要区别有：

（1）出发点不同。市场营销观念从顾客出发，推销观念从产品出发。

（2）关注的焦点不同。市场营销观念关注用户的需求，推销观念关注的是企业的利益。

（3）手段不同。市场营销观念采用整合营销，而推销观念采用推销。

（4）目标不同。市场营销观念的目的是通过满足用户需求来获取企业利润，推销观念的目标是通过增加销量来获取企业利润。

5. 社会市场营销观念

社会市场营销观念产生于 20 世纪 70 年代西方资本主义出现能源短缺、通货膨胀、失业增加、环境污染严重、消费者保护运动盛行的新形势下。社会市场营销观念认为，企业的任务是确定各个目标市场的需要、欲望和利益，并以保护或提高消费者和社会福利的方式，比竞争者更有效、更有利地向目标市场提供能够满足其需要、欲望和利益的物品或服务。社会市场营销观念是指在兼顾三方面的利益，即企业利润、消费者需要的满足和社会利益前提下的"市场需要什么，我就生产什么"。电力企业与地方政府合作，启用"户户通电"工程，就是社会市场营销观念的体现。

电力营销观念是电力生产经营者组织与管理电力企业活动过程的指导思想，随着电力商品交换日益向深度和广度发展，电力营销观念渐次由电力生产观念、电力推销观念向电力市场营销观念演变。电力市场营销观念以买主为中心，重点是顾客导向、整体营销、顾客满意、企业获利。当前，企业正在从生产型向经营型或经营服务型转变，企业为了求得生存和发展，必须树立具有现代意识的市场营销观念、社会市场营销观念。

第二节　电 力 市 场 调 查

一、电力市场调查的定义和内容

电力市场营销调研是指运用科学的方法系统地、客观地辨别、收集、分析和传递有关市场营销活动的各方面的信息，为电力企业营销管理者制定有效的市场营销决策提供重要的依据。与狭义的市场调查不同，它是对市场营销活动全过程的分析和研究。

电力市场营销调研的主要作用是通过信息把营销者和消费者、顾客及公众联系起来，这些信息用来辨别和界定营销机会和问题，制定、改善和估价市场营销方案，监控市场营销行为，改进对市场营销过程的认识，帮助企业营销管理者制定有效的市场营销决策。

电力市场营销调查的内容主要包括电力市场营销环境调查、电力营销策略的调查以及电力购买行为的调查。其中，电力市场营销环境调查是最关键的调查内容，因此本节将重点介绍电力市场营销环境调查。

二、电力市场营销环境调查的内容

1. 电力市场营销环境的含义及特点

（1）电力市场营销环境的含义。电力市场营销环境是指影响企业的市场和营销活动的不可控制的参与者和影响力。它包括微观电力市场营销环境和宏观电力市场营销环境。电力市场营销的参与者和影响者众多，而且影响电力市场营销活动的因素更为广泛。这些制约电力企业服务于电力市场能力的各种外部力量的总和，构成电力市场营销的外部环境。电力市场营销环境由六个因素构成：资源供应者（煤、水、核）、电力市场营销中介（电网调度）、消费者和用户、竞争者、宏观环境力量和公众（对电力企业实现目标的能力有实际的或潜在的兴趣或影响的任何群体）。

（2）市场营销环境的特点。

1）客观性：企业总是在特定的社会经济和其他外界环境条件下生存和发展的。

2）差异性：市场营销环境的差异性不仅表现在不同的企业受不同环境的影响，而且同样一种环境因素的变化对不同企业的影响也不相同。

3）相关性：市场营销环境是一个系统，在这个系统中，各个影响因素是相互依存、相互作用和相互制约的。例如，企业开发新产品时，不仅要受到经济因素的影响和制约，更要受到社会文化因素的影响和制约。

4）动态性：营销环境不是一成不变的、静止的，而是不断变化着的。例如国家产业政策，过去重点放在重工业上，现在已明显向农业和第三产业倾斜，这种产业结构的变化对企业的营销活动带来了决定性的影响。因此，企业的营销活动必须适应环境的变化，不断地调整和修正自己的营销策略，否则，将会使其丧失市场机会。

5）不可控性：影响市场营销环境的外部因素是企业不可控制的。例如一个国家的政治法律制度、人口增长以及一些社会文化习俗等，企业不可能改变。

2. 微观电力市场营销环境

微观环境是指与企业紧密相连，直接影响其营销能力的各种参与者，这些参与者包括企业的供应商、营销中间商、顾客、竞争者以及社会公众及影响营销管理决策的企业内部各个部门。微观电力市场营销环境因素主要由资源供应者（煤、水、核）、电力市场营销中介（电网调度）、消费者和用户、竞争者和社会公众以及企业内部参与营销决策的各部门组成。

（1）企业内部各部门。营销管理部门在制定营销计划时，必须考虑到与企业内部其他部门的协调，如与最高管理当局、财务部门、研究开发部门、采购部门、生产部门和会计部门等的协调，因为正是这些部门构成了公司内部微观环境。

（2）供应商。供应商是影响企业营销的微观环境的重要因素之一。供应商所提供的资源主要包括原材料、设备、能源、劳务和资金等。①供应商对企业营销活动的影响主要表现在供货的稳定性与及时性。原材料、零部件、能源及机器设备等货源的保证，是企业营销活动顺利进行的前提。如粮食加工厂需要谷物来进行粮食加工，还需要具备人力、设备和能源等其他生产要素，才能使企业的生产活动正常开展。供应量不足，供应短缺，都可影响企业按期完成交货任务。②供货的价格变动。毫无疑问，供货的价格直接影响企业的成本。如果供应商提高原材料价格，生产企业亦将被迫提高其产品价格，由此可能影响到企业的销售量和利润。③供货的质量水平。供应货物的质量直接影响到企业产品的质量。针对上述影响，企业在寻找和选择供应商时，应特别注意两点：第一，企业必须充分考虑供应商的资信状况，并且要与主要供应商建立长期稳定的合作关系，保证企业生产资源供应的稳定性。第二，企业必须使自己的供应商多样化。

（3）营销中介机构。营销中介机构是协助公司推广、销售和分配产品给最终买主的那些企业。它们包括中间商、实体分配公司、营销服务机构及金融机构等。

1）中间商。中间商是指在生产者和消费者之间专门从事商品交换的组织或个人。电力市场的中间商主要是指电网调度公司。电网作为交易平台，其作用就是要充分发挥区域调度中心在电网错峰、水火互剂、跨流域补偿、优化备用容量和事故紧急支援等方面的作用。中华人民共和国《电力法》规定，电网运行实行统一调度、分级管理；《电网调度管理条例》明确调度机构分为五级，即国家调度机构，跨省、自治区、直辖市调度机构，省、自治区、直辖市级调度机构，市级调度机构，县级调度机构。目前我国已建立了较完备的五级调度体系，分别是国家电力调度通信中心，简称国调；东北、华北、华东、华中、西北、南方电力调度通信中心，简称网调；各省（直辖市、自治区）电力公司电力调度通信中心，简称省调；还有 270 个地调和 2000 多个县调。各级调度机构对各自调度管辖范围内的电网进行调度，依靠法律、经济、技术并辅之以必要的行政手段，指挥和保证电网安全、稳定、经济运行，维护国家安全和各利益主体的利益。

2）市场营销服务机构。市场营销服务机构指市场调研公司、广告公司、各种广告媒介及市场营销咨询公司，它们协助企业选择最恰当的市场，并帮助企业向选定的市场推销产品。有些大公司，如杜邦公司和老人牌麦片公司，它们都有自己的广告代理人和市场调研部门。但是，大多数公司都与专业公司以合同方式委托办理这些事务。

(4) 顾客。最终用户电价千差万别。《国家发展改革委关于印发电价改革实施办法的通知》中把电力最终用户分为居民用户、农业用户、工商业及其他用户三类。先将非居民照明、非工业及普通工业、商业用电三大类合并为一类；合并后销售电价分为居民生活用电、大工业用电、农业生产用电、贫困县农业排灌用电、一般工商业及其他用电五大类，大工业用电分类中只保留中小化肥一个子类。

(5) 竞争者。竞争者不仅包括其他同行公司，还包括一些潜在的竞争对手。竞争者的类型主要有四种：①愿望竞争者。它是提供不同产品以满足不同需求的竞争者，如房地产商和汽车制造商，他们争夺的是用户口袋里的同一笔钱。②属类竞争者。它是提供不同产品以满足同一需求的竞争者，如煤炭、石油、天然气和电力等各类能源企业。③产品形式竞争者。它是指生产同种产品但产品形式不同的企业，如火电、核电和油电等。④品牌竞争者。在许多行业里，企业的注意力总是集中在品牌竞争因素上，如何抓住机会扩大整个市场。电力企业也有品牌，其品牌形象对其市场份额随着电网调度力度的加大，有着越来越重要的影响。

(6) 公众。公众是指对企业实现其市场营销目标构成实际或潜在影响的任何团体，包括金融公众、媒体公众、政府公众、市民行动公众、地方公众、一般群众和企业内部公众。

3. 宏观营销环境

宏观环境是指间接影响企业微观环境的因素，包括人口环境、经济环境、自然地理环境、科学技术环境、政治和法律环境以及社会和文化环境。

(1) 人口环境。居民对能源的消费比重不断提升。随着人民生活水平的逐步提高和人口的递增，能源的消费也快速成长。据统计，2002 年我国综合能源消费总量中，生活消费量达到 17033 万吨标准煤，占能源消费总量的 10.4%；石油消费量中，生活消费的比重由 1990 年的 2.4% 上升到 2002 年的 6%；电力生活消费比重由 1990 年的 7.7% 上升到 2002 年的 12.3%。可以看出，生活消费比重大幅度上升，导致对资源的需求量扩大。

家用电器快速进入家庭，居民生活用电大幅增长。近几年，随着我国生活水平提高，能源消费的急剧增长，尤其是城镇居民用电量猛增。居民生活质量提高的一个明显标志是各类家用电器快速进入家庭。1990 年每百户家庭平均拥有洗衣机 78 台，2004 年为 95.9 台，增长 22.9%；1990 年每百户家庭平均拥有彩电 59 台，1999 年超过百台，为 111.6 台，2004 年达到 133.4 台，比 1990 年增长 1.3 倍；1990 年每百户家庭平均拥有电冰箱 42.3 台，2004 年达 90.2 台，增长 1.1 倍。居住条件的改善，生活质量的进一步提高，新兴家电以更快的速度进入百姓家庭。1990 年平均每百户家庭拥有空调不足 1 台，2000 年达 30.8 台，2004 年达 69.8 台；1990 年淋浴热水器开始在部分家庭使用，1995 年每百户家庭平均拥有淋浴热水器 30.1 台，1999 年为 45.5 台，2004 年达 69.4 台；1990 年平均每百户家庭拥有排油烟机 34.5 台，1999 年达 48.6 台，2004 年达到 65.6 台。家用电器的普及使用，使居民用电量大幅增加，在很大程度上加剧了能源的供需矛盾。

　　人口的地理分布及区间流动对电力企业市场营销也会产生影响。地理分布指人口在不同地区的密集程度。人口的这种地理分布表现在市场上，就是人口的集中程度不同，则市场大小不同；消费习惯不同，则市场需求特性不同。在发达国家除了国家之间、地区之间、城市之间的人口流动外，还有一个突出的现象就是城市人口向农村流动。在我国，人口的流动主要表现在农村人口向城市或工矿地区流动；内地人口向沿海经济开放地区流动。尤其是近几年我国城市化步伐加快，2003 年我国城市化率为 40.5%。从趋势判断，今后几年，我国将进入城市化加速提高阶段。新增城市人口不仅给城市经济发展增添劳动力，还将创造新的消费需求。据测算，城市化率提高 1 个百分点，约拉动最终消费增长 1.6 个百分点。

　　(2) 经济环境。经济环境指企业营销活动所面临的外部社会条件，其运行状况及发展趋势会直接或间接地对企业营销活动产生影响。对经济环境的调查主要包括以下五个方面：

　　1) 消费者收入水平。随着经济的发展，消费者收入水平的提高，购电能力进一步加强。消费者的购买力来自消费者的收入，但消费者并不是把全部收入都用来购买商品或劳务，购买力只是收入的一部分。①国民生产总值。它是衡量一个国家经济实力与购买力的重要指标。国民生产总值（GNP）是指一个国家或地区的所有常住单位在一定时期内在国内和国外所生产的最终成果和提供的劳务价值，它等于国内生产总值加上来自国外的净要素收入。国外净要素收入是指从国外得到的生产要素收入减去支付给国外的要素收入。从国民生产总值的增长幅度，可以了解一个国家经济发展的状况和速度。国民生产总值增长越快，工业品的需求和购买力就越大，反之，就越小。②人均国民收入。这是用国民收入总量除以总人口的比值。国民收入指一个国家一定时期内用于生产的各种生产要素所得到的实际收入，即工资、利息、地租和利润的总和扣除间接税净额和对企业转移支付后的余额。一般来说，人均收入增长，对消费品的需求和购买力就大，反之就小。③个人收入。它是指一个国家一定时期内个人从各种来源所得到的全部收入的总和。④个人可支配收入。它是一个国家或地区一年内个人所得到的收入总和扣除个人纳税部分所余下的收入，它可以分为消费与储蓄两个部分。它构成实际的购买力。⑤个人可任意支配收入。这是在个人可支配收入中减去用于维持个人与家庭生存不可缺少的费用（如房租、水电、食物、燃料、衣着等项开支）后剩余的部分。这部分收入是消费需求变化中最活跃的因素，也是企业开展营销活动时所要考虑的主要对象。因为这部分收入主要用于满足人们基本生活需要之外的开支，一般用于购买高档耐用消费品、旅游、储蓄等，它是影响非生活必需品和劳务销售的主要因素。

　　2) 消费者支出模式。随着消费者收入的变化，消费者支出模式会发生相应变化，继而使一个国家或地区的消费结构也发生变化。消费结构指消费过程中人们所消耗的各种消费资料（包括劳务）的构成，即各种消费支出占总支出的比例关系。西方一些经济学家常用恩格尔系数来反映这种变化。恩格尔系数的计算公式为：恩格尔系数＝食物支出变动百分比/收入变动百分比。食物开支占总消费量的比重越大，恩格尔系数越高，生活水平越低；反之，食物开支所占比重越小，恩格尔系数越小，生活水平越高。恩格尔系数是衡量一个国家、地区、城市和家庭生活水平高低的重要参数。国际粮农组织在20世纪80年代就认为，50％～60％为温饱型，40％～50％为小康型，20％～40％为宽裕型。2001年我国城乡平均为43％，已属小康型，其中城市为37.7％，农村为46.2％，今后20年内要求降到30％左右，农民要降到38％，城镇要降到25％。

3）经济发展水平。按照国民经济发展战略目标，2007年我国GDP预计增长10％左右，经济的持续快速增长，意味着能源的需求仍将持续升温，能源领域仍将承受较大的供给压力。在人均GDP达到1000～3000美元的经济增长阶段，汽车、高档电器等高档耐用消费品逐步走入家庭，由于消费结构的升级和重化工业的加速发展，人均能源消费量呈现出大幅上升的趋势，而资源和环境的约束将导致经济滞缓甚至逆增长。当前，我国经济正处于新一轮经济周期的上升期，主要能源和初级产品、上游产品的供求关系和格局发生了较大变化，能源对经济发展的制约作用越来越大。目前，我国已成为煤炭的世界第一消费大国，石油和电力世界第二消费大国。美国学者罗斯顿（W. W. Rostow）根据他的"经济成长阶段"理论，将世界各国的经济发展归纳为五种类型：①传统经济社会；②经济起飞前的准备阶段；③经济起飞阶段；④迈向经济成熟阶段；⑤大量消费阶段。凡属前三个阶段的国家称为发展中国家，而处于后两个阶段的国家则称为发达国家。不同发展阶段的国家在营销策略上也有所不同。

4）经济体制。不同的经济体制对企业营销活动的制约和影响不同。例如，在计划经济体制下，企业是行政机关的附属物，没有生产经营自主权，企业的产、供、销都由国家计划统一安排，企业生产什么，生产多少，如何销售，都不是企业自己的事情。在这种经济体制下，企业不能独立地开展生产经营活动，因而也就谈不上开展市场营销活动。而在市场经济体制下，企业的一切活动都以市场为中心，市场是其价值实现的场所，因而企业必须特别重视营销活动，通过营销，实现自己的利益目标。2002年4月11日，国家计委宣布国务院批准实施的电力体制改革方案。2002年10月15日，电力行业改革计划在业内进行了通报，明确了电力行业大规模重组的一系列内容。2002年11月12日，国务院正式宣布国家电力监管委员会领导层名单，中国电力行业的市场化改革步入实质性操作阶段。当前，随着电力市场由卖方市场转为买方市场，电力市场营销得到了空前的重视。

5）地区与行业发展状况。行业环境分析主要指行业的竞争结构和态势。从电力体制改革的最终目标分析，供电侧终究会引入零售商的竞争。一是行业中现有企业的竞争，如果供电区域未被打破，此类竞争几乎不存在。二是替代品或服务的竞争，电力在作为热源方面的替代品有天然气；在作为动力方面的替代品有柴油等能源（主要体现在农村动力加工）。电力目前与这两类替代品的竞争优势是方便、洁净；劣势是，由于电价的原因，用电成本可能大于用其他能源的成本，因此用电客户在用热源方面优先选择天然气等能源。三是供应者讨价还价能力与客户讨价还价能力，由于电价的政府控制，供需双方没有什么"讨价还价"的余地。我国地区经济发展很不平衡，逐步形成了东部、中部、西部三大地带和东高西低的发展格局。同时在各个地区的不同省市，还呈现出多极化发展趋势。这种地区经济发展的不平衡，对电力企业的投资方向、目标市场以及营销战略的制定等都会带来重大影响。如西电东送政策等。

（3）物质环境。在我国全面建设小康社会进程中，经济规模将进一步扩大，工业化不断推进，居民消费结构逐步升级，城市化步伐加快，资源需求持续增加，资源供需矛盾和环境压力将越来越大。物质自然资源主要有矿产资源、森林资源、土地资源、水力资源等。电煤资源短缺及电煤价格的上涨严重影响着电力生产和供应。我国是世界上水能资源最丰富的国家之一，技术可开发装机容量为 3.78 亿千瓦，年发电量可达 1.92 万亿 kW·h，但目前的开发程度很低。到 2000 年底，水电装机在总装机中所占的比例为 24%，而在 20 世纪 60 年代曾达到 30%，从 20 世纪 80 年代开始，水电装机比重逐步下降。根据我国"十五"计划和 2015 年远景规划，到 2010 年，我国水电装机将达到 1.25 亿千瓦，占电力总装机容量的在 28%，到 2015 年，水电装机达到 1.5 亿千瓦，占电力总装机的比重仍维持在 28%。届时，水能资源开发程度将达到 40%，我国将成为名副其实的世界水电大国。

（4）科学技术环境。科技环境不仅直接影响企业内部的生产和经营，而且影响着企业营销管理手段的效率。新技术引起企业市场营销策略的变化。科学技术的迅速发展，对于电力企业而言，加大了电网的覆盖面及电能的传输距离，提高了电能的稳定性。如中性点接地方式是跟随电力系统的发展而变化的。早在电力事业发展初期，由于当时的系统容量比较小，电网的规模也不大，当时系统的安全问题主要受输电线路绝缘电压的影响较大，人们认为单相接地发生后，电压升高是威胁系统安全的主要问题，于是电力电网普遍采用中性点直接接地方式运行。随着电力系统的不断扩大，单相接地故障造成线路频繁跳闸，供电可靠性难以保障，于是中性点接地方式由中性点直接接地方式改为中性点不接地方式，使得单相接地故障不会造成经常停电。当电力传输容量不断扩大、传输距离不断延长以及电压等级不断升高后，系统对地电容电流较大，在故障点形成的电弧不能够自行熄灭，很容易使事故扩大，形成相间短路造成事故，严重降低了系统运行的可靠性，需要采用新的接地方式解决问题。如可采用自动调谐补偿装置限制 10kV 电网弧光接地过电压和铁磁谐振过电压，并有效地进行小电流接地选线的问题。电力营销管理手段方面的客户关系管理系统的开发和推广，大大提高了营销效率。

（5）政治与法律环境。政治与法律是影响企业营销重要的宏观环境因素。政治环境指企业市场营销活动的外部政治形势和状况以及国家方针政策的变化对市场营销活动带来的或可能带来的影响，包括政治局势和方针政策。政治局势是指企业营销所处的国家或地区的政治稳定状况。方针政策是指，各个国家在不同时期，根据不同需要颁布的一些经济发展的方针政策。这些方针政策不仅要影响本国企业的营销活动，而且还要影响外国企业在本国市场的营销活动。例如，我国在产业政策方面制定的《关于当前产业政策要点的决定》，明确提出了当前生产领域、基本建设领域、技术改造领域、对外贸易领域的各主要产业的发展序列。还有能源政策、物价政策、财政政策、金融与货币政策等，都给企业研究经济环境、调整自身的营销目标和产品结构提供了依据。

企业的法律环境是指与企业相关的社会法制系统及其运行状态，主要包括国家法律规范、国家司法与执法机关以及企业的法律意识。分析国家法律规范主要分析与企业密切相关的法律规范，与电力行业密切相关的法律法规体系，一般在行业规范方面有《电力法》、《电力供应与使用条例》、《电网调度管理条例》、《电力设施保护条例》及由电监会颁发的电力行业自律性法规。从各种媒体披露的情况来看，由全国人大常委会 1996 年颁布的《电力法》

目前已经不太适应中国电力体制改革的需要，对其进行根本修订是迟早的事情，特别是供电区域的划分，随着电力体制改革"四分开"的深入推进，很可能被打破，因为售电侧引入竞争可能是电力体制改革的终极目标。在企业运作方面《公司法》和《合同法》可以说是所有公司制企业的游戏规则。在企业员工权益保障方面《劳动法》和《工会法》有明确的规定。国家司法机关与执法机关是指国家设立的法律监督、法律审判和法律执行机关。而与企业密切相关的主要有工商行政管理机关、税务机关、物价机关、质量监督机关、审计机关，但也不能忽视公检法机关。电力作为国民经济的基础产业，一直是执法机关经常检查的最主要的热点之一，而被检查的大多是财务和电价制度的执行状况，因此，电力企业制定财务战略是十分迫切和必要的。法律意识是企业对法律制度的认识及评价。企业的法律意识，最终都会表现为一定性质的法律行为，并造成一定行为后果，从而构成企业的法律环境。供电企业遭遇的民事诉讼主要有两类：一是农村触电伤亡案件。作为与用电客户直接交往和联系的供电企业，常常不得不面临各类官司的纠缠。在所有农电伤亡案件中，应当由供电企业直接负责的因为人为责任造成的农电伤害几乎不存在，而绝大多数是因为农村用电客户私拉乱接、挂钩用电甚至偷窃电造成的农村触电伤亡。但法院在农电伤亡案件的判决中，更多的是从社会稳定的角度考虑的，并且把供电企业作为一个行政管理部门来对待，把行政管理不作为或作为不力当成由供电部门承担农电伤亡民事赔偿的理由。因此，至少是基层供电企业的法律环境并不太好。二是因供电部门停电，用电客户起诉的案件。这又分为两类，第一类是因为用电客户未按时交纳电费，供电企业按照《电力供应使用条例》的规定实施停电，用户不服向法院起诉。第二类是因为用电客户违章用电或存在严重用电安全隐患，供电企业强行停止供电，用户不服向法院起诉。照理说此类案件供电企业稳操胜券。实则不然，因为法院在判案时，把它作为普通民事案件来对待，于是适用的法律往往是《民法通则》而非电力行业法律法规。近几年来，我国在发展社会主义市场经济的同时，也加强了市场法制方面的建设，陆续制定、颁布了一系列有关重要法律法规，如《公司法》、《广告法》、《商标法》、《经济合同法》、《反不正当竞争法》、《消费者权益保护法》、《产品质量法》、《外商投资企业法》等，这对规范企业的营销活动起到了重要作用。

（6）社会与文化环境。社会文化因素是指在一种社会形态下已经形成的信息、价值、观念、宗教信仰、道德规范、审美观念以及世代相传的风俗习惯等被社会所公认的各种行为规范。企业的市场营销人员应分析、研究和了解社会文化环境，以针对不同的文化环境制定不同的营销策略。

1）教育状况。教育是按照一定目的要求，对受教育者施以影响的一种有计划的活动，是传授生产经验和生活经验的必要手段，反映并影响着一定的社会生产力、生产关系和经济状况，是影响企业市场营销的重要因素。在企业选择目标市场的时候，处于不同教育水平的地区，对商品的需求不同。市场营销人员的教育水平直接影响着营销的效果。

2）宗教信仰。纵观历史上各民族的消费习惯的产生和发展，可以发现宗教是影响人们消费行为的重要因素之一。某些国家和地区的宗教组织在教徒购买决策中也有重大影响。

3）价值观念。价值观念就是人们对社会生活中各种事物的态度和看法，不同的文化背景下，人们的价值观念相差很大，消费者对商品的需求和购买行为深受价值观念的影响。对于不同的价值观念，企业的市场营销人员就应该采取不同的策略。

此外，消费习俗和亚文化群等都属于社会文化的范畴。因此，企业市场营销人员在进行环境分析时，要充分认识社会文化因素，从而满足顾客需求。

三、市场营销调研的步骤

（1）准备阶段。营销调研的准备阶段的主要任务就是界定研究主题、选择研究目标、形成研究假设并确定需要获得的信息。

（2）设计阶段。设计是指导调研工作顺利执行的详细蓝图，主要内容包括确定资料的来源和收集方法、设计收集资料的工具、决定样本计划以及调研经费预算和时间进度安排等。

（3）执行阶段。在研究设计完成之后，执行阶段就是把调研计划付诸实施，这是调研工作的一个非常重要的阶段。此阶段主要包括实地调查（即收集资料），然后对资料进行处理、分析和解释，最后提交调研报告。

四、市场营销调研的方法

调查方法一般分为三类，即访问法、观察法和实验法。

（1）访问法。访问法是营销调研中使用最普遍的一种调查方法。它把研究人员事先拟定的调查项目或问题以某种方式向被调查者提出，要求给予答复，由此获取被调查者或消费者的动机、意向和态度等方面的信息。按照调查人员与被调查者接触方式的不同，访问法又分为个人访谈、电话访问和邮寄访问。

（2）观察法。观察法是由调查员直接或通过仪器在现场观察调查对象的行为动态并加以记录而获取信息的一种方法。观察法分人工观察和非人工观察，在市场调研中用途很广。比如研究人员可以通过观察消费者的行为来测定品牌偏好和促销的效果。随着现代科学技术的发展，人们设计了一些专门的仪器来观察消费者的行为。观察法可以观察到消费者的真实行为特征。

（3）实验法。实验法是指在控制的条件下对所研究的现象的一个或多个因素进行操纵，以测定这些因素之间的关系，它是因果关系调研中经常使用的一种行之有效的方法，实验法实验周期较长，研究费用昂贵。

第三节　电力市场细分与目标市场

一、电力市场细分

市场细分是指根据消费者需求的差异性，把一个整体市场化分为若干个细分市场的过程，并在此基础上选定企业的特定服务对象，即目标市场。

1. 消费者市场细分依据

为了把握用户需求的差异性企业一般是组合运用有关变量来细分市场。细分消费者市场的变量主要有四类，即地理变量、人口变量、心理变量和行为变量。

（1）按地理变量细分市场。按照消费者所处的地理位置、自然环境来细分市场，比如，根据国家、地区、城市规模、气候、人口密度和地形地貌等方面的差异将整体市场分为不同的小市场。地理变量之所以作为市场细分的依据，是因为处在不同地理环境下的消费者对于同一类产品往往有不同的需求与偏好，他们对企业采取的营销策略与措施会有不同的反应。比如，电力市场可分为城市电力市场和农村电力市场。

（2）按人口变量细分市场。按人口统计变量，如年龄、性别、家庭规模、家庭生命周期、收入、职业、教育程度、宗教、种族和国籍等为基础细分市场。消费者需求、偏好与人口统计变量有着很密切的关系。比如，只有收入水平高的消费者才可能经常用电磁炉做饭，家中才可能拥有更多的电器。

（3）按心理变量细分市场。根据购买者所处的社会阶层、生活方式和个性特点等心理因素细分市场就叫心理细分。社会阶层是指在某一社会中具有相对同质性和持久性的群体。处于同一阶层的成员具有类似的价值观、兴趣爱好和行为方式，不同阶层的成员则在上述方面存在较大的差异。生活方式是指一个人怎样生活。个性是指一个人比较稳定的心理倾向与心理特征，它会导致一个人对其所处环境做出相对一致和持续不断的反应。

（4）按行为变量细分市场。按行为变量细分市场主要包括，购买者是首次购买还是重复购买，购买者是大量使用者、中度使用者或轻度使用者等。

2. 生产者市场细分的依据

（1）用户规模。企业根据用户规模大小来细分市场，并根据用户或客户的规模不同，采用不同的营销组合策略。按装机容量或用电量细分。目前对于装机容量不同的用户执行不同的电价，就是市场细分的具体操作。客户用电量的差异意味着对供电企业利润贡献的差异。近年来，南方电网公司系统逐步建立起县级供电企业十大用户走访制度，就是对不同用电量的生产型用户，供电企业实施不同水平关系营销的具体体现。再比如，对于大客户，宜于直接联系，直接供应，在价格和信用等方面给予更多优惠；而对众多的小客户，则宜于使产品进入商业渠道，由批发商或零售商去组织供应。如发电企业的大客户直供。如葛洲坝电厂通过用电系统，铺设 4km 左右的 35kV 电缆线路，为凯普松电子供电，并且还同多家企业签订了供电协议。

（2）产品的最终用途。产品的最终用途不同也是工业者市场细分标准之一。按电能的用途，可以分为工业用电、农业用电、生活用电等；又可分为生活型用电和生产型用电。生活型用户数量多而单位用电量少，生产型用户数量较少而单位用电量大。生产用电又可进一步基于耗能程度细分，根据耗能情况将生产型用户所属的各种行业分为高耗能行业、一般耗能行业和低耗能行业，是具有实际意义和可操作性的行业细分方式。如生产电解铜、电解铝、钢铁、铝型材、水泥等产品的行业就是高耗能行业；生产服装、食品等产品的行业就是一般耗能行业。这种细分方法有利于供电企业分析判断不同行业的用户对电价的敏感程度。企业应根据用户要求，将要求大体相同的用户集合成群，并据此设计出不同的营销策略组合。

（3）工业者购买状况。根据工业者购买方式来细分市场。工业者购买的主要方式如前所述包括直接重购、修整重购及新任务购买。

（4）电能质量要求。根据对电能质量要求的不同，可以将生产型用户分为一般要求用户和高要求用户。高要求用户指对供电可靠性、电压合格率和周波合格率等电能质量有要求的用户。根据用户的电能质量要求细分市场，有利于供电企业识别和满足用户的差异性需求。目前供电企业仅仅对双回路供电的用户进行管理，深度不够。在国家电价调整政策中，提出高可靠性用户差异性电价，随着差异性电价的出台，供电企业必然要加强对高电能质量要求用户的营销工作。

（5）按电压等级细分。对生产型用户按电压等级细分可以产生高电压用户和低电压用户。根据南方电网公司 2004 年 10 月的统计，10kV 及以上高电压用户占用户总数的 4%，而其用电量却占到用电总量的 66%。对于供电企业来说，高电压用户供电成本低于低电压用户，但对销售的贡献远远超过低电压用户，因此企业要重视对高电压用户的营销工作。

（6）按信用度细分。信用度划分单独形成一套完整的理论。用电客户信用度划分可根据交纳电费情况、行业风险情况等。用电客户信用度划分要同时兼顾供电企业利益和社会公平性，要经得起社会的评议，纳入社会诚信体系建设的一部分。供电企业要加强对劣质客户的监控，并采取有效的措施最大限度地降低劣质客户给供电企业可能带来的损失。

上述一系列的标准组成市场细分的标准体系。

3. 市场细分的原则

有效的市场细分应遵循以下基本原则。

（1）可衡量性。可衡量性指细分的市场是可以识别和衡量的，即细分出来的市场不仅范围明确，而且对其容量大小也能大致做出判断。

（2）可进入性。可进入性指细分出来的市场应是企业营销活动能够抵达的，即是企业通过努力能够使产品进入并对顾客施加影响的市场。

（3）可盈利性。可盈利性指细分出来的市场最终企业应能从中盈利，如果成本耗费大，获利小，就不值得去细分。

二、三种目标市场策略

三种目标市场策略有无差异目标市场策略、差异性目标市场策略和集中性目标市场策略。

1. 无差异目标市场策略

无差异目标市场策略是指企业将产品的整个市场视为一个目标市场，用单一的营销策略开拓市场，即用一种产品和一套营销方案吸引尽可能多的购买者。这种策略对于需求广泛、市场同质性高且能大量生产、大量销售的产品比较合适。

2. 差异性目标市场策略

差异性目标市场策略是将整体市场划分为若干细分市场，针对每一细分市场制定一套独立的营销方案。差异性营销策略的优点是：多品种、针对性强，使消费者需求更好地得到满足。由于企业是在多个细分市场上经营，一定程度上可以减少经营风险。

3. 集中性目标市场策略

集中性营销策略则是集中力量进入一个或少数几个细分市场，实行专业化生产和销售。实行这一策略，企业不是追求在一个大市场角逐，而是力求在一个或几个子市场占有较大份额。

电力企业的行业背景是基础产业和公用事业，具有普遍服务的公益性，不能选择一部分顾客而放弃另一部分顾客，不能认为某部分顾客对企业的利润贡献小就不提供产品和服务。因此，供电企业必须采用全面覆盖的市场策略。而顾客需求的差异是客观存在的，如普通消费者要求保证电力供应、电压稳定、交费便捷和服务态度好，就会比较满意了。有的产业用户对电压、周波的稳定性要求很高，否则会影响到产品质量。还有一些产业用户在发展过程中需要增加电力供应，尽快办理报装、扩容服务和完成供电工程等。因此，以用户对电力产品的需求内容和需求形态来细分，企业可以针对不同需求层次的用户提供贴身到位的服务，从而真正将服务做到实处。根据顾客需求的差异，基层供电企业必须在保证电力供应的前提下实行差异化营销。根据产品特点和行业特点，电力企业应当采用差异性目标市场策略。

三、市场定位策略

市场定位是指树立企业及产品在用户心目中的形象。企业在市场中的形象或定位是用户说了算而不是企业说了算，但是需要企业积极与用户沟通传递信息，从而在用户心目中树立个性鲜明的形象，这是和竞争对手比较而言的。比如一说到电，就能让用户马上想到清洁、方便等。

第四节 电 力 营 销 策 略

一、电力服务策略

1. 服务的概念和特点

菲律普·科特勒（Philip Ketlor）给服务下的定义是：一项服务是一方能够向另一方提供的任何一项活动或利益，它本质上是无形的，并且不产生对任何东西的所有权问题，它的生产可能与实际产品有关也可能无关。

服务具有以下特点。

（1）无形性：服务是无形的，它看不见、摸不着。一般说来，客户只有充分信任服务的提供者，才会购买其服务。首先，可以让客户了解服务带来的效果。其次，可以为服务制定品牌名称，以增加客户的信任度。此外，还可以展开一些活动，如加强宣传，树立良好的形象。

（2）差异性：服务的差异性是指服务因其对象不同，其构成成分经常变化。因主体不同，其服务水平也经常变化。即使同一人提供服务，在不同时间、不同地点，也会有不同的水平。同样的服务，不同人的感觉可有大不一样。正如著名学者福克斯所说："消费者的知识、经验、诚实和动机，影响着服务业的生产力。"

（3）不可分离性：即服务的生产与消费是同时进行的。例如，用电客户打电话到电力客户服务中心咨询用电业务，服务人员在回答客户问题的时候，也正是客户接受服务的时候。服务的过程也就是消费的过程。

（4）不可贮存性：服务是一种在特定时间内的需要，不可能贮存起来等待消费。因为服务的生产与消费同时进行，当没有客户时服务的提供者只有等待客户。服务的贮存成本是指当没有客户时，在服务人员、设备方面依然需要花费的代价，即闲置生产力成本。

2. 服务质量

服务质量分为技术质量和功能质量。前者是指提供给顾客什么；后者是指如何提供。服务质量包括过程质量和产出质量。服务质量要素主要有：①可靠性，包括绩效与可信性的一致；②响应，雇员乐意或随时提供服务；③能力，掌握所需技能和知识的努力；④接近顾客，包括易于接受和方便地联系。

3. 提高电力服务质量的方法

（1）提高用电服务人员的素质：培训营销服务知识；加强用电营销人员的管理，包括监督、激励和考核等。

（2）改善用电服务的手段：如网上互动等。

（3）加强与用户的沟通：如举办大用户联谊活动等。

（4）建立健全用电服务组织：如现各供电公司都有用电服务部门。

二、电价策略

1. 影响电价的因素

（1）电能生产成本。电能的生产包括发、供电设备的投资、运行、维护和发供电的服务费等。电价应能回收发供电成本。如为解决 2004 年 6 月以来煤价上涨对电价产生的影响，国家发改委发出《关于华北电网实施煤电价格联动有关问题的通知》，自 5 月 1 日起，除居民生活、农业和中小化肥生产用电外，全国销售电价水平平均每千瓦时提高 0.0252 元。北京上调标准为每千瓦时 0.0395 元。

（2）能源供求状况。当能源充足时，鼓励用户用电；反之，加强用电管理。如为应对夏季用电高峰的到来，国家发展和改革委员会提出，加强电力需求侧管理，以从根本上提高用电效率、缓解我国能源瓶颈制约问题。加强电力需求侧管理的具体措施有四项：①按照有保有限的原则，对符合国家产业政策的连续性生产作业和中断供电可能造成安全事故的企业用电要优先保证；对高耗能、低产出的企业用电要严格实行错峰、避峰、限电；对不符合产业政策和规划布局、高污染的企业要限制或停止供电；对不适宜高温条件下作业的企业，应在夏季用电高峰期间安排停工休假和设备检修。②实施促进节约用电的经济政策。积极研究筹措资金，鼓励节电调荷技术的研发和推广。充分发挥价格杠杆促进节约用电的作用，适当提高电价水平，继续调整、完善售电侧峰谷电价，扩大丰枯电价、季节电价的实施范围，研究制定可中断电价、高可靠性电价等新的电价形式，坚持对高耗能行业的差别电价政策不动摇，加快发电侧峰谷电价实施进程。③加快建立强化需求侧管理的长效机制。加快实现电力需求侧管理从以行政手段为主向以经济技术手段为主转变，从以移峰填谷为主向提高能效为主转变，逐步建立起法律法规健全、政策配套、组织有力、机制灵活和重在实效的长效机制。④动员全社会节约用电。

（3）企业定价目标。企业的定价目标主要有利润目标、市场占有率目标和稳定形象目标。企业在定价时应合理确定收益，依法计入税金，充分考虑定价目标。

（4）竞争者。电力企业竞争者包括行业内竞争者和替代能源竞争者。在制定企业电价时应充分考虑竞争者的价格水平，以提高企业的价格竞争能力。

（5）用户满意。在制定电价时应充分考虑各类用户的不同需求及其承受能力。

总之，制定电价，应当合理补偿成本，合理确定收益，依法计入税金，坚持公平负担，促进电力建设。确定客户电价的依据是用户的用电性质、供电电压等级和受电设备容量等基本情况来确定，同时考虑其他影响因素。

2. 制定价格的一般方法

企业的产品价格高低受市场需求、成本费用和竞争情况三个方面因素的影响和制约。下面介绍几种主要的定价方法。

（1）成本加成定价法：即按照单位成本加上一定百分比的加成来制定价格。例如：某皮鞋公司的单位成本为 15 元，加成 20%，则皮鞋的销售价格为 18 元。

（2）目标利润定价法：即根据估计的总销售收入（销售额）和估计的产量（销售量）来制定价格。假设企业的生产能力为 100 万个产品，估计未来时期 80% 的生产能力能开工生产，则可生产、出售 80 万个产品；生产 80 万个产品的总成本估计为 1000 万元；若公司想得到 20% 的成本利润率，则目标利润为 200 万元；总收入为 1200 万元，目标价格为 15 元。目标利润定价法和成本加成定价法都是成本导向的定价方法。

（3）认知价值定价法：又称为理解价值定价法，企业按照消费者在主观上对该产品所理解的价值，而不是产品的成本费用水平来定价。企业利用市场营销组合中的非价格变量来影响购买者，在他们的头脑中形成认知价值，然后据此来定价，企业在运用此法时，需要正确估计购买者所承认的价值。这是一种顾客导向的定价方法。

（4）随行就市定价法：企业按照行业的平均现行价格水平来定价。此法常用于下列情形：难以估算成本；企业打算与同行和平共处；如果另行定价，难以估计购买者和竞争者的反应。

（5）密封投标定价法：买方在报刊上登广告或发出函件，说明采购的商品的品种、数量、规格等要求，邀请卖方在规定的期限内投标。买方在规定的时间开标，选择报价最低、最有利的卖方成交，签订采购合同。密封投标定价法和随行就市定价法都是竞争导向的定价法。

3. 电价的种类和计算方法

电价是指电力生产企业的上网电价、电网间的互供电价、电网销售电价。电价实行统一政策，统一定价原则，分级管理。

（1）两部制电价。两部制电价由基本电价和电量电价两部分构成。

1）基本电价。基本电价又称容量电价。容量电价是指按客户用电容量计算的电费，适用于大工业用户。容量电价以区域电力市场或电力调度交易中心范围内参与竞争的各类发电机组平均投资成本为基础制定。计算公式为

$$容量电价＝容量电费/机组的实际可用容量$$

$$容量电费＝K\times（折旧＋财务费用）$$

式中　　K——根据各市场供求关系确定的比例系数；

折旧——按政府价格主管部门确定的计价折旧率核定；

财务费用——按平均投资成本 80％的贷款比例计算确定。

2）电量电价。电量电价根据变动成本和合理收益而定。

（2）单一制电价。单一制电价按长期边际成本法计算发电企业的社会平均电价，以此为基点，允许企业在一定的范围内浮动，即以纯电量作为计价标准。

（3）峰谷电价和丰枯电价。最终用户电价千差万别。电网通常对有调整用电负荷能力的用户采取高峰低谷电价和丰水的弃水期电价和枯水期电价。低谷期电价和弃水期电价一般比现行电价低 30％～50％。峰谷电价的实施是为了保持电价总水平基本稳定，引导用户调整用电负荷，合理使用电力资源，提高社会经济效益。如北京在峰谷分时电价时段方面，峰谷时段调整为：峰段 8h（10：00～15：00；18：00～21：00），平段 8h（7：00～10：00；15：00～18：00；21：00～23：00），谷段 8h（23：00～7：00），调整后的白天峰段时间比原来后延两小时。同时，将峰段、谷段电价价差由 2.9 倍拉大到 4 倍。其中，中小化肥、农业生产用电的峰段、谷段价差维持不变。从 2005 年开始实行尖峰电价。每年夏季 7 至 9 月每天用电高峰 11：00～13：00、20：00～21：00 三个小时实施尖峰电价，即在峰段电价基础上上浮 10％。

（4）上网电价。上网电价是指发电企业与购电方进行上网电能结算的价格。上网电价管理应有利于电力系统安全、稳定运行，有利于促进电力企业提高效率和优化电源结构，有利于向供需各方竞争形成电价的改革方向平稳过渡。独立发电企业的上网电价，由政府价格主管部门根据发电项目经济寿命周期，按照合理补偿成本、合理确定收益和依法计入税金的原则核定。其中，发电成本为社会平均成本；合理收益以资本金内部收益率为指标，按长期国债利率加一定百分点核定。通过政府招标确定上网电价的，按招标确定的电价执行。实行同

网同质同价。对同一电网内的同一电压等级、同一用电类别的用户，执行相同的电价标准。在保持电价总水平基本稳定的前提下，上网电价逐步实行峰谷分时、丰枯季节电价等制度。建立区域竞争性电力市场并实行竞价上网后，参与竞争的发电机组主要实行两部制上网电价。其中，容量电价由政府价格主管部门制定，电量电价由市场竞争形成。容量电价逐步过渡到由市场竞争确定。政府制定的容量电价水平，应反映电力成本和市场供需状况，有利于引导电源投资。

(5) 输配电价。输配电价是指电网经营企业提供接入系统、联网、电能输送和销售服务的价格总称。输配电价由政府制定，实行统一政策，分级管理。输配电价按"合理成本、合理盈利、依法计税、公平负担"的原则制定，有利于引导电网投资、完善电网结构，促进区域电力市场的建立和发展，满足国民经济和社会发展的需要。输配电价分为共用网络输配电服务价格、专项服务价格和辅助服务价格。共用网络输配电服务价格指电网经营企业为接入共用网络的电力用户提供输配电和销售服务的价格，简称共用网络输配电价。输配分开后，应单独制定输电价格和配电价格。专项服务价格是指电网经营企业利用专用设施为特定用户提供服务的价格，分为接入价、专用工程输电价和联网价三类。接入价指电网经营企业为发电厂提供接入系统服务的价格。专用工程输电价指电网经营企业利用专用工程提供电能输送服务的价格。联网价指电网经营企业利用专用联网工程为电网之间提供联网服务的价格。辅助服务价格是指电力企业提供有偿辅助服务的价格。

(6) 销售电价。销售电价是指电网经营企业对终端用户销售电能的价格。销售电价实行政府定价，统一政策，分级管理。制定销售电价的原则是坚持公平负担，有效调节电力需求，兼顾公共政策目标，并建立与上网电价联动的机制。销售电价由购电成本、输配电损耗、输配电价及政府性基金四部分构成。购电成本指电网企业从发电企业（含电网企业所属电厂）或其他电网购入电能所支付的费用及依法缴纳的税金，包括所支付的容量电费、电度电费。输配电损耗指电网企业从发电企业（含电网企业所属电厂）或其他电网购入电能后，在输配电过程中发生的正常损耗。输配电价指按照《输配电价管理暂行办法》制定的输配电价。政府性基金指按照国家有关法律、行政法规规定或经国务院以及国务院授权部门批准，随售电量征收的基金及附加。

销售电价分类改革的目标是将销售电价分为居民生活用电、农业生产用电、工商业及其他用电价格三类。销售电价分类根据用户承受能力逐步调整。先将非居民照明、非工业及普通工业、商业用电三大类合并为一类；合并后销售电价分为居民生活用电、大工业用电、农业生产用电、贫困县农业排灌用电、一般工商业及其他用电五大类，大工业用电分类中只保留中小化肥一个子类。

销售电价的计价方式中，居民生活、农业生产用电实行单一制电度电价。工商业及其他用户中受电变压器容量在100kV·A或用电设备装接容量100kW及以上的用户，实行两部制电价。受电变压器容量或用电设备装接容量小于100kV·A的实行单一电度电价，条件具备的也可实行两部制电价。电度电价是指按用户用电度数计算的电价；基本电价是指按用户用电容量计算的电价。基本电价按变压器容量或按最大需量计费，由用户选择，但在一年之内保持不变。基本电价按最大需量计费的用户应和电网企业签订合同，按合同确定值计收基本电费，如果用户实际最大需量超过核定值5%，超过5%部分的基本电费加一倍收取。用户可根据用电需求情况，提前半个月申请变更下一个月的合同最大需量，电网企业不得拒绝变更，但用户申请变更合同最大需量的时间间隔不得少于六个月。实行两部制电价的用户，按国家有关规定同时实行功率因数调整电费办法。销售电价实行峰谷、丰枯和季节电价，具体时段划分及差价依照所在电网的市场供需情况和负荷特性确定。

三、促销策略

1. 促销的含义及促销内容

促销（Promotion）是指企业通过人员推销或非人员推销的方式，向目标顾客传递商品或劳务的存在及其性能、特征等信息，帮助消费者认识商品或劳务所带给购买者的利益，从而引起消费者的兴趣，激发消费者的购买欲望及购买行为的活动。电力促销的目的是为了提高发电效率，提高设备利用率，从而降低每千瓦时电力的成本，让顾客满意。

2. 促销组合

促销组合是指各种促销策略的综合运用，包括广告促销、人员促销、销售促进及公共关系。促销组合的选择依产品类型而不同。消费品的促销组合次序为广告、销售促进、人员推销、公共关系；工业品的促销组合次序为人员推销、销售促进、广告、公共关系。从促销活动运作的方向来分，有推式策略和拉式策略两种。

（1）从上而下式策略（推式策略）。推式策略中以人员推销为主，辅之以中间商销售促进，兼顾消费者的销售促进。把商品推向市场的促销策略，其目的是说服中间商与消费者购买企业产品，并层层渗透，最后到达消费者手中。

（2）从下而上式策略（拉式策略）。拉式策略以广告促销为拳头产品，通过创意新、高投入、大规模的广告轰炸，直接诱发消费者的购买欲望，由消费者向零售商、零售商向批发商、批发商向制造商求购，由下至上、层层拉动购买。

四、电力销售渠道

电力销售渠道是指电力产品从发电环节进入消费领域过程中，由提供电力产品或服务的一系列相互联系的环节所组成的通道。包括发电公司、电网公司、供电公司和电力客户。在不同的电力市场模式下，电力销售渠道是不同的。

1. 垄断模式下的电力销售渠道

在垄断模式下，电力产品的供应全部由国家电力部垄断经营，所以电力经发电厂发出，经过输电网、配电网到达用户，从而形成了垄断模式下的销售渠道。

2. 发电竞争模式下的电力销售渠道

发电竞争模式是指发电侧引入了竞争，而在输配电环节仍处于垄断状态的一种电力市场模式。在这种模式下，若干发电公司形成了电力销售渠道的开端，电力经输电网和配电网到达用户。

3. 电力转运模式下的电力销售渠道

在这一模式下，发电、输电和配电相互分离，各独立发电公司竞价上网，同时，允许电力大用户直接从独立发电公司购买低价电力，通过统一电网或互联电网转运。所以形成了两个渠道，一是由若干发电公司，经电网公司、供电公司到达用户，另一条是从若干发电公司经电网公司到达大用户。

4. 配电网开放模式下的电力销售渠道

这一模式下，无论是大客户还是小客户都具有了选择权，电力销售渠道的始点是若干发电公司，经由电网公司和若干供电公司，到达客户，对于电力产品的大客户而言，他们还可以与发电公司直接签订购电合同，通过交纳过网费的办法利用输电、配电系统获得电能。

第五节　电力市场营销组织、计划与控制

一、电力市场营销计划

市场营销计划是企业指导、协调市场营销活动的主要依据，企业要为每一次的市场营销活动精心准备计划，并分析、预见实施中可能遇到的各种问题，思考防范措施。电力市场营销计划是电力企业对电力市场营销活动方案的描述，一般由八项内容组成。

1. 内容概要

内容概要是对市场营销计划中主要内容的一个简短的概述。它概括了整个市场营销计划的主要核心内容。

2. 背景或现状及其分析

这一部分提供与市场、产品、市场竞争、分销以及现实环境有关的背景资料，如电力市场的基本情况、电力产品情况、电力市场竞争形势、电力营销渠道情况、影响产品的市场营销宏观环境变化情况等。

3. 机会与威胁、优势与劣势分析

通过机会与威胁分析，阐述来自外部的能够左右企业未来的因素，以便考虑可以采取的行动。对所有机会和威胁，要有时间顺序，并分出轻重缓急，使更重要、更迫切的能够受到应有的关注。优势是企业用于开发机会、对付威胁所具备的内部因素，劣势是企业因素必须改进的某些内部条件。

4. 设定目标

在分析了机会后，就要确定营销目标。目标反映行动和努力最终要达到的地点。电力企业的营销目标包含了对各营销任务的完成要求，如在某个时间段内，企业期望增加多少利润，获得多少市场份额，使销售量完成多少等。

5. 制定电力市场营销策略

电力市场营销策略是电力企业为实现电力营销目标而采取的手段。它包括电力市场定位、电力市场营销组合的制定等。电力市场定位是通过对电力市场进行细分，确定目标市场，树立在目标市场中电力企业的特色和形象。电力市场营销组合包括了电力市场产品和服务策略、电价策略、电力市场分销策略和电力市场促销策略。

6. 具体策略

战略必须具体化，形成整套的具体行动。这些行动包括做什么、何时做、花多少成本以及谁负责做等内容，具体的营销策略可以通过列表的形式来描述，明确各工作内容、成本约束和责任人，使整个方案一目了然，便于执行和控制。

7. 预计损益

在确定了电力市场营销目标、战略和策略后，还应编制一份预计损益报告表，在收入方可以列入预计售电量、平均电价和售电收入等，在支出栏列出分成细目的生产成本、输送成本及各种营销费用等。收入与支出的差额，就是预计的盈利。

8. 控制

控制是对计划的执行过程、进度进行管理。常用的做法是把目标、预算按照月或季度分

开，便于上级主管及时了解各个阶段的销售情况，从而对计划执行进行管理，指出不足，确保电力市场营销计划的顺利完成。

二、电力市场营销组织

1. 电力市场营销组织设置的原则

（1）协调性原则。在设置市场营销组织时，应考虑到电力企业与外部环境之间的协调、市场营销部门与电力企业内部机构之间的协调、市场营销部门内部各层次之间的协调。电力企业与外部环境的协调主要指与市场要协调，满足市场中客户的需求是企业基本的责任。而营销目标往往会涉及多个部门，如技术部门和财务部门，只有企业内部各机构之间协调，才能很好地实现营销目标。市场营销部门内部各层次之间的协调也是很重要的，如产品管理、广告和促销等在实施时应为了共同的目标。

（2）层次性原则。市场营销组织应有一个层次，但要注意防止机构臃肿，做到精简和层次的有机结合。

（3）有效性原则。效率是指一个组织在一定时间内可以完成的工作量。效率是衡量一个组织的水平的重要标准。为了使电力企业市场营销组织提高效率，应使其具备一定的条件，如市场营销部门的相关权力，市场营销组织的信息渠道等。

2. 电力市场营销组织的发展

（1）传统的用电管理组织。在计划经济体制下，营销观念是缺乏的，由于当时电力严重供不应求，电力企业有一种典型的生产观念"重生产，轻经营"，此时的电力市场营销组织是用电管理部门。用电管理部门的主要任务是计划用电、节约用电和安全用电。在这种体制下，经常出现"拉闸限电"的情况。

（2）电力市场体制下的电力市场营销组织。随着我国电力体制改革的深入，电力企业开始考虑和逐渐面对竞争问题，电力企业的营销观念也有了很大转变，市场营销观念、社会市场营销观念在电力市场中都有所体现。而电力市场营销组织也与传统的用电管理组织有了本质的不同，就名称而言，许多企业都成立了市场营销部，将"用电管理"变成了"客户服务"，将"用户"改成了"客户"，将"管理用电"改成了"推广用电"。

三、电力市场营销控制

1. 年度计划控制

年度计划控制主要检查市场营销活动的结果是否达到了年度计划的要求，并在必要时采取调整和纠正措施；盈利控制是为了确认在各产品、地区、最终顾客群和分销渠道等方面的实际获利能力。年度计划控制的内容主要是对销售额、市场占有率、费用率等进行控制。年度计划控制的目的是确保年度计划规定的目标实现。通过确定年度计划中的月份目标或季度目标，监督市场营销计划的实施情况，调整计划实施中出现的偏差，来缩小计划与实际之间的差距，实现计划规定的目标。电力营销中常用的年度计划控制方法如下。

（1）电力销售分析。电力销售分析主要用于衡量并评估实际售电量与计划售电量之间的差距，主要分析两个方面，一是销售差异分析，这种方法主要用来衡量不同因素对产生售电量差距的影响程度。二是地区销售量分析，这种方法用来衡量导致售电量差距的具体地区。

（2）电力市场占有率分析。电力市场占有率分析可以反映出电力企业同竞争者之间的相对关系，在正常情况下，市场占有率上移表示市场营销绩效提高，在竞争中处于优势，如果市场占有率降低，说明在市场竞争中处于劣势或说明市场中有新的竞争者加入。

（3）电力市场营销费用分析。年度计划控制不但要保证售电量达到计划指标，而且还要确保营销费用不超支。因此需要对各项费用率进行分析，将费用率控制在一定的限度内。

2. 盈利控制

电力企业应该从市场所处的地区、客户的特点等方面衡量其盈利能力，盈利能力的大小与营销组合决策有直接关系。

（1）盈利能力分析。通过对财务报表和数据的一系列处理，把所获利润分摊到诸如电力开发项目、地区用户等方面，从而衡量出每一因素对于企业最终获利贡献的大小、获利能力如何。

（2）最佳调整措施选择。盈利能力分析的目的在于找出妨碍获利的因素，以便采取相应措施排除或削弱这些不利因素的影响。可以用的调整措施可能会有很多，因此企业必须在全面、认真分析和考虑之后才能做出最佳选择。

3. 电力营销效率控制

电力营销效率控制的主要任务是提高诸如人员推销、广告、促销、分销等工作的效率；通过记录推销人员的实际工作状况、电力广告的目标和效果、电力促销的结果等内容来提高电力营销效率。

4. 电力营销战略控制

电力营销战略控制是指采用一系列行动，来审计电力企业的战略和计划是否有效地抓住市场机会，是否同市场营销环境相适应。

思 考 题

1. 什么是电力市场营销，电力市场营销的特点是什么？
2. 试述电力市场细分的依据有哪些。
3. 目标电力市场确定的步骤是什么？
4. 制定电价时应考虑哪些因素？
5. 试述电力市场营销策略的内容。
6. 电力市场营销控制的内容是什么？

第十二章　电力企业财务管理

　　电力企业现代企业制度的建立和实践的迅猛发展，一方面极大地丰富了财务管理的理论与方法，另一方面也对我们曾经在财务管理领域中所认同的某些理论、方法和模式提出了挑战。本章从电力企业的财务管理概念、特点和任务入手，针对电力企业成本控制、成本分析及利润分析等情况进行介绍。

第一节　财务管理概述

一、财务管理的基本概念

1. 财务管理概念

　　财务管理是企业经济管理的一项重要内容。随着生产的社会化程度和企业管理的现代化程度的提高，财务管理显得越来越重要。实践证明，企业重视财务管理，其经济效益就好；忽视财务管理，其经济效益就受影响。企业财务是企业生产经营过程中的资金运动，这种运动贯穿于企业生产经营过程中的各个环节和各个方面，从而形成并表现为各种财务活动，体现方方面面的经济利益关系，这是市场经济下客观存在的经济现象。从本质上讲，企业财务活动离不开相互的经济利益关系。企业的财务关系是指企业在组织财务活动过程中与有关各方所发生的经济利益关系，包括企业与政府、企业与投资者、企业与受资者、企业与债权人、企业与债务人之间的财务关系。企业财务管理就是对企业资金及其运动过程的管理，它与会计的差别在于会计是对公司已经发生的资金运动进行记录、监督、控制与管理；而企业财务管理则是对企业当前与未来的经营活动所需资金的筹集、运用和管理。特别是在当前，电力企业面临着新一轮的改革浪潮。"厂网分开"使发电厂、供电企业作为独立核算的实体登上了市场经济的舞台。经营自主权的出现，资本市场的启动都使电力企业的财务管理活动越来越频繁、越来越重要、越来越受到重视。

2. 财务管理的特点

　　（1）财务管理是一种价值形式管理活动。企业生产经营活动中发生的种种业务活动，通过货币计量、记录、计算形成完整的、系统的会计信息。财务管理就是利用会计信息对生产经营活动中的资金及其运动加以管理。可见，财务管理是一种价值管理活动。

　　（2）财务管理是综合性管理活动。综合性是相对于专业性而言的。企业管理中，物资管理、设备管理、生产管理、销售管理、劳动人事管理只对某一个特定的对象和内容进行管理。财务管理则不然，主要对生产经营活动的全过程进行管理。因此，财务管理具有综合性。

　　（3）财务管理是一种法制管理。企业进行财务管理要依据国家的经济法规、财经政策，尤其要遵循《会计法》、《企业财务通则》及部门财务管理法规的规定。只有这样，才能保证企业生产经营活动有秩序地进行。

二、财务管理的任务

企业的性质和财务管理的内容决定着财务管理的任务。电力企业财务管理的基本任务是坚持按客观经济规律办事，遵循党和国家的方针、政策及法规，科学地组织各项财务活动，正确地处理各种财务关系，促进电力工业生产发展，不断地提高电力企业的经济效益。其具体任务如下。

1. 筹集足够的资金，保证生产经营的需要

资金是企业生产经营的首要条件。有了足够的资金，企业才能购买所需的原料、燃料、设备及支付职工工资，生产经营活动才能顺利进行。因此，以最低的代价，筹集到足够的资金，以保证生产经营的需要是企业财务管理的首要任务。

2. 加强资产存量管理，提高各项资产的利用效率

资产可以给企业带来收益。但是资产存量不足，就不能使企业取得最大的收益；资产存量过多，又存在浪费，也会给企业造成不必要的损失。加强资产存量管理，使各项资产存量保持合理的数额，并保持一定的比例，就能提高资产的利用率，从而有利于经济效益的提高。

3. 做好负债和所有者权益的管理，保障债权人和投资者的合法权益

负债和所有者权益是企业资产取得的两个基本来源。只有充分保障债权人和投资者的合法权益，才能保证企业生产经营所需的各项经济资源及时获得。

4. 做好费用和成本管理，节约一切不必要的开支

成本费用是企业生产经营中的资金耗费，在其未得到补偿之前可视同为资产。如果营业收入一定，成本和费用的节约可以增加企业的盈利。努力做好成本和费用的控制和管理，降低成本，从而增加企业利润，才能最终保证投资者的权益。

5. 及时回收资金，补偿生产耗费

企业要自主经营、自负盈亏，就要以收抵支，及时取得各种销售收入，把各种货币收入收回来，才能保证企业生产中的各种耗费及时地得到补偿，企业的再生产才能顺利进行。

6. 努力增加利润，保证企业不断扩大积累

企业要在市场竞争中立于不败之地，就必须扩大生产经营，这需要有大量的资金积累。企业资金积累主要依靠产品销售利润。因此，只有扩大产品销售，努力降低产品成本，加速资金周转，企业的利润水平才能提高。只有利润水平提高了，企业扩大积累才有了基本保证。

除了完成上述任务之外，企业还要加强对长期投资的管理。只有这样，才能实现企业财务管理的目的，提高经济效益。

三、财务管理的主要内容

企业财务管理的内容主要包括资金管理、成本管理、销售收入和利润管理。

1. 企业的资金管理主要是对资金的筹集和使用的管理

筹集资金是资金运转的起点，也是再生产活动的前提。如何在一定的时间内以最低的成本、最小的风险获得所需的资金，是财务管理最基本的职能。随着金融市场的日趋成熟，企业筹资方式越来越多，筹集资金的管理也就越来越重要。根据财务通则的规定，资金的筹集主要包括资本金和负债两项内容。其中，资本金是国家、其他单位及个人以实物、资金、无形资产投资或发行股票等方式投入企业的；负债是企业借入的资金。资金从使用上划分为固

定资产、流动资产、无形资产和其他资产，对资金使用的管理也就是对这些资产的管理。

2. 企业成本管理是对资金消耗的管理

加强成本管理，努力降低产品成本，对提高企业的经济效益具有重要的意义。因此，电力企业管理人员应重视成本管理。

3. 销售收入和利润管理是对资金回收和资金分配的管理

企业在生产经营过程中会产生利润，这些利润必须按法定的程序进行分配。首先要缴纳国家税赋；其次是偿还各种到期债务；再次要提取公积金和公益金；最后才是向投资者分配红利。对于企业来说，合适的利润分配政策对企业的发展有着重要作用。因此，利润及其分配管理也是企业财务管理的重要内容。

企业首先必须筹集资金才能组织资金的使用，在资金使用的过程中发生资金消耗和资金回收，在回收的基础上进行资金的分配。由此可见，它们使企业财务活动形成一个有机整体。企业在对财务活动的各个环节实行分别管理的同时，还必须对财务收支进行综合平衡，以保证财务活动的正常进行。

四、财务管理方法

财务管理的方法是指为完成财务管理目标，实现财务管理的职能，完成财务管理任务的一整套方法体系。这套体系中既有定性方法，又有定量方法。定性方法指依靠个人经验、直观材料，运用逻辑思维来确定财务活动的性质，从中找出解决问题的具体措施，以保证财务活动顺利开展的方法。在我国长期以来，人们重视定性方法忽视定量方法，其原因是多方面的，主要有：计划体制下的财务理论偏重于解释国家的财务政策，强调定性分析，再加上财务管理水平低下，以及对定量分析有种种限制，很难进行定量分析。其实，这是不科学的。

定量方法指依据财务信息和其他有关经济信息，运用一定的数量方法或借助于数学模型进行分析计算，从而为解决财务管理的问题找出措施来。企业现代化程度的提高，现代化管理的方法技术也广泛地应用于企业管理过程中，一些财务理论工作者也把现代管理方法和技术用于财务管理；经过探索，总结经验，已初步形成了一套较完整的定量方法体系。主要方法有财务预测分析方法、财务决策方法、财务计划的方法、价值工程方法、量本利分析技术、系统工程方法等。总之，定性方法和定量方法是相互依赖的两个方面。

1. 财务定性分析法

定性方法是运用唯物辩证法和政治经济学理论，对发生的财务活动进行分析研究，确定财务活动的性质，决定财务管理的措施。西方财务管理中，偏重于定量分析，但也有定性分析，它们的理论基础是政治经济学、系统论、信息论和控制论。

2. 财务定量分析法

财务定量分析方法是为实现财务管理的目标服务的，也是为实现财务职能服务的。确定财务定量方法时，既要注意系统整体性，又要保证方法技术的科学性，还要考虑可操作性。财务定量方法包括定量预测方法、定量决策方法、定量计划方法、定量控制方法和定量分析方法。

（1）定量预测方法。定量预测就是依据财务会计信息及其他有关经济信息，运用一定的技术方法，预测未来的财务发展趋势，做出测算和估计，为财务决策提供可以选择的方案。

主要方法有趋势外推法和因果关系法。因果关系法包括线性回归方法、线性规划法、投入产出法、量本利分析法等。

（2）定量决策方法。根据预测的结果，通过分析论证，从众多备选方案中选出一个最优方案的方法。财务决策分析方法包括确定性决策方法、风险性决策方法和不确定性决策方法。定量决策方法大量应用风险性决策方法技术，在一定程度上能保证决策的科学性。

（3）定量计划方法：以决策的结果为依据，制定财务计划所采用的各种方法，主要包括弹性预算、滚动计划、目标规划法、平衡方法等。

（4）定量调控方法：以计划为标准，对财务活动进行协调、控制的方法，主要有前馈控制、反馈控制、计划控制、目标控制、定额控制、库存 ABC 控制、保本保利期控制法。

（5）定量分析方法：在一定的会计期间结束后进行的，对一定会计期间内财务系统运行情况全面地分析和研究，以总结经验，发现问题，找出规律的一系列有效方法。它包括对比法、因素分析法、动态分析、平衡分析、综合分析法等。

综上所述，财务定量分析方法系统是由财务预测、决策、计划、分析方法组成的一个有机整体。这些方法不是孤立的，而是可以结合运用的，随着财务管理的内容、职能及目标的变化而变动，并且越来越完善。

第二节　电力企业资金筹集和管理

一、电力企业筹资管理

自从改革开放以来，国家推行了多层次、多渠道集资办电的政策及企业转换经营机制的改革。这些措施对于新建电厂和电力设施、老企业的技术改造更新、电力企业的生产和建设、多种经营产业都带来了极强的推动力，也提出了开发资金、生产经营资金的筹措与管理的重要课题。

1. 筹资渠道和方式

电力企业的筹资管理，应按照电力发展规划和生产经营的需要，正确预测资金需要量，坚持合理运用筹资方式，讲求经济效益，熟悉并通晓国际、国家的方针政策和制度程序，严格执行各类合同条款。电力企业的筹资渠道有国家拨给、银行借入、企业内部形成、社会集资、利用外资等，还可采用企业债券、股票、商业信用等。

2. 金融市场

金融市场也是电力企业筹资管理的重要内容。由于电力行业的绝大部分都是国有企业，又同时具有资金密集性、设备性特点，在短期金融市场上必须加强票据的承兑、贴现、再贴现和银行同业拆借等业务的管理。

3. 筹资决策

筹资决策是筹资管理的核心内容，应注意方法和内容的配套。此外，还要考虑筹资结构的选择和还款方式的选择。不同的资金来源有不同的资金成本，筹资结构的最优组合才能使总资金成本率最低。对于不同的还款方式，会产生不同的利息支出，只要进行不同还款方式的测算，就能选择出最低利息支出的还款方式。

筹资决策的方法主要有比较筹资代价法和比较筹资机会法两种。

（1）比较筹资代价法：即通过各项筹资来源方案付出代价的横向比较而确定的方法。一般来说，要从各项资金来源的资金成本、各种投资人提出的筹资附加条件和各种资金来源所花费的筹资时间等三个方面进行横向比较，得出量化指标。

（2）比较筹资机会法：即通过比较筹资的实施机会和风险程度而提供筹资决策的建议。在比较筹资的实施机会上，一般要抓住比较具体筹资时间和比较定价时这两个要素，并注意和投资单位的配合。在比较其筹资的风险程度上，则要考虑企业自身风险和资金市场风险两个方面，并将不同的筹资方案进行综合风险的比较。

二、电力企业流动资金管理

1. 流动资金含义及构成

（1）企业的流动资金是流动资产的货币表现。流动资产是指可以在一年或超过一年的一个营业周期内变现或运用的资产。

（2）电力企业流动资产由现金、短期投资、应收账款、存货构成。

现金是可以立即用来购买物品，支付各项费用或用来偿还债务的交换媒介或支付手段，主要包括库存现金和银行活期存款和其他货币资金。短期投资指各种能够随时变现的有价证券以及不超过一年的其他投资，其中主要指有价证券投资。应收账款指企业在生产经营过程中形成的应收未收款项。存货是企业在生产经营过程中为耗用而存储的各种资产。

2. 流动资金的特点

（1）周转速度快。与固定资金相比，流动资金只经过一个生产经营周期就可以周转一次。

（2）变现能力强。各种形态的流动资金都可以在较短的时间内变现，是企业对外偿还债务的重要保证。

（3）形态多样化。流动资金占用形态具有变动性，在企业再生产过程中，流动资金随着供、产、销等经营活动的进行不断地由货币形态改变为原材料、半成品、产品等实物形态，直到产品售出后重新回到货币资金形态，如此循环往复。

（4）流动资金占用数量的波动性。在再生产过程中，随着供、产、销的不断变化及经营的季节性，流动资金占用数量时高时低，不断波动，因此既要保证有一部分稳定的长期资金来源，又要合理安排一些短期资金来源。

3. 流动资金的管理内容

（1）现金的管理。现金管理的目的是在保证企业生产经营所需现金的同时，节约使用资金，并利用闲置的现金获得最多的利息收入。企业的库存现金没有收益，银行存款的利息率也远远低于企业的资金利润率。现金结余过多，会降低公司的收益；但现金过少，又可能出现资金短缺，影响生产经营活动。因此现金管理应力求做到既满足企业生产经营所需资金，降低风险，又不使企业有过多的闲置货币资金。在现金日常管理中包括：①现金回收管理。为加速现金周转，提高现金使用率，企业应尽量加速账款的收回，采用电汇、银行业务集中法等多变结算集中轧抵等方法加快现金回收。②现金支出管理。其主要任务是尽可能延缓现金的支出时间，延期支付账款一般有推迟支付应付款、改进工资支付方式、采用汇票退款等方式。

（2）货币资金及有价证券的管理。货币资金的管理目标是提供能满足企业经营支出所需要的货币资金；尽量缩小企业闲置现金、银行存款的数额，加强货币资金的流量管理。有价证券的管理目标是认识货币市场证券的一般特征及主要种类；按企业流动资金管理模式原则确定具体有价证券的管理意向并组织实施。

（3）应收账款的管理。应收账款是企业扩大销售以增加效益的必要投资。对应收账款管理的实质是企业的信誉。对于企业客户，可采用定期和不定期审查账项和账龄分析法实行有效监控，形成债券的系统滚动。

（4）存货管理。存货是指企业在生产经营过程中为销售或耗用而储备的物资，主要包括材料、燃料、低值易耗品、在产品、半成品、产成品、备用品、商品等。它是流动资产中所占比例最大的项目。根据电力工业企业的生产管理特点——产供销一体，产品瞬时完成，生产经营的产品单一，不存在产成品和在产品、半成品，其存货较少，主要包括原材料（原料及主要材料、辅助材料、外购半成品、包装材料、燃料、维修用备用备件）、事故备品备件、低值易耗品等。

进行存货管理首先需要核定存货资金最低需要量。目前流动资金属于有偿占用，筹集渠道为银行借贷和企业自筹。在这种情况下，企业必须科学的确定企业流动资金需要量，以减少存货资金的占用，主要的核定方法有定额核定法和因素分析法。

存货管理的主要方法有 ABC 管理法和经济批量法。其目的是加速存货资金周转，减少存货资金占用。电力企业加速存货资金周转、减少存货资金占用的途径有：加速储备资金的周转；在生产阶段努力改善技术经济指标，降低燃料消耗和物资消耗，加强存货管理。

4. 流动资金管理的问题

（1）坏账准备金与坏账损失。为了应付坏账损失的发生，减少经营风险，企业可以逐期按期末应收账款的一定比例提取坏账准备金。它是专门用于补偿和抵消坏账损失的基金，而发生的坏账损失也不再直接冲减当期营业收入，而是从坏账准备金中扣除。

（2）存货清查及其结果处理。存货清查是指对储备资金、生产资金和成品资金进行账实、账账的核对，以查明企业存货的实有数，保证账实相符的一种财产清查。存货清查的方式分定期和不定期两种。一般年度终了前必须进行全面的盘点清查。

三、电力企业固定资产管理

电力企业固定资产由于种类繁多、规格不一、金额大、较为分散的特点，如果不加强管理，将对企业的生产经营产生重要影响。固定资产管理要体现责权利相结合的原则，实施归口管理与分配管理相结合的方式，做到谁使用、谁维护、谁保管。对设备管理要逐级落实到班组和个人，定期检查设备的技术性能和卡物相符情况。

1. 固定资产的含义及分类

固定资产是指使用期限超过一年，单位价值在规定标准以上，并且在使用过程中保持原有物质形态的资产，如房屋建筑物、机器设备、运输设备、工具器具等。它是固定资金的实物形态。

固定资产按经济用途可分为生产用固定资产和非生产用固定资产；按使用情况可分为使用中、未使用、不需用和封存固定资产；按产权关系可分为自有、投资共有和租入固定资产；按有关制度可分为生产用、非生产用、租出、未使用、不需用、封存固定资产和土地。不同的分类对固定资产的管理都有各自的作用，应区别对待和掌握。企业的固定资金则是固定资产的货币表现，是固定资产的价值形态。

2. 固定资产的基本特征

固定资产具有以下基本特征：

(1) 使用年限长。能在一年以上时期内发挥作用，其物质形态将长期保持着，直到报废为止。

(2) 单位价值大。某一项固定资产价值大，需要一次性投入较多的货币资金才能取得。而流动资产一般所需投入的资金则较少。

(3) 价值转移与实务更新是分离的。固定资产使用中，其价值是逐渐转移到产品成本中去的，并从实现的产品销售中逐渐得到补偿，而且是多次才能完成。其实物形态更新则是在固定资产报废后才能进行。

(4) 周转时间长。从投资到兴建，到回收这些投资，固定资产周转一次需要很长的时间，少则几年，多则几十年。其周转周期与企业的生产经营周期并不一致，而流动资产周转周期与生产经营周期是一致的。

3. 固定资产的计价

正确的对固定资产进行计价是固定资产管理的基本。常用的计价标准一般有以下几种。

(1) 原始价值：指在购置或建造该项固定资产时所支付的货币总额。按该法计价，可以反映固定资产的原始投资、企业规模的大小。

(2) 重置价值：指在当前情况下，重新购进该项固定资产所需的全部支出。按该法计价，可以对企业固定资产的盘盈、接受赠与及重估等财产确定计价标准。

(3) 折余价值：指固定资产原始价值减去已提折旧累计数后的余额。从理论上说，它反映了固定资产的现有价值和新旧程度。

(4) 残值：即固定资产报废时，扣除累计折旧后剩余的价值。我国采用预留残值的方法，一般均保留一定的残值。残值加上处理固定资产变价收入，减去清理费用，其余额为净残值。

4. 固定资产折旧、折旧率及其计算方法

固定资产折旧是指固定资产在再生产过程中，由于使用、逐渐磨损而发生的物质损耗及无形损耗，其损耗价值逐渐转移到所生产的产品成本中，并从产品销售中逐渐收回的全过程。电力企业的固定资产主要包括房屋及厂房、运输设备、发电设备、机器设备、输配电线路及设备、变电设备、用电计量器具、通信线路及设备等。

折旧率是固定资产折旧额提取的比率，是固定资产当期所提折旧额与固定资产原值之比。折旧率的高低直接决定了固定资产投资的回收速度，折旧率越高，固定资产投资回收速度越快，回收时间越短。反之，回收速度越慢，回收时间越长。固定资产折旧计算方法是指企业对固定资产计算和提取折旧采用的方法。我国常用的计算方法有平均年限法、工作量法。加速折旧计算方法有余额递减法、年数总和法、偿还基金法等。

5. 固定资产的管理要求

加强固定资产管理，提高固定资产的利用效果，加速固定资产更新改造，增强企业的经济实力，是企业财务管理的一项重要任务。在固定资产管理时，既要着眼于实物，更要重视价值管理，应按照以下要求进行管理。

(1) 认真做好固定资产构建管理，节约使用资金。随着企业生产经营的不断发展，企业固定资产需要量也不断增加，这一点在电力工业企业显得更为突出。科学的预测固定资产需要量及投资额，是固定资产管理的首要任务。预测准确，就能节约资金投入，为筹资提供可靠的依据。

（2）切实抓好固定资产实物管理。首先要抓好固定资产实物管理的基础工作。要按照电力系统规定的统一标准分类、分项统一编号，做到设备定号，按物设卡，保管定人，管理落实到基层。设备调出调入、移动要严格按手续办事。购置、调入或基建完工办移交时，要现场验收，填写交接单，核对实物。报废时，要现场坚定，填写报废申请单等。要建立和健全各项制度，保证固定资产实物的完好无缺。其次实行分级归口管理制。根据固定资产的分类，由有关职能部门负责归口管理，层层落实，落实到班组或个人。再次切实做好实物的维修保养工作，建立健全一个完善的维修保养制度、一支熟练的技术公认队伍和强有力的领导。

6. 固定资产管理的主要内容

（1）固定资产需要量的核定。企业的固定资产数量及其利用情况，在一定程度上决定了企业的生产经营规模。如果固定资产规模不足以应付生产经营的实际需要，就会阻碍企业的发展。但如果企业固定资产投资超过了生产经营的实际需要，也会造成生产能力的浪费。因此企业在生产经营之初，为既保证企业生产经营能力，又提高企业资金利用效率，企业必须对固定资产需要量做较准确的预测。

（2）固定资产的折旧管理。固定资产在其使用过程中会发生损耗，其损耗大小是通过折旧来衡量的，固定资产折旧是指固定资产在使用过程中，由于损耗而逐渐转移到产品成本中去的那部分价值。电力企业采用的折旧计算方法一般是平均年限法，该方法是假定固定资产的服务潜力随着时间的消失而减退，固定资产的价值可以通过折旧均衡地摊配于使用期内的各个时段内。其计算公式为

$$固定资产年折旧额 = \frac{(固定资产原始价值 - 预计净残值)}{固定资产预计使用年限}$$

$$固定资产月折旧额 = \frac{固定资产年折旧额}{12}$$

（3）加强资本支出预算，合理配置固定资产投资结构。企业的生产和发展，会引起所需固定资产投资在结构、数量、质量等方面的要求，必须加强收集、整理企业产品的发展方向、生产规模等资料，实行固定资产清查和挖潜、革新、改造的结合；并对新增固定资产利用效益进行事先分析、控制，形成资本支出预算与效益定量研究、分析、控制并进，结构合理配置的固定资产投资循环系统。

（4）建立固定资产的日常控制和管理体系。企业必须建立管、用、算一体的固定资产控制系统，诸如财务、动力、设备及房管、决策等部门必须成为该系统的关键控制部门，日常控制的基本任务是合理使用、提高效率、保证完整无缺。必须建立、健全固定资产管理的各项基础工作，如在企业制定固定资产目录基础上建立账卡和技术档案，建立定期清查盘点和账卡核对制度等。必须实施固定资产使用和维修的过程控制，按财务通则做好固定资产修理费用的列支和分配核算，按类别归口到各有关职能部门统一管理；按各类固定资产的使用单位实行分级管理等。必须重视固定资产的调拨和交接的控制。必须加强固定资产清理和废弃的控制。此外，要重视固定资产的分析，从资金结构增减、资产结构变动、利用效果指标等方面着手，也是企业固定资产管理的重要方面。

第三节　电力企业成本管理

一、电力企业成本管理概述

1. 成本的概念

企业要进行生产经营活动，就会发生各种开支。一定的会计期间内企业生产经营活动中发生的各项支出就是费用，如生产费用、采购费用、销售费用等。企业为了生产和销售一定种类和数量的产品而应负担的各项费用支出就是成本。

2. 电力产品成本的概念及构成

电力成本是指电力企业中发电、供电、输电、变电等环节发生的全部劳动消耗，也就是说为了生产和销售一定数量的电能而发生的全部生产费用，它包括发电成本、供电成本和售电成本。电力企业由于电热产品的特殊性（如单一性），电力、热力产品成本项目一般划分为燃料、购入电力费、税费、材料、工资及福利费、折旧、修理费用和其他费用等。火力发电厂、供电局的成本项目不完全相同。火电厂的成本项目中没有购入电力费，而供电局的成本项目中不包括燃料和水费。

3. 成本管理的含义

成本管理是指从产品设计、投产到销售的全过程中围绕所有费用的发生和产品成本的形成所进行的一系列管理工作，如成本控制、成本核算、成本分析及评价等。

4. 成本管理的意义

产品成本是一项重要的综合性经济指标，它在很大程度上反映企业生产经营活动的经济效益，是考核企业经营成果的一项重要指标。因此，加强成本管理，降低成本具有十分重要的意义，主要表现在三个方面。

（1）降低成本是加快生产发展的重要途径。产品成本反映了生产中物化劳动和活劳动的消耗，不断降低成本，意味着以较少的劳动消耗，生产出同样多的产品，或者用同样多的劳动消耗，生产出更多的产品。

（2）降低成本是国家积累资金的重要来源。在产品价格、国家税率不变的条件下，成本越低，企业的利润越多，就能给国家提供更多的积累，满足社会主义扩大再生产的资金需要。

（3）降低成本是降低产品价格的前提。产品成本是制定产品价格的基础，当大多数企业有了较大幅度的降低时，就有可能降低这种产品的价格。工业产品的价格降低，又将有利于国民经济各部门的技术改造，有利于产品在国际市场上打开销路，在竞争中处于有利的地位。

5. 成本管理的原则

（1）经济原则。经济原则是指因推行成本管理而发生的成本，不应超过因缺少管理而丧失的收益。经济性原则对成本管理提出如下要求：首先要在重要领域中选择关键因素加以控制，而不对所有成本都加以周密地控制；其次应起到控制成本纠正偏差的作用，具有实用性；第三要在成本控制中贯彻"例外原则"，对正常成本支出从简控制，而格外关注各种例外情况；第四应贯彻重要性原则，应把注意力集中于重要事项，对于数额很小的成本费用项目可以从略；第五应具有灵活性，对出现的预想不到的情况，及时调整预算计划，使控制系统仍能发挥作用。

（2）责权结合原则。在企业内部一定的成本可控空间上，成本管理主体必须拥有在其范围内采取有效的管理措施和对该范围内发生的资金耗费实施管理的权力。与此相适应，成本管理主体也必须承担因管理失误或不力，导致成本失控而产生损失浪费的经济责任。贯彻责权结合的原则，需要明确地划分不同层次的成本可控空间范围，理顺各成本可控空间之间的责任关系。同时，也需要充分发挥利益机制的激励作用，对于成本管理取得成效的管理主体，应当予以肯定和奖励，以调动成本管理人员和直接从事生产经营活动人员努力做好成本管理工作的积极性。

（3）全面性原则。全面性原则是指全过程、全员、全方位成本控制。全过程成本控制是指产品全过程生命周期成本控制和全市场生命周期成本控制。全员成本控制是指企业全体员工都要参加到成本控制工作中去。成本控制是全体员工的共同任务，只有通过全体职工的协调一致努力才能完成。全方位成本控制是指企业对生产经营过程中每一个活动和每一个空间发生的成本均加以控制。

（4）因地制宜原则。因地制宜原则是指成本管理体系必须个别设计，适合特定的企业、部门、岗位和成本项目的实施情况。

（5）例外管理原则。例外管理原则要求成本管理人员注重实际耗费脱离标准差异较大的"例外"事项，认真分析这些事项产生的原因、责任主体，研究需要采取的措施，防止这些不利因素进一步扩展。例外管理要求对影响成本的因素及其后果进行归类和统计分析，集中力量及时调整成本的发展趋势。

6. 电力成本管理的特点

（1）成本计算对象单一。电力企业中，产品只有电力和热力两种，品种单一，因此成本计算方法简单，一般采用品种法。

（2）成本计算按生产经营不同环节分别进行。发电厂计算发电成本；供电公司计算供电成本；网（省）公司计算售电成本。其售电成本为完全成本，反映生产成本；发电成本、供电成本为不完全成本。

（3）电力成本的高低不完全取决于生产者，而且受用户用电条件的影响。由于用户用电的电压等级不同，其配电线路及设置就有所不同，应承担的费用也就不同，这种成本叫用户成本。供电企业进行扩大再生产投资，会导致发电成本能力的增加，即容量增加，从而使成本增加，这种由于容量增加引起的成本变动叫容量成本。为了发出一定的电量而发生的费用叫电能电量成本，这三个成本之和构成了电力产品的长期边际成本。

（4）电力成本的构成要素与生产费用要素是不一致的。

电力企业进行成本管理时，应从电力企业实际出发，考虑电力成本的特点，采用科学的管理方法进行管理，才能收到较好的效果。

7. 成本管理任务

电力企业进行成本管理的基本任务是通过控制、核算、分析、考核，反映企业的生产经营成果，挖掘降低成本的潜力，促进安全经济发电，具体任务有四个方面。

（1）制定成本管理的目标是成本管理的首要条件。没有标准，就无法考核成本水平的高低，成本控制就无法进行。因此，制定出一个先进的成本标准，是成本管理的先决条件。

（2）科学地组织成本核算和正确地反映生产耗费是成本管理的基础。只有提供真实可靠的成本信息，才能保证成本管理工作的正常进行，才能提高成本管理的水平和质量。

（3）有效的成本控制是实现成本管理目标的重要保证。只有建立一套行之有效的成本控制制度和方法，才能及时地纠偏，实现成本管理的目标。

（4）成本考核分析是成本管理的有效手段。只有通过分析考核，才能找出成本偏离标准的差异和原因，才能进行有效的控制和管理。同时，期末进行的考核和分析，能够为制定下期的成本计划提供依据，为修订成本标准提供参考资料。

总而言之，成本管理标准的制定是管理的起点，成本控制是管理的基本环节，成本核算是基础，成本考核是分析是管理的有效手段。

二、电力企业成本事前管理

成本的事前管理是指成本的预测和计划，即在成本形成之前，根据企业的生产经营情况，运用科学的方法，进行成本指标的预测，确定目标成本，并据以编制成本计划，作为降低成本的目标和日常控制成本开支的依据。

建立电力企业的成本预算制度，是实行成本目标管理，加强成本过程控制，组织有效成本核算，进行定期成本分析，考核各级经济责任的前提。

第一，要明确本单位成本目标管理的需要，在企业制定的平均先进定额的基础上，进行调研，对未来的会计期间成本，应采用成本预测平衡法或回归分析法、综合统计法测试。第二，结合目标成本编制成本预测。发电、供电单位和电网均应编制各自的成本预算。第三，将预算指标层层分解，分别把煤耗率、水能利用、厂用电率、线路损失率、燃料到厂单价、材料、工资、费用等8项指标逐级下达给各相关部门，通过成本管理责任系统予以执行、考评。应该指出，电力企业成本预算是在已有成本预测、计划的基础上，学习、借鉴国外科学的预算理论，对我国电力成本管理的深化和再创造。目标成本确定的大致步骤。

1. 经验计算

此法可以采用国内外同样产品的先进水平，本企业历史先进水平的实际成本，或本企业上年实际成本，并结合计划期各种可能变化的因素，进行分析研究，预测成本降低的可能性及实现目标成本的保证程度，估计产品的目标成本。

2. 目标利润确定目标成本

其公式为

$$目标总成本＝预计销售收入－税金－目标利润－期间费用$$

3. 历史成本分析确定目标成本

此法是根据企业的历史实际成本资料，将按成本项目计算出来的实际成本，划分为变动成本和固定成本两部分，找出其内在的变化规律，利用直线方程 $Y＝a＋bX$（即产品总成本＝固定成本足额＋单位变动成本×产量）来预测成本发展的趋势。在历史成本报表中有产量总成本 Y 和产量 X 的资料，为此必须确定固定成本总额 a 和单位变动成本 b 的数值，最后才能计算出单位产品的目标成本。确定 a 与 b 两个参数值的方法常用的有高低点法及回归直线法。

4. 计划的编制

成本预测为选择最优计划方案提供科学依据。预测之后就可以进行成本计划的编制。电力产品成本计划是以统一的货币形式，预先规定计划期内产品生产的耗费和产品成本水平，确定产品比上年的降低额和降低率。成本计划是企业成本管理的工具，是有计划地控制产品生产耗费和不断降低成本的重要手段。

（1）成本计划的构成。发电成本计划主要计算计划发电总成本、计划发电单位成本、计划成本降低额和计划策划能够降低率。计划发电总成本是发电成本项目计划数的总和，而计划单位成本则是计划发电总成本除以计划供电量的商。

发电厂的成本计划应包括以下几项基本内容。

1）发电厂总成本及主要产品（发电、供热）的单位成本。发电、供热的单位成本要分别按其项目构成、各项消耗定额、间接费用分配率以及电热成本的分摊办法进行编制。最后汇总为以金额表示的发电厂主要产品单位成本和总成本。

2）生产费用计划（预算）。生产费用计划就是构成供电、售热等产品的成本项目的费用计划和资源的消耗定额计划。生产费用可分为燃料、购入电力费、水费、材料、工资、基本折旧、提取的修理费和其他费用八个项目。

3）成本降低率和降低额计划。该项计划就是把本期（本年）各项计划和上期（去年）、历史最好水平、同行业同产品水平，以及国外先进水平进行比较，算出差距或提高，特别是和上期（去年）比较要算出成本降低百分率，成本降低绝对数额。

4）降低成本的措施计划。为保证成本计划的实施，要制定切实可行的措施计划，包括措施项目、内容、预计效果、完成时间、执行单位负责人等。

（2）编制成本计划的要求。首先，编制计划要认真挖掘企业潜力、尽量节约人力、物力和财力，使成本计划的各项指标具有先进性。其次，编制计划应依据完整准确的定额、标准和其他实际数据，并经严格的科学计算，选择最优方案，使编制的成本计划具有准确性。再次，编制成本计划的各项指标，必须是落实的，是有切实保证的。特别是在确定发电量、发电、供热成本时要向外做必要的调查研究，了解网局届时调度生产的方针、政策、原材料供应来源，计划，价格和质量的变化范围，并进一步了解掌握煤管局、石油系统所供煤、油的计划价格、质量、来源等大体情况。最后，在编制措施计划时，要注意研究和运用各种新的科学技术成果和科学的管理方法。

（3）成本计划编制的基本步骤。成本计划的编制工作一般采用自下而上的步骤，即先由班组编制班组的成本计划，然后再由厂部根据各班组计划，经过与生产等其他有关计划反复平衡后编制成全厂的成本计划。另外，成本计划要在主要生产计划指标定下来后，和生产等计划同时交叉制定。成本计划应在财务部和计划部统一指导下进行。

5. 计划成本降低额和降低率

计划成本降低额和降低率是指计划发电成本比上年实际发电成本降低的数额和降低率。其计算公式如下

计划成本降低额＝上年实际发电单位成本×计划厂供电量－计划发电总成本

＝（上年实际发电单位成本－计划发电单位成本）×计划厂供电量

计划成本降低额往往受两个因素影响：一是单位成本，二是产量。在某种情况下，虽然单位成本降低不多，可由于增产较多，表现在成本降低额上也可能较多。为了排除产量因素影响，还要计算成本降低率，其公式如下

计划成本降低率＝计划成本降低额/（上年实际发电单位成本×计划厂供电量）×100％

三、电力企业产品成本核算

1. 成本核算的含义

成本（如供电、售热）核算，就是按其成本构成和规定的费用分摊、计算办法，计算出当期（月、季、年）的产品单位成本和总成本。

2. 成本核算的基本任务

成本核算的基本任务是通过成本核算确定当期的实际成本水平，以便分析、考核成本计划的执行情况，反映电厂生产经营的经济效果。其目的是进一步谋求挖掘潜力、降低成本，增加盈利。成本核算的基本要求是：符合规定、计算准确、进行及时。

3. 成本核算报表

为了反映成本升降情况和各种资源消耗情况，成本核算后要及时填报当期成本报表，报有关领导和部门。成本报表主要可分两种。

（1）商品产品成本表（即供电、售热，以及其他外售产品成本表）。这种报表反映电厂在一定时间内各种产品的成本升降情况。

（2）主要产品单位成本构成表。它反映主要产品（即供电、售热）的单位成本构成升降情况，并反映主要原材料的单耗、质量、价格等重要经济指标（如发电、供热煤耗、发热量、煤价等）。

两种报表最好同时算出成本、资源消耗的降低额和降低率，以便有个直观的比较。

4. 电力产品成本核算

根据财务通则和财务制度规定，结合电力生产企业的特点，原电力部于1993年7月印发了"关于电力企业成本核算实施意见的通知"。该通知明确规定了电力产品的成本开支范围。所有电力企业必须严格执行，它是核算电力成本的依据。根据电力产品成本开支范围，在生产费用按经济性质分类的基础上，结合经济用途分类，电力产品的成本项目如下：①燃料费，指火电厂为生产电、热产品而消耗的各种燃料。②购入电力费，指向外单位购入的有功电量所支付的费用。③水费，指发电供热生产用水的外购水费。④材料费，指生产运行、维修和事故处理等所耗用的材料、备品、低值易耗品等。⑤工资及福利费，指按规定列入电、热产品成本的职工工资、奖金、津贴、补贴等及按企业职工工资总额与规定比例提取的职工福利费。⑥折旧费，指企业的固定资产按规定的折旧率计提的折旧费。⑦修理费，指企业的固定资产修理费。该项费用可以列入综合成本项目，也可以分别列入材料费、工资及福利费、其他费用等成本项目，修理费的计列方法一经确定，不得随意变更。另外，预提修理费应列入成本项目。⑧其他费用，指不属于以上各项而应计入产品成本的其他费用。

以上八项支出组成了电力产品成本，而这八项按其与产量的关系划分，还可分为变动费用（变动费用的总和就是变动成本）与固定费用（固定费用的总和就是固定成本）。变动费用是指随产量增减而成正比例增减的费用，在电力生产企业主要包括燃料费、水费、购入电力费等。固定费用是指与产量增减没有直接关系，而是相对稳定的费用，主要包括折旧费、管理人员工资等。此外，有一种费用，它随着产量变化而变化，但不成正比，称为半变动费用（混合费用），如机械设备的维护费、修理费，管理费中的运输费等基本属于这种类型。这些费用中的固定部分代表着为生产经营提供服务所需的基本的最低支出部分，而其变动部分则随产量的增长而增加。企业将生产费用分为变动费用和固定费用，有利于成本预测、决策、控制与分析等成本管理。

5. 电力产品成本计算

根据电力生产管理的特点，电力企业成本的计算方法采用品种法。为反映电网在生产、输送、销售各个环节耗费的情况，电力产品成本分别按发电成本、购电成本、供电成本和售电成本计算。其中，售电成本是完整地反映电能产、供、销全过程的劳动消耗，是电力企业据以计算利润和考核的完整的成本指标。

(1) 发电成本。发电成本是指发电厂生产电能所发生的全部耗费。单位成本计算公式为

$$发电单位成本＝发电总成本/厂供电量$$

(2) 购电成本。购电成本是指电网向自备电厂、地方电厂及外网购入的电力产品所支付的全部费用。单位购电成本计算公式为

$$购电单位成本＝购入电力费/购入电量$$

(3) 供电成本。供电成本是指电网将发电厂发出的电和购入的电，通过输、变、配电系统，送到受电端所支付的全部供电费用。全网平均供电成本计算公式为

$$全网平均供电成本＝电网供电总成本/电网售电量$$

(4) 售电成本。售电成本包括各电厂的发电成本、各供电局的供电成本、全网的购电成本及为全网服务的局本部、中调所、中试所的管理费用。单位售电成本计算公式为

$$售电单位成本＝（发电总成本＋供电总成本＋购电总成本＋汇集管理费）/全网售电量$$

四、电力企业成本控制

1. 成本控制的含义

成本控制就是在成本形成过程中，也就是在整个生产经营过程中，对每项成本形成的具体活动，进行严格地监督。发现超过原来规定的偏差，及时采取措施进行纠正，从而使每项具体的和全部的费用开支、资源消耗被限制在原来规定的范围内，以获得最大的经济效益。

2. 成本控制的主要内容

电力企业成本实时管理的特点是因地制宜，通过成本项目和成本过程的点面结合式管理，完成成本的控制标准。

(1) 各成本项目的实时控制。

1) 在燃料管理上，要积极采购经济燃料品种，合理安排运输方式，加强运输损耗管理及煤场、油库管理，减少损失；要加强计量验收，健全燃料、财务部门的两级审核制度，正确承付价款；火电厂要推广应用微机进行燃料日成本核算，及时发现煤炭、煤质、煤价、煤比和损耗存在的问题。

2) 在购入电费管理上，要做好经济调度，降低线损；加强表计、负荷、无功电力抄表审核及购电价格等管理工作。

3) 在水费管理上，要加强水电厂的水库经济调度，降低水耗；用水量应实行定额管理，提高复用率。

4) 在材料管理上，要组织经济实用的材料来源，合理安排运输方式，降低进价，严格计量验收和发料，积极推广修旧、利废、节约、代用、控制并管好车间小仓库材料。

5) 在工资管理上，要严格定员、工资总额、外包工、计划外用工；完善各种工时定额，在完成本职工作后，积极承做外部委托工作，健全工时记录，做好工时分配。

6) 在费用管理上，要按预算指标对经常性费用实行归口管理，加强事前控制，对特殊性支出实行计划限额管理。

（2）成本过程的控制。电力企业应针对自身的成本过程确定过程控制的实施步骤。电网要从降低全网售电成本的目标出发，做好发、供电方式的经济比较和网内不同容量规模、不同成本水平电厂之间的生产配合，不断优化电力经济调度。发电单位要推广使用微机成本核算模型，强化实时与纠正不利差异的实效。电力修造企业的系列批量产品要实行标准成本管理，加强市场调研，按销定产，以销促产。

3. 成本控制的程序

（1）确定成本控制的标准。成本控制的标准是对各项费用开支和各种资源消耗规定的数量界限，它是成本控制的准绳。如确定入厂煤价平均 270 元/t，入厂油价平均3500 元/t，本月发电标准煤耗 320g/kW·h 等都是控制标准。一般制定的控制标准有成本计划指标、费用开支预算、各项费用支出限额、各种资源消耗定额以及辅助产品和零部件的目标成本等。

（2）监督成本的形成过程。所谓监督，就是经常把成本发生的实际情况与成本控制标准进行对比，及时发现产生的偏差。监督必须认真而且经常进行，这项工作主要是生产部门的责任。

（3）及时纠正偏差。及时纠正偏差是指及时查明成本、费用开支、资源消耗产生偏差的原因之后，采取积极的纠正措施，使某种费用和消耗仍在成本控制标准内发生。

4. 成本控制的方法

为了对成本实现有效控制而采用的特定手段就叫成本控制方法。一般情况下，其控制方法包括标准成本控制、责任成本控制、内部银行、成本分级归口管理、成本控制等。下面主要介绍责任成本控制法。

责任成本是某个特定的责任单位能够控制和影响的有关成本。它主要指该单位的可控成本。搞好责任成本管理，不仅能降低生产产品成本，而且有利于调动各部门各单位成本管理的积极性。在责任成本控制过程中，主要做好以下几方面的工作。

（1）责任单位的确定。责任单位的划分可大可小，大到一个生产厂，小到班组或个人。划分责任成本单位时，要坚持企业组织机构体系相一致，同时要坚持划分责任单独核算。成本责任单位确定有两种方法。一种是按管理范围划分，坚持管什么就算什么，考核什么。按此方法划分，企业可以将生产车间或分厂、仓库、管理部门分别定为成本责任单位。另一种是按管理层次划分，可分为厂部、车间、班组和个人四级。在实际工作中，往往是将上述两种方法结合运用来划分责任单位的。

（2）目标成本的分解与下达。目标成本是一定会计期间生产经营应达到的成本。它是运用一定的方法预计的成本。理论上讲，目标成本应等于各责任单位成本之和，即

$$目标总成本＝\Sigma各责任单位责任成本＋\Sigma各责任单位的不可控成本$$

把各责任单位的可控成本确定下来，落实到责任单位或个人，就叫目标成本的分解下达。只有这样，才能充分调动各责任单位成本管理的积极性，完成成本降低的任务。

（3）责任成本的控制。从责任成本与生产经营的联系程度讲，责任成本可分为管理部门责任成本和生产车间的责任成本。从成本构成范围讲，责任成本由直接材料成本、直接工资成本、制造费用成本三部分组成。

1）管理部门的责任成本控制。管理部门包括物资供应部门、生产部门、销售部门和其他管理部门。在这些部门中，供、产、销是企业的主要部门，它们任务明确，容易量化。其

他管理部门不直接从事业务活动，其责任成本不易量化。供应部门责任成本控制的内容是材料采购成本的控制，具体的指买价控制和采购费控制；材料消耗控制，通过发料控制责任成本中心的消耗。生产部门责任控制的内容是产品生产成本的日常控制，生产部分自身费用支出控制。销售部门责任控制内容是对销售费用的控制。其他管理部门只对发生的一般费用支出进行控制，多采用费用限额手册的方法进行控制。

2）生产车间的责任成本控制。生产车间只负责产品生产，本身是成本责任单位，它的控制内容有：直接材料成本控制，重点是对材料消耗加以控制，因为它无法对材料价格控制，可采用限额领料、材料切割核算、盘存控制等方法进行控制；直接工资成本控制，控制费用总额、控制职工人数；控制加班加点，合理利用正常的工作时间，提高劳动效率，即提高出勤率、工时利用率、工时定额等；制造费用控制，重要的是对制造费用的分配对象和分配标准加以控制。分配标准可按工人劳动工时比例分配。

（4）责任成本的考核。根据责任成本实际执行结果与标准成本加以对比，找差距，查原因，纠正偏差的过程。进行考核时，应坚持定性与定量考核相结合的原则。对于管理部门来说，工作做得少，使用开支就少，能够节约费用。应结合单位的工作业绩和完成工作的质量，进行全面考核。

五、电力企业成本分析

1. 成本分析的含义

电力企业的成本分析是现代化成本系统的总结阶段。通过对成本构成、影响因素的分析，寻求变动规律，以总结过去，把握未来。产品成本分析是通过计划成本和实际成本指标的对比，以及对成本计划执行情况的调查研究，找出影响成本升降的原因，挖掘降低成本的潜力，从而拟定改进措施，不断降低成本的一种方法。

2. 成本分析

（1）成本分析含义和目的。成本分析是根据成本核算对企业（电厂）成本形成情况进行剖析总结和评价的工作。成本分析的目的就是作为成本管理四个过程中所要起的作用。其作用是确定实际成本达到的水平，查明影响成本升降的因素，揭示节约和浪费的原因，寻找进一步降低成本的方向和途径。

（2）成本分析的内容。首先是分析全部产品成本计划完成情况。其目的主要是弄清当期全部产品的实际总成本比计划总成本是降低了还是超了。其次要对成本（项目）构成进行分析。其中，由于发电生产的特点，特别要注意对资源消耗中的燃料消耗、燃料单位成本、发电量、发电煤耗、厂用电率等指标的分析要按责任划分，分析各项费用的实际发生情况。再次，分析可比产品成本，资源消耗的降低额和降低率。通过分析制定调整水平。最后对比同行业中同产品成本，通过分析，学先进、找差距。

（3）成本分析的方法。成本分析既是成本管理一次周转的终结，又是成本管理新的周转起点。只有建立定期、分级的成本分析、考核制度，才会促进企业成本管理循环的新飞跃。常用的成本分析方法有比较法和因素分析法。

比较法是把本期的实际成本与计划成本比较，与上期实际成本比较，与历史最好成本水平比较，与国内外同行业先进水平比较，借以寻找成本差距，采取措施，降低成本。

因素分析法也称连环替代法，它是从数值上测定各个相互联系因素对有关经济指标的差异影响程度的一种分析方法。通过这种计算，可以衡量各项因素影响程度大小，有利于分清原因与责任和评价企业的工作，并可作为定措施、挖潜力的参考。这种分析方法的计算程序，是以计划指标各个因素的乘积计算式为基础，依次用实际数替代各因素，替代后计算式的乘积与替代前乘积之差，即为该替代因素对指标完成情况的影响程度。各因素影响额之和，就是实际与计划数的差额。

六、电力企业降低成本的意义和途径

成本管理的目的是为了增加利润，增加利润的途径除了降低成本外，还可以采取增加销售、提高价格等方法。为什么降低成本是提高火电厂效益的主要途径呢？

提到增加效益大家首先就会想到通过扩大生产规模和加强营销以增加销售量达到增加国家效益的目的。在电力体制改革之前，电厂的发电量基本上是按照它的装机容量按比例分配的，电厂规模不变，发电量变化不大。电力体制改革后，"厂网分开，竞价上网"，电厂的发电量跟它的上网电价挂钩，实际上就是根据发电成本来决定。因此想通过营销手段达到增加销售量的目的的效果不大。

产品成本是一项重要的综合性经济指标，它在很大程度上反映企业生产经营活动的经济效益，是考核企业经营成果的一项重要指标。因此，加强成本管理，努力降低成本具有十分重要的意义，它表现在：

（1）降低成本是加快生产发展的重要途径。产品成本反映了生产中物化劳动和活劳动的消耗，不断降低成本，意味着以较少的劳动消耗，生产出同样多的产品，或者用同样多的劳动消耗，生产出更多的产品。

（2）降低成本是国家积累资金的重要来源。在产品价格、税率不变的条件下，成本越低，企业的利润越多，就能给国家提供更多的积累，满足社会主义扩大再生产的资金需要。

（3）降低成本是降低产品价格的重要前提。产品成本是制定产品价格的基础，当大多数企业成本有了较大幅度的降低时，就有可能降低这种产品的价格。工业产品的价格降低，又将有利于国民经济部门的技术改造，有利于产品在国际市场上打开销路，在竞争中处于有利的地位。消费品价格的降低，实际上提高了人民的生活水平。

如果说成本控制主要是管理问题，那么成本降低主要是技术方面的问题。降低电力企业产品成本的主要途径有以下几种。

（1）安全满发多供电。电力企业固定成本所占比重较大，满发多供能使单位成本中的固定成本减少，总成本能降低。另外电力企业的安全生产则是最大的经济效益。

（2）搞好经济调度，提高运行的经济性。正确安排运行方式，合理分配各发电厂以及各发电机组的负荷，就可提高全电网运行的经济性。

（3）努力节省燃料和生产用水。燃料和生产用水是构成电力产品变动成本的主要成分，尤其是燃料在火力发电成本中所占的比重达 70%～80%，因此在保证安全生产的前提下，节省燃料和生产用水，对于降低成本有着重大作用。

（4）降低厂用电和线路损失。火力发电厂的厂用电一般是 10%左右，输配电的线损率一般也在 10%左右，这两方面消耗了发电量的 20%，其数目相当可观。努力降低厂用电和线损就能增加售电量，从而降低成本，增加利润。

（5）节约管理费用及其他非生产性开支。具体措施有精简机构，减少非生产人员，提高管理工作效率，缩减各种不必要的开支等。

第四节　电力企业销售收入与利润管理

一、基本概念

（1）销售收入。它是指企业销售产品或提供劳务等取得的收入。它由产品销售收入和其他销售收入组成。

（2）利润。它是指企业在一定时期内的经营成果，是收入与费用配比相抵后的差额。其计算公式为

$$营业利润＝利润总额＋投资收益＋营业外收入－营业外支出$$

（3）电力企业营业收入构成。收入主要包括售电收入、售热收入、修造产品销售收入、修造企业对外承担的修理和试验等工业性劳务收入、非工业性劳务收入以及其他销售收入等。

二、电力企业销售收入管理

1. 电力企业销售收入管理原则

在进行销售收入管理时，应坚持三项主要原则。

（1）政策性原则。电力企业的主要收入是电费收入，而电费的确认有很强的政策性，尤其是电价，国家有着严格的规定，企业无权自行定价和调价，只能遵守国家的有关电价规定，进行电费的管理。

（2）及时性原则。企业的销售收入应及时回收，不得拖欠，这样才能保证当期的各种耗费及时地得到补偿，才能保证企业生产的正常进行。

（3）盈利性原则。在进行销售收入管理时，要注意销售成本和销售费用的节约，这样才能保证电力企业有足够的盈利。

2. 销售收入管理的意义

（1）加强收入管理，及时取得货币收入，是补偿生产耗费，顺利实现电力再生产的重要保证。在市场经济条件下，企业只有及时地取得货币收入，把产品销售出去，才能使生产中耗费的资金得到补偿，企业继续经营才能顺利地实现。如果企业的产品销售不出去，投入的资金就收不回来，企业就难以持续经营下去。

（2）加强收入管理，及时地实现企业的纯收入，企业才能获得利润，才能为自身的发展积累更多的资金，增强企业的自我发展能力。

（3）加强收入管理，有利于促进企业改善经营管理，提高企业的经济效益。企业的营业收入是一项综合性指标，它反映着企业生产经营的效果。通过加强收入的管理，可以发现经营管理中的问题，并加速改进；而且通过销售信息的收集、加工和利用，为企业经营决策提供依据，保证经营决策的正确性。

3. 收入管理的基本要求

为了做好电力企业收入管理，主要做好以下两方面的要求。

（1）编制和执行电力企业的营业收入计划。只有编制好营业收入计划，才能做到按计划供电、供热；按计划回收电费、热费及其他产品销售价款。只有加强对收入的计划管理，才能保证企业的营业收入的实现。

（2）加强对营业收入的日常管理。电力企业的收入主要是电费收入。加强电费收入的日

常管理，就必须抓好下面的工作：认真抓好接电工作，为收取电费打好基础；加强电力计量管理，及时地定期校验各种表计；加强抄表，保证计量的准确性；认真地进行计算用户应缴电费，及时采用各种方法收回电费；经常地进行营业检查，保证电费收入及时足额地收回。

4. 电力企业收入管理的内容

电力企业产品特点是产、供、销瞬时完成，没有中间产品，而且产品不能储存。电力生产的特殊性决定了电力企业收入管理的复杂性。电力企业收入管理的主要内容包括四个方面。

(1) 电价及电力销售收入管理。电力销售收入即电费收入，它是电力工业企业的主要收入。电费收入的计算应按照国家规定的电价制度及有关规定进行。而电力销售的特点是计量的特殊性，只有通过仪表才能正确地加以计算；计价的复杂性，电价的种类多，计价方式多；收费的广泛性，电费收入涉及千家万户。因此，要管好电力销售收入，就必须抓好抄表、核算、收费三个环节的管理。

(2) 热力销售收入管理，即售热收入的管理。要严格按照国家热价政策及有关规定，抓好热费收入各项环节工作。

(3) 修造产品销售收入管理。这是各修造企业生产的各种产品销售取得的货币收入。对它的管理应抓好市场需求预测，编制产品销售收入计划，组织产品销售活动。

(4) 其他销售收入管理。这包括材料及燃料转让收入、技术转让收入、治理三废产品销售收入、来料加工装配业务收入和其他工业性劳务收入等。

三、电力企业利润及分配管理

利润是企业在一定会计期间的经营成果，它是企业经营的最终成果，也叫财务成果。企业进行成本管理的目的就是为了增加利润，而利润分配的有效管理为企业利润的增加起了积极的作用。利润水平的高低是衡量一个企业经营好坏的重要标志。企业利润分配是对交纳所得税后的净利润进行的分配。利润分配的合理与否，直接影响投资者的利益，还对企业今后的发展产生重要影响。因此，企业利润是财务管理的重要内容。

1. 电力企业利润概念及构成

利润是企业在一定期间的经营成果，是收入与费用配比相抵后的差额。如果收入小于费用，其差额表现为亏损。实现利润的多少体现一个企业经济效益的大小和管理水平的高低，是考核、评价企业状况的一个重要经济指标。企业实现的利润不仅是其自身进行扩大再生产，提高职工待遇水平的前提和条件，也是国家进行积累，满足社会公共需要的重要来源。

对于电力生产企业而言，有

$$销售利润＝产品销售利润＋其他销售利润－财务费用$$
$$产品销售利润＝电、热产品销售收入－电热产品成本－销售税金及附加$$
$$其他销售利润＝其他销售收入－其他销售成本－其他销售税金及附加$$

2. 电力企业增加利润的途径

安全多发电、多供电是增加销售收入，进而增加利润的重要途径；降低产品成本，以增加企业利润；加强销售管理，抓好电费的回收工作；减少流动资金占有量，节约流动资金借款利息，严格控制营业外支出，增加营业外收入。

3. 利润管理顺序及原则

企业税后利润的分配顺序是：第一，支付各项税收的滞纳金、罚款及被没收的财务损失；第二，弥补企业以前年度亏损；第三，按税后利润扣除前两项后的 10%，提取法定盈余公积金；第四，提取一定比例的公益金；第五，向投资者分配利润。

电力企业利润分配的原则如下。

（1）政策性原则。现行的财务制度对利润的内容及计算有着明确的规定，对企业实现的税后净利的分配也有具体的要求，企业在进行利润管理中必须严格的遵守。企业不得扩大成本开支范围，截留利润。

（2）真实性原则。企业在计算利润时，一定要实事求是，不能搞虚盈实亏，不得弄虚作假。

（3）计划性原则。企业在利润管理时，要加强计划管理。运用科学的预测方法，进行目标利润预测，以目标利润为中心，组织好生产经营工作，实现目标利润任务。

4. 利润分配管理的内容

企业实现的利润总额，要按一定的原则进行分配。利润分配应兼顾国家、投资者与企业之间的利益，保证企业正常生产经营的顺利进行，具体有以下几个方面。

（1）弥补以前年度亏损。企业发生经营亏损，为了减轻亏损企业所得税负担，国家规定"企业发生的年度亏损，可以用下一年度的利润弥补，下一年度利润不足弥补的，可以在以后五年内用所得税前利润进行弥补，延续五年未弥补完的亏损，用缴纳所得税后利润弥补。"

（2）缴纳所得税。所得税是国家对企业的生产经营所得和其他所得依照税法征收的一种税，它是国家以投资人身份参与企业利润分配的一种方式，是国家财政收入的一个重要来源，也是国家调节企业收入的一种手段。企业所得税应按企业应纳税所得额和统一的所得税计缴。

（3）提取法定盈余公积金。盈余公积金是从企业税后利润中提取的一种累计金，主要用于防范和抵御风险，补充资本金，形成企业扩大生产经营的资金来源，我国现行财务制度规定"不论何种经济性质或组织形式的企业，均按税后利润的 10% 提取，当法定盈余公积金已达注册资金 50% 时，可不再提取。"法定盈余公积金可用于转增资本金，但盈余公积金转增资本金后，其余额不得低于注册资本的 25%。

（4）提取公益金。公益金是用于企业职工的集体福利设施的专用资金。一般按税后净利的 5%～8%。公益金是企业按照规定从税后利润提取的用于职工集体福利设施的资金，主要用于职工住宅、职工食堂、幼儿园、医院等，公益金的提取比例国家没有做统一规定，由企业自行决定。

（5）任意盈余公积金。股份企业可根据公司章程或股东大会决议所确定的比例提取和使用公积金。法定盈余公积金和任意盈余公积金统称为盈余公积金。它可用于转增资本金或弥补亏损。

（6）向投资者分配利润。企业在提取盈余公积金、公益金后就可向投资者进行利润分配，企业分配给投资者的利润，是投资者从企业获得的投资回报。企业在给投资者分配利润时，应按各自出资的比例分配。分配利润的方案由企业自己决定，在一般情况下，为了防范于未然，留有适量的未分配利润为益。

（7）未分配利润。经过上述顺序分配后，留在公司中的未分配或尚未制定用途的那部分利润就是公司的未分配利润。对于非股份企业，此部分为所有者权益，公司可以用它以丰补歉，或作为平衡各年投资报酬率，使各年投资报酬率保持一定的水平。总之，企业盈利时不能将本期利润全部分配掉，要留存扩大再生产和其他备用款项。

5. 电力企业增加利润的途径

电力企业增加利润的途径主要有：安全多发电、多供电是增加销售收入，进而增加利润的重要途径；降低产品成本，以增加企业利润；加强销售管理，抓好电费的回收工作；减少流动资金占有量，节约流动资金借款利息，严格控制营业外支出，增加营业外收入。

思 考 题

1. 试简述电力企业财务管理的任务及其特点。
2. 试简述电力产品成本的构成。
3. 如何做好成本事前管理？
4. 电力企业如何降低成本？
5. 试简述电力企业利润的构成。
6. 如何做好电力企业利润分配工作？

第十三章　电力企业人力资源管理

人力资源管理是管理理论的重要组成部分，它是一门广泛吸收多学科知识的边缘科学，具有很强的实践性和应用性。自 20 世纪 80 年代传入中国以来，人力资源管理受到人们的广泛重视。电力企业是国有经济的重要组成部分，它集中了我国 1/6 的国有资产，它经济效益的好坏直接关系着国计民生，而人力资源管理对于企业经济效益的提高具有巨大的推动作用，当前我国电力企业改革正进入关键阶段的特殊时期，探索加强人力资源管理，具有十分重要的现实意义。

第一节　电力企业人力资源及人力资源管理

一、电力企业人力资源的概念及特点

1. 人力资源的概念及特点

不同学者从不同角度对人力资源进行界定，往往呈现出较大的差异，下面介绍几位学者对人力资源所作的定义。

彼得·德鲁克（Peter Drucker）1954 年在其《管理的实践》一书中引入了"人力资源"这一概念。他指出，和其他所有资源相比较而言，唯一的区别就是它是人，并且是经理们必须考虑的具有"特殊资产"的资源。

美国学者伊万·伯格（Lvan berg）认为，人力资源是人类可用于生产产品或提供各种服务的活力、技能和知识。

内贝尔·埃利斯（Nabil Elias）提出，人力资源是企业内部成员及外部的与企业相关人，即总经理、雇员、合作伙伴和顾客等可提供潜在合作与服务及有利于企业预期经营活动的人力的总合。

雷西斯·列科（Rensis Lakere）提出，人力资源是企业人力结构的生产和顾客商誉的价值。

国内学者郑绍濂（1995）主要从整个社会经济发展的宏观角度来对人力资源进行界定，认为：人力资源是指能够推动整个经济和社会发展的具有智力劳动和体力劳动的人们的综合，它应包括数量和质量两方面。这一观点在国内的宏观人力资源问题研究中，具有一定的代表性。

基于人力资源和其他资源的比较，从其自身形成和发展的角度，不同学者对人力资源具备的特点作了不同的概括，下面介绍人力资源五种突出的特点。

（1）能动性。人力资源的能动性是人力资源与其他资源相区别的主要特征。人力资源的能动性包括以下要点：①人具有意识；②人在生产活动中处于主体地位；③人力资源具有自我开发性；④人力资源在活动过程中具有可激励性。

（2）双重性。人力资源同时具有生产性和消费性。人力资源的生产性是指人力资源是物质财富的创造者。人力资源的消费性是指人力资源的保持与维持需要消耗一定的物质财富。

（3）时效性。人力资源存在于人的自然生命体中，人力资源随着人的体力和脑力的变化而变化，其时效性一方面是指人力资源的形成、开发和利用会受到人的自然生命规律的限制，另一方面是指人力资源如果长期不用，便会荒废和退化。

（4）社会性。社会性是人力资源区别于其他资源的重要特征。人是社会人，不可避免要受社会文化的影响，形成特有的价值观念和行为方式，可能会与所在企业的文化价值观一致，也可能不一致，发生冲突；同时，人的社会性体现在人有思想、有感情，从属于一定的社会群体，有复杂的心理和感情活动，这就增加了人力资源管理的复杂性和难度。另一方面，人有思想、有感情的同时，也有爱心和责任心，这就是人力资源比之于其他资源有更大的潜力，一旦人的责任心、积极性、主动性被调动起来，就可以创造奇迹，创造难以估量的价值。

（5）再生性。人力资源也同许多其他资源一样存在消耗和磨损问题，但不同之处在于：自然资源在消耗后就失去了再利用的价值，物质资源在形成最终产品后也无法继续开发，而人力资源在使用后通过体力恢复和培训投入可以继续发挥作用。

2. 电力企业人力资源的概念及特点

基于对人力资源概念的总结，电力企业人力资源即是在电力行业或企业中，能够推动电力行业或企业的发展，乃至推动整个经济和社会发展的具有智力劳动和体力劳动的人们的综合，以劳动者的数量和质量来表示的资源。

电力的生产过程复杂、且具有极高的安全性和稳定性要求。电力生产过程是一个专业技术覆盖面广泛的应用型领域。它既包括传统的发电设备技术，也涵盖了最新的计算机控制技术、新型材料技术、燃烧技术、空气动力全三维技术、环保技术等新兴学科。电力企业人力资源的构成和要求具有以下特点。

（1）专业性较强。电力企业中所有生产技术和生产管理岗位均须具有相关专业的基础知识和实践经验。如设备运行和维护岗位的从业人员均要求至少三年中技以上的专业学习经历，并需接受一年以上岗位技术培训。

（2）专业面较广。电力企业涉及热动（锅炉、汽轮机、燃气轮机）、电气、集控、金属材料、计算机及自动控制、电厂化学等诸多专业。

（3）人员相对稳定。根据电力生产特点，电力企业运行、检修等技术人员对设备原理、系统流程、操作规范及相关技术必须达到熟练掌握的程度，才能确保设备的安全、稳定、高效运行。随着工作年限的增加，其技术熟练程度日益提高，实践经验越来越丰富，解决问题的能力也不断加强。因此，电力企业的专业人员流动性相对较小。

（4）综合素质要求较高。由于电力生产一线的技术和管理工作相对较为辛苦，工作时间不规律，现场实践性和技术性较强，因此，从业人员除了具备基本的专业素质外，还必须有良好的心理素质和健康条件。

（5）稳中求进的工作作风，新老交替的人员配置。电力企业的生产流程和专业人员相对较为稳定，但是企业必须不断开展技术革新和设备改造，提高发电能力，降低生产成本，才能在行业竞争中立于不败之地。因此，要求从业人员既要有稳定的心态和踏实的工作作风，又要不断学习先进的技术和方法。此外，企业要拥有长久的生命力和创造力，就必须保持适度的人员流动。通过内外流动，吸收一些具有高素质和良好培养前途的新鲜血液充实技术队伍，发挥"鲶鱼效应"，以提高员工的总体素质和进取意识；通过内部流动，实现人员的最佳配置，同时培养和锻炼员工的多重技能。

（6）护卫型岗位占主导地位。詹姆斯·拜伦和大卫·克雷普斯将企业的员工岗位按照不同的工作结果划分为明星型、护卫型和步兵型三类。其中：明星型指那些产生一个差的绩效并不会造成太坏的影响，而产生一个好的绩效时却会给公司带来巨大利益的工作类型；护卫型正好相反，一个差的绩效可能意味着一场灾难，而好的绩效却只比公司的平均绩效好一点；步兵型则接近于平均绩效水平。电力企业的绝大部分一线岗位均属于护卫型工作，而他们又是企业利润的直接创造者。例如：运行和检修岗位，其工作不需要有太多的创造性，出色的绩效也难以为公司创造超乎寻常的效益，然而一旦出现工作失误，则很可能给企业带来灭顶之灾。因此，企业在人员招聘与安置、培训、考核和奖惩等人力资源管理的各个环节都必须根据这些工作特点来制定相应的策略。如：在岗位配置和工作安排上尽可能采用多余度的措施，使同岗位人员的工作具有相互监督和补充的作用，以防止因个人的疏忽而引发事故；在考核和奖惩方面，通过对失误的严厉惩罚来尽量减少冒险行为、杜绝工作差错；在招聘新员工时认真筛选，既要求专业素质，也要求责任心和执行力；在获得岗位授权之前，必须经历一个较长的实习期，一方面可以进一步考察员工，另一方面又能对其进行充分的培训；在职人员需要有相关专业的经验积累和知识沉淀，因此所有专业和技术管理人员在晋升到新一级职位之前，必须在较低层次的岗位上工作一定时间，积累必要的经验，接受全面的考验。

二、电力企业人力资源管理的概念及流程

1. 人力资源管理的概念及流程

人力资源管理作为企业的一种职能型管理活动的提出，最早源于工业关系和社会学家怀特·巴克（E. Wight Bakke）与 1958 年发表的《人力资源功能》，随着人力资源管理理论和实践的不断发展，当代人力资源管理的各种流派不断产生，下面介绍比较有代表性的一些观点。

美国著名的人力资源管理专家雷蒙德 . A. 诺伊（Raymond. A. Noe）等在其《人力资源管理：赢得竞争优势》一书中认为：人力资源管理是指影响雇员行为、态度和绩效的各种政策、管理实践及制度。

美国的舒勒等在《管理人力资源》一书中提出，人力资源管理是采用一系列管理活动来保证对人力资源进行有效的管理，其目的是为了实现个人、社会和企业的利益。

加里·德斯勒（Gary Dessler）在其所著的《人力资源管理》一书中，认为人力资源管理是为了完成管理工作中涉及人或人事方面的任务所需要掌握的各种概念和技术。

迈克·比尔认为，人力资源管理包括要影响到公司和雇员之间关系的（人力资源）性质的所有管理决策和行为。

我国台湾地区的著名人力资源管理专家黄英忠提出，人力资源管理是将组织所有人力资源做最适当的确保（Acquisition）、开发（Development）、维持（Maintenance）和使用（Utilization），为此所规划、执行和统治的过程。

国内学者赵曙明将人力资源管理界定为：对人力这一特殊资源进行有效开发、合理利用和科学管理。

综合国内外学者对人力资源管理概念的界定，本书认为：人力资源管理是指运用科学的方法，在企业战略的指导下，对人力资源进行获取与配置、培训与开发、考核与激励、安全与保障、凝聚与整合等，最终实现企业目标和员工价值的过程。

人力资源管理的流程主要体现在：人力资源战略、人力资源规划、工作分析与评价、招聘与选拔、员工培训与开发、职业生涯管理、绩效管理、薪酬管理和劳动关系管理等方面。

（1）人力资源战略。人力资源战略是企业为了适应外部环境日益变化的需要和人力资源开发与管理自身发展的需要，根据企业的发展战略、充分考虑员工的期望而制定的人力资源开发与管理的纲领性的长远规划。

（2）人力资源规划。人力资源规划也叫做人力资源计划，是指在企业发展战略和经营规划的指导下进行人员的供需平衡，以满足企业在不同发展时期对人员的需求，为企业的发展提供符合质量和数量要求的人力资源保证。

（3）工作分析与评价。工作分析是对组织中所有为实现组织目标所做的工作进行分析，以确定每一个工作的任务和职责，以及完成工作所需的技能、能力、知识和其他要求的过程。工作评价又称职务评价，即依据工作分析的结果，按照一定标准，对职务的性质、强度、责任、复杂性及所需资格条件等因素的程度差异，进行综合评估的活动。

（4）招聘与选拔。招聘员工是指选择适合标准要求的相应数量的人员，来填补企业的岗位空缺。根据职务分析所得结论，准备工作说明（书）和职务要求细则，这两项都是在招聘中所需使用的材料。

（5）员工培训与开发。培训是指向员工传授完成本职工作所必需的相关知识、技能、价值观念、行为规范的过程，是由企业安排的对企业员工所进行的有计划有步骤的培养和训练。培训的内容有职业品质和职业技能。

（6）职业生涯管理。职业生涯管理是指建立在有组织的员工职业生涯规划和发展基础之上，一方面正确识别员工的能力和技能，引导员工的职业发展，加强和提高企业进行人力资源管理和开发活动的准确性，增加员工在工作场所的适应能力和竞争能力；另一方面，有效的员工职业生涯开发活动又能通过员工的努力提高企业的获利能力和水平，最终的结果是达到组织与员工的双赢。

（7）绩效管理。绩效管理是指通过有效的体系综合地管理组织绩效和员工绩效。绩效管理的中心目标是发挥员工的积极性和创造力，挖掘员工的潜力，并将组织战略目标的实现与员工个体职业生涯发展有机结合起来，提高组织绩效的同时实现员工的个人发展和价值。

（8）薪酬管理。薪酬管理是指企业对其薪酬战略、薪酬政策、薪酬制度及薪酬功效的确定、控制和调整的过程；薪酬管理是企业人力资源管理的一种重要职能活动；薪酬管理是一项影响企业经营目标实现程度的战略管理活动。

（9）劳动关系管理。劳动关系是指现代社会中产生的劳动关系，是劳动者与用人单位，包括各类企业、个体工商户、事业单位等，在实现劳动过程中建立的社会经济关系。任何劳动者与任何性质的用人单位之间因从事劳动而结成的社会关系都属于劳动关系的范围。

2. 电力企业人力资源管理的概念及流程

基于对人力资源管理概念的总结，电力企业人力资源管理即是在电力行业或企业中，运用科学的方法，在电力企业战略的指导下，针对电力行业特色，对人力资源进行获取与配置、培训与开发、考核与激励、安全与保障、凝聚与整合等，最终实现电力企业目标和员工价值的过程。

电力企业人力资源管理的目标有以下三个方面：首先，保证电力企业对人力资源的需求得到最大限度的满足；其次，最大限度地开发电力企业的人力资源，促进组织的持续发展；

再次，维护与激励电力企业内部人力资源，使其潜能得到最大限度的发挥，使其人力资本得到应有的提升与扩充。

有关电力企业人力资源管理的具体流程将在第二节中介绍。

三、电力企业人力资源管理的发展阶段及趋势

1. 人力资源管理的发展阶段及趋势

（1）人力资源管理的发展阶段。关于人力资源管理的发展阶段，有代表性的观点主要有四类：六阶段论、五阶段论、四阶段论和三阶段论。需要强调指出的是，对人力资源管理的发展阶段进行划分，其目的并不在于这些阶段本身，而是要借助这些阶段来把握整个人力资源管理的发展脉络，从而可以更加深入地理解它。因此，对于阶段的划分并没有绝对的标准，下面仅介绍以科罗拉多（丹佛）大学的韦恩·F. 卡肖（Wayne F. Cascio，1995）为代表的学者从功能角度将人力资源管理的发展历程划分的四个阶段。

第一阶段：档案保管阶段，从人事管理出现一直到 20 世纪 60 年代。这一阶段，人事管理的主要工作就是招聘录用、培训和管理人事档案。

第二阶段：政府职责阶段，20 世纪 60 年代到 70 年代。这一阶段的特点是政府介入和法律规定开始在各个方面影响雇用，但企业的高层领导人仍将人力资源管理的成本视为非生产性消耗。

第三阶段：组织职责阶段，20 世纪 70 年代末到 80 年代。进入 20 世纪 80 年代以后，企业领导人对人事管理不再认为是"政府的职责"，而把它真正视为自己的"组织的职责"，人力资源的管理和开发成为企业人事部门的职责。

第四阶段：战略伙伴阶段，20 世纪 80 年代开始。把人力资源战略作为公司重要的竞争战略，或者从战略的角度考虑人力资源管理问题，把人力资源管理与公司的总体经营战略联系在一起，是 20 世纪 90 年代后企业人力资源管理的重要发展趋势。

（2）人力资源管理的发展趋势。21 世纪人力资源管理既有工业文明时代的深刻烙印，又反映新经济时代游戏规则的基本要求，从而呈现出新的特点和趋势。知识经济时代是一个人才主权时代，也是一个人才"赢家通吃"的时代；员工是客户，企业人力资源管理的新职能就是向员工持续提供客户化的人力资源产品和服务；人力资源管理的重心——知识型员工的管理；人力资源管理的核心——人力资源价值链管理；企业与员工关系的新模式——以劳动契约与心理契约为双重纽带的战略合作伙伴关系；人力资源管理在组织中的战略地位上升，管理责任下移；人力资源管理的全球化、信息化；人才流动速率加快，流动交易成本与流动风险增加，人才流向高风险、高回报的知识创新型企业；沟通、共识，信任、承诺，尊重、资助，服务、支持，创新、学习，合作、支援，授权、赋能将成为人力资源管理的新准则；人力资源管理的核心任务是构建智力资本优势，人力资源管理的角色多重化、职业化。

2. 电力企业人力资源管理的发展阶段及趋势

电力企业人力资源管理的发展呈现于诸多方面，下面从电力企业人力资源部门的组织结构设计角度来介绍。

（1）电力企业人力资源管理部门的发展阶段。电力企业最初的人力资源部门组织机构较为典型的是人事行政部门和劳动工资部门。人事行政部门的主要职能是档案管理和干部任免等，劳动工资部门的主要职能是工资的发放、福利保险和招工招干等，以简单的行政方式处理人事、工资事务。

　　随着企业的发展和社会的进步，电力企业人力资源部门的组织机构也发生了变化，由人事行政部门分离出组织人事部门、教育培训部门及劳动工资部门，各部门的职能和分工相对明确，细化了各自的工作内容，重视员工的教育培训，强调按规章制度办事。但是，随着人事工作专门化，业务部门要面对不同的人事教育部门和人员，易产生本位主义和推诿扯皮现象，人事政策之间易产生矛盾。

　　现有电力企业的人事组织机构较为典型的是由组织人事部门和人力资源部门构成。人力资源管理的重要性和系统性已得到共识，因为它将直接影响员工的工作积极性和企业战略目标的有效实施，同时强调了以人为本的管理理念，加强了对员工能力培养、薪酬管理、考核激励等职能。

　　（2）电力企业人力资源管理部门的发展趋势。更高阶段的电力企业人力资源部门的组织结构应更多体现人力资源规划、人力资源咨询、人力资源服务等人力资源管理的现代管理理念和需求。人力资源规划是企业总体发展战略规划的重要组成部分，是实现发展战略目标的重要保证，其主要内容包含战略发展规划、组织人事规划、制度建设规划和员工开发规划。人力资源咨询的范畴将增多，一是组织架构及职位；二是绩效管理与薪酬福利架构；三是企业各种能力模型的建立。人力资源服务将围绕着人力资源的吸引、录用、维持、评估、调整、发展等活动进行。

　　现在电力企业人力资源部门的机构设置正从以行政方式的事务型管理模式向具有职业化专业化的控制与强硬型管理模式过渡，在经过了人力资源管理体系的系统化建设后，电力企业的各级管理者应能够深刻领悟和熟练运用人力资源管理的方法和工具并成为职业化的人力资源管理者，在一定程度上形成大人力资源管理理念，人力资源管理在企业内部无处不在，最终形成全员参与和集成的、提供战略支持的伙伴型管理模式。

第二节　电力企业人力资源管理的实务流程

　　人力资源管理的流程已在第一节中加以简略介绍，涉及到电力企业人力资源管理的内容，人力资源战略、人力资源规划、工作分析与评价、招聘与选拔、员工培训与开发、职业生涯管理、绩效管理、薪酬管理和劳动关系管理这九个方面都不可或缺，结合电力企业工作的特性，本节选取了人力资源规划、工作分析、绩效管理和薪酬管理四个方面的实务流程加以分析。

一、电力企业人力资源规划

　　所谓电力企业人力资源规划是指结合电力企业自身特点，为了实现电力企业的目标，不断地审视其人力资源需求的变化以确保在组织需要时能够获得一定数量的具有一定知识和技能要求的人力资源的一个系统过程。

　　1. 人力资源规划的作用

　　人力资源规划是人力资源管理工作的一个重要职能，也是人力资源管理工作的基础。人力资源规划的作用体现在以下五点：使电力企业及时了解由于企业经营活动变化而导致的人力资源管理方面的变化；使电力企业能够预见未来人力资源不足或过剩的潜在问题；有助于电力企业获得并且留住能满足企业需要的具有一定知识、技能和经验的人力资源；使电力企业充分有效地利用人力资源；为开发培训提供信息，使电力企业员工能够适应不断变化的环境需要。

2. 人力资源规划的程序

人力资源规划的程序包含环境分析、供给预测分析、需求预测分析、供需平衡、编制规划以及规划的评价与调整。

(1) 人力资源规划环境分析。人力资源规划环境分析一般从企业内部和外部两方面着手，涉及到的具体指标和因素已在电力企业战略管理章节中有所描述，本章节对此不再赘述，直接通过 SWOT 分析，得出电力企业的外部机会、威胁以及内部优势、劣势等条件要素。

1) 外部机会：诸多电力企业即将改制，未来将建立起产权多元化的现代企业制度，这一分权制衡机制将为其开辟新的发展道路，良好的企业发展前景对人才的吸引力自然也会增强；国内高校近年来不断扩招，可供选择的相关专业毕业生不断增加，电力行业进入门槛较高，一般毕业生不容易进入，作为电力企业获得各方面人才比较容易；从社会文化的角度来说，人们普遍认同电力行业稳定的工作环境和相对稳定的工资福利待遇，也使得电力企业有比较充足的人才供给。

2) 外部威胁：市场竞争格局下，逐渐打破原有区域性单一电力企业垄断的局面，原有固定用户不再只拥有唯一的能源供应商。设备不先进、市场覆盖面窄的电力企业会受到直接威胁；一些电力企业所处地理地位对人才的吸引力不强，人才招聘将会有一定难度。

3) 内部优势：部分电力企业有一支忠于企业、技术（技能）水平较高和具备较强服务意识的员工队伍；部分电力企业重视技术，技术人才的地位和待遇相对较高，锻炼机会也比较多，技术人才队伍比较稳定；电力企业员工队伍素质较高，中专以上学历人员占员工总数基本超过 60%，大专以上学历人员占员工总数基本超过 30%；大部分电力企业通过多年的自主设计、建设的经验积累，具备较强的电力设计能力。

4) 内部劣势：部分电力企业设备严重老化，主网结构不合理，供电能力（发展）不足；建立时间较长的电力企业员工平均年龄偏大，年龄结构老化影响了企业的工作效率，企业吸收新知识的弹性也会降低；电力企业员工市场意识淡薄，缺乏面对竞争的心理准备，对未来的变革会产生阻力；电力企业的人员结构和企业面对市场需求还有较大差距；电力企业部分年轻的运行人员动手能力较差，仍需要较长时间的培养过程；部分电力企业地理位置相对偏僻，用户十分有限，未来事业拓展受到限制。

(2) 人力资源供给预测分析。人力资源供给预测是指企业为了实现其既定目标，对未来一段时间内企业内部和外部各类人力资源补充来源情况的预测。

一般来说，影响外部供给的因素主要有外部劳动力市场的状况、人们的就业意识、企业的吸引力等。企业内部供给分析是对现有人力资源的存量及其在未来的变化情况做出判断，主要包括现有人力资源的分析、人员的流动分析和人员质量的分析。

人力资源供给预测的方法主要有技能清单、现状核查法、人员替换、人力资源"水池"模型和马尔科夫模型等。

电力企业可从中选取一种或几种方法进行预测，综合运用现状核查法和马尔科夫模型两种方法，通过专家研讨和对各部门的调查研究，经过分析，计算出人力资源供给量，分析在管理、技术和生产等方面存在的问题。多数电力企业在管理方面存在的问题是经营管理、财务管理、生产管理、市场营销、物流管理等专业上缺乏高素质人才，而一般层次管理人员偏多。部分电力企业技术方面存在的问题是缺乏信息自动化传输、节能监测、配电系统等专业的高层次人才，工程预算、土建项目、系统维护等专业存在人才供给不足，不能满足需要的问题。部分电力企业生产方面存在的问题是变电运行缺乏既懂管理又有高技能的人才，配电检修、变电检修、维修电钳工、内外线电工存在专业对口的技校毕业生接替人员不足的问题，部分生产人员随着生产设备自动化程度的提高将会出现部分过剩的问题。

（3）人力资源需求预测分析。人力资源需求预测是指对企业在未来某一特定时期内所需要的人力资源的数量、质量以及结构进行估计。

对人力资源需求的预测不同的人有不同的思路，为了便于理解和操作，这里介绍对职位变动进行预测时需考虑的几个因素：①企业的发展战略和经营规划；②产品和服务的需求；③职位的工作量；④生产效率的变化。

人力资源需求预测的方法主要有现状规划法、经验预测法、德尔斐法、趋势预测法、趋势外推法、回归预测法和比率预测法等（具体方法参见本书第十七章）。

电力企业可从中选取一种或几种方法进行预测，选用现状规划法、经验预测法和趋势外推法三者结合来预测未来几年的人力资源需求。未来几年内电力企业的生产规模可能不会有大的变化，但生产技术和工作重心可能会有所改变，对运行人员的素质要求提高，数量需求可能会减少，而增加对营销、服务人员的需求。由于体制原因，这部分人员只能靠转岗培训来适应新的需求，不可能大批地裁员或者引进新人。因此，未来几年内电力企业对人力资源的需求将处于相对稳定状态。

（4）人力资源供需平衡与规划编制。企业人力资源供给与需求预测的比较，一般有以下四种结果：①供给和需求在数量、质量和结构方面都基本相等；②供给和需求总量平衡，结构不匹配；③供给大于需求；④供给小于需求。

一般来说，企业编制人力资源规划要经历五个过程：①编写人员配置计划；②配置人员需求；③制定培训计划；④编写人力资源费用的预算；⑤编写人力政策调整计划。

从总量来看，电力企业各年供给与需求差距基本不大，主要是缺乏一些与市场接轨急需的专业人才，如企业经营管理、财务管理、生产管理、市场营销、信息自动化传输、配电系统等专业的高层次人才比较缺乏，需要引进、培养。生产方面，配电检修、变电检修、维修电钳工、内外线电工及技能、管理复合型人才存在力量薄弱、接替人员不足的问题，部分生产人员不能满足岗位需要，要补充和调剂部分人员。这要求电力企业今后几年的招聘计划以此为依据，逐步平衡供需。

从人员结构来看，大多数电力企业供给与需求存在较大差距，管理人员供给总量大于需求总量，技术人员供给总量大于需求总量，高级技师、技师和助理技师人数与需求差距较大。结构的不平衡需要电力企业精简职能机构，减少一般管理、技术人员；充实营销、电力工程维修服务人员队伍；高级管理人才、高级技术人才和高技能人才要求加大培养力度，建立相应激励机制，鼓励技能人才成长。

（5）人力资源规划的评价与调整。当电力企业面临的实际情况发生改变时，就必须根据实际情况的变化对规划提出合理的调整，以适应环境，并尽量减少反应的滞后性。因此，人力资源规划是动态调整的，而不是一劳永逸的，最重要的是要关注其实际的执行效果。每年都应该对上年的人力资源规划进行修订，平时也应注意对人力资源规划的执行过程进行监督、分析、评价，找出计划的不足，给予适当调整，以确保企业整体目标的实现。

二、电力企业工作分析

1. 工作分析的作用和意义

工作分析是人力资源管理的一项基础性工作，它在整个人力资源管理系统中占有非常重要的地位，发挥着非常重要的作用。

（1）工作分析为电力企业其他人力资源管理活动提供依据。工作分析为电力企业人力资源规划提供了必要的信息；为电力企业人员的招聘录用提供了明确的标准；为电力企业人员的培训开发提供了明确的依据；为电力企业制定公平合理的薪酬政策奠定了基础；为电力企业科学的绩效管理提供了帮助。

（2）工作分析对电力企业的管理具有一定的溢出效应。工作分析有助于电力企业员工本人反省和审查自己的工作内容和工作行为；有助于电力企业的人力资源管理职能真正上升到战略地位；有助于电力企业的高层经营管理层充分了解每一个工作岗位的人目前所做的工作。

2. 工作分析的程序

工作分析是对工作一个全面的描述、分析和评价的过程，这个过程可以分为四个阶段：准备阶段、调查阶段、分析阶段和应用阶段。

（1）准备阶段。这是工作分析的第一个阶段，主要任务是了解情况，确定样本，组成工作小组。具体工作主要包括：组成由工作分析专家、岗位在职人员和上级主管等成员构成的工作分析小组；确定调查和分析对象的样本，同时考虑样本的代表性；利用现有文件与资料（如岗位责任制、工作日记等），对工作的主要任务、主要责任和工作流程进行分析总结；把各项工作分解成若干工作元素和环节，确定工作的重点、难点、大至周期与预算等；找出原职务说明书中存在的问题，如不清楚、模棱两可的条款，不适应当前技术与管理要求的条款，需要说明而未说明的事项，以及新职务说明书拟解决的主要问题。

热电厂原设定除灰工程管理工作的职责有以下四点：①负责除灰设备的采购，如阀门、布袋除尘器、压力容器、管件、钢结构；②建立除灰设备的体系；③除灰项目的技术支持；④负责相关设备的质量检验工作。经工作小组了解情况、分析现有资料后，指出现有的职责描述不全面，在新的职务说明书中应增加售后服务工作和物资管理工作两方面的内容。

（2）调查阶段。调查阶段的主要任务是对整个工作过程、工作环境、工作内容和上述人员等方面做一个全面的调查，也是一个工作量大、耗时长的阶段。具体工作主要包括：编制各种调查问卷和调查提纲；到工作场地进行现场观察，观察工作流程，记录关键事件，调查工作必需的工具与设备，考察工作的物理环境与社会环境；对主管人员和在职人员广泛进行问卷调查，并与主管人员、"典型"员工进行面谈，收集有关工作的特征及需要的各种信息，征求改进意见，同时注意做好面谈记录，并注意面谈的方式方法；若有必要，职务分析人员可直接参加调查工作，或是通过实验的方法分析各因素对工作的影响。

电气操作工作误操作的管理规定内容包括：电气误操作事故严重威胁着电业生产安全，其后果将造成人身伤害和设备损坏，为加强管理，根据《电业安全工作规程》（发电厂和变电所电气部分）、《防止电力生产重大事故的二十五项重点要求》、国家电网公司《防止电气误操作装置管理规定》以及区域电网防止电气误操作安全管理规定等有关规程规定，制定本规定；防止电气误操作的组织措施和技术措施是防误工作的两个重要环节，在严肃组织措施、严格"两票三制"的执行和提高人员素质的同时，必须抓好技术措施的完善；防误闭锁装置作为防止电气误操作的技术措施，对于减少误操作事故，保证人身、电网、设备安全起到了重要作用，必须切实做好防误装置的选用、安装、验收、运行维护和检修管理等工作，使其在电网运行中更好地发挥作用；本规定所指的防误装置是：微机防误、电气闭锁、电磁闭锁、机械连锁、机械程序锁、机械锁、带电显示装置等。在调查过程中，应依照该规定，采用各种有效的手段对整个工作过程和工作环境做全面细致的调查。

（3）分析阶段。分析阶段的主要任务是对有关工作的特征和工作人员的特征的调查结果进行深入、全面的总结分析。具体工作主要包括：仔细审核、整理获得的各种信息；创造性地分析发现有关工作和工作人员的关键成分；归纳、总结工作分析必需的材料和要素。

电力企业在进行工作分析时应遵循以下几项基本原则。

1）对工作活动是分析而不是简单的罗列。供电公司的客服部门前台转接电话这项职责，经过分析后应当这样描述："按照供电公司的要求接听电话，并迅速转接到相应的负责部门或人员"，而不是将所有的活动都罗列上去："听到电话铃响后，拿起电话，放到耳边，说出供电公司的名称，询问对方的要求，转接到相应的人员"。

2）针对的是职位而不是人。电工职位本来需要高中学历的人来从事，由于各种原因，现在有一些高中以上或达不到高中学历的人在担任此职位，那么分析这一职位的任职资格时就要规定为高中，而不能根据现有的状况将学历的要求提高或降低。

3）分析要以当前的工作为依据。电力企业的工作分析，无论是技术岗，还是管理岗，只有如实地反映出职位目前的工作状况，才能够据此进行分析判断，发现职位设置或职责分配上的问题。

（4）应用阶段。这是工作分析的最后阶段。前三个阶段的工作都以此阶段作为工作目标，此阶段的任务就是根据工作分析规范和信息编制"职务说明书"。具体主要工作包括：根据工作分析规范和经过分析处理的信息草拟"职务说明书"；将草拟的"职务说明书"与实际工作对比，并根据对比的结果决定是否需要进行再次调查研究；根据需要补充调研，并修正"职务说明书"；形成最终的"职务说明书"；一方面，将"职务说明书"应用于实际工作，并注意收集应用的反馈信息，不断完善"职务说明书"；另一方面，对工作分析工作本身进行总结评估，将"职务说明书"归档保存，为今后的分析工作提供经验与信息基础。

电力企业的电工职务说明书应包含以下内容。

1）任职资格：持有效岗位证书和学历等。

2）工作条件：电工属于行政人员，接受行政经理的指导和调度，如条件允许，经行政经理同意，可以协助部门工作。

3）工作内容：电力系统管理及维护和供水和排污系统管理及维护。

电力系统管理及维护：负责公司内及宿舍的电力系统管理及维护，包括配电柜、照明、空调系统、通风系统等；定期对供电线路进行检查，发现问题或隐患及时解决；发生故障或发现隐患及时检修；记录每月电表读数，收到付费通知后，进行核对；绘制公司电网布局图存档，如有改动及时变更图纸。

供水和排污系统管理及维护：水泵、供水管、排污系统的日常管理及维护，包括管道、水表、水龙头等；记录每月水表读数等。

三、电力企业绩效管理

1. 绩效管理的意义

作为人力资源管理的一项核心职能，绩效管理具有非常重要的意义，主要表现在四个方面。①绩效管理有助于提升电力企业的绩效；②绩效管理有助于保证员工行为和电力企业目标的一致；③绩效管理有助于提高电力企业员工的满意度；④绩效管理有助于提高电力企业人力资源管理其他决策的科学合理程度。

2. 绩效管理的实施过程

在实践中，绩效管理是按照一定的步骤来实施的，这些步骤可以归纳为四个阶段：准备阶段、实施阶段、反馈阶段和运用阶段。

（1）准备阶段。准备阶段是整个绩效管理过程的开始，这一阶段主要完成绩效计划的任务，也就是说通过上级和员工的共同讨论，确定出员工的绩效考核目标与绩效考核周期。

绩效考核目标（又称绩效目标）是对员工在绩效考核期间的工作任务和工作要求所作的界定，这是对员工进行绩效考核时的参照系，绩效目标由绩效内容和绩效标准组成。绩效考核周期是指多长时间对员工进行一次绩效考核。

绩效内容界定了员工的工作任务，包括绩效项目和绩效指标两个部分。绩效项目是指绩效的维度，也就是说要从哪些方面来对员工的绩效进行考核；绩效指标则是绩效项目的具体内容，它可以理解为是对绩效项目的分解和细化。绩效标准明确了员工的工作要求，也就是说对于绩效内容界定的事情，员工应当怎样做或者做到什么样的程度。

本节从中层管理者和员工两个角度分析电力企业绩效考核目标与绩效考核周期的确定。

1）中层管理者。①目标设定。电力企业中层管理者对其部门年度绩效目标及月度绩效计划完成情况负责，每年1月份与电力公司领导签订《绩效考核责任书》。每月初电力企业各部门负责人将部门年度绩效目标分解为月度绩效计划，并对完成情况负责。②月度考核。每月初电力企业的分管领导对各部门上月的绩效计划完成情况进行考核，部门绩效计划完成情况考核得分为中层管理者当月的绩效得分。③年度考核。电力企业中层管理者的年度考核由业绩考核和能力考核两部分组成。业绩考核和能力考核的权重应有一定比例的划分，可约为70%和30%。业绩考核是根据《绩效考核责任书》指标计划及月度绩效计划完成情况，对被考核者进行的考核。电力企业中层管理者业绩考核与部门绩效考核挂钩，中层管理者年度业绩考核得分为所在部门年度绩效考核得分。能力考核是对被考核者进行德、能、勤、廉方面的考核。能力考核可采用个人述职基础上的360°考核，即上级评价、同级互评和下属评价。上级评价的权重为50%，同级互评权重为25%，下属评价权重为25%。

2）员工。①目标设定。电力企业员工的绩效目标可以从关键结果领域（KRA）及关键绩效指标（KPI）两个层面进行设定。关键结果领域（KRA）指工作中重点关注的几个方面的工作，关键绩效指标（KPI）指衡量部门关键结果领域的几个核心指标。绩效目标设定依据为：部门年度绩效目标、岗位说明书。员工年度绩效目标设定后，与直接上级签订《绩效协议书》。②月度绩效考核。月度考核主要考核工作绩效，每月月初由电力企业员工的直接主管对员工上月完成月度绩效计划情况进行考核，并将结果与员工沟通，指出改进要求。③年度绩效考核。年度绩效考核主要考核工作绩效及工作表现两个方面。工作绩效考核主要考核年度绩效目标完成情况，由直接上级对电力企业员工年度绩效目标完成打分，并将考核结果与员工沟通，提出改进要求，员工填写改进计划，该改进计划将纳入下年度绩效目标核考。工作表现考核指被考核者对于工作的投入与执行过程的情形。工作表现一年考核两次，7月份对员工上半年的工作表现进行考核，次年1月对员工上年度下半年的工作表现进行考核，年度绩效考核分数汇总。在年度绩效考核中，工作绩效占70%的权重，工作表现占30%的权重，则有

年度绩效考核分数＝工作绩效考核得分×70%＋（上半年工作表现得分＋下半年工作表现得分）×30%。

（2）实施阶段。实施阶段主要是完成绩效沟通和绩效考核两项任务。绩效沟通是指在整个绩效考核周期内，上级就绩效问题持续不断地与员工进行交流和沟通，给予员工必要的指导和建议，帮助员工实现确定的绩效目标。绩效考核就是指在考核周期结束时，选择相应的考核主体和考核方法，收集相关信息，对员工完成绩效目标的情况做出考核。考核主体是指对员工的绩效进行考核的人员，考核主体一般包括上级、同事、下级、员工本人和客户五类。

电力企业各部门应就与主管领导的沟通情况填写"绩效回顾表"，每月至少填写一份，由绩效管理小组存档备查，作为对部门干部考核测评的依据；各基层部门根据与主管领导和相关职能部门的沟通情况，每季度形成一份"绩效回顾报告"，作为单位年度绩效考核依据；各部门负责人也应不定期对员工的绩效完成情况进行沟通，给予帮助和支持，并就沟通和绩效完成情况每月填写员工个人的"绩效回顾表"，双方确认后留本部门存档备查，作为员工个人的绩效考核依据。绩效周期结束后，由电力企业各职能部室和基层部门先形成自我评价报告，交主管领导考核确认，最后由专门负责绩效管理日常工作的绩效管理小组汇总，结合收集的其他绩效完成数据，形成考核初步意见，提交绩效管理委员会审定后通报；员工个人也要写出自我评价报告，由职能部门或基层部门负责人根据绩效回顾表记录的情况和所收集的各种信息，按照考核办法和标准，给出最后考核结果；最后的评估意见是自我评估、上级评估、来自客户或下属的评估、部门间满意度的综合结果。

（3）反馈阶段。反馈阶段主要是完成绩效反馈的任务，也就是说上级要就绩效考核结果和员工进行面对面的沟通，指出员工在绩效考核期间存在的问题，并一起制定出绩效改进的计划，为了保证绩效的改进，还要对绩效改进计划的执行效果进行跟踪。在绩效反馈结束以后，管理者还必须对反馈的效果加以衡量，提高以后的反馈效果。

电力企业的沟通机制的建立可从"显形"和"隐形"两方面入手。显形机制的建立即在电力企业内部形成专门的绩效沟通制度，明确规定沟通的目的、要求、注意事项和内容建议，如定期填写需管理者和下属共同确认的绩效回顾表。"隐形"机制的建立则需要导入以"沟通"为理念的电力企业文化，以潜移默化的方式营造出上下级之间相互信任、团结协作、真诚沟通的企业氛围，为绩效管理体系的持续、健康运行创造环境。

（4）运用阶段。运用阶段就是说要将绩效考核的结果运用到人力资源管理的其他职能中去，从而真正能够发挥绩效管理的作用，保证绩效管理目的的实现。绩效考核结果的运用包括两个层次的内容：一是直接根据绩效考核结果做出相应的奖惩决策；二是对绩效考核的结果进行分析，从而为人力资源管理其他职能的实施提供指导或依据。

电力企业考核结果的运用情况可以体现在以下五个方面。

1）员工薪酬调整。员工年度综合考核为优秀，薪酬级别可在同一等内晋升一档，当员工达到本等内最高一档时，薪酬级别不再晋升；员工年度综合考核为不合格，薪酬级别可在

同一等内降一档，当员工达到本等内最低一档时，薪酬级别按同等级差降低。人力资源部负责提交调薪提案，报电力公司考核薪酬管理委员会批准。

2）员工晋升。年度综合考核结果是决定员工是否晋升的主要依据，只有上年度综合考核在良好以上的员工才有晋升的资格，人力资源部根据考核结果提交员工晋升名单，报电力公司考核薪酬管理委员会审批。

3）岗位调整。被考核人如不能胜任现岗位工作，可在年度综合考核结束后1个月内提出工作调动要求，经部门负责人同意并获总经理批准后，由人力资源部将其调整到别的岗位。

4）培训。人力资源部根据公司全体员工素质能力的考核结果，经过培训需求调查，制定全体员工年度培训计划，上报电力公司总经理审批。

5）安排待岗和辞退。对于连续两年综合考核得分不合格的员工，除了降薪和调岗外，各部门可以在征求电力公司对口部门同意后安排其待岗，公司也可以解除与其签订的劳动合同。解除劳动合同的程序为：电力公司基层部门负责人向人力资源部提交《员工辞退登记表》，人力资源部报电力公司审批后办理辞退手续。

四、电力企业薪酬管理

1. 薪酬管理的意义

作为人力资源管理的一项主要职能活动，薪酬管理具有非常重要的意义，主要表现在四个方面：①有效的薪酬管理有助于电力企业吸引和保留优秀的员工；②有效的薪酬管理有助于实现电力企业对员工的激励；③有效的薪酬管理有助于改善电力企业的绩效；④有效的薪酬管理有助于塑造电力企业良好的企业文化。

2. 薪酬体系设计

一套合理的薪酬体系，可以让企业在不增加成本的情况下提高员工对薪酬的满意度。一般来说，要设计一个科学合理的薪酬体系，应经历以下7个步骤。

(1) 制定薪酬原则和策略。有效的薪酬管理，应当遵循以下四项基本原则。

1）合法性原则。电力企业的薪酬制度必须符合国家法律、法规和政策的要求，特别是国家有关的强制性规定，在薪酬制度设计中不能违反，如国家有关职工加班加点的工资支付问题、严格限制电力行业员工工资涨幅过快问题等。

2）公平性原则。公平性包含三个层次的含义：一是外部的公平性，指不同企业中，类似职位或员工的薪酬应当基本相同，目前电力企业还具有垄断性质，社会公众普遍认为电力企业员工工资、福利待遇偏高；二是内部公平性，指同一企业中，不同职位或员工的薪酬应当与各自对企业的贡献成正比；三是个人公平性，指同一企业中，相同或类似职位上的职工，薪酬应当与其贡献成正比。就后两种公平性而言，电力企业和其他企业一样，由于主观和客观两方面的原因，企业内部产生不公平感。

3）及时性原则。及时性指薪酬的发放应当及时，电力企业的员工一般没有第二职业，薪酬是其生活的主要来源；同时对工作积极、任务圆满完成的员工也是一种有效的激励，如电费回收及时、线损达到相应指标等。

4）经济性原则。经济性指企业支付薪酬时应当在自身可以承受的范围内进行，在经济性和竞争性之间找到恰当的平衡点。电力企业的诸多工种如抄表、客服等不需要高学历的支撑，某电力企业员工中普通中专月基本工资为360元、大学本科608.4元、硕士研究生

804.6元，由此可见，薪酬的经济性与其本身设计的经济性和招聘规划的合理性是密切相关的。

薪酬总额相同、薪酬结构不同、管理机制不同、支付方式不同，往往会取得不同的效果，在制定企业的薪酬管理策略时应考虑以下五个方面。

1）提供适合电力企业员工需要的福利项目，增加员工的满意度。员工个人的保险福利项目按国家规定可以分为两类：一类是强制性福利，企业必须按相关法律法规的要求执行，如养老保险、失业保险、医疗保险和工伤保险等；另一类是企业自行设计的福利项目，如人身意外险、家庭财产保险、旅游、劳保、误餐补助、健康检查、特殊津贴和带薪休假等。电力企业的福利是一笔庞大的开支，但对员工往往起到的是保健作用，而不是激励作用，最好的办法是采用菜单式福利，即根据员工的特点和需要，列出一些福利项目，并规定一定的福利总值，让员工自由选择，各取所需。

2）采取巧妙的薪酬支付方法，满足电力企业员工不同的需要。电力企业的员工是多层次的，他们的需求也是多层次的，单纯的经济薪酬和固定式的激励方式经常得不到想要的效果，电力企业应把经济薪酬和非经济薪酬结合起来运用，注重频繁的、小规模的奖励，增加不定期的奖励，让员工有更多的意外惊喜，也能增强激励效果。

3）应用多种计酬方式，激励电力企业内不同层次、不同部门的员工。薪酬的计算方式一般包括按时计酬、按件计酬和按绩效计酬三种方式。按时计酬是最缺乏激励效果的一种计酬方式，适合于从事简单事务性、工作成果不易量化的部门和人员，如电力企业的客服部门，业务的技术性不强，又不能以接到投诉电话的多少衡量其工作量；按件计酬对员工的激励作用十分明显，适合一线生产人员；按绩效计酬的方式需要事先设定具体的工作目标，工作完成后，根据实际工作的业绩进行评价，这种方法在诸多电力企业中得到广泛的应用，如供电所的奖金发放和线损指标的完成情况挂钩。

4）重视对团队的奖励，消除电力企业基层员工的不平衡心理。电力企业内部存在着上下级工资差距过大的现象，为了弱化基层员工的不平衡心理，同时强化团队工作这一职位设计方式，奖励团队虽然比奖励个人的效果偏弱，但却是必要的。

5）阐述电力企业的薪酬文化，吸引和留住人才。电力企业在国内还具有垄断性质，多数人来电力企业工作一是为稳定，二是为高薪，薪酬表明了企业所重视的人和事，因而在进行人员招聘时，应阐述清楚电力企业的薪酬文化和薪酬价值观，这样才能真正地吸引并留住所需人才。

（2）工作分析。工作分析在本节已有详细讲解，在此不再赘述。

（3）职位评价。职位评价是指借助一定的方法，确定企业内部各职位相对价值大小的过程。电力企业进行职位评价的目的有两个：一是比较电力企业内部各职位的相对重要性，得出职位等级序列；二是为电力企业外部薪酬调查建立统一的职位评估标准。职位评价这一工作的重心主要体现在评价的方法上，评价方法一般有四种，非量化的方法有排序法和归类法，量化的方法有要素比较法和要素计点法。

电厂可以把岗位要求划分为工作智能、工作责任、工作强度和工作条件等四个要素，对每一要素进一步分解为若干个因素点并根据各因素在评价体系中的权重赋予不同的点数。按照不同的测评对象分别成立相应的测评小组。按照相同的工作程序，采用相应的评价标准统一对电厂的数百个岗位进行测评，通过对大量数据的统计、整理和分析，完善电厂岗位分类、岗位层级划分和岗位名称规范工作。根据岗位相对价值和向关键管理与生产技术岗位倾斜，合理拉开差距的设计原则，设定岗位系数。公司高级管理人员以外的岗位系数基本符合现代薪酬设计抛物线原理（如图13-1所示）。

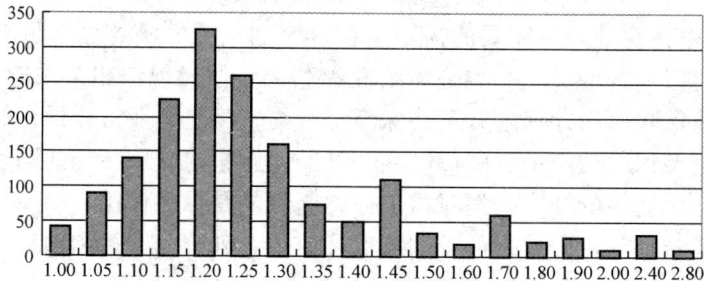

图13-1 电厂岗位系数人数统计图

（4）薪酬调查。薪酬调查是指收集同地区或同行业其他企业的信息，从而确定市场薪酬水平的过程。根据薪酬调查的结果、结合职位评价的结果和电力企业自身的薪酬策略，就可以确定出各职位具体的薪酬水平。

1）选择调查的职位。薪酬调查一般不可能针对所有职位来进行，因此首先要选择需要调查的典型职位。典型职位的确定主要是考虑调查的方便，应当选择普遍存在的通用职位；还需要对典型职位进行工作分析，形成工作说明书，避免出现职位名称相同或近似，实际的工作职责却差别很大的现象，同是生产计划科，供电公司和热电厂对其就有不同的职责界定。

2）确定调查的范围，即确定在什么范围内来收集相关的信息。供电公司中继电保护部门、调度部门和客服部门工作性质不同、职位不同，调查的范围也会不同。

3）确定调查的项目。电力企业给予某个职位的基本薪酬可能不高（通常相邻岗位之间基本工资相差也不多），激励薪酬和福利却很高，而员工进行薪酬比较针对的往往是总体薪酬，因此调查项目应当包括薪酬的各个部分，这样在确定基本薪酬水平时才会比较合理。

4）进行实际的调查。为了保证调查的效果，一般需要设计出调查问卷，问卷除了要包括薪酬方面的信息外，还应当包括电力企业本身和职位的一些信息。

5）调查结果的分析。首先要剔除那些无效的问卷，然后对有效的结果进行统计分析，确定电力行业市场薪酬的平均水平。

（5）薪酬定位。影响电力企业薪资水平的因素有很多。从外部环境看，国家的宏观经济、通货膨胀、电力行业的特点和行业的竞争状况、电力人才供应状况等都对薪酬定位和工资增长水平有不同程度的影响；从内部环境看，电力企业的盈利能力和支付能力、电力工作人员的素质要求是决定薪资水平的关键因素；另外，电力企业的发展阶段、人才稀缺程度、招聘难度和综合实力也是影响的重要因素。

在薪资水平的定位上，电力企业不一定要花费最高的工资才能找到最好的人才，因为电力行业具有一定垄断性，人才供应方面属于买方市场，电力企业具有的是综合优势，不需要单纯地依靠高薪吸引和留住人才。

（6）薪酬结构设计。电力企业在设计薪酬结构时，要综合考虑五个方面的因素：一是其职位等级，二是个人的技能和资历，三是工作时间，四是个人绩效，五是福利待遇。在工资结构上，分别设为基本工资、绩效工资、加班工资和薪酬福利。不同电力企业可以在此基础上灵活运用。

电厂的工资结构应以岗位工资为主，适当考虑累积贡献、逐步加大绩效工资比例的思路进行。岗位工资基数根据公司年度工资预算总额、人力资源市场价位和物价水平等因素确定，同时出台《薪酬体系与工资分配制度》、《绩效考评暂行办法》等制度及《加班管理办法》等配套制度，形成比较完整的薪酬体系（如图13-2所示）。新的岗位绩效工资的实施改变传统按行政级别确定岗位等级的办法，按照岗位职责进行分类和分层，一岗一薪、岗变薪变，使薪酬分配、劳动合同、竞聘上岗三项制度统筹兼顾，协调一致，动态完善与发展。

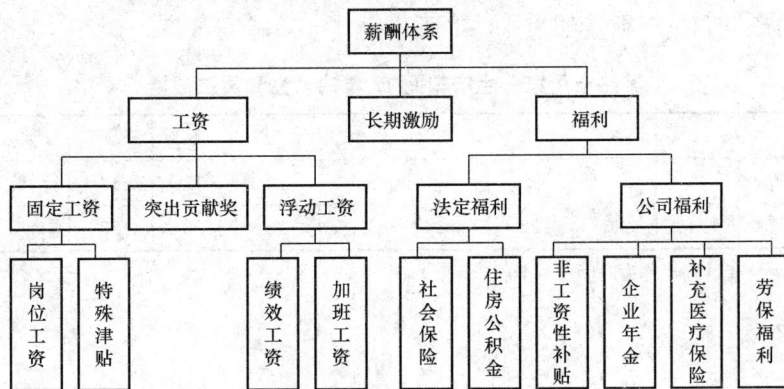

图13-2　电厂薪酬体系构成图

（7）薪酬实施与调整。薪酬方案一经建立，就应严格执行，发挥其保障、激励功能。在实施过程中，薪酬设计者还有一项重要的职责，就是对制定出来的薪酬制度进行修正和调整，这是薪酬设计的最终环节。薪酬设计的时效性要求方案中的数据也要进行相应的调整。电力企业人力资源部要及时做好员工的沟通和必要的宣传与培训。在保证薪酬方案相对稳定的前提下，应随着电力企业经营状况和市场薪酬水平的变化做出相应的调整。

第三节　电力企业主流的人力资源管理方法

现阶段人力资源管理的方法非常丰富，本节针对三个方法运用更突出的实务阶段（人力资源规划中需求预测与供给预测、工作分析和绩效考核），结合电力企业的实例，选取主流的方法加以定性和定量分析。

一、电力企业人力资源需求预测的方法

1. 电力企业人力资源需求预测的定性方法

（1）现状规划法。人力资源现状规划法是一种最简单的预测方法，它是假设电力企业保持原有的生产规模和生产技术，企业的人力资源处于相对稳定的状态，即电力企业目前各种人员的配备比例和人员的总数将完全能适应预测规划期内人力资源的需求。此方法预算出在规划期内有哪些人员或岗位上的人将得到晋升、降职、退休或调出电力企业，再准备调节人员去弥补，这种方法适用于短期预测，对长期预测效果很差，但能为长期预测提供一条简单易行的思路。

（2）经验预测法。经验预测法是电力企业根据以往的经验对人力资源进行预测的方法，预测的效果受经验的影响较大，因此，保有电力企业历史的档案，并采用多人集合的经验，可以减少误差。这种方法适用于电力企业在技术较稳定的时期做中短期预测。

（3）德尔斐（Delphi）法。此方法在决策职能的定性方法中已加以介绍，在此不再赘述。

2. 电力企业人力资源需求预测的定量方法

（1）趋势预测法。趋势预测法（在此仅介绍一元线形回归分析法）仅考虑人力资源本身的发展情况，不考虑其他因素对人力资源需求量的影响，它以时间或产量等单个因素作为自变量，以人力数作为因变量，且假设过去人力的增加趋势保持不变，一切内外影响因素也保持不变，使用此方法的前提是产出水平和人员需求量的比例不一定。例如，某热电厂第一生产车间 12 年的产量和员工数量如表 13-1 所示。

表 13-1　　　　　　　　　某热电厂第一生产车间 12 年的产量和员工数量

年份	1	2	3	4	5	6	7	8	9	10	11	12
产量	10	13	14	15	18	13	12	11	13	19	20	21
员工数量	20	21	20	22	23	24	22	22	23	25	26	27

注　以时间作为自变量，也称为时间序列分析。

预测方程为

$$y = a + bx + \varepsilon$$

式中　y——员工数量；

　　　x——时间；

　　$a，b$——常数；

　　　ε——随机变量，其平均值为 0。

运用最小平方法可推导出 $a，b$ 的公式为

$$a = \bar{y} - b\bar{x}$$

$$b = \frac{\sum(x_i - \bar{x})(y_i - \bar{y})}{\sum(x_i - \bar{x})^2}$$

将数据代入公式得

$$\sum x_i = 78; \bar{x} = 6.5; \sum y_i = 275; \bar{y} = 22.92$$

$$\sum(x_i - \bar{x})^2 = 148.92; \sum(x_i - \bar{x})(y_i - \bar{y}) = 72.4$$

$$b = \frac{72.4}{148.92} = 0.486; a = 22.92 - \frac{72.4}{148.92} \times 6.5 = 15.67$$

假定 $\varepsilon = 0$，则 $y_{13} = 15.67 + 0.486 \times 22 \approx 27$（人）（22 是第 13 年的预测产量）。

（2）劳动定额法（又称比率预测法）。劳动定额法是对劳动者在单位时间内完成工作量的规定，在已知的电力企业计划任务总量及制定了科学合理的劳动定额的基础上，运用劳动定额法能较准确地预测电力企业人力资源的需求量。例如，某电力公司继电保护班的人力资源需求量测算方法如下

$$N = W/q(1 + R)$$

式中　N——继电保护班人力资源需求量；

　　　W——继电保护班计划期任务总量；

　　　q——现行继电保护班的人均生产率；

R——继电保护班计划期内生产率变动系数。

$$R = R_1 + R_2 + R_3$$

式中 R_1——继电保护班技术进步引起的劳动率提高系数；

R_2——继电保护班经验积累导致的劳动率提高系数；

R_3——由年龄增大及某些社会因素引起的生产来降低系数。

（3）多元回归预测法。多元回归预测法是一种建立在统计技术上的人力资源需求预测方法，与趋势预测法不同的是，它不只考虑时间或产量等单个因素，还考虑了两个或两个以上因素对人力资源需求的影响。多元回归预测法运用事物之间的各种因果关系，根据多个自变量的变化来推测因变量的变化，而推测的有效性可通过一些指标来加以控制。

电力公司在预测人力资源需求量时，找出一些有关因素作为变量，如人力资源流动比率、销售量等，然后找出历史资料中的有关数据及历史上的人力资源需求量，要求至少20个样本，以保证其有效性。对这些因素利用 Excel、SPSS 等统计工具中的多元回归计算来拟合出方程，利用方程进行预测。

二、电力企业人力资源供给预测的方法

1. 电力企业人力资源供给预测的定性方法

（1）技能清单。技能清单是一个反映员工工作能力特征的列表，这些特征包括员工的培训背景、工作经历、持有的资格证书及工作能力的评价等内容。技能清单是对员工的实际能力的记录，可帮助人力资源规划人员估计现有员工调换工作岗位的可能性，以及确定哪些员工可以补充当前的岗位空缺。技能清单主要服务于晋升人员的确定、管理人员接续计划、对特殊项目的工作分配、工作调配、培训、薪资奖励计划、职业生涯规划和企业结构分析等。供电公司管理人员的技能清单如表 13-2 所示。

表 13-2 供电公司管理人员的技能清单

姓名		部门		到职日期	
来源		出生年月		最高职称	
教育背景	类别	学位种类	毕业日期	学校	主修科目
	高中				
	大学				
	硕士				
	博士				
工作经历	工作单位	起止时间	担任何种工作		
培训背景	培训主题	培训时间	培训机构		

续表

技能	技能种类		证书	
评价				
志向	是否愿意到其他部门工作		是	否
	是否愿意担任其他类型工作		是	否
	是否愿意接受工作轮换以丰富工作经验		是	否
	愿意承担哪些工作			
需要何种培训	改善目前的技能和绩效：			
	提高晋升或需要的经验和能力：			
目前可晋升或流动至何岗位				

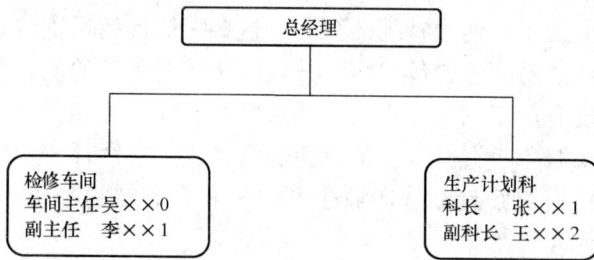

图 13-3　电厂的部分人员替换图

0—表示可以马上提升；1—表示 1 年内提升；2—表示两年内提升

（2）人员替换法。人员替换法是通过一张人员替换图来预测企业内部的人力资源供给状况，在替换图中，要给出部门、职位全称、在职员工姓名、职位（层次）、员工绩效与潜力等各种信息，依次推算未来的人力资源变动趋势。电厂的部分人员替换图如图 13-3 所示。

（3）人力资源"水池"模型。人力资源"水池"模型是在预测企业内部人员流动的基础上来预测人力资源的内部供给。这种方法一般要针对具体的部门、职位层次或职位类别来进行，由于它要在现有人力资源的基础上通过计算流入量和流出量来预测未来的供给，这就好比是计算一个水池未来的需水量，因此称之为"水池"模型。

对每一层次的职位来说，人员流入的原因有平行调入、上级职位降职和下级职位晋升；流出的原因有向上级职位晋升、向下级职位降职、平行调出和离职。对各层次的职位分析完之后，将它们合并在一张图中，就可以得出企业未来各个层次职位的内部供给量以及总的供给量，供电所的人力资源接续模型如图 13-4 所示。

2. 电力企业人力资源供给预测的定量方法

马尔科夫模型是人力资源供给预测典型的定量方法，是用来预测等时间间隔点上（一般为一年）各类人员分布状况的一种动态预测技术，这也是从统计学中借鉴过来的一种定量预测方法，其基本思想是找出过去人力资源流动的比例，依此来预测未来人力资源供给的情况。

供电公司技术岗分为四个层次，从低到高依次是 A（高级技术人员），B（中级技术人员），C（初级技术人员），D（学徒），各类人员的分布情况如表 13-3 所示。

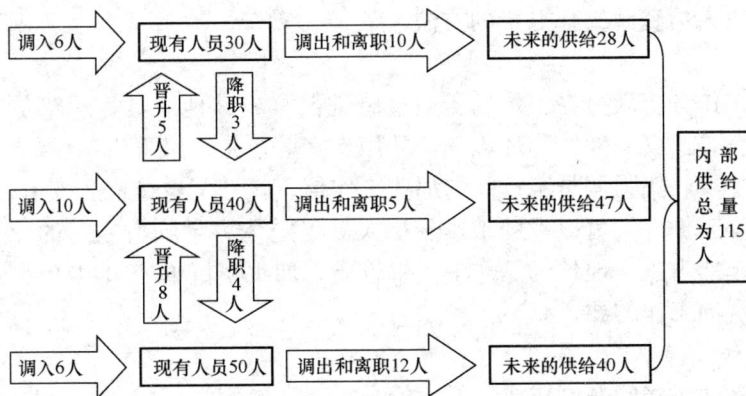

图 13 - 4　供电所的人力资源接续图

表 13 - 3　　　　　　　　供电公司技术人员的分布情况表

职位	A	B	C	D
人数	40	80	100	150

首先确定各类职位的人员转移率，这一转移率可以表示为一个矩阵变动表，如表 13 - 4 所示。

表 13 - 4　　　　　　　　人 员 转 移 率 矩 阵 表

	A	B	C	D	离职率合计
A	0.9				0.1
B	0.1	0.7			0.2
C		0.1	0.75	0.05	0.1
D			0.2	0.6	0.2

表 13 - 4 中的每一个数字都表示，在固定的时期内，两类职位之间转移的员工的数量，A 类职位的人有 90% 留在供电公司；B 类职位中 80% 留在供电公司，其中 10% 转移到 A 类岗位，70% 留在原来的岗位。这样有了各类人员原始的人数与转移率，就可以预测出未来的人力资源供给情况，将初期的人数与每类的转移率相乘，然后再纵向相加，就得到每类职位第二年的供给量，如表 13 - 5 所示。

表 13 - 5　　　　　　　　第二年供电公司技术人员的分布情况

	初期人数	A	B	C	D	离职合计
A	40	36				4
B	80	8	56			16
C	100		10	75	5	10
D	150			30	90	30
预测的供给		44	66	105	95	60

三、电力企业人力资源工作分析的方法

1. 观察法

观察法是指工作分析人员在工作场所通过感觉器官或其他工具，观察员工的工作过程、行为、内容、特点、工具、性质和环境等，并用文字等形式记录下来，然后进行分析和归纳总结。这种方法主要收集强调员工技能的那些工作信息，如配电检修、变电检修、维修电钳工、内外线电工等工作，它可以帮助工作分析人员确定体力与脑力之间的相互关系。但是，这种方法在脑力技能占主导地位的工作中效果较弱，如观察供电公司生产计划科人员的工作并不能全面揭示这项工作的要求。

2. 问卷调查法

问卷调查法是通过将问题制作成问卷发给员工，让他们当场或在一定时间内填写的方式来搜集信息的方法。设计良好的工作分析问卷可以帮助工作分析人员获得大量信息，既快捷又经济，要求员工对各种工作行为、工作特征和工作人员特性进行描述、选择或打分评级，然后回收问卷进行统计与分析。问卷可以分为工作定向问卷和人员定向问卷，前者强调工作本身的条件和结果，如对调度工作本身的一些情况进行调查；后者强调了解员工本人的工作行为，如对电费回收、抄表人员工作行为的调查。

3. 面谈法

面谈法是一种通过工作分析专家与员工，特别是管理岗位员工的面谈，以获得更为详细且精确的信息，并进而对某一岗位，特别是管理岗位的工作进行分析的方法。面谈法是工作分析中大量运用的一种方法，由于是面对面的双向沟通，可以对员工的工作动机、工作态度和工作满意度等有更深入的了解，如在某变电站，工作分析人员首先与变电站的员工就工作目标、工作内容、工作性质与范围、工作责任等内容进行面谈，帮助员工描述出他们履行的职责；然后再与变电站的管理者接触，获得其他信息，以检验从员工那里获得信息的准确性，并弄清某些问题。

4. 工作日志法

工作日志法就是由职位的任职者本人，按照时间顺序记录工作过程，然后经过提炼取得所需资料的一种方法。这种方法适用于工作循环周期短、工作状态稳定的职位，适用于确定工作职责、工作关系以及劳动强度等方面的信息，如要确定电工的工作职责、进一步完善职位说明书，可以借助这种方法。

5. 关键事件法

关键事件法是通过一定的表格，专门记录工作者在工作过程中那些特别有效或特别无效的行为，依此作为将来确定任职资格的一种依据。记录的内容大致包括：①导致事件发生的原因；②有效和无效行为的特征现象；③行为的后果；④工作者可以控制的范围及努力程度的评估。调度科室调度员关键事件的记录可由任职者的直接主管——调度科科长或其他目击者完成，按照行为发生的顺序记录，为了给确定调度员任职者资格提供事实依据，往往需要有大量的有效或无效的关键事件，并把它们划分成不同的类别和等级，重要程度可按一定标度评分：1=很不重要；2=比较重要；3=重要；4=非常重要；5=极其重要，然后以所给的平均分数值作为任职资格条件的权重值。

6. 弗莱希曼工作分析系统法

该系统认为能力是引起个体绩效差异的原因，因此在分析时主要是对与工作有关的52

个能力维度进行评价，如表 13 - 6 所示。

表 13 - 6　　　　　　　　弗莱希曼工作分析系统法包含的能力因素表

1	口头理解能力	14	规范灵活性	27	手—臂稳定性	40	耐力
2	书面表达能力	15	终止速度	28	手工灵巧	41	近距视觉
3	口头表达能力	16	终止灵活度	29	手指灵活性	42	远距视觉
4	书面表达能力	17	空间定位能力	30	手腕—手指速度	43	视觉色彩区分力
5	思维敏捷性	18	目测能力	31	四肢运动速度	44	夜间视觉
6	创新性	19	知觉速度	32	静态力量	45	外围视觉
7	记忆力	20	选择性注意力	33	爆发力	46	景深视觉
8	问题敏感度	21	分时能力	34	动态力量	47	闪光敏感性
9	数学推理能力	22	控制精度	35	躯干力量	48	听觉敏感性
10	数字熟练性	23	多方面协调能力	36	伸展灵活性	49	听觉注意力
11	演绎推理能力	24	反应调节能力	37	动态灵活性	50	声音定位能力
12	归纳推理能力	25	速率控制	38	总体身体协调性	51	语音识别能力
13	信息处理能力	26	反应时间	39	总体身体均衡性	52	语音清晰性

　　电力企业在实际操作中，首先对各方面的能力进行描述，然后再依据 7 分尺度图分别对顺序排列的每一能力水平都列举一个行为基准，由专家指出每一个尺度图中哪一个点数能最恰当地代表某一特定工作所要求的能力水平，根据评价结果绘制出某种工作要求的能力全图。以热电厂初级技工的书面理解能力为例，"3 能理解常规的工作文件和常规的电力术语"是对热电厂初级技工书面理解能力的要求。7 分尺度图如图 13 - 5 所示。

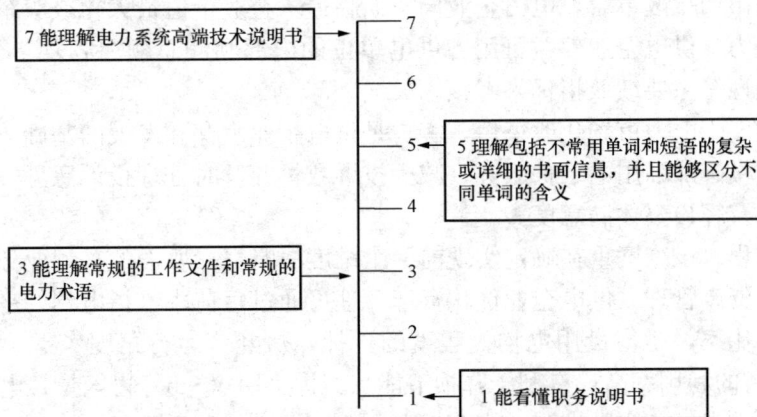

图 13 - 5　书面理解能力的 7 分尺度图

四、电力企业绩效考核的方法

1.360°绩效反馈法（360°Feedback）

　　360°绩效反馈法是一种考核思想，是全视觉的反馈，是被考核人的上级、同级、下级、自我和服务的客户等对其进行考核的方法。某市级供电公司采用 360°绩效反馈法对各层管理人员考核时各考核主体的权重如表 13 - 7 所示。

表 13 - 7　　　某市级电力公司利用 360°绩效反馈法各层管理人员考核主体权重关系表

考核主体 被考核对象	上级	同级	下级	自我
高层管理人员	75%	10%	10%	5%
中层管理人员	60%	15%	20%	5%
基层管理人员	80%	15%	0	5%

　　360°考核的优点：①考核主体比较全面，而其根据各考核主体与被考核者工作联系的紧密程度赋予各考核主体评分结果一定的权重，能够较真实的反映被考核者的业绩水平；②加强了部门间的沟通和协调。需要注意的是评分者容易根据平时接触的印象打分，评分结果可能与工作实际不符。

　　2. 平衡计分卡法（Balanced Score Card，BSC）

　　平衡计分卡法是从财务、顾客、内部业务过程、学习与成长 4 个方面来衡量绩效，平衡计分卡由卡普兰（Robert S. Kaplan）和诺顿（David P. Norton）通过对绩效测评方面领先的 12 家公司进行了一年的研究开发出来的。平衡计分卡一方面考核企业的产出（上期的结果），另一方面考核企业未来成长的潜力（下期的预测）；再从顾客角度和从内部业务角度两方面考核企业的运营状况参数，充分把企业的长期战略与短期行为联系起来，把远景目标转化为一套系统的绩效考核指标。

　　供电企业平衡计分卡模式的构建包括四个方面。

　　（1）财务维度。该维度的战略目标应重视企业价值最大化，追求高盈利、低风险的增长模式。电力市场体制改革要求打破垄断，引入竞争机制，供电企业在以往的经营中重安全、轻效益，公司制市场化改革后，电力企业同样面临追求企业价值最大化或股东权益增值，提高企业核心竞争力。供电企业效益可用各供电单位的内部利润总额/利润增长率、净资产收益率、预算准确性等主要绩效指标来考核。

　　（2）客户维度。电力市场化改革后，客户是供电企业生存和发展的基础。供电企业必须通过保证供电质量、加强用电维护服务、减少投诉数量并及时处理投诉意见等来维持其公共关系和社会形象及客户整体满意度。

　　（3）内部流程。该维度重在确定实现前两个维度战略目标所需的关键业务流程。考核的指标有：①优化资产管理。供电企业优化资产管理可通过负荷率（指电网的平均有功负荷与最高有功负荷的比率，是衡量用电均衡程度的指标，从经济运行角度考虑，负荷率愈接近 1，表明电气设备的利用率高，有利于降损节能）、Ⅱ/（MW·h）售电量、电费回收等指标加以考核。②成本指标。成本控制是实现供电企业利润增长的重要因素，该指标主要通过线损率、公里线路运行维护成本、可控成本费用等加以反映。③质量指标。该指标是评价供电企业客户服务水平的一个重要指标，也是影响客户满意度的关键因素，对供电企业来说，供电质量可由电压合格率（指实际运行电压在允许电压偏差范围内累计运行时间与对应统计时间的百分比）、配电系统用户供电可靠率（指在统计时间内，扣除系统电源不足限电影响，对用户有效供电时间总小时数与统计时间小时数的比值）指标考核。④安全生产指标。供电企业在注重效益，挖潜内部成本潜力，提高用户服务水平的同时，安全生产也是非常重要的因素，即营造良好的工作环境。

（4）学习与成长维度。该维度旨在创建有力的组织成长和变革的氛围，实现员工价值的最大化，人力资源是企业核心竞争力的一个重要因素，对员工的考评不应只限于财务评价，也应结合员工的个人职业生涯培训与发展。

3. 关键绩效指标考核法（Key Performance Indicator，KPI）

关键绩效指标法和平衡计分卡法是近几年比较流行的绩效管理工具，两者的共同特点在于从企业战略出发，提炼与战略相关的关键指标，从企业到部门到员工层层分解，力图将战略思想贯彻到每一个员工，通过对这些指标的监控考核，实现员工和企业绩效的提升；所不同的是关键绩效指标法偏重财务指标，而平衡计分卡法要求财务、客户、内部流程、学习成长四个方面共同提高，平衡计分卡法可以看作是关键绩效指标法的发展，所以此处对关键绩效指标法不再作过多解释。

4. 成对比较法（Paired Ranking Method）

考核主体根据考核要素（工作质量、工作能力、工作态度和创造性等），将所有的考评对象一一配对比较，根据比较结果排出他们的名次。成对比较法的优点：①能够有效地避免宽大化倾向、中心化倾向和严格化倾向；②设计和使用容易；③当评价结果用于评选最佳员工时是一个十分有效的方法。成对比较法的缺点是：①没有明确的评价指标或没有对评价要素进行明确的尺度规定，无法与组织的战略目标联系；②评价对象较多时很麻烦，而且相互之间差异大小不明确；③评价主要依靠评价者的主观判断，主观性强，没有客观依据。某供电所农村电工的成对比较如表 13-8 所示，表中"1"表明横向比纵向好一些，"0"表明横向比纵向差一些。

表 13-8　　　　　　　　　　　某供电所农村电工成对比较表

考核人姓名	胡××		职务	所长	所在部门	供电所
被考核人部门	电工组		考核日期	2006.6.30	考核要素	工作态度
被考核对象	赵××	钱××	张××	李××	王××	合计	排序结果
赵××		1	1	1	1	4	1
钱××	1		1	1	1	3	2
张××	0	0		1	1	2	3
李××	0	0	0		1	1	4
王××	0	0	0	0		0	5
考核人签名：			日期：			

5. 强制分布法（Forced Distribution Method）

考核主体将被考核对象分成几类（优、良、中、较差、不合格），每一类确定一个百分比；然后根据员工的绩效情况将他们归入到某一类。强制分布法的优点：①能够有效地避免宽大化倾向、中心化倾向和严格化倾向；②考核方法简单，使用方便。强制分布法的缺点：①主观性强；②无法与组织战略目标联系；③当考核对象太少时就不适用，或当部门的绩效都很优秀时，该方法不利于考核的公正性。某供电所农村电工的强制分布绩效考核如表13-9所示。

表 13 - 9　　　　　　　　某供电所农村电工强制分布绩效考核表

等级	优	良	中	较差	不合格
比例	10%	20%	40%	20%	10%
被考核对象	赵××	钱×× 孙××	张×× 杨×× 朱×× 胡××	李×× 秦××	王××

思 考 题

1. 电力企业人力资源管理的特点是什么？
2. 电力企业人力资源管理的主要内容是什么？
3. 结合实际试做一份电力企业的人力资源规划。
4. 试简述你对电力企业绩效管理的新想法。
5. 比较本章提到的人力资源管理的方法，试简述它们的适用范围。

第十四章　电力企业物资管理

　　电力工业是装备性工业，物资费用在电力生产成本和基本建设工程投资中都占有相当大的比重。电力生产又具有高度的连续性，生产和消费同时完成，供电安全与供电质量具有广泛的社会影响，从而对物资的选用和匹配比一般工业企业有更高的要求。因此，加强电力企业物资管理，稳步提高物资管理水平，对保证电力生产的安全经济运行和基建工程的顺利投产，提高全局的经济效益和社会效益，都有着积极的意义。

第一节　物资管理的任务及内容

　　企业的物资是指用于物质生产过程中所耗费的各种生产资料，包括原料、材料、燃料、辅助材料、工具和设备等。

　　物资管理就是对企业生产过程中所需各种物资的采购、储备、使用等进行计划、组织和控制。

　　电力企业物资管理，就是在对电力企业生产过程中所需要的各种生产资料的采购、储备、保管和使用等活动的管理。物资管理工作的好坏，直接影响到企业的生产、技术、财务、劳动和运输等方面的经营活动和经济效益。电力企业中的火力发电部分燃料占成本的70%～80%；在一般设备检修、改造的费用中，材料费也占到60%～70%。如果燃料或材料供应不及时，或质量不能保证，要么影响发电，要么延长工程进度，降低检修质量，还可能造成不必要的积压，最终将影响发、供电指标的完成。

一、物资管理的任务

　　物资管理的中心问题就是要保证物资供应好、周转快、消耗低、费用省、效益高。具体来讲，企业物资管理的主要任务有以下几项。

　　（1）按质、按量、按时、成套地供应企业所需各种物资，保证企业生产经营活动顺利进行。

　　（2）制定先进合理的物资消耗定额，实行集中下料和限额发料，搞好物资综合利用和修旧利废，督促物资使用部门努力降低物资消耗。

　　（3）确定合理的储备定额，妥善保管，减少存储损耗，加快资金周转。

　　（4）编制物资供应计划，做好日常各种物资的管理工作。

　　（5）节省采购、运输、仓储及其他物资管理费用的支出。

二、物资的分类

　　工业企业所需的物资种类繁多，各种物资又有其不同的特点和要求。为便于管理，合理采购和供应，有必要对物资进行分类。物资的分类方法主要有以下几种。

　　1. 按物资在生产中的作用分类

　　按物资在生产中的作用分类，物资可以分为以下几类。

　　（1）主要原材料：是指构成产品实体的物资。

（2）辅助材料：是指用于生产过程，有助于产品形成但不构成产品实体的物资。

（3）燃料：是指产生热能、动能的可燃性物质。

（4）动力：是指用于生产和管理等方面的电力、蒸汽、压缩空气等。

（5）配件：是指预先准备的用于更换设备中已磨损或老化的零件和部件的各种专用备件。

（6）工具：是指生产中所消耗的各种刀具、量具、卡具等。

采用这种分类方法，便于企业制定物资消耗定额，计算各种物资需要量，计算产品成本。

2. 按物资的自然属性分类

按物资的自然属性分类，物资可以分为以下几类。

（1）金属材料。它包括黑色金属和有色金属。

（2）非金属材料。它包括木材、煤炭、化工、纺织、建材等。

（3）机电产品。它包括电动机、电线、仪表、机械设备、电子和光学仪器以及液压配件等。

采用这种分类方法，便于企业编制物资供应目录，也便于物资采购、存储、保管和运输。

3. 按物资的使用范围分类

按物资的使用范围分类，可以分为以下几类。

（1）基本建设用物资。

（2）生产产品用物资。

（3）维修技措用物资。

（4）科学研究发展新产品用物资。

（5）工艺装备用物资。

采用这种分类方法便于企业按物资的使用方向进行物资的核算平衡。

电力企业物资种类，根据用途划分为：生产维修物资、大修物资、更改物资、科技三项物资、生活福利物资、基建物资、业务扩充物资、农电工程物资。

（1）生产维修是指发电厂的汽轮机、发电机、锅炉、主变压器、引风机、送风机、排粉机、给水泵、凝结水泵、循环水泵、上煤及出灰设备、升压站、水处理等设备；供电部门的变压器、油开关、输、配电线路的杆塔、导线、电磁等设备；修造企业的机床、电动机、配电装置等设备的日常维护修理。

（2）大修工程是指发电机、汽轮机、锅炉、主变压器、油开关、输、配电设备、机床等进行恢复性修理。

（3）更改工程（专列的重点技术组织措施工程）包括革新改造挖潜、零星固定资产购置、劳动安全保护、电能表复置金，这些工程一般说来投资大，用料多，经济效果好，安全因素大。另一种是有特殊情况的项目也列为重点技术措施项目，如锅炉烧煤一度改为烧油，现又改回烧煤。还有一些项目则是为了确保安全合理输送电力而进行的改革工程。

（4）科技三项费用（新产品试制、中间试验、科研补助）是指在生产车间和生产厂房内生产工具、器具，包括提高效率和开展增产节约方面有关的项目。

（5）生活福利设施。该项投资是用于生活上为群众提供福利的设施，如职工医院、幼儿园、宿舍、食堂等。

(6) 基本建设工程。基本建设项目可划分为一般基建项目和国家重点基建项目。基建项目所需要的原料、材料，其供应渠道按建设项目投资进行分配供应，随着经济体制改革的深入发展，出现了投资渠道多元化，大体可分为国家预算内投资、银行贷款投资、利用外资、专项资金投资、地方自筹资金投资等。物资供应也相应地多渠道解决。

(7) 业务扩充。为适应用电负荷自然增长，由用户申请装接用电，如增设或购置配电变压器等，为解决负荷自然增长发生的无具体用户需要而进行改进的工程项目。

(8) 农电工程是指专门为发展农业用电而增建的用电项目。

三、电力企业物资管理工作内容

电力企业物资管理的内容是根据电力企业生产经营战略目标和主要任务，统筹企业整个物资供应管理的全过程。做到按质、按量、及时、齐备、经济地将企业所需物资供应给需用单位，保证电力生产的顺利进行。具体地说，主要是做好物资供应、管理和使用三个方面的工作。

企业的物资供应是围绕企业生产经营目标和主要任务的，根据生产、建设、维修、技改措施等实际需要，按物资消耗定额标准，确定物资需要量，正确编制物资需用计划和物资供应计划。根据物资资源情况将所需物资按各种来源组织采购、验收、发货、运输和调度调剂等一系列物资供应活动，不断满足企业生产建设对物资的需求。

在物资供应活动中，通过科学的调查统计方法，从数量方面综合归纳进行分析，及时地反映物资来源、消耗和库存情况。通过统计资料、制定物资消耗定额和物资储备定额，编制物资供应计划，检查物资供应计划执行情况、搞好统计监督、统计分析和统计预测。

电力企业生产建设中所需要的各种物资从订货、采购，直到供应给需用单位，往往要经过一定的储运过程。物资储备是保证生产过程不间断进行的必要条件和保证物资供应的基础。但是，物资储备过多，超过一定限度，就会占用过多的经营资金和延缓经营资金的周转，就会增加运输和保管费用。因此，要建立合理的物资储备定额和加强对仓库的出入库、保管保养、盘点及核算方面的管理。

企业在生产经营过程中，物资在不断地运动着，物资的价值形态也不断地发生变化，由一种形态转化为另一种形态，周而复始形成经营资金运动。作为企业经营资金构成要素的储备资金，在整个经营资金中占有较大比重，其管理主要是通过控制资金收支和分析检查资金指标。一方面实行财务监督，更好地发挥资金管理对生产经营的积极能动作用；另一方面，积极组织资金来源，从资金数量上保证企业生产发展的需要。

物资通过流通、采购、储备等环节转入到需用单位，最终在生产过程中消费和使用。遵循合理使用、节约使用的原则，具有重要的经济意义。开发经济建设所需要的物资资源，一是靠发展生产创造的财富来提供，二要靠节约人力、物力、财力一点一滴的积累。物资供应工作既要管供、管用、还要管节约。要把物资节约工作作为日常业务工作来做，充分发挥物资管理对生产建设的保证和促进作用。

第二节 物资消耗定额与物资储备定额

一、物资消耗定额

1. 物资消耗定额的基本概念

物资消耗定额是指在一定的生产技术条件下，生产单位产品或完成单位工作量所必须消耗的物资数量标准。

物资消耗定额是编制物资供应计划和计算物资需要量的依据，是科学地组织物资发放工作的重要基础数据，是控制企业合理使用和节约物资的有力工具，是促进企业提高生产技术水平、经营管理水平和工人操作技术水平的手段。物资消耗定额工作是企业管理基础工作之一。

正确、科学地制定物资消耗定额，必须认真地分析研究物资消耗的构成及其规律。也就是分析研究从物资投入生产开始，到产品或劳务完成为止的全部过程中，物资消耗在哪些方面。通过分析研究，明确哪些是合理的，哪些是不合理的，从而尽可能取消或减少不合理的物资消耗。一般来说，物资消耗的构成主要有以下三部分。

（1）构成产品净重的消耗。构成产品净重的消耗，是指产品自身的重量，是物资消耗最主要的部分。这部分消耗是由产品设计决定的，充分地反映了产品设计的技术水平。如果产品设计不合理，即使管理再好，其浪费也是无法避免的，设计上的浪费是一种先天的、长期的浪费。因此，要求产品设计人员必须树立节约物资的观念，并与物资管理人员密切配合，开展价值工程分析，在保证产品质量的前提下，努力设计出质量好、消耗低、结构合理的产品。

（2）工艺性消耗。工艺性消耗是指在准备和加工过程中，由于改变物理或化学性能所产生的物资消耗。这一部分消耗是由工艺技术水平决定的。一般地说，在工艺加工过程中的废渣、废料、废气越多，其工艺性损耗就越大。因此，要求企业不断地提高工艺技术水平，积极采用新工艺，改革落后的旧工艺，尽量把工艺性物资消耗降低到最低限度。

（3）非工艺性消耗。非工艺性消耗是指由于生产过程中不可避免产生废品，运输、保管过程中的合理损耗和其他非工艺技术的原因而引起的损耗。

由于物资消耗构成不同，工业企业物资消耗定额，一般分为工艺消耗定额和物资供应定额两种。

1）工艺消耗定额是指在一定条件下，由生产单位产品或完成单位工作量所用物资的有效消耗量（即产品净重消耗和合理的工艺性消耗两部分构成）。工艺消耗定额是发料和考核物资消耗情况的主要依据。

2）物资供应定额由工艺消耗定额和合理的非工艺性损耗构成，一般是在工艺消耗定额的基础上，按一定比例加上非工艺性损耗确定。物资供应定额是核算物资需要量和采购量以及制定物资供应计划的依据。

电能和热能都是能的转化而生成的，不存在构成产品主要实体的原材料，燃料是其主要原材料。而在电力产品修造和基建产品的生产过程中，是存在构成产品主要实体的主要材料的。

2. 制定物资消耗定额的基本方法

（1）技术计算法。技术计算法是根据产品设计和工艺的需求，在充分考虑先进技术和先进经验并在工艺计算的基础上，确定经济合理的物资消耗定额的方法。如机械加工业，根据产品零件的有关图纸和工艺文件，对产品零件的形状、尺寸、用料进行分析计算，确定其净重；然后对各道加工工序进行技术分析，确定出合理的工艺性消耗；最后将这两部分相加，得出产品零件和材料消耗定额。这种方法制定的物资消耗定额准确、可靠，但计算分析工作量大，又要求具备较全的工艺技术资料。一般来说，凡是产品定型、产量较大、技术资料较全的产品，在制定物资消耗定额时，应以技术计算法为主。

（2）统计分析法。统计分析法是根据以往生产中物资消耗的统计资料，经过分析研究并考虑到计划期内生产技术组织条件的变化等因素来制定物资消耗定额的方法。这种方法简单易行，但必须有齐全、可靠的统计资料为依据，否则就会影响定额的准确性。

（3）实验测定法。实验测定法是在生产现场或试验区，对单位产品的物资消耗进行实际测定，并以此制定物资消耗定额。这种方法测定的准确程度取决于测定的次数和测定的条件。测定时，以正常生产条件为基础，并适当增加测定次数，然后以平均值作为定额标准。该方法适用于那些用技术计算法难以确定其消耗定额的产品和零件，如尚缺少技术文件的新产品、外形复杂的毛坯和零件等。实验测定法还可用于确定辅助材料的消耗量，如单位面积的涂料消耗、单位重量的洗涤剂消耗等。

（4）经验估计法。经验估计法是根据生产工人和技术人员的实际经验，并参考有关技术文件和产品实物，以及企业技术生产组织条件变化等因素，来制定物资消耗定额。这种方法简单易行，但准确性差，受主观因素影响大，一般只在缺乏必要技术资料和统计资料或单件小批生产情况下采用。

以上四种方法各有优缺点，在实际工作中，可根据不同条件和情况以及物资消耗的特点和管理水平分别加以采用。

二、物资储备定额

工业企业要连续地进行生产，就必须有足够的原材料、燃料等物资作保证，但由于其生产过程中各种物资的消耗是不间断地逐渐产生，而各种物资的供应却是间断地、分批地进行，加上物资采购误期、运输交货误期或运来的物资不合格需要退换等不正常情况，以及季节性因素等，企业必须有一定的物资储备。为使储备量做到科学合理，必须制定物资储备定额。

1. 物资储备定额的概念

物资储备定额是指在一定生产技术组织条件下，为保证生产顺利进行所必要的、经济合理的物资储备数量标准。它是企业物资计划管理的基础，是确定物资采购量，正确组织企业物资供应，核定企业储备资金定额的依据。

2. 物资储备定额的种类

企业的物资储备定额，通常有经常储备定额、保险储备定额和季节性储备定额三种。

（1）经常储备定额。这是指企业在前后两批物资进入厂的供应间隔期间，为满足生产正常进行所建立的物资储备数量标准，是物资储备定额的主要部分。经常储备量是一个变量，进货时储备量最大；然后，随着生产的耗用，储备量逐渐减少，在下批物资进厂前储备量为最小。

（2）保险储备定额。这是指为了保证生产经营活动能够连续地进行，不致因交货拖期、运输延误和需求增加等造成中断所必需的物资储备数量标准。这种储备在正常情况下不动用，动用之后必须及时补充，因此它是一个常数储备。保险储备并不是所有的企业、所有的物资都要建立，对于资源充足、供应正常、容易购买的物资或可以用其他物资代用的物资，可以不建立或少建立保险储备。

（3）季节性储备定额。这是指企业为了克服某些物资供应的季节性或生产消耗的季节性因素影响，保证生产正常进行而建立的物资储备量。凡建立季节性储备的物资，一般不再建立经常储备和保险储备。

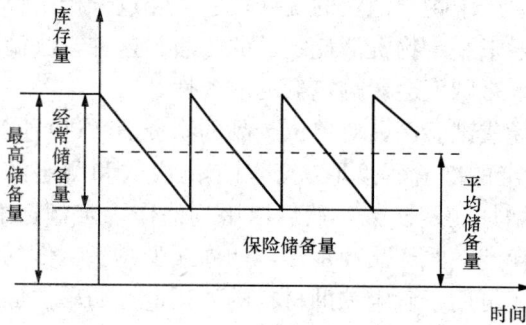

图 14-1　物资储备定额的关系

企业的物资储备定额中，由于经常储备量是一个经常变化的量，因此，物资储备定额有上限和下限之分。上限叫最高储备定额，即经常储备量加上保险储备量；下限叫最低储备定额，即保险储备量。其关系如图 14-1 所示。

3. 物资储备定额的制定方法

（1）经常储备定额的确定。经常储备定额的确定方法，有以期定量法和经济批量法两种。

1）以期定量法。根据物资的供应间隔天数（即物资的储备天数）和平均每日消耗量，确定经常储备定额。其计算公式为

经常储备定额＝平均每日需用量×供应间隔天数＋检验入库天数＋使用前准备天数

式中的供应间隔天数可用下式计算

某种物资供应间隔天数＝该种物资最低订货限额/平均日需要量

此外，也可根据同类物资以往年度实际验收入库数量和供应间隔天数的统计资料，用加权平均法计算。其计算公式为

平均供应间隔天数＝∑（每次入库数量×每次进货间隔天数）/∑每次入库数量

使用前准备天数是指有些物资在入库以后，投产使用之前，还要经过一定的准备时间，如矿石要进行破碎，木材要进行干燥等。

用以期定量法确定经常储备定额的优点是方法简单，计算工作量小；它的缺点是没有从经济合理的要求出发，做出必要的定量分析。

2）经济批量法。它是把各种主要影响经常储备的因素联系在一起，在找出相互关系的基础上，进行定量分析之后，求出经济上合理的经常储备。经济批量法是以最少的订储费用作为基本条件，来确定最佳储备量的一种方法。

与经常储备量大小直接有关的费用有两类。一类是随着储备量增加而增加的费用，如库房建筑的折旧、维修、取暖、通风、照明、保管、资金占用付息费用等，这类费用可统称为存储费用。为了简化计算，应将存储费用经过汇总后，折算成每一单位储备量的分摊额，如元/件、元/吨等；另一类是随着经常储备量的增大而减少的费用，如与定货有关的手续费、差旅费等，这类费用可统称为订货费用。虽然每次订货费完全相同，但是由于储备量增加和订货次数相应减少，总的订货费必然减少。

根据上述费用的划分，列出全年订储总费用公式如下

$$E = \frac{H_1}{2}e + \frac{Q}{H_1}e_d$$

式中　E——全年订储总费用，元；

　　H_1——订货批量，t；

　　e——每单位库存物资年存储费用，元/t·年；

　　Q——全年物资需要量，t；

e_d———一次订货费用，元。

从公式中可以看出，订储费用由存储费用和订货费用两部分费用构成。如果把这三种费用分别绘制在同一张图上（如图 14-2 所示），就可以清楚地看出每种费用的变化趋势和三种费用之间的关系。

图 14-2 中总费用最低点所对应的订货数量为经济批量，即最佳经常储备量。由图 14-2 可知，总费用最低点恰为存储费用曲线与订货费用曲线的交点，即该两种费用相等时的订货批量是经济批量。

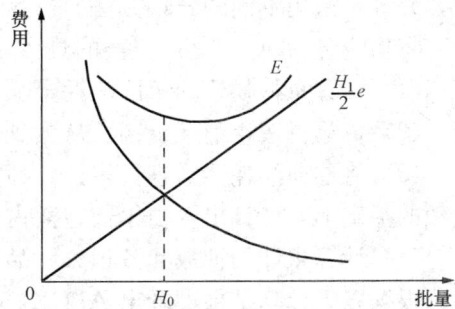

图 14-2　订货批量与各种费用关系示意图

为了求费用 E 最低时的订货批量，可以将

$$E = \frac{H_1}{2}e + \frac{Q}{H_1}e_{av}$$ 对 H_1 求导，并令一阶导数为 0，整理得

$$H_0 = H_1 = \sqrt{\frac{2Qe_{av}}{e}}$$

式中　e_{av}———平均采购费用。

上式即为在两次订货时间间隔内一次性进货条件下，最佳订货批量的计算方法。

【例 14-1】　假定某种材料每年耗用 8000 千克，采购费用平均每次为 50 元，每年保管费用为储备物资价格的 25%，该种材料的单价为 20 元，求最佳经济订购批量。

解　由给定条件可知：

$$Q = 8000 \text{（kg）}, \quad e_{av} = 50 \text{（元）}$$
$$e = 20 \times 0.25 = 5 \text{（元/t·年）}$$

代入上面的公式得最佳经济订购批量为

$$H_0 = \sqrt{\frac{2 \times 50 \times 8000}{5}} = 400 \text{（kg）}$$

（2）保险储备定额的确定。保险储备定额的计算公式如下

保险储备定额＝保险储备天数×平均每日需用量

式中保险储备天数一般是根据以往统计资料中平均误期天数来确定，则有

平均误期天数＝∑（每次误期天数×每次误期时入库数量）/∑每次误期时入库数量

（3）季节性储备定额的确定。季节性储备定额的计算公式如下

季节性储备定额＝季节性储备天数×平均每月需要量

式中季节性储备天数一般是根据生产需要和供应中断天数来决定的。

三、物资管理的 ABC 分类法

工业企业所需要的物资品种和规格特别繁多，如何管理好如此众多的物资是一个值得探讨的问题。物资管理的 ABC 分类法，是解决这一问题的一种化繁为简的行之有效的管理方法。

虽然每个企业所需要的物资品种和各种物资的需要量都不一样，但在企业各种物资的需要量和物资品种数之间存在着一个共同规律，即有少数品种物资的年消耗金额占企业物资消耗总额的比例很大，而还有不少品种物资年消耗金额占消耗总额的比例却很少。物资管理的

ABC分类法，就是根据各种物资年消耗金额占消耗总额的比例，将物资分为A、B、C三类，并分别采用不同的管理方法。

将物资分为A、B、C三类的具体步骤如下。

（1）计算每种物资的年度消耗金额，即年度物资需要量乘以物资单价。

（2）将物资按年消耗金额，从大到小进行排列。

（3）将逐项消耗金额进行累计，最末一项累计金额就是全年物资消耗金额总和。在累计金额的基础上，计算出各项累计金额占全年消耗金额总和的百分比。

（4）计算累计品种数和各项累计品种数占品种总数的百分比。

根据以上计算结果可画出ABC分析图。将图中物资累计消耗金额达到60%～70%的少数品种的物资，通常这类物资仅占物资品种总数10%～15%，这一组物资称为A类物资；另一类物资则相反，累计消耗金额的比重很小（仅占5%～15%），但它们所包括的品种数却很多（约占60%～70%），这一组物资称为C类物资；还有剩下的介于这两类之间的一组物资，称为B类物资。

针对A、B、C三类物资的特点而采取不同的管理方法。A类物资是物资管理的重点，由于其年消耗金额较大，为了减少物资储备占用资金，要严格控制A类物资的储备天数，可以通过计算经济批量来确定年订购次数和相应的供应间隔时间，使物资储备天数建立在科学计算的基础上；C类物资品种很多，但由于年消耗金额不大，可适当增加储备天数，减少订货次数和简化物资管理，而对资金的利用不会造成明显的不利影响；对B类物资的管理具有较大的机动性，凡属重要的和年消耗金额较多的B类物资，可采取与A类物资相同的管理方法；凡属不重要的或年消耗金额较少的B类物资，可采取与C类物资相同的管理方法。

四、备品管理

1. 备品的含义和重要性

备品是设备在正常运行情况下，为了保证安全生产，必须经常储备的设备、部件、材料和配件。备品必须经常保持良好状态，以便随时可以换装使用。

做好电力企业生产设备的备品管理工作，储备必要的配件，对于及时消除发、供电设备缺陷，防止事故的发生和加速事故的抢修，缩短检修时间，提高设备健康水平，保证安全、经济运行十分重要。

2. 备品的范围和分类

备品按照其本身性质不同，分为设备类备品、材料类备品、配件类备品；按其重要性和加工难易程度又分为一类备品（事故备品）和二类备品（轮换消耗性备品）。一类备品包括：

（1）主要设备的重要零部件和部分设备。一旦损坏在短时间内不易修复、会造成主设备较长时期不能正常运行的，如汽机轴瓦、叶片、发电机线棒等。

（2）主要辅助设备上的零部件。一旦损坏会直接影响主设备处理和安全运行，如磨煤机小牙轮、主水泵叶轮及轴等。

（3）制造技术复杂，制造周期长，材料特殊，自己单位加工困难的零部件。

以上3项直接关系到发、供电生产的正常运行。

二类备品（轮换备品和消耗备品）包括：

（1）每次大小修时检修工作量很大的设备部件，如利用备品轮换，可以显著缩短抢修时间的。

（2）设备正常运行情况下经常磨损的零部件，一般每次大小修都要更换的。

（3）制造技术复杂、制造周期较长、材料特殊、自己单位加工有困难的零部件。

第三节　物资供应计划

物资供应计划是确定企业在计划期内，为保证生产正常进行所需的各种物资的计划。它是企业生产经营计划的重要组成部分，是组织订货和市场采购的依据，是保证生产正常进行、合理控制库存量、节约物资、减少资金占用的基本管理手段。

企业物资供应计划的主要工作内容有编制物资供应目录，确定各种物资的需用量，确定计划期初和期末的储备量，编制物资平衡表，确定物资采购量。

一、编制物资供应目录

物资供应目录是企业物资部门，根据企业生产所需的各种材料物资，按照物资分类的顺序，有系统地整理、汇总，并详细地列出各种物资的类别、名称、规格、型号、技术标准、计量单位、供应价格等。物资目录是编制物资供应计划和物资采购的重要依据，也是设计、工艺等部门正确选用物资的必要参考资料。编制物资供应目录时，应在保证和提高产品质量的前提下，从技术、经济和供应条件等方面考虑，选择最经济合理的物资品种。具体应考虑以下几个因素。

（1）选用的物资必须保证生产的产品质量，也就是要符合国家的技术标准或合同中规定的技术条件。

（2）选用的物资应尽量立足国内，充分考虑就近取材的可能性。

（3）充分考虑物资的规格化、标准化，尽可能减少选用物资的规格、品种。

（4）物资的规格尺寸，要有利于物资本身的充分利用，减少生产过程中产生的余料、废料数量。

（5）选用的物资应尽可能保证生产中有较高的劳动生产率和设备利用率。

二、物资需用量的确定

物资需用量是指企业在计划期内生产经营活动各方面所需要的物资数量。它不仅包括基本生产的需要，也包括辅助生产、新产品的试制、技术革新以及其他各种需要。

企业各种物资需用量，首先应按照不同用途和不同种类、规格分别计算，然后再把同类物资合并汇总而得出。确定物资需用量的方法主要有直接计算法和间接计算法两种。

（1）直接计算法，又叫定额计算法。它是根据计划任务量和物资消耗定额来直接确定物资需要量的方法。其计算公式为

某种物资需用量＝计划任务量×物资消耗定额（1＋物资供应系数）

物资供应系数是以百分比表示的在物资消耗定额中未包括的其他各种消耗或损耗，如保管、运输、废品等损失，但是可回收利用的损耗应从中扣除。

直接计算法具有准确、可靠的优点，应当作为计算物资需用量的主要方法。目前直接计算法多用于基本生产的原材料和一部分有消耗定额的辅助材料需用量的计算。

（2）间接计算法，也叫比例计算法。它是按比例、系数来估算物资需用量的方法。一般用于那些没有消耗定额或难以制定消耗定额的物资需要量的计算。其计算公式为

$$某种物资需用量=计划任务量×\frac{上期物资消耗量}{上期任务完成量}×压缩系数$$

公式中的压缩系数是为了避免在计划期内重复上期所产生的不合理的物资消耗因素，或采取措施可以减少一部分物资消耗而确定的。

三、期初期末库存量的确定

由于生产任务、供应条件等变化，计划期内期初库存量和期末库存量往往是不相等的。即使在物资需用量不变的情况下，物资的采购量也会发生增减。当期初库存量大于期末库存量时，物资的采购量就可减少；反之，就要增加。

（1）期初库存量。它一般是根据编制计划时库存的实际盘点数，并考虑编制计划时的实际库存量、计划期初的到货量和耗用量来计算的。其计算公式为

期初库存量=编制计划时实际库存量+计划期初前到货量-计划期初前耗用量

（2）期末库存量。它一般指物资储备定额（即经常储备量加保险储备量）。由于经常储备量是变化的，在实际工作中，通常采用50%～75%的经常储备量加保险量作为期末库存量。对于品种较多的小宗物资，可按物资的"小类"或"组"计算平均，即以经常储备量加保险储备量来确定。

四、编制物资平衡表，确定物资采购量

企业在确定了各种物资需要量和期初、期末库存量之后可以编制物资平衡表。物资平衡表一般是按物资的具体品种规格编制的。其格式如表14-1所示。

表14-1　　　　　　　　　　　物资供应平衡表

序号	名称	规格型号	计量单位	期初预计库存量和其他内部资源量	计划需要量							期末储备量	平衡差额	平衡措施		备注
					合计	生产	维修	技措	科研	基建	其他			市场采购	协作调剂	
甲	乙	丙	丁	1	2	3	4	5	6	7	8	9	10	11	12	戊

编制物资平衡表后，就可按物资类别编制物资采购计划。采购量可用下列公式计算

某种物资采购量=物资需用量+计划期末库存量+计划期初库存量+企业内部可利用资源

其中企业内部可利用资源，是指企业改制、代用或调剂使用的物资。

第四节　物 资 采 购 管 理

采购是指为取得企业生产经营所需物资而采取的行为。采购活动必须考虑以最适当的总成本、最适当的时间、最高度的效率获得最适当的质量与数量的物资，并能保持资源的连续性。

一、采购业务的主要内容

通常采购业务包括以下主要内容。

（1）寻找物资供应来源，并分析市场动态。

（2）与供方洽谈，并安排实地考察，建立供方资料等。

（3）要求供方报价与议价。

（4）订购所需物资与供方签订购货合同。

（5）进库物资数量与质量的验收。

（6）建立采购业务资料档案。

（7）研究市场趋势，搜集市场供给与需求价格等相关资料并加以成本分析。

（8）积压报废物资的预防与处理。

二、采购方法

采购方法种类很多，要根据采购对象来选择采购的方法。现将主要的采购方法说明如下。

1. 按采购地区分类

采购可分为国内采购与国外采购。国内采购是指向国内厂商进行采购的行为。国外采购是指向国外厂商或外国厂商在本国境内的代理商进行的采购行为。一般来说，国内采购较为方便与经济，但有些物资国内解决不了，必须从国外进口，有时国外供货价格低廉时，也可以考虑外购的经济性。

2. 按采购方式分类

采购分为直接采购、委托采购与调拨采购。直接采购是指直接向物资供应厂商从事采购行为。委托采购是指委托代理机构向物资供应厂商从事采购的行为。调拨采购是指将多余物资互相支援调拨使用的行为。

3. 按决定采购价格方式分类

采购可分为招标采购、询价采购、比价采购、议价采购及订价采购。

招标采购是将物资采购的所有条件（诸如物资名称、规格、数量、交货日期、付款条件、罚则、投标押金、投标厂商资格、开标日期等）详细列明，登出广告，投标厂商依照公告的所有条件在规定时间内交纳投标押金参加投标。招标采购按规定至少三家以上厂商参加报价投标方可开标。开标后原则上以报价最低的厂商得标，当得标的报价仍达不到底价时，采购人员有权宣布废标，或征得监办人员同意，按议价办理。

询价采购是采购人员选取信用可靠的厂商将采购条件讲明，并询问价格或寄以询价单促请对方报价，比较后按价采购。

比价采购是指采购人员请数家厂商提供价格，从中加以比价后决定厂商进行采购事项。

议价采购是指采购人员与厂商讨价还价，议定价格后，方可进行的采购行为。

订价收购是指购买的物资数量巨大，一两家厂商不能全部提供或当市面上该项物资匮乏时，则可以确定最高限价进行采购。

三、采购程序

采购程序当中，开出购料单只不过是其中的一个重要步骤而已，采购计划、物资来源情报搜集、采购适当时间以及其他重要的影响因素都要事先加以决定，因此，采购程序应包括下列主要步骤。

（1）用料部门提出用料计划交给物资供应部门。

（2）平衡库存，决定购买哪些物资及数量。

（3）研究市场状况，结合用料时间找出适当的购买时机。

（4）以询价、报价、比价决定有利价格并选择供应厂商。

（5）与供方签订购销合同。

（6）监督供方按时交货。

（7）核对并完成采购行为，根据验收单或质量、数量验收报告检查供方交货情况，如有问题设法处理。

（8）国外采购必须办理进口手续。

四、多货源和单货源的决策

在采购活动中，选择供应商是十分重要的。供应商选择得合适，就能保证所供应的物资的质量和交货期，并能得到较合理的价格。一种物资可以从多个货源采购，也可以从单个货源采购。多货源和单货源的比较如表 14 - 2 所示。如果有多个供应商，则采购不到特定物资的风险性较小，供货的可靠性较高，讨价还价的余地和对物资技术规格的选择余地较大，但由于与多个供应商打交道，工作量较大，与供应商的关系较松散，供应商对长期合作的信心不足，责任心较弱。

表 14 - 2　　　　　　　　　　　　　　　　多货源和单货源比较

比较项目	多货源	单货源
风险性	小	大
供货的可靠性	高	低
讨价还价	余地较大	余地较小
采购工作量	大	小
供应商的责任心	弱	强
物资技术规格的选择余地	大	小
制造商与供应商关系	松散	紧密

选择供应商一般要考虑以下条件。

1. 设备能力

了解供应商的设备能否加工所需要的零部件并保证质量。

2. 质量保证

通过检查供应商的质量控制方法来确定：①是否进行入厂检查和由何处进行检查；②供应是否进行统计质量控制；③供应商应用统计质量控制的情况；④在制品检查方法；⑤所采用的测量设备和工具；⑥处理拒绝采用的原材料的方法；⑦出厂检查和包装程序；⑧包装、检查和测试的方法。

3. 财务状况

通过调查供应商的财务状况，了解供应商承担市场风险的能力。一般可以检查：①当前资产负债情况；②库存周转率。

4. 成本结构

如果要选择一个长期合作的供应商，则需要了解供应商的成本结构。成本结构包括：原材料、直接人工、管理费、销售收入、利润等。

5. 供应商的价值分析开展情况

制造企业如果愿意与供应商建立长期合作关系，则制造企业希望供应商不断改进管理，运用价值分析的方法不断降低成本。

　6. 生产作业计划与控制

　供应半山腰用的生产作业计划与控制方法对准时交货有重要影响，因此需要了解供应商的生产能力、计划、调度方法，能否与制造企业匹配。

　7. 合同执行情况

　过去合同的执行情况可以反映供应商的信誉。

　评价供应商是一项费时的工作，然而又是一件十分重要的工作。由于受日本企业准时生产的影响，当前的趋势是选择较少的供应商，要同供应商建立新型的关系。这种关系应该是长期的、互利的。因为只有建立长期的关系，才能解决供货质量问题；只有双方都有利，才能建立长期合作关系。

五、自制或购买分析

　在组织生产的过程中，对某些零部件是自制还是购买，是一项重要决策，它会影响到产品或服务的质量和成本。为此，要进行自制或购买分析。进行自制或购买分析，要考虑以下因素。

　（1）零部件成本：如果在同样的条件下生产，自制零部件的成本比较低，因为它不包含供应厂家的利润、运费和管理费。但是，对于一些需要专门设备加工的少量零部件，只要能够购买，就不必自制，因为为了少量的零部件而购置昂贵的专用设备是不经济的。对于供应厂家来说，如果有多个用户需要同一种零部件，则可以大批量生产，成本就会降低。大量生产的零部件不仅成本比自制的低，而且质量高。

　（2）零部件的可获性：无处采购则只有自制。

　（3）零部件质量：供应厂家若不能保证质量，则只有自制。

　（4）设备和专门技术的可获性

　（5）技术保密性：如果生产某种零部件需要专门的技术，目前这种技术不能扩散，则应该自制。

第五节　仓　库　管　理

　仓库是工业企业物资管理的重要阵地，做好仓库管理工作对于确保物资完好无缺，有效组织物资供应，促进生产建设的顺利进行，提高企业经济效益，都具有十分重要的意义。

一、仓库管理的主要内容

　1. 物资的验收入库

　物资的验收工作，是做好仓库管理工作的基础，也是管好物资的先决条件。由于物资的来源不同，运输条件各异，包装质量有好有坏，情况复杂，很可能发生混入次品、发货数量不足、运输过程中的损坏丢失等情况。为此，必须对物资的质量和数量进行严格的验收，及时对不符合要求的物资提出赔偿、退货等要求。要把好物资验收入库关，做到"四不收"，即凭证不全不收，手续不齐不收，数量不符不收，质量不合格不收，确保入库物资的完整无损。

　物资验收的凭证很多，但应以本企业供应业务部门所开具的入库通知单为验收的主要凭证。

2. 物资的保管保养

保管保养是仓库管理工作的主要业务。物资验收入库后，即需根据各类物资的物理性能、化学成分、体积大小、包装情况等不同要求妥善保管。

（1）合理存放。将物资按类别、按系列存放在库场的固定货区内，并采取"四号定位"、"五五摆放"等方法，使标记鲜明，材质不混，整齐有序，便于管理。

"四号定位"就是用四个号码来表示物资在库房的位置。这四个号码是：库号、架号、层号、位号。任何物资都要对号入座，固定位置，并在该物资的料架上挂上料签。料签和账页上的编号一致。例如，某物资料账上的编号是 4－7－2－13，即可知该物资是存放在第 4 号仓库、第 7 号货架、第 2 层、第 13 号货位上。

"五五摆放"就是根据物资的形状，以五为基本计算单位进行摆放，做到"五五成堆，五五成行，五五成排，五五成串，五五成层"等。

（2）妥善保养。物资变质主要有三方面因素影响：①物资本身的物理化学性能；②物资储存的自然环境；③物资储存期的长短。

在了解以上影响因素后，就可以针对物资的特性和不同要求，采取各种措施，加以解决。主要措施有：①安排适应储存物资性能要求的场所；②物资堆放要注意通风防潮；③对温度要求高的物资，仓库要有温度调节设备；④做好仓库清洁卫生工作，清除虫害等；⑤坚持永续盘点和进行定期的检查维护工作，随时掌握物资质量的变化情况，及时采取措施，防止物资变质。

（3）精心管理，账物相符。仓库保管人员应对库存物资的用途、性能、规格、数量非常熟悉，心中有数。同时，可采用一些有效方法，如建立随物卡以及执行永续盘点法，使库存物资在数量和质量上经常保持准确和良好状态。

随物卡挂在物资存放的架框边上，用来随时记录物资的收入、发出和结存情况。

永续盘点是对每天数量发生变动的物资（入库或出库）进行清点，并在物资发生变动后及时登账，每月抽查一半库存物资，年中或年末则需进行全面清点，保证库存物资的账物相符，及时发现物资损坏、变质等情况。

3. 物资发放

物资发放工作的好坏，对生产有直接影响。发放中要注意如下几点。

（1）出库单据和手续必须符合要求，即根据供应部门开出的限额发料单、提货单，经核对无误予以发放，非正式凭证一律不予发货。

（2）严格执行限额发料制度，即按照物资的消耗定额和计划任务，计算出物资需用量，制定发放物资限额，据此向车间发放物资。

（3）实行送料制。这不但可以节省生产人员的领料时间，还可以使供应人员直接掌握现场物资消耗使用情况，以便及时调剂余缺。

（4）贯彻先进先出的原则。企业采购的同类物资，在进库时间上有迟有早，物资发放时一定要做到先进先出，以免物资自然损耗和久存变质。

（5）实行补料审核制度。凡是工废、料废、超定额等要求补料时，必须按规定的手续经过审核和批准后，才能允许补料。

（6）实行退库和核销制度。领料单位在物资使用中，由于计划变更或采取节约措施等原因，发生多余的物料时，应及时办理退料手续。物资部门还应对领料部门所消耗的物资实行核销制度，以利于加强考核。

二、仓库的种类

仓库一般是根据企业生产规模、生产流程的特点，以及考虑便于管理的原则设立的。由于各种物资的性能不同，保管的条件和环境也不同，因此为了适应这些要求，仓库就有各种不同的种类。仓库按库房结构特点，可以分为露天仓库和建筑仓库。

露天仓库适于存放没有特殊要求、不易损坏的物资，如煤、焦炭、矿石、铸铁等。

建筑仓库又有棚式仓库、室内仓库和特殊仓库之分。棚式仓库适于保管那些不受温度影响，但易受雨雪侵蚀的物资，如水暖器材、耐火材料、钢材、水泥等。棚式仓库是一种造价较低、结构十分简单的仓库。室内仓库又称封闭式仓库，它适用于存放有一定温度和湿度要求的物资，如金属制品、电器材料、橡胶、塑料、成品件和半成品件等。根据物资对温度的要求，室内仓库还分为有取暖设备的仓库和无取暖设备的仓库。有取暖设备的仓库通常保存一些贵重或有较严格温度要求的物资，如精密仪器、仪表和工具等。有些特殊精密的物资，除温度外还需要有防尘和防湿要求。特殊仓库用于专门存放有毒、易燃、易爆、易腐等危险物资。为了防止意外情况的产生，仓库内设有各种防范措施。

随着科学技术的发展和生产力水平的不断提高，对仓库管理的要求也越来越高，传统的平面低价仓库已不适应现代化管理的需要，而逐步向立体高架自动化仓库方向过渡。

第六节　燃　煤　管　理

我国煤炭储量居世界前列，煤电机组在我国的电力装机中占有绝对大的比重。煤作为发电生产的原料，占发电总成本的70%左右和电价的35%。因此，燃煤质量的好坏在一定程度上影响和限制发电能力、发电成本，同时还影响着生产的安全和稳定。随着厂网分开，竞价上网的推行，发电厂要进一步加强成本管理和成本核算，以便适应竞价上网的要求。为此加强对燃料的管理，降低燃煤成本，应成为发电企业首要的任务。

一、燃煤的定购

燃煤的价格水平直接影响企业的效益。其质量的下降造成质价不符，使折合标准煤单价升高，从而使发电单位成本上升，影响发电企业效益。同时还直接影响到生产的安全程度与生产任务的完成程度。因此，燃煤能否合理定购，实质上是能否提高企业的经济效益，满足生产和安全需要的关键问题。对各煤矿要进行优选。对各煤矿的质量、价格、盈亏、按时到货以及煤矿的产量情况，根据煤场的煤量和机组的计划发电量，由专家系统地进行优选煤矿并分配需求量。制定出适当的价格波动范围，保证不因煤炭质量下降而使标准煤价格升高。

二、燃煤的验收及接卸

煤进厂后，要按规定对煤进行严格的检斤计量和取样化验。这直接关系到电厂的经济效益，同时为进厂煤种的储存、混配提供数据。入厂煤的质量验收必须按有关标准规定进行。分矿别、品种，车车取样，批批化验。必须数据准确，记录完整，具有合法性。要求检斤率达到100%。进厂煤验收合格后，要及时快速地卸掉原煤，保证车辆完整不被破坏，迅速将空车排出，保证电厂正常工作生产秩序，提高经济效益。

三、燃料储备量的制定方法

燃料的供应由于运输和生产条件的限制，很难做到随用随到。为了保证电厂生产连续不断地进行，就需要有一定数量的燃料储备，用来调剂由于到货不均匀、到货间隔期延长、运输事故或本厂发电负荷的变动等情况发生，在短期内仍能保持正常发电所需的储煤量。

储煤量分为经常储备、保险储备和季节性储备。

经常储备：指在正常情况下电厂为了保持日常发电量，需要用于经常周转的燃料储备。

保险储备：指电厂燃料供应有时发生意外，如运输事故、到货间隔时间延长、输煤接卸事故等造成的燃料供应中断，为保证安全发电，就需要在经常储备之外增加储备。

季节性储备：指自然条件变化时，需要临时增加储备，如雨季、汛期、节假日等原因需要增加储备。

燃料储备定额制定得确切与否，不仅关系到安全发电，而且直接影响资金周转。所以应根据日消耗水平、到货间隔期、接卸能力以及供应不正常系数等条件制定出合理的储备定额。尤其应保证保险储备定额中的规定储煤量。火力发电厂储煤量按 10～15 天机组耗煤量进行确定。燃煤储煤量应高于保险储备定额，低于储煤场（包括筒仓等储煤设施）的储煤容量进行动态调整，以保证电厂安全经济运行，提高电厂经济效益。

四、储煤的保管

燃煤保管得当，可减少损耗。保管不当，发生自燃将造成大量的热值损失。对进厂煤按不同品种分类组堆存放，组堆时应尽量背风或选择无风天气或季节组堆。有条件的电厂应在储煤场四周植树，减少风损。储煤场要高于地面（最好是水泥地面）并有一定的坡度，四周应有排水沟，以便排水，四周可设有沉煤池，使雨水冲带走的煤沫沉于池中，以防流失场外。对长期储存的煤，在组堆时要分层压实，使煤堆表面形成硬壳，减少水分和空气的透入，减少煤堆中煤块与煤块之间的空隙。煤堆的角度以 0°～45°为宜。为了方便监控煤堆温度的变化，在煤堆各方向要安插一些底部为圆锥形的适当大小的金属管，以便插入测温元件探头。组堆完毕要建立组堆档案，写明堆号，煤品种及其进厂时间，组堆工艺及监测温度等。

煤在露天长期存放，受风、雨、雪的作用及温度变化的影响会产生氧化变质，使发热量降低，水分和灰分增高，挥发分也因氧化而改变。氧化后的煤机械强度降低而且容易自燃。为防止煤自燃，除了分层压实，定期测温外，进行烧旧存新，缩短储存周期，减少热值损失。

五、合理使用燃煤

锅炉燃用与设计煤种相近的煤，有利于安全经济燃烧。实际上由于各种原因，电厂来煤品种较多，煤质特性各异。当发热量低于设计值时，会造成燃烧不稳，甚至造成锅炉灭火及放炮事故。挥发分降低时，会造成着火困难，导致燃烧不稳定及增加机械不完全燃烧热值损失等等。为了合理地使用燃煤，把不同煤质的煤进行混配和掺烧，从而解决煤质与锅炉不相符合的问题。

通常选用挥发分、灰分、硫分、收到基低位发热量以及灰融性作为配煤指标。当锅炉燃烧不好，炉膛内热负荷较低而不能满足锅炉蒸发量的要求时，则选用煤的发热量作为配煤指标。当锅炉燃烧不稳定，煤耗高时，则选用挥发分或灰分作为配煤指标较合适。如锅炉经常发生结焦并威胁锅炉的安全运行，则选用灰的熔融性作为配煤指标较好。为了使烟气中硫氧化物含量符合排放标准要求，可选用硫分作为配煤指标。

配煤比常用试验方法测定，亦可用计算方法估算，但计算后的结果必须经试验测定以后方可执行。配煤的均匀度反映各煤种混合程度的指标，也是控制单位时间内入炉煤煤质波动范围的指标。配煤的均匀度应达到95％以上。配煤的方法较多有：直接配煤法、挡板开度法、抓斗数法，堆式配煤法，层式配煤法。各电厂应充分利用输煤系统的各种设备，结合不同的来煤情况优选不同配煤方法。

六、燃煤的盘点

每月末对库存的燃料进行一次盘点，通过测定煤堆比重和测量体积计算库存量。根据存煤盘点与结果来调整煤耗。盘点的准确度关系到企业成本核算和煤耗量的真实性。

对煤堆进行测量的方法很多。但大多费时费力，还会造成盘点不准确，产生很大的误差，不利于电厂成本的核算及燃料管理。目前有一种新的装置——激光测量装置，不需用推土机对其表面进行处理，可直接测量。将测量到的数据反馈到计算机中，通过处理输出煤堆的总体积。由已测定出煤堆堆积密度，即可算出煤堆的实际存煤量。一次测量只需两小时就可完成，准确度高。

搞好燃煤管理是一项复杂的系统工程。需要事业心强、熟悉生产和经营管理知识的专业人员从事燃料管理工作。只有加强对整个燃料系统的科学管理，把煤耗降低到最低限度，才能有效降低发电成本，提高企业经济效益。

七、案例：发电厂物资超市管理模式

山东潍坊发电厂在全国率先推行了企业物资超市管理模式，实现了全厂物资管理体制的创新和突破，取得了明显的效果。

为了降低发电成本，山东潍坊发电厂加强了物资管理，建立了以物资超市为载体，代销代存制为基础，微机信息化管理为核心的企业物资超市管理模式。

1. 物资超市模式

（1）实行物资统管，实现了物资采供的一体化。实行全厂物资的集中统一管理是建立物资超市管理的第一步。组织力量对遍布全厂的近100个二级库和班组小仓库进行了逐步清理、撤销。全厂所有物资统一集中到物资超市，由物资公司统一管理，实行统一采购、统一存放、统一结算。

（2）代销代存的进货方式，实现了物资购发市场化。根据专业化管理的原则，企业生产经营所需的全部物资被分为两类：一类为通用物资，另一类为专用物资。除专用物资外，所有物资均通过"二次比价"的方式确定供货厂家。由物资公司对其质量、信誉等进行全面调查，从中选择合格者进行公开竞标，即第一次比价。每种物资要同时选择2~3家供货厂家，所有供货厂家都与物资公司签订物资代销协议，其货物以代销的形式进入物资超市。各车间以顾客身份对自己所需的物资进行比较筛选，好中选优，这就是第二次比价，积压物资则退还供货厂家。

（3）超市化的存储选用方式，变传统的存放领用为买卖行为。物资超市的选购环境完全采用了商业超市的那种开放式供应。所有进入超市的物资均编有POS条形识别码。"顾客"拿着从物资公司购买的专用磁卡进入超市，自由自在地对所需的物品进行比较筛选，然后到结算中心统一划卡打价。结算工作也通过专用磁卡现场完成，磁卡分为劳保、办公、维护、更改、大修五种，专卡专用。对物资清单上没有的特殊物资，由各部门提前提报订单，经审批后专门进货或定点加工（项目费用同时下达），使用者必须在规定的时间内到超市划卡领用并结算。

　　为随时满足企业生产经营的需要，超市物资清单通过遍布全厂的微机网络系统向全厂进行公开，可通过微机系统进行网上选购或电话定购，由超市负责送货上门。

　　2. 实施物资超市模式的成效

　　实施物资超市模式以来降低了发电成本，提高了企业经济效益。

　　物资超市化管理的实施，使山东潍坊发电厂各种生产经营物资的采购成本大大降低。到2001年为止，全厂物耗总体水平下降7%，其中低值易耗品的价格水平下降13%，节约开支3329万元，减少流动资金占用600万元。物资采购成本的下降带动了发电成本的降低。截止3月底，该厂完成发电成本203元/MkW·h，实现利税8698万元，其中利润3569万元。

思 考 题

1. 试简述电力企业物资管理的主要内容和任务。
2. 制定物资消耗定额的基本方法有哪些?
3. 试简述物资管理的 ABC 分类法。
4. 如何做好物资供应计划的编制工作?
5. 试简述主要的采购方法。
6. 对所在企业的物资管理现状进行分析。
7. 谈谈电厂燃煤管理的重要性。

第十五章　电力工程项目管理

随着知识经济的发展和信息社会的进步，人们创造财富和社会福利的途径与方式已经由过去周而复始、重复进行的生产活动为主，逐步转向了以项目开发和项目实施活动为主的模式。本章除了讲述项目管理的基本知识和基本理论，还重点阐述了工程项目管理的工期管理和成本管理。

第一节　电力工程项目与管理

一、工程项目

1. 项目定义

许多相关组织及学者都给项目下过定义。

美国项目管理协会（PMI）的定义：项目是为了在规定的时间、费用和性能参数下满足特定的目标而由一个人或组织所进行的具有规定的开始和结束日期、相互协调的独特的活动集合。

麦克·吉多的定义：项目就是以一套独特而又相互关联的任务为前提，有效利用资源，为实现一个特定的目标所作的努力。

联合国工业发展组织：一个项目是对一项投资的一个提案，用来创建、扩建或发展某些工厂企业，以便在一定周期时间内增加货物的生产或社会的服务。

世界银行：项目是指同一性质的投资，或同一部门内一系列有关或相同的投资，或不同部门内的一系列投资。

从上述定义可以看出，项目可以是一个组织的任务或努力，它们小到可以只涉及几个人，也可以大到涉及几千人；项目也可以是多个组织的共同努力，它们甚至可以大到涉及成千上万人。项目与具体工作任务最根本的不同是：具体工作任务具有连续性和重复性的，而项目则有时限性和唯一性。根据这一显著特征对项目作这样的定义：项目是一项为了创造某一唯一的产品或服务的时限性工作。

2. 项目的特征

不同专业领域中的项目都有自己的特性，但从本质上说项目是具有共同特性的，不管是电力工程项目、科研项目、服务项目还是房地产开发项目，它们的根本特性是相同的。项目的这些共同特性可概括为一次性、明确性和整体性三方面。

（1）项目的一次性。项目的一次性（也被称为"时限性"）是指每一个项目都有自己明确的时间起点和终点，都是有始有终的。项目的起点是项目开始的时间，终点是项目的目标已经实现，或者项目的目标已经无法实现，从而中止项目的时间。项目的一次性是项目活动不同于一般日常运营活动的关键特性。

（2）项目目标的明确性。项目的目标有成果性目标和约束性目标。成果性目标指项目的功能性要求，如兴建一所学校可容纳的学生人数等；约束性目标是指限制条件，包括期限、费用及质量等。

（3）项目的整体性。一个项目是一个复杂的开放系统，它是由人、技术、资源、时间、空间和信息等各种要素组合到一起为实现一个特定系统目标而形成的有机整体。项目运作过程必须按项目的整体需要配置生产要素，以整体效益的提高为标准进行数量、质量和结构的总体优化。

3. 工程项目的概念及特点

工程项目是指一个在限定资源、限定时间的条件下，一次性完成某特定功能和目标的整体管理对象。

工程项目的特点主要有五个方面：①任何一个工程项目必须具有明确的建设目的，具有一定的项目任务量。②任何工程项目均有其特殊性，世上没有完全相同的工程项目，故工程项目具有一次性的特点，无法按照重复的模式去组织建设。所以，特别要求重视有针对性的有效管理。③任何工程项目都有由若干功能要求与寿命要求组成的质量要求指标，施工建造的成果必须保证质量要求的实现。④任何工程项目都是在一定的投资额控制下完成的。⑤对任何工程项目的建筑施工都有一个限定的工期。

二、工程项目管理

1. 工程项目管理含义

工程项目管理就是项目的管理者在有限的资源约束下，运用系统的观点、方法和理论，对工程项目涉及的全部工作进行有效的管理。

其本质是工程建设者运用系统工程的观点、理论和方法，对工程的建设进行全过程和全方位的管理，实现生产要素在工程项目上的优化配置，为业主提供优质建筑产品及服务。工程项目管理要求从项目的投资决策开始到项目结束的全过程进行计划、组织、指挥、协调、控制和评价，以实现项目的最优目标。要求在工程项目活动中运用知识、技能、工具和技术进行管理，以便满足和超过项目利益方对项目的需求和期望。

2. 工程项目管理的分类

工程项目管理分成为建设项目管理、设计项目管理、工程咨询项目管理和施工企业项目管理（简称施工项目管理），它们的管理者分别是业主单位、设计单位、咨询（监理）单位和施工单位。

（1）建设项目管理。建设项目管理是站在投资主体的立场对项目建设进行的综合性管理工作。建设项目管理是通过一定的组织形式，采取各种措施、方法，对投资建设的一个项目的所有工作的系统运动过程进行计划、协调、监督、控制和总结评价，以达到保证建设项目质量、缩短工期、提高投资效益的目的。广义的建设项目管理包括投资决策的有关管理工作，狭义的建设项目管理只包括项目立项以后，对项目建设实施全过程的管理。

（2）设计项目管理。设计项目管理是由设计单位自身对参与的建设项目设计阶段的工作进行自我管理。设计单位通过设计项目管理，同样进行质量控制、进度控制、投资控制，对拟建工程的实施在技术上和经济上进行全面而详尽的安排，引进先进技术和科研成果，形成设计图纸和说明书提供实施，并在实施的过程中进行监督和验收。所以设计项目管理包括以下阶段：设计投标、签订设计合同、设计条件准备、设计计划、计划实施阶段的目标控制、设计文件验收与归档、设计工作总结、建设实施中的设计控制与监督及竣工验收。由此可见，设计项目管理不仅仅局限于设计阶段，而是延伸到了施工阶段和竣工验收阶段。

　　（3）施工项目管理。施工项目管理主要具备三方面的特征：①施工项目的管理主体是施工企业。②施工项目管理的对象是施工项目。施工项目管理的周期也就是施工项目的生命周期，包括工程投标、签订工程项目承包合同、施工准备、施工、交工验收及用后服务等。③施工项目管理要求强化组织协调工作。这是因为：由于施工项目的生产活动的单件性，对产生的问题难以补救或虽可补救但后果严重；参与项目施工人员不断在流动，需要采取特殊的流水方式，组织工作量很大，施工在露天进行，工期长，需要的资金多；施工活动涉及到复杂的经济关系、技术关系、法律关系、行政关系和人际关系等，故施工项目管理中的组织协调工作最为艰难、复杂、多变，必须通过强化组织协调的方法才能保证施工顺利进行。

　　（4）咨询（监理）项目。咨询项目是由咨询单位进行中介服务的工程项目。咨询单位是中介组织，它具有相应的专业服务知识与能力，可以受业主方或承包方的委托进行工程项目管理，也就是进行智力服务。通过咨询单位的智力服务，提高工程项目管理水平，并作为政府、市场和企业之间的联系纽带。在市场经济体制中，由咨询单位进行工程项目管理已经形成了一种国际惯例。监理项目是由监理单位进行管理的项目。一般是监理单位受业主单位的委托，签订监理委托合同，为业主单位进行建设项目管理。监理单位也是中介组织，是依法成立的专业化的、高智能型的组织，它具有服务性、科学性与公正性，按照有关监理法规进行项目管理。

　　3. 工程项目管理的生命周期

　　项目是分阶段完成的一项独特性的任务，一个组织在完成一个项目时会将项目划分成一系列的项目阶段，以便更好地管理和控制项目，更好地将组织的日常运作与项目管理结合在一起。项目的各个阶段放一起就构成了一个项目的生命周期。

　　一个项目从始到终的整个过程构成了项目生命周期，项目生命周期包括项目的时限、项目的阶段、项目的任务和项目的成果等几个方面。

　　（1）项目的时限。项目生命周期的首要内容是给出了一个具体项目的时限。这包括一个项目的起点和终点，以及一个项目各个阶段的起点和终点。这些项目或项目阶段的起点和终点，既给出了与项目有关的时点数据（项目开始和结束的时点），也给出了与项目有关的时期数据（项目持续的时期长度）。例如，一个软件开发项目或一个工程建设项目通常不但需要给定整个项目的起点和终点，而且要给出项目各个阶段的起点和终点，从而界定出项目的具体时限。

　　（2）项目的阶段。项目生命周期的另一项主要内容是项目各个阶段的划分。这包括一个项目的主要阶段划分和各个主要阶段中具体阶段的划分，这种阶段划分将一个项目分解成一系列前后接续、便于管理的项目阶段，而每个项目阶段都是由这一阶段的可交付成果所标识的。所谓项目阶段的可交付成果就是一种可见的、能够验证的工作结果（或叫产出物）。例如，一个工程建设项目通常需要划分成项目的定义阶段、设计计划阶段、工程施工阶段和交付使用阶段，而项目可行性研究报告、项目设计方案、项目实施结果和项目竣工验收报告等都属于项目阶段的可交付成果。

　　（3）项目的任务。项目生命周期还定义出了项目各阶段的任务。这包括项目各个阶段的主要任务和项目各阶段主要任务中的主要活动等。例如，一个工程建设项目的生命周期要给出项目定义阶段、设计计划阶段、施工阶段和交付阶段的各项主要任务，以及各个项目阶段主要任务中的主要活动。例如，项目定义阶段的项目建议书编制、项目可行性研究、项目的初步设计和项目可行性报告的评审等这一阶段的主要任务和主要活动。项目生命周期还要定义出究竟哪些任务应该包括在项目范围之中，哪些任务不应该包括在项目范围之中，并按照这种模式将某个项目的范围与项目组织的日常运营活动严格地予以区分。

　　（4）项目的成果。项目生命周期同时还需要明确给定项目各阶段的可交付成果。这同样包括项目各个阶段和项目各个阶段中主要活动的成果。例如，一个工程建设项目的设计计划阶段的成果包括项目的设计图纸、设计说明书、项目预算、项目计划任务书、项目的招标和承包合同等等。通常，项目的阶段性成果是在下一个项目阶段开始之前提交的，但是也有一些项目的后序阶段是在项目前序阶段的工作成果尚未交付之前就开始的。这种项目阶段的搭接作业方法通常被称为快速平行作业法，这种做法在多数情况下可能会引发项目阶段性成果最终无法通过验收的风险。

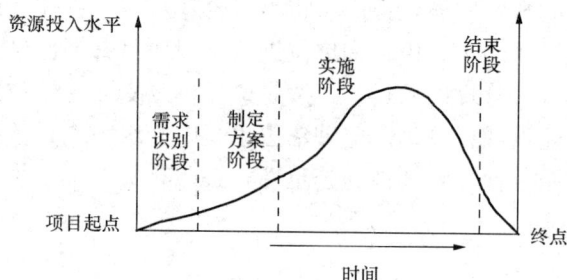

　　有些项目的生命周期可以分为四个阶段，但是也有些项目的生命周期可以分成五个、十个甚至更多的项目阶段。最为典型的项目生命周期是由图 15-1 给出的四个阶段项目生命周期。

　　图中的纵轴表示项目的资源投入水平，横轴表示项目及项目阶段的时间。这种典型的项目生命周期描述方法可以适用于对多数项目的生命周期描述，但是它比较粗略。一般而言，这种典型的项目生命周期描述具有下列特性。

图 15-1　典型的项目生命周期示意图

　　（1）资源需求的变动。从图中可以看出，在项目初期阶段，有关项目资源、成本和人员方面的需求很低，而进入制定方案阶段以后，项目对于资源的需求升高，越到后来会越高，到项目结束阶段这种需求又会急剧减少。一个项目的资源投入最大的阶段是项目的实施阶段。

　　（2）项目风险的变动。在项目初期阶段，项目成功的概率较低而项目的风险和不确定性却很高。但是，随着项目的进展，项目成功的概率会大大升高，而风险和不确定性大大降低，因为随着项目的进展许多原先不确定性的因素会逐步变为确定性的因素。

　　（3）影响力的变动。在项目的初始阶段，项目相关利益者（尤其是项目业主/客户）对于项目最终产出物的特性和项目成本的影响力最高，随着项目的进展这种影响力会很快降低。在项目后面的三个阶段中，这种影响力主要体现在对于项目变更和项目成本的修订方面。

　　这里给出的典型项目生命周期划分为四个阶段，但是有的项目生命周期的阶段可以达到九个或十几个。在同一个专业应用领域中，两个类似项目的生命周期阶段划分有时也会有很大的不同。特别需要注意的是，还需要区分项目生命周期与产品生命周期这两个概念。例如，将一种新的台式计算机推向市场的工作是一个项目，这一项目有自己的生命周期，但是这种新推出的台式计算机也有它自己的产品生命周期（即由投入期、成长期、成熟期和衰退期所构成的产品生命周期）。

三、电力工程项目管理

　　从 1879 年在上海外滩用一台 10 马力发电机照明，1882 年英国商人在上海乍浦路建设

12kW 电灯厂正式对外供电开始，到 1949 年新中国建立，在旧中国 70 年漫长的历程中，电力工业发展很慢。当时的全国装机容量仅有 185 万 kW，火电 169 万 kW；20kV 及以上线路 6475km，其中 154~220kV 的线路 765km。建国 50 多年来，电力工业有了长足的发展。截至 2006 年底，中国发电装机容量达到 6.22 亿 kW，同比增长 20.3%。其中，水电达 12857 万 kW，约占总容量 20.67%；火电达 48405 万 kW，约占总容量 77.82%。根据市场预测和中长期规划，到 2010 年底，全国的发电装机容量要达到 8.18 亿 kW，平均增长 9.8%。为了满足日益增长的用电需求，电网方面建设的力度也在加强，国家电网公司"十一五"电网发展重点包括加快建设 1000kV 交流试验示范工程，强化全国联网结构，加强区域电网和重点城市电网，完善农村电网等。电力工程建设的发展要求电力企业管理者了解电力工程项目管理的相关知识，利用项目管理的技术保障电力工程项目按目标完成。

电力工程项目管理是通过项目组织的努力，运用系统理论和方法对电力工程项目及其资源进行计划、组织、协调、控制，旨在实现电力工程项目特定目标的管理方法体系。

第二节　电力工程项目管理的内容

工程项目管理的内容很多，根据美国项目管理学会提出的项目管理知识体系，项目管理应该包括范围管理、进度管理、成本管理、质量管理、风险管理、人力资源管理、沟通管理、采购管理和综合管理。而进度管理、成本费用管理、质量管理、风险管理将是管理的重点内容。

一、电力工程项目的成本费用管理

电力建设项目投资是指完成一项电力建设工程所花费的全部成本。它主要由建筑工程成本、安装工程成本、设备工器具购置成本和工程建设其他成本组成。对电力工程项目成本管理是为保障电力工程项目实际发生的成本不超过项目预算而开展的项目成本估算、项目预算编制和项目预算控制等方面的管理活动。项目成本管理也是为确保项目在既定预算内按时、按质、经济、高效地实现项目目标所开展的一种项目管理过程。

1. 成本基本概念

（1）工程项目成本。工程项目成本是指施工企业承包商完成某工程项目所支付的生产费用总和，是转移建设工程项目产品中的被消耗的生产资料价值和支付该工程项目施工的劳动者必要劳动价值的货币表现。

（2）工程项目成本的分类。工程项目成本按其管理属性可分为预算成本、计划成本和实际成本。

1）预算成本。它是指按施工图预算规定计算的工程项目所应消耗的生产资料和支付的劳动报酬费用之和，它是项目预算造价的主要组成部分。

2）计划成本。它是以工程项目的组织设计为基础，根据本企业平均先进的施工定额和有关统计资料确定的成本。计划成本反映的是工程项目计划应达到的成本水平，也可作为工程项目的目标成本。它是对工程项目的用工、供料和成本费用进行控制的依据。

3）实际成本。它是指工程施工过程中实际支出的生产费用总额。实际成本与计划成本的比较，可反映项目的经营效果和技术组织措施的执行情况，与预算成本（或合同承包价）比较，可反映工程项目盈亏情况。

(3) 电力工程项目成本的内容。电力工程项目成本主要由人工费、材料费、机械使用费、其他直接费用和间接费用等构成。

1) 人工费。它是指在施工过程中直接从事建安工程施工的工人以及在施工现场直接为工程制作构件和运料、配料等工人的基本工资、辅助工资、工资附加费、奖金和劳动保护费等。

2) 材料费。材料费是指施工过程中耗用的，构成工程实体的材料、结构、机械配件、半成品的费用和有助于工程形成的其他材料费用以及周转材料的摊销费和租赁费用。

3) 机械使用费。它是指在施工过程中使用自有施工机械所发生的机械使用费和使用非自有施工机械的租赁费，以及按规定支付的施工机械安装、拆卸和进出场费等。

4) 其他直接费用。其他直接费用包括冬季和雨季施工增加费，夜间施工增加费，流动施工津贴，材料二次搬运费，生产工具用具使用、检验、试验费，工程定位复测费、场地清理费，特殊地区施工增加费，铁路、公路工程行车干扰费，特殊工程技术培训费，送电工程干扰通讯保护措施费，井巷工程辅助费等。

5) 间接费。工程成本中的间接费包含组织和管理工程施工所发生的工作人员工资、工资附加费、办公费、差旅费、固定资产使用费、劳动保护费、合同公证签证费、财产保险费、业务招待费、定额测定费、预算编制费、上级管理费、其他费用等。

2. 电力工程项目成本管理的内容

电力工程项目成本管理的主要内容包括项目资源计划、项目成本估算、项目成本预算、项目成本控制和项目成本预测等。

(1) 项目资源计划。项目资源计划是指通过分析、识别和确定项目所需资源种类（人力、设备、材料、资金等）、多少和投入时间的这样一种项目管理活动。在项目资源计划工作中最为重要的是确定出能够充分保证项目实施所需各种资源的清单和资源投入的计划安排。

(2) 项目成本估算。项目成本估算是指根据项目资源需求和计划，以及各种资源的市场价格或预期价格等信息，估算和确定出项目各种活动的成本和整个项目全部成本这样一种项目成本管理工作。项目成本估算最主要的任务是确定用于项目所需人、机、料、费等成本的概算。

(3) 项目成本预算。项目成本预算是一项制订项目成本控制基线或项目总成本控制基线的项目成本管理工作。其主要是根据项目的成本估算为项目各项具体活动或工作分配和确定其费用预算，进而确定整个项目总预算。项目成本预算的关键是合理、科学地确定出项目的成本控制基准（项目总预算）。

(4) 项目成本控制。项目成本控制是指在项目的实施过程中努力将项目的实际成本控制在项目成本预算范围之内的一项成本管理工作。包括：依据项目成本的实施发生情况不断分析项目实际成本与项目预算之间的差异，通过采用各种纠偏措施和修订原有项目预算的方法，使整个项目的实际成本能够控制在一个合理的水平。

(5) 项目成本预测。项目成本预测是指在项目的实施过程中，依据项目成本的实施发生情况和各种影响因素的发展与变化，不断地预测项目成本的发展趋势与最终可能出现的结果，从而为项目的成本控制提供决策依据的工作。

事实上，上述这些项目成本管理工作相互之间并没有严格独立而清晰的界限，在实际工作中，它们常常相互重叠和相互影响。同时在每个项目阶段，上述项目成本管理的工作都需要积极的开展，只有这样，项目团队才能够做好项目成本的管理工作。

二、电力工程项目工期管理

在电力工程项目管理中，时间是最重要的约束条件之一。它关系到项目其他方面的管理，而在项目的进行过程中，工期问题也是发生的最为普遍和最为突出的问题。

项目的工期管理是指在项目实施过程中，对各阶段的进展程度和项目最终完成的期限所进行的管理。时间管理是保证施工项目按期完成、合理安排资源供应、节约工程成本的重要措施。时间管理的内容主要包括制定进度计划、执行计划、进度跟踪控制等环节，其中进度计划是龙头，必须先行和及时调整，它是其他计划编制的依据。应高度重视进度计划的编制工作，为了制定进度计划，对电力工程项目进行定义、排序、历时估计是必要的工作。而且，由于电力建设工程项目涉及多个专业，因此，编制时要考虑施工方案、施工队伍施工能力、机械能力、天气等因素，在充分理解合同、施工图纸的基础上由项目经理会同各专业技术人员进行编制，确保编制进度计划的完整性、准确性和可行性。

电力工程项目时间管理包括以下过程：

1. 活动定义

项目活动定义是识别为完成项目所需的各种特定活动。为此应先将项目细分为可管理的任务，以方便制定工期计划和进行工期控制。进行项目分解的工具是工作分析结构（WBS）原理。

WBS 是一个分级的树形结构，是一个对项目工作由粗到细的过程。分解的结果由 WBS 图表示，如图 15 - 2 所示。

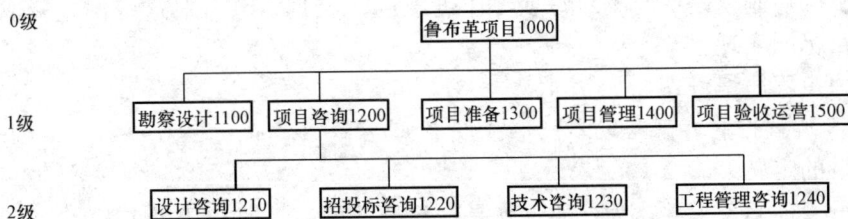

图 15 - 2　鲁布革水电站项目的 WBS 图

2. 活动排序

任何工作的执行必须依赖于一定的工作完成，也就是说它的执行必须在某些工作完成之后才能执行，这就是工作的先后依赖关系。活动排序就是识别活动之间的时间依赖关系并整理成文件。

工作的先后依赖关系有两种：一种是工作之间本身存在的、无法改变的逻辑关系；另一种是人为组织确定的，两项工作可先可后地组织关系。工作相互关系确定的主要内容包括：强制依赖关系的确定，这是工作相互关系确定的基础；工作逻辑关系的确定相对比较容易，由于它是工作之间存在的内在关系，通常是不可调整的；自由依赖关系的确定。对于无逻辑关系的那些工作，由于其工作先后关系具有随意性，从而将直接影响到项目计划的总体水平。自由依赖关系的确定一般要取决于项目管理人员的知识和经验；外部依赖关系的确定，考虑外部工作对项目工作的一些制约及影响。

在活动排序过程中，常用的工具是网络计划技术。

3. 活动工期估算

估算为完成各项活动所需工作时间。工作延续时间的估计是项目计划制定的一项重要的基础工作，它直接关系到各事项、各工作网络时间的计算和完成整个项目任务所需要的总时间。如果工作时间估计的太短，则会在工作中造成被动紧张的局面；相反，如果工作时间估计的太长，就会使整个工程的完工期延长。在第二个阶段，利用网络计划技术对活动进行了排序，网络中所有工作的进度安排都是由工作的延续时间来推算，因此，对延续时间的估计要做到客观正确的估计。这就要求在对工作做出时间估计时，不应受到工作重要性及工程完成期限的影响，要在考虑到各种资源、人力、物力、财力的情况下，把工作置于独立的正常状态下进行估计，要做出统盘考虑，不可顾此失彼。

通常工作时间的估计主要依赖的数据包括工作详细列表、项目约束和限制条件、资源需求和资源能力、历史信息等。确定工作时间的主要方法有专家判断法和类比估计法。类比估计意味着以先前的类似的实际项目的工作时间来推测估计当前项目各工作的实际时间。当项目的一些详细信息获得有限的情况下，这是一种最为常用的方法，类比估计可以说是专家判断的一种形式。

4. 进度安排

此过程是要通过分析活动顺序、活动工期以及资源需求，以便安排进度，制定项目的详细安排计划，明确每项工作的起始终止时间，作为项目控制的有效手段。制定进度安排的依据是对项目内容的分解，各组成要素工作的先后顺序，工作延续时间的估计结果。

5. 进度控制

项目计划的执行需要做两个方面的工作，即需要多次反复协调和消除与计划不符的偏差。项目计划的控制就是要时刻对每项工作进度进行监督，然后对这些偏差采取必要措施，以保证项目目标的实现。

三、电力工程质量管理

1. 质量和质量控制的概念

（1）质量的定义。

美国质量管理学家朱兰认为：质量就是产品的适用性，即产品在使用时能够满足用户需要的程度。

国际标准化组织对质量的定义：反映实体满足明确或隐含需要能力的特性之总和。

（2）电力工程项目质量的定义。电力工程项目质量是国家现行的有关法律、法规、技术标准、设计文件及工程合同中对电力工程的安全、使用、经济等特性的综合要求。

电力工程项目质量的特点是由电力工程项目的特点决定的，主要表现在以下几个方面。

1）影响因素多。如设计、材料、机械、环境、施工工艺、施工方案、操作方法、技术措施、管理制度、施工人员素质等均直接或间接地影响工程项目的质量。

2）质量波动大。工程建设因其具有复杂性、单一性，不像一般工业产品的生产那样，有固定的生产流水线，有规范化的生产工艺和完善的检测技术，有成套的生产设备和稳定的生产环境，有相同系列规格和相同功能的产品，所以其质量波动性大。

3）质量变异大。由于影响工程质量的因素较多，任一因素出现质量问题，均会引起工程建设系统的质量变异，造成工程质量事故。

4）质量隐蔽性。工程项目在施工过程中由于工序交接多，中间产品多，隐蔽工程多，若不及时检查并发现其存在的质量问题，容易产生判断错误。

5）终检局限大。工程项目建成后，不可能像某些工业产品那样，可以拆卸或解体来检查内在的质量，所以工程项目终检验收时难以发现工程内在的、隐蔽的质量缺陷。

2. 工程项目质量管理的过程

（1）电力工程质量计划编制。电力工程项目质量计划是确定电力工程项目应达到的质量标准和如何达到这些质量标准的工作计划和安排。它是项目质量管理过程的首要环节。电力工程项目质量计划的前提条件是编制项目质量计划的依据。具体包括：项目的质量方针、范围陈述、产品描述、质量标准和规则等。制定质量计划的方法包括：成本—收益分析法、质量标杆法、流程图法等。

（2）电力工程质量保证。电力工程项目质量保证是指在执行项目质量计划过程中，经常性地对整个项目质量计划执行情况所进行的评估、核查与改进等工作，这是一项确保项目质量计划能够得以执行和完成的工作，使项目质量能够最终满足项目质量要求的系统性工作。质量保证的作用是从外部向质量控制系统施加压力，促使其更有效地运行，并向对方提供信息，以便及时采取改进措施，将问题在早期加以解决，以避免更大的经济损失。

电力工程项目质量保证的依据是电力工程项目质量管理计划和质量控制监测结果。项目质量保证的内容包括以下几个方面。

1）制定电力工程质量标准。建立质量保证体系的前期工作是制定各种定性、定量的指标、规则、方案等质量标准，力求在质量管理过程中达到或超过质量标准。

2）制定质量控制流程。

3）质量保证体系。科学合理的质量保证体系是项目管理的重要组成部分，为了使项目建设顺利进行，保证各项指标达到预期要求，在项目管理中应引入质量保证体系。许多电力企业开展了 ISO9000、ISO14000 等标准化水平确认体系等认证活动。认证活动可以从不同的角度、不同的层次在企业的项目管理过程中全方位导入质量保证体系。如上海市电力工程建设监理有限公司为了规范监理工作，提高监理服务质量，于 1996 年 7 月起开展了贯标认证工作，按照 ISO9002：1994 标准的要求，着手建立文件化的质量保证体系，把工程项目三控制、二管理、一协调的监理活动的控制纳入质量体系文件。于 1998 年 4 月通过了法国 BVQI 国际质量认证机构的评审。

（3）电力工程项目质量控制。电力工程项目质量控制是要使电力工程项目的质量目标能够实现。由于质量是一个系统，它以总体目标为核心，包括设计质量、设备质量、项目初稿质量、设备安装质量以及其他质量等目标，因此，质量控制就是使系统的质量目标得以实现。

以供电工程为例，电力工程质量控制分为以下两个阶段。

1）设计阶段的质量控制。在设计开始前，协助落实有关外部条件，准确提供设计所需的基础资料。在设计过程中，配合设计进度，组织设计与当地电业部门间的协调合作，共同确定电厂电气主接线、继电保护装置设置、主设备选型、与电力系统的通信方式及内容等，使设计符合当地电力系统的具体要求，不走弯路。在施工设计完成后，组织由业主、设计单位、施工单位、主要设备生产厂家等人员参加的技术交底和图纸会审，考虑到在按图施工及生产制造过程中可能出现的各种问题，并有针对性地提出具体改进意见。

2）施工阶段的质量控制。施工前进行的质量控制包括：审查分包单位和生产单位的资质；对所需材科的质量进行检查与控制，如电缆等重要材料应事先提供样品；对重要的电气设备和装置的质量进行检查与控制；严格检查验收制度；审查施工单位提交的施工方案和施工组织设计，保证工程质量有可靠的技术措施；组织施工单位学习掌握工程中采用的新材料和新工艺。

实施中质量控制包括：协助分包单位完善工序控制；严格工序间的交接检查；对完成的分项、分部工程，组织协调有关部门的人员进行检查验收；检查落实设计变更和图纸修改的实施；组织定期或不定期的现场会议等。

实施后质量控制是指在完成施工过程后形成产品时的质量控制，如组织调试运行等。

四、电力工程风险管理

1. 电力工程项目面临的风险

项目固有的不确定性就是风险。项目和人类其他活动中既蕴含着机会又暗藏着危机。对于风险二重性的态度，因人、因时、因地而异。有人仅将风险理解为损失或损害。保险业多持这种观点，但这种观点无法解释人们为什么要从事各种活动。还有人将风险解释为预期和后果之间的差异。持这种观点者认为，行动和事件的后果与人们的期待预想之间总是不一致。后果偏离越大，风险也就越大。按此观点，风险可定义为：风险是实际后果偏离预期有利结果的可能性。这种观点缺乏价值判断，未考虑人类活动的功利性。风险同人有目的的活动有关。在无人类活动之处，不管发生了什么，造成了何种后果，都不能称为风险。风险同将来的活动和事件有关。已经结束了的活动，后果既成事实，已无法改变。对于将来的活动、事件或项目，总是有多种行动方案可供选择，各方案后果不同。没有任何方案可确保达到预期的结果，因此风险同选择有关。

一般认为，项目风险是指由于项目所处环境和条件的不确定性，和项目业主/客户、项目组织或项目其他相关利益者主观上不能准确预见或控制的影响，使项目的最终结果与当事者的期望产生背离，从而给当事者带来损失的可能性。形成项目风险的根本原因是人们对于项目未来发展与变化的认识不足和信息的滞后。

工程项目风险的本质就是变化，这就决定了它具有如下基本特征。

（1）风险是客观存在的、充实的。所谓客观存在，即人们无法消除它，无论是否愿意。所谓充实是指风险处处存在，充满整个经济社会体系。可以说社会经济环境就是风险环境，工程项目正是处在这一环境之中。

（2）风险是相对的、具体的、变异的。相对不同的主体，风险的涵义就有差异。发生暴雨时施工地面工程的人和施工地下工程的人员对风险的感受有很大的差异。对外国工程承险，可能对我国施工企业是毫无经济意义的。因而风险又是具体的。变异的涵义是指在不同的时间、空间条件下，风险内容不一致，且其内涵也在不断变化之中。此时此地的风险在彼时彼地就可能不是风险。风险的内涵在不断变化，因而对风险的分析不存在固定的结论，必须针对不同的时空条件具体分析。

（3）风险是可测量的，也是可控制的。风险的不确定性和变化的本质并不说明风险是不可测量的。所谓测量风险，是指根据过去的统计资料来判断某种风险发生的频率和风险造成损害带来收益的程度及大小。

（4）风险与效益是一体的、共生的。风险不仅可以给人们造成损失，也会带来收益。投机风险便是明显的例证。仅仅把风险与损失联系起来是不全面的，风险与效益共生正是现代风险观念的重大转变。工程项目中的诸多风险也不全是灾难性的，即使有些风险会产生不利影响或带来重大损失，也可通过及时采取补救措施或通过合同谈判、工程索赔等手段来减小或挽回损失，甚至取得一定的收益。

电力工程项目具有投资大，建设时间较长等特点，这也导致了在建设过程中将面临更大的不确定性。这些不确定性主要包括以下几个方面：①自然风险：地震、洪水、不明地质条件等。②政治与社会风险：政策变化、社会稳定。③金融与经济风险：资金、利率、汇率。④技术风险：设计、施工、设备。⑤管理与决策：业主的管理水平、决策水平。⑥公共关系风险：包括与政府部门、承包商、监理及其他利益相关者之间的关系。由于这些风险的存在，对电力工程项目的风险管理也就显得十分重要。

2. 电力工程项目风险管理

（1）电力工程项目风险管理含义。电力工程项目风险管理是指通过对电力工程项目进行风险识别、风险界定和风险度量等工作去认识电力工程项目面临的风险，并以此为基础通过合理地使用各种风险应对措施和管理方法对项目风险实行有效的控制，以及妥善地处理项目风险事件所造成的不利结果，以最少的成本保证项目总体目标的实现的管理工作。

（2）电力工程项目风险管理主要内容如下。

1）电力工程项目风险的识别。这是指识别和确定项目究竟存在哪些风险，这些风险可能影响项目的程度和可能带来的后果。项目风险识别的主要任务是找出项目风险，识别引起项目风险的主要因素，并对项目风险后果作定性的估计。在识别项目风险时需要将一个综合性的项目风险问题首先分解成为许多具体的项目风险问题，再进一步分析找出形成项目风险的影响因素。在识别项目风险的影响因素时也需要使用分析和分解的原则，而且对于项目风险后果的识别也需要使用分析和分解的原则。在这种分析和分解的过程中，各种树形分析方法，如故障树、风险树等方法，就成了常用风险识别方法。项目风险识别在很大程度上还取决于项目决策者与风险分析者的知识与经验，因此，像德尔斐法、专家会议法、情景分析法这样一些"软科学"的方法使用得较多。

2）电力工程项目风险的度量。项目风险的度量是指对项目风险和项目风险后果所进行的评估和定量分析。项目风险度量的任务是对项目风险发生可能性大小和项目风险后果的严重程度等做出定量的估计或做出统计分布描述。项目风险是一种不确定性，即存在着会出现一定经济损失的可能性。人们之所以会冒一定风险去开展一个项目，就是因为项目风险可能发生，也可能不发生，因此，项目风险发生概率（P）是度量风险可能性的一个主要参数。其次，项目风险的大小同其风险后果的严重程度有关，所以其项目风险后果严重程度（C，损失多少）也是度量项目风险大小的一个基本参数。因此，项目风险度量 R 就可看成项目发生概率 P 与项目风险后果严重程度 C 的函数，即有

$$R = F(P, C)$$

要估计项目风险可能性 P，就需要使用统计学的方法和一些主观估计等方法，因为有许多风险可能性的数据是要靠主观估计给定的。

3）电力工程项目风险的应对措施。确定对项目风险的应对措施也是项目风险管理中一项非常重要的工作。项目风险识别和度量的任务是确定项目风险大小及其后果，制定项目风险应对措施的任务是计划和安排对于项目风险的控制活动方案。在制定项目风险应对措施的过程中需要采用一系列的项目风险决策方法。在制定项目风险应对措施的工作中，通常做项

目风险成本与效益分析、效用分析、多因素分析和集成控制等方法。在制定项目风险应对措施时必须充分考虑项目风险损失和代价的关系。这里所说的"代价"是指为应对项目风险而进行的信息收集、调查研究、分析计算、科学实验和采取措施等一系列活动所花的费用。因此一方面要设计好项目风险应对的措施，尽量减少风险应对措施的代价。另一方面，在制定项目风险应对措施时还必须要考虑风险应对措施可能带来的收益，并根据收益的大小来决定是否需要付出一定量的代价去应对项目风险，避免出现得不偿失的情况。

4）电力工程项目风险控制。这是指根据项目风险识别、度量和制定的项目风险应对措施所开展的，对于整个项目全过程中各种风险进行控制的工作，项目风险控制工作的具体内容包括：根据项目发展与变化的情况，不断地重新识别和界定项目的风险，不断地更新项目风险应对措施，不断地决策和实施项目风险应对措施，以最终确保项目目标的成功实现。确切地说，项目风险控制工作是一个动态的工作过程，在这一过程中，项目风险管理的各项作业（包括项目风险识别、界定和项目风险应对措施的制定）是相互交叉和相互重叠开展和进行的。通常，在项目各个阶段都要开展项目风险控制，这种控制是一种周而复始地、全面地开展项目风险识别、界定、应对措施制定和实施（项目风险应对措施的实施就是项目风险控制核心内容）的工作循环。

第三节　电力工程项目融资

一、项目融资的概念和特点

1. 项目融资的概念

项目融资是为一个特定项目所安排的融资。贷款人在最初考虑安排贷款时，以该项目的现金流量和收益作为偿还贷款的资金来源，以该项目资产抵押作为贷款的安全保障。如果项目的经济强度不足以保障贷款安全，则贷款人可能需求借款人以直接担保、间接担保或其他形式给予项目附加的信用支持。

项目融资的定义可以分为广义和狭义。广义上讲项目融资是指一切针对项目的资金筹措形式。狭义上讲，则是指借款人原则上将项目本身拥有的资金及其收益作为还款资金来源，而且将其项目资产作为抵押条件来处理，该项目主体的一般性信用能力通常不作为重要贷款因素来考虑。本章主要是从狭义上对电力工程的项目融资进行介绍。

2. 项目融资的特点

（1）项目导向。这主要依赖于项目的现金流量和资产而不是依赖于投资者或发起人的资信来安排融资。这是项目融资的最大特点。

（2）有限追索。追索是指贷款人未能按期偿还债务时，贷款人要求借款人以抵押资产之外的资产偿还债务的权利。作为有限追索的项目融资，贷款人可以在贷款的某个阶段或者在任一规定的范围内对项目借贷人进行追索。除此之外，项目出现任何问题，借贷人均不能追索到借款人除了项目以外任何形式的资产。

（3）风险分担，过程复杂。由于此类贷款形式对贷方风险较大，所以项目融资必须要以复杂的贷款和担保文件作为项目各方行为的依据。

（4）融资成本高。较大的风险必然要求较高的贷款利率，因此，项目融资成本也是比较高的。

（5）贷款方全过程管理和监控。出于有限追索备件的考虑，贷款方必然会对项目的立项、运营以及项目后保障事宜进行全过程的管理和监控。

二、电力工程项目融资

1. 电力工程项目融资的概念

根据项目融资的概念，电力工程项目融资可以定义为：广义上是指一切针对电力工程项目的资金筹措形式；狭义上讲，是指借款人原则上将电力工程项目本身拥有的资金及其收益作为还款资金来源，而且将其项目资产作为抵押条件来处理，该项目主体的一般性信用能力通常不作为重要贷款因素来考虑。

采用项目融资的方式，有利于为超过投资者自身筹资能力的大型电力工程项目融资，也为政府建设电力工程项目提供形式灵活多样的融资，满足政府在资金安排方面的特殊需要。同时可以为跨国公司海外投资项目安排有限追索权融资，以限制项目风险，在一定程度上隔离项目风险与投资者的风险。

2. 电力工程项目融资的当事人

（1）项目发起人。项目发起人可能是企业也可能是政府，可能是一家也可能是多家。在我国的电力项目融资中，项目发起人一般是境内的电力公司。大型电力项目中的发起人一般还吸收一家或几家知名外国公司参加，以便更好地利用外国公司的投资、技术和信誉，并吸引外国银行的贷款。

（2）项目公司。项目公司是项目融资的关键与核心，是为了特定的项目专门成立的独立的公司法人，一般由项目公司发起人设立并控股，负责项目投资、建设、管理、运营、偿贷等。项目公司的组织形式需要根据项目的具体情况选择，可以分为契约式合营、股权式合资和承包三种。项目公司一般由境内电力公司与境外投资人以合资或合作形式设立，而境外投资人经常作为借款人，利用其在国际金融市场的信誉和融资优势向国际贷款银行借款。

（3）项目贷款人。项目贷款人即为项目公司提供贷款融资的机构，其收益来源于贷款利息（而归还贷款本金及利息的款项又来源于项目建成后的收益），其权益的保障来源于项目公司提供的抵押、质押或项目发起人提供的其他保证。电力项目融资中的项目贷款人一般是境外的商业银行、非银行金融机构（如租赁公司、财务公司、投资基金等）和一些国家政府的出口信贷机构以及国际金融组织。

（4）项目设施使用方或项目产品购买方，即购电方。通过与项目公司签订项目产品的长期购电合同，按照规定的电价或电价计算方式为项目贷款提供重要的信用支持。项目建设完成并投入运营后。购电方按照购电合同对项目公司支付费用或价款。该费用或价款由项目公司作为收益直接用于偿还项目贷款。剩余收益作为项目发起人的股东回报。与一般的购电合同不同，这种购电合同可以说是"先买电，后有电"，在电厂建设运营之前就订立了。

（5）项目保证方。由于项目的建设周期长，风险大，回报慢，因此项目贷款人往往会要求东道国境内的银行或政府提供保证。

（6）项目设备、原材料和能源供应方。项目设备原材料和能源供应方与项目公司签订协议，负责向项目公司提供发电机组等设备以及燃料。

三、电力工程项目融资的方式

1. 项目投资者直接融资

这是结构上最简单的一种项目融资方式，由项目投资者直接安排项目的融资，并且直接承担融资中相应的责任和义务。它可获得相对较低的融资成本，但是实现有限追索相对复杂。在这一结构中：项目投资者根据合资协议组成非公司型合资结构，并按照投资比例合资组建一个项目管理公司负责项目的建设和生产经营，该公司同时也作为投资代理人负责项目产品的销售；投资者分别在项目中投入相应比例的自有资金，并统一安排项目融资，用于项目的建设资金和流动资金；项目销售收入将首先进入一个由贷款人监控下的账户，用于支付项目的各种费用和资本再投人，最后按照融资协议将盈余资金返还给投资者。

1．投资者通过项目公司安排项目融资

一般是由投资者共同投资组建一个项目公司，再以该公司的名义拥有、经营项目和安排融资。采用这种模式，主要的信用保证来自项目公司的现金流量、项目资产以及项目投资者所提供的与融资者有关的担保和商业协议。

这种项目融资方式的一般过程是：①项目投资者根据股东协议组建项目公司，并注入一定的股本资金。②项目公司作为独立的生产经营者，签署一个与项目有关的合同，安排项目融资并拥有项目。③投资者为贷款者提供完工担保。

2．BOT 模式

BOT 是国际上近十几年来逐渐兴起的一种基础设施建设的融资模式，是一种利用外资和民营资本兴建基础设施的新兴融资模式。BOT 是 Build（建设）、Operation（经营）和 Transfer（转让）的缩写，代表着一个完整的项目融资过程。实际上，BOT 既是一种融资方式，也是一种投资方式。项目融资只是 BOT 的一个阶段。政府是 BOT 项目实施过程的主导。政府只是让渡 BOT 项目经营权，但拥有终极所有权。政府不干涉项目公司的正常经营，但要参与项目实施过程的组织协调，并对项目服务质量和收费进行监督。政府与项目公司是经济合同关系，在法律上是平等的经济主体。BOT 以项目为融资主体，项目公司承担债务责任。项目特许权通常通过规范的竞争性招标来授予的。图 15-3 表现了 BOT 模式的概念。

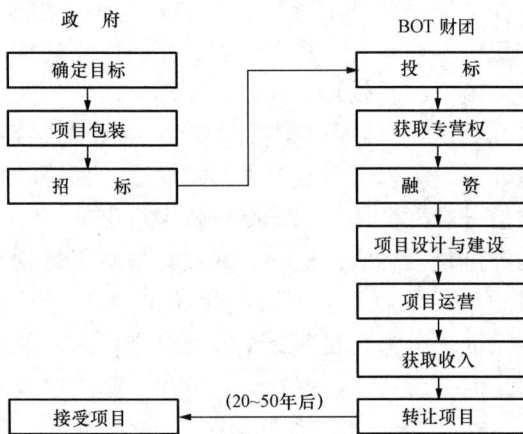

图 15-3　BOT 模式的概念模型

四、案例：广东省沙角火力发电厂 B 项目

1．项目背景

广东省沙角火力发电厂 1984 年签署合资协议，1986 年完成融资安排并动工兴建，1988年投入使用。总装机容量 70 万 kW，总投资为 42 亿港币。这被认为是中国最早的一个有限追索的项目融资案例，也是事实上在中国第一次使用 BOT 融资概念兴建的基础设施项目。

2．项目融资结构（如图 15-4 所示）

（1）投资结构。采用中外合作经营方式兴建。合资中方为深圳特区电力开发公司（A方），合资外方是一家在香港注册专门为该项目成立的公司——合和电力（中国）有限公司（B方）。合作期 10 年。合作期间，B方负责安排提供项目全部的外汇资金，组织项目建设，并且负责经营电厂 10 年（合作期）。作为回报，B方获得在扣除项目经营成本、煤炭成本和支付给 A 方的管理费后百分之百的项目收益。合作期满时，B 方将深圳沙角 B 电厂的资产所有权和控制权无偿转让给 A 方，退出该项目。

（2）融资模式。深圳沙角 B 电厂的资金结构包括股本资金、从属性贷款和项目贷款三种形式。

（3）信用保证。根据合作协议安排，在深圳沙角 B 电厂项目中，除以上人民币资金之外的全部外汇资金安排由 B 方负责，项目合资 B 方——合和电力（中国）有限公司利用项目合资 A 方提供的信用保证，为项目安排了一个有限追索的项目融资结构。融资模式中的信用保证结构有：

1）A 方的电力购买协议。这是一个具有"提货与付款"性质的协议，规定 A 方在项目生产期间按照实现规定的价格从项目中购买一个确定的最低数量的发电量，从而排除了项目的主要市场风险。

2）A 方的煤炭供应协议。这是一个具有"供货或付款"性质的合同，规定 A 方负责按照一个固定的价格提供项目发电所需要的全部煤炭，这个安排实际上排除了项目的能源价格及供应风险以及大部分的生产成本超支风险。

3）广东省国际信托投资公司为 A 方的电力购买协议和煤炭供应协议所提供的担保。

4）广东省政府为上述三项安排所出具的支持信，可作为一种意向性担保。

5）设备供应及工程承包财团所提供的"交钥匙"工程建设合约，以及为其提供担保的银行所安排的履约担保，排除了项目融资贷款银团对项目完工风险的顾虑。

6）中国人民保险公司安排的项目保险。

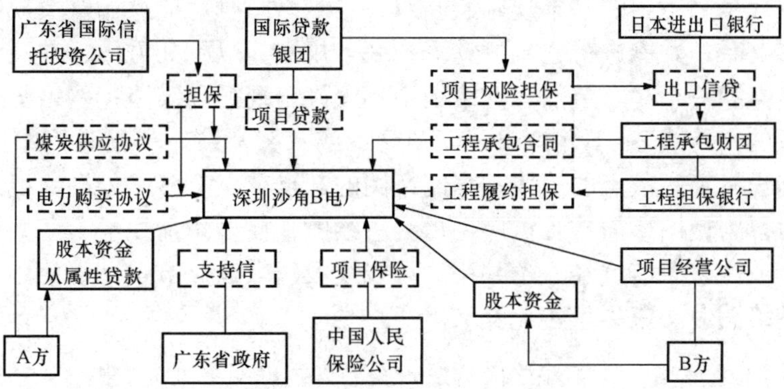

图 15-4 广东省沙角火力发电厂 B 项目融资结构图

第四节 网络计划技术及其应用

网络计划技术的应用非常广泛，如宇宙空间开发、国防建设工程、大型基建项目、基建施工管理、新产品试制、成套设备维修、生产线的搬迁、军事行动的协调等。网络计划具有非常好的可分性与可联性，它既可应用于全部工程的整体计划，也可应用于部分工程的局部计划。一般说来，工程规模越大，工程越复杂，应用网络计划技术就越有效。网络计划技术的一个显著特点，就是借助网络图对项目的进行过程及其内在逻辑关系进行综合描述，所以网络计划技术首先要从网络图入手。

　　根据网络计划技术中活动（或工序、作业）和事件表示方法分类。根据这一分类法，网络图分为单代号网络和双代号网络。单代号网络又称为节点式网络。它用节点表示工序，用箭线表示工序之间的逻辑关系。双代号网络又称箭线式网络，它用箭线表示工序以及工序之间的关系，节点表示事项，箭线两端的节点号标识且唯一地标识一道工序。相比较而言，双代号网络比单代号网络使用方便，可以在网络图上清楚地标出工序的开始和结束时间、工序的延续时间和关键路线，容易实现网络优化。由于双代号网络具有更多的优点，因此在实际应用中深受工程技术人员和管理人员的欢迎。

一、双代号网络图

　　双代号网络图的基本符号归纳表述如下：①箭线：在双代号网络图中，箭线表示一项工作，在施工中，这项工作可称作工序、施工过程或作业等。②节点：节点用圆圈表示。它代表一项工作的开始与结束，也可以联系前后两项工作。

　　1. 双代号网络图的绘制

　　（1）双代号网络图逻辑关系的处理方法。逻辑关系是指工作进行时客观存在的一种先后顺序关系，施工项目中的工艺关系和组织关系相互依赖、制约，在网络图中必须表达正确。如果要画出一个正确反映逻辑关系的网络图，必须解决每项工作的以下三个问题：一是该工作必须在哪些工作之前进行；二是该工作必须在哪些工作之后进行；三是该项工作可以和哪些工作平行进行。

　　（2）虚箭线的作用。在双代号网络图中，为了正确地表达逻辑关系，往往要应用虚箭线。虚箭线还有断路作用，即把没有关系的工作隔开。

　　（3）绘制双代号网络图的基本规则绘制双代号网络图时，应遵循有关规则，以正确反映工作之间的逻辑关系，并能进行正确的计算。基本规则为以下几方面：在一个网络图中只允许有一个起点节点和一个终点节点；网络图中不允许出现循环线路；网络图中不允许出现双向箭头或无箭头的"连线"；不允许出现无头箭线或双头箭线，严禁在网络图中出现没有箭尾节点的箭线和没有箭头节点的箭线；当网络图的起点节点有多条外向箭线或终点节点、有多条内向箭线时，为使图形简洁，可应用母线法绘图，使多条箭线经一条共用的母线线段从起点节点引出，或使多条箭线经一条共用的母线线段引入终点节点；可使用多种处理箭线交叉的方法，绘网络图时，应尽量避免交叉。

　　【例 15 - 1】　根据表 15 - 1 工序之间的逻辑关系，画出网络图，如图 15 - 5 所示。

表 15 - 1 工 序 前 后 关 系 表

紧前工序				A, B	B, C	D	C, D
工序	A	B	C	D	E	F	

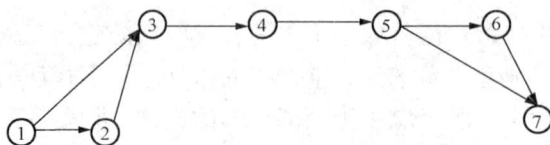

图 15 - 5　正确网络示例

　　2. 双代号网络计划时间参数的计算

　　计算网络时间参数的目的在于确定工序的最早开始与结束时间、工序的最晚开始与结束时间、时差和关键线路。

（1）按工序计算法计算。①工序最早开始时间。工序最早开始时间是指各紧前工作全部完成后，本工序有可能开始的最早时刻。工序最早开始时间应从网络计划的起点节点开始，顺着箭线方向依次逐项计算。②网络计划计算工期。网络计划的计算工期是由最早时间参数计算确定的工期。③工序最迟开始时间。工序最迟开始时间是在不影响整个任务按期完成条件下本工序最迟必须开始的时刻，其值为本工序的最迟完成时间减去本工序的持续时间。

（2）按节点计算法。用 i,j 表示节点的编码，(i,j) 表示从节点 i 开始到节点 j 结束的一道工序。网络的时间参数的意义如下：$t(i,j)$ 表示工序 (i,j) 的作业时间；$ET(i)$ 表示节点 i 的最早时间；$LT(i)$ 表示节点 i 的最迟时间；$ES(i,j)$ 表示工序 (i,j) 的最早开始时间；$EF(i,j)$ 表示工序 (i,j) 的最早结束时间；$LS(i,j)$ 表示工序 (i,j) 的最晚开始时间；$LF(i,j)$ 表示工序 (i,j) 的最晚结束时间。

按节点计算法计算网络计划的时间参数是先计算节点的最早时间和节点的最迟时间，再根据节点时间推算工作时间参数。某网络图如图 15-6 所示，计算时间参数。

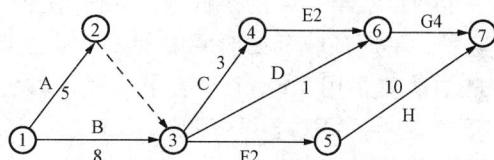

图 15-6　网络图示例

1）节点最早时间。双代号网络计划中，节点的最早时间是指以该节点为起始点的所有工序的最早可能开始时间。计算节点的最早时间是从网络的始点开始，按箭头方向自左向右计算，一直到网络终点为止，并假定网络始点的最早时间为 0。对于其他节点，箭头节点的最早时间等于所有直接指向该节点的各箭尾节点的最早时间与该箭线所表示工序作业时间之和的最大值。假设始点编号为 1，即

$$ET(1) = 0$$
$$ET(j) = \max_{i \to j}\{ET(i) + t(i,j)\}$$

2）节点的最迟时间。节点的最迟时间是指以该节点为终止点节点时，所有工序必须最迟完工的时间。如果各道工序不在此节点之前完工，那么必定会影响以该节点为起始节点的所有工序的开工。计算节点的最迟时间是从网络的终点开始，按箭尾方向自右向左计算，直到网络始点为止。网络终点的最早时间表明整个项目的最早完工时间。为了尽量缩短项目的完工时间，规定网络终点的最晚时间等于网络终点的最早时间。对于其他节点，箭尾节点的最晚时间等于所有从该节点直接发出的各箭头节点的最晚时间与该箭线所表示工序作业时间之差的最小值。假设终点节点编号为 n，即

$$LT(n) = ET(n)$$
$$LT(j) = \min_{i \to j}\{LT(j) - t(i,j)\}$$

3）工序最早开始时间。它是指工序在所有紧前工序都结束后的最早可能开始的时间。每一道工序都有起始节点，而节点的最早时间表示以该节点为起始节点所有工序的最早开始时间，因此有 $ES(i,j) = ET(i)$。

4）工序最早结束时间。它等于工序的最早开始时间与工序作业时间之和，即

$$EF(i,j) = ES(i,j) + t(i,j)$$

5）工序最迟完成时间和最迟开始时间。它是为了不影响项目以最短时间完工，工序最晚必须开始的时间。每一道工序都有终止节点，而节点的最迟时间表示以该节点为终止节点

的所有工序的最晚必须完工时间，因此有

$$LF(i,j) = LT(j)$$
$$LS(i,j) = LF(i,j) - t(i,j)$$

图上作业时，常用箭线上方的两个"□"表示工序的最早开始与最早结束时间。箭尾"□"内的数字表示 $ES(i,j)$，箭头"□"内的数字表示 $EF(i,j)$。用箭线下方的"△"表示工序的最晚开始与最晚结束时间。箭尾"△"内的数字表示 $LS(i,j)$，箭头"△"内的数字表示 $LF(i,j)$。具体时间参数计算结果如图 15-7 所示。

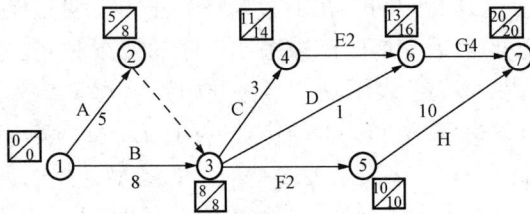

图 15-7 节点时间参数示例

6) 工序总时差的计算。它是指在不影响整个项目最早结束的条件下，工序最早开始（或结束）时间可以推迟的时间，也就是在不影响紧后工序最晚开始时间的前提下，工序可以推迟开始或推迟结束的一段时间。工序 (i,j) 的总时差常用 $TF(i,j)$ 表示。其计算公式如下

$$TF(i,j) = LS(i,j) - ES(i,j) = LF(i,j) - EF(i,j) = LT(i,j) - ET(i) - t(i,j)$$

上式中有

$$TF(1,2) = 3 - 0 = 3 \qquad TF(1,3) = 0 - 0 = 0 \qquad TF(3,4) = 11 - 8 = 3$$
$$TF(3,6) = 15 - 8 = 7 \qquad TF(4,6) = 14 - 11 = 3 \qquad TF(3,5) = 8 - 8 = 0$$
$$TF(5,7) = 10 - 10 = 0 \qquad TF(6,7) = 16 - 13 = 3$$

工序 (i,j) 的总时差反映该工序在整个项目工程中的地位和它的潜力。如果一道工序的总时差为零，说明这道工序是影响工程周期的关键工序。其作业时间的任何延长，必然导致工程周期作同样幅度的延长。若一道工序的总时差大于 0，说明这道工序可以滞后一定时间开始或完成而不影响工程周期，但滞后的时间不能大于总时差，否则也会延长工程周期。此外，一道工序的总时差大于 0，说明该工序资源很富裕，可适当抽调一部分资源支援其他工序，特别是关键工序。

7) 关键路线。所谓关键路线就是有总时差为 0 的工序组成的线路。关键路线上的各工序作业时间之和即为总工期。如果把网络图看成一种有向图，则关键路线就是有向图的最长路线。图 15-7 中，关键路线为①→③→⑤→⑦。

二、网络计划的优化

网络计划优化，是在编制阶段，在满足既定约束条件下，按照一定目标，通过不断改进网络计划的可行方案，寻求满意结果，从而编制可供实施的网络计划的过程。网络计划的优化目标包括工期、资源和费用三方面。

1. 缩短工期

缩短工期的方法主要分两大类：一是缩短工序作业时间；二是调整网络结构。

(1) 缩短工序作业时间。缩短工序作业时间主要是缩短关键工序作业时间。缩短关键工序的作业时间可以从技术措施和组织管理两方面进行。在技术上，可以通过改革工艺或改进产品（零部件）设计来实现。如将通用工装改为专用工装或将通用设备改为专用设备，以提高劳动生产率，缩短工序时间。在组织管理上，可以通过协调关键工序与非关键工序的资源分配来实现，即"向关键路线要时间，向非关键路线要资源"。

（2）调整网络结构。这主要是将连续进行的工序在不违反工序先后顺序的前提下改为平行作业或平行交叉作业，使在同一时间内能安排更多的工序同时进行。

1）组织平行作业。根据工序的技术要求和客观可能性，分析工序之间是固定顺序条件还是可变顺序条件。所谓固定顺序条件是指两道工序的先后顺序受条件限制，不能变更。固定顺序条件的工序不能组织平行作业。可变顺序条件是指两道工序的先后顺序不受严格限制。可变顺序条件的工序应尽量组织平行作业。

2）组织平行交叉作业。有些固定顺序条件的作业，看上去是不可改变的，其实可将工序分解而达到平行顺序的交叉作业。

2. 资源有限，工期最短

在一定时间内，一个工程所能得到的资源（人力、物力、财力）总是有一定限度的。若某些时段内资源超过可能供应的限度，则原计划就不可能实现，因此需要对资源需求量进行调整。网络优化的目标就是在保证资源需求量不超过供应限度的前提下，使工期最短。

网络优化问题的解法有两种。一种是试图建立精确的数学模型以取得最优解，如数学规划模型。另一种方法是启发式算法，即放弃最优解的保证，采用某种启发式规则，求得问题的最优解。目前这种启发式方法比较多，如最小时差法、负荷均衡法等。这些算法的实质，是根据处于超资源时段内各道工序的重要程度，安排作业顺序，从而解决该时段的资源平衡问题。

在实际工程中，应用最广的是把两个平等工序调整为顺序工序的优化问题。但在实际工作中，往往由于资源或条件的限制使得原本可以独立进行的工作不得不调整为先做一件再做另一件工作。另一有前后顺序的工作。如把两个平等工序 A、B，调整为顺序工序，即是A→B顺序还是B→A顺序，总工期推迟最少？重心定理可以帮助解决类似问题。

（1）工序的重心：工序的最早开始时间与最迟结束时间的和称为该工序的重心，记为 C_A。

（2）重心定理：两平行工序调整为顺序工产时，重心小者在先，则序偶亏值最小，顺序最佳，即若 $C_A \leqslant C_B$；则 A→B；若 $C_B \leqslant C_A$，则 B→A。

（3）平行工序：指不在同一条路线上的工序。

（4）序偶与序偶亏值：指平行工序 A，B 调整为 A→B 顺序后，称为一个序偶，记为 (A，B) 或 $\begin{bmatrix} A \\ B \end{bmatrix}$。总工期增加的时间称为序偶的亏值，记为 $[AB]$ 或 $\begin{bmatrix} A \\ B \end{bmatrix}$。

（5）序偶亏值定理可以用下式来表示

$$\begin{bmatrix} A \\ B \end{bmatrix} = \max\{0, (ES_A + LF_A)\} = \begin{cases} 0, & EF_A \leqslant LS \\ (EF_A - LS_B), & EF_A > LS_B \end{cases}$$

由重心定理可以看出，在两个平等工序调整为顺序工序时，决定顺序先后的是工序重心的大小。由重心定理还可以得到以下的推论：当两个工序的工期相等，机动时间也相等，则工序先开始的先做，顺序最佳；当两个工序的最早开始时间相同，工期相等，则机动时间少的先做顺序最佳；当两个最早开始时间相同，机动时间相等，则工期短的先做顺序最佳。

在电厂建设或者检修中，往往由于人力、资金、材料的短缺而不得不把本来可以独立进行的工作，调整为具有前后顺序关系的工作。例如，在锅炉检修中，原来由两个焊工独立进行的工作，由于其中一个生病或其他原因不能继续工作，要求另一个接替他，完成两人的工作。此时就不得不先做完一件工作之后再做另一件工作。这就产生了哪件工作安排在前，哪件工作安排在后的问题。

【例 15-2】　　如图 15-8 所示，当将"引风机外壳焊补"与"排粉机壳体焊补"调整为前后顺序的工序时，应该哪个工序在前，总工期推迟最少？

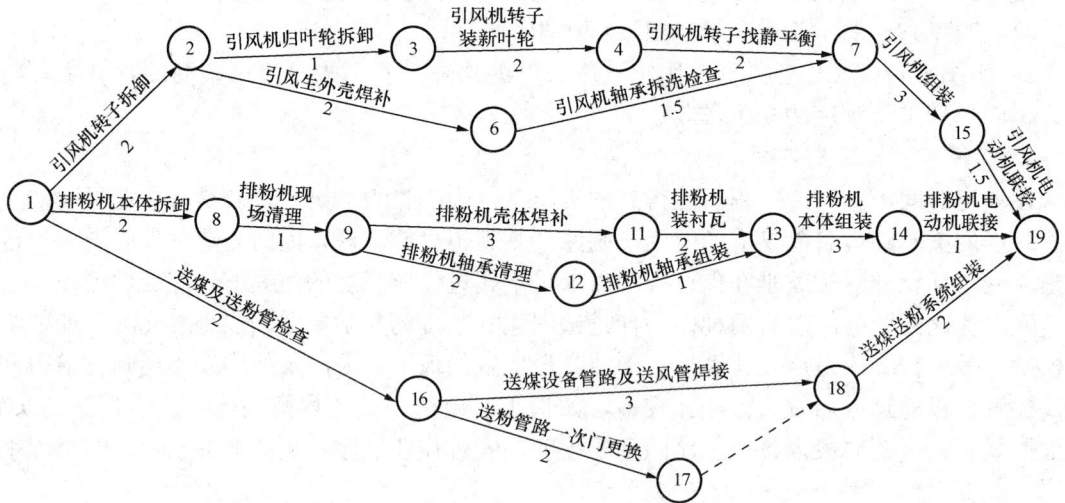

图 15-8　调整前的网络图

解　在 CPM 网络中，都要把每道工序的时间参数计算出来并列成时间参数明细表。这两道工序的时间参数值如表 15-2 所示。

表 15-2　　　　　　　　　　　　　　　两道工序的时间参数值

工序名称	代号	最早开始 ES	最早结束 EF	最迟开始 LS	最迟结束 LF	工期 t	机动时间 TF
引风机外壳焊补	A	2	6	4	8	2	2
排粉机壳体焊补	B	3	6	3	6	3	0

因"排粉机壳体焊补"的机动时间为零，所以"排粉机壳体焊补"是关键上序。而"引风机外壳焊补"机动时间为 2，不是关键工序。按传统习惯，关键工序与非关键工序发生矛盾时，应当首先保证关键工序，即关键工序先进行，非关键工序后进行。所以"排粉机壳体焊补"先进行，"引风机外壳焊补"后进行。这样调整后的网络图如图 15-9 所示。总工期由原来的 12 天变为 14 天，推迟了 2 天。

3. 工期确定，资源均衡

工期确定、资源均衡的网络优化问题非常类似资源有限、工期最短的优化问题，只是前者是极小化不同时段的资源差，工期是不可更改的约束条件；而后者是极小化工期，资源供应量是固定的约束条件。对一项工程项目来讲，资源量的供应一般是固定的，如劳动力、机械设备等。但根据初始网络图画出的资源需要量动态图是阶梯形的，而且有时波动很大，不利于资源的有效利用。像资源有限、工期最短的问题一样，这种优化问题的解决方法主要是启发式算法。但由于工期是固定的，所以确定工序后移时应注意两个问题：一是关键工序不

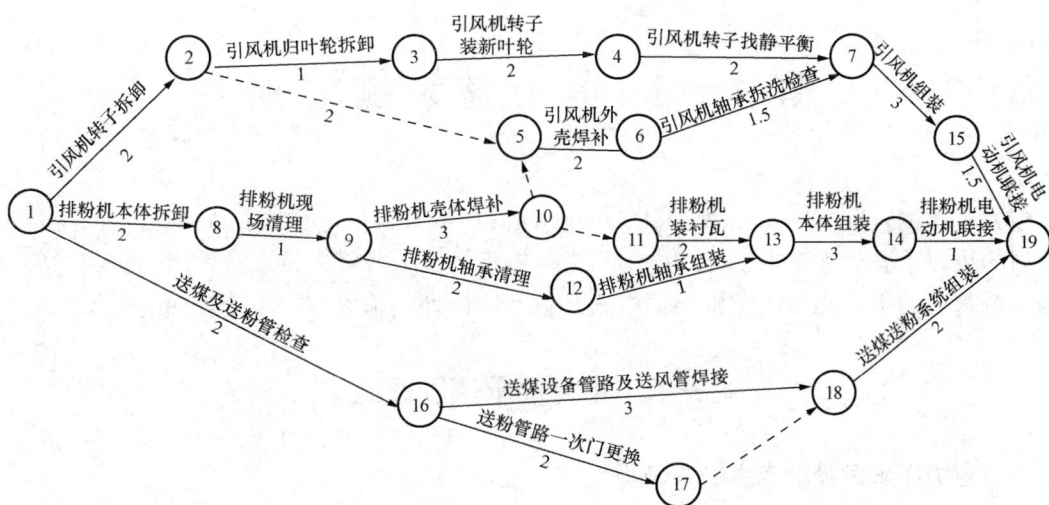

图 15 - 9 调整后的网络图

能后移;二是非关键工序的后移量不能超过其总时差。具体步骤如下:

（1）根据作业清单绘制网络图,计算网络的时间参数,确定关键路线及其长度,然后以各工序的最早开始时间作为工序开始时间,绘制出资源需要量的阶梯形曲线。

（2）假定单位时间资源供应量 LR 比现有资源需求量的峰值略小（可根据阶梯形曲线自行确定）,从最初时段开始检查。如果在时段 $[t_k, t_{k+1}]$ 内需要量超过 LR,则需要进行调整。调整方法如下:①若工序内部不允许中断,不考虑在 t_k 之前已经开始而在 t_k 之后结束的工序,对所有在 t_k 时刻开始的工序,如果满足 $LS(i,j) \geqslant t_{k+1}$,则该工序可以后移。若多道工序满足上述条件,按两条原则进行选择,一是优化推迟资源需要量大的工序;二是若资源需要量相等,优先推迟总时差大的工序。若所有在 t_k 时刻开始的工序不满足后移条件,则无法调整,不需要进一步调整。②若工序内部允许中断,将在 t_k 之前已经开始但在 t_k 滞后结束的工序,以 t_k 为分界点分成两道工序。不考虑 t_k 之前的部分工序,将 t_k 滞后的部分作为一个独立的工序处理,相应计算该工序的总时差,然后按①的方法进行调整。

（3）在所有时段调整完后,返回第二步,即令资源供应量 LR 比新的资源需要量最高峰略小,重新进行调整,直到不能调整为止。

思 考 题

1. 试简述工程项目管理的含义及其特征。
2. 试简述工程项目管理的生命周期的构成。
3. 工程项目管理的主要内容是什么?
4. 电力工程项目融资的主要方式有哪些? 各有什么特点?
5. 试简述绘制网络图的基本原则。
6. 工序的总时差如何计算?
7. 如何利用网络计划技术进行工期和资源的优化?

第十六章　电力需求侧管理

　　电力需求侧管理（Demand Side Management）是节约供电成本，实现经济、社会可持续发展的重要手段。本章主要介绍电力需求侧管理的产生背景、特点、作用、实施对象，电力需求侧管理的手段和实施监督评估措施，以及国内外实施电力需求侧管理的基本情况。

第一节　电力需求侧管理概述

一、电力需求侧管理产生的背景

　　20 世纪 50 年代到 60 年代，西方发达国家实行的能源"流体化革命"为他们的经济发展带来空前的繁荣。但是，以工业发展为代表的现代社会是建立在大量消耗能源的基础上的。随着社会经济的发展，特别是 20 世纪 70 年代的两次世界能源危机以来，有限的能源供应对于经济发展的制约作用越来越明显。同时，能源的大量消耗，对人类的生活环境造成了严重污染：CO_2 的过量排放导致的温室效应；土地沙化面积不断扩大，水灾、旱灾、雹灾、风灾发生频率也在增加；SO_2 和 NO_2 导致的酸雨等灾害，正在对包括人类在内的动植物的生存和成长带来致命的危害。1992 年 6 月在巴西里约热内卢召开了"联合国环境发展大会"，183 个国家和 70 个国际组织，102 位国家政府首脑参加了会议，重点讨论了解决能源开发和利用负面效应产生的环境问题。电力是优质二次能源，随着现代物质文明与精神文明的不断增长，电力占一次能源消费的比重在不断提高。发达国家在 20 世纪 60 年代到 80 年代这一比重在 20%～30%，80 年代到 90 年代为 30%～40%，预计今后 50 年将进一步提高到 40%～60%。另一方面，它对污染排放的贡献也越来越大。例如，美国的大气排放物中，有 $\frac{1}{3}$ 的 CO_2 和 NO_2、$\frac{2}{3}$ 的 SO_2 来自火力发电厂。因此，提高用电效率就成为实现节能减排、节约资源和保护环境的重点领域。

　　电力需求侧管理最初起源于美国，电力公司努力影响用户的需求可以回溯到 18 世纪 90 年代。世界上第一座商用发电厂（即位于纽约市 Pearl 大街的 Thomas Edison 发电厂）建成，并投入运营。那时，照明是电厂唯一的负荷，用电低谷出现在白天。为了达到经济运行的目的，或者为了利润，Edison 发电厂雇人去推广电动机等在白天使用的电力设备。依靠鼓励电力的昼夜消耗，Edison 发电厂能够增加发电能力的利用，从而降低其发电成本。20 世纪中后期，特别是第二次世界能源危机之后，电力需求侧管理作为一种重要工具，再度引起美国政府和社会各界的普遍重视。但在电力需求侧管理的看法上，已经发生了质的变化，即把电力需求侧管理作为与供方资源同等重要的替补资源来看待。经努力挖掘，电力需求侧管理很快取得实效，并很快风靡于工业发达国家和部分发展中国家。

　　1992 年开始，需求方管理技术陆续介绍到我国，引起了政府有关主管部门和学术界的注意。原国家计委、国家经贸委、国家科委电力工业部及后来的国家发改委、科技部、国家电监会、国家电网公司，以及大中型电力用户、科研机构、高等院校、社会团体等做了大量的推动性工作，不断探索应用它的具体途径。1993 年 6 月原国家计委资源节约和综合利用司组织国家计委、中科院能源研究所和深圳市能源总公司在深圳市召开了这方面的试点研究，并于 1994 年 1 月在北京首次召开的综合资源规划国际研讨会上做了介绍。

2000 年 12 月，原国家经贸委和国家计委将电力需求侧管理以法规形式纳入了《节约用电管理办法》。

2004 年 5 月国家发改委与国家电监会联合出台了《加强电力需求侧管理工作的指导意见》。随着我国经济和电力企业的不断发展，电力需求侧管理技术越来越受到电力公司和广大用户的重视，并将有更广阔的空间。

二、电力需求侧管理的概念和特点

1. 电力需求侧管理定义

电力需求侧管理是指通过采取有效的激励措施，引导电力用户改变用电方式，提高终端用电效率，在完成同样用电功能的同时，减少电量消耗和电力需求，优化资源配置，改善和保护环境，实现最小成本电力服务所进行的用电管理活动，是促进电力工业与国民经济、社会协调发展的一项系统工程。

2. 电力需求侧管理的特点

(1) 电力需求侧适合市场经济运作机制，主要应用于终端用电领域。它遵守法制原则，鼓励资源竞争，讲求成本效益，提倡经济、优质、高效的能源服务，它的最终目的是建立一个以市场驱动为主的能效市场。

(2) 节能节电具有量大面广和极度分散的特点。只有采取多方参与的社会行动，才能聚沙成塔、汇流成川。它的个案效益有限，而规模效益显著，且一方节能便可多方受益。可见，节能节电是一种具有公益性的社会行为，需要发挥政府的主导作用，创造一个有利于电力需求侧管理的实施环境。

(3) 电力需求侧管理是立足于长效和长远社会可持续发展的目标，要高度重视能效管理体制和电力需求侧管理节电运作机制的建设以及制定支持它们可操作的法规和政策，适度地干预能效市场，克服市场障碍，切实把节能落实到终端，转化为节电资源，才能起到电力需求侧资源替代供应侧资源的作用。

(4) 用户是节能节电的主要贡献者，要采取约束机制和激励机制相结合、以鼓励为主的节能节电政策，在节电又省钱的基础上引导他们自愿参与电力需求侧管理计划。让他们明白：电力需求侧管理与传统的节能管理不同，提高用电效率不等于抑制用电需求，节电不等于限电，能源服务不等于能源管制，克服用户参与电力需求侧管理的心理障碍，激发电力用户参与电力需求侧管理活动的主动性和积极性，才能使节能节电走向日常运作的轨道。

三、电力需求侧管理的意义和作用

1. 电力需求侧管理的意义

(1) 实施电力需求侧管理是实现国家社会经济可持续发展的重要基础。既满足当代人的需求，又不对后代人满足其需求的能力构成危害的发展称为可持续发展。换句话说，可持续发展就是指经济、社会、资源和环境保护协调发展，它们是一个密不可分的系统，既要达到发展经济的目的，又要保护好人类赖以生存的大气、淡水、海洋、土地和森林等自然资源和环境，使子孙后代能够永续发展和安居乐业。按照当前的发展模式，社会经济的发展对能源的需求远远超过能源的供应和环境的承载能力。转变发展方式，实行可持续发展是未来电力行业发展的必由之路。而大力开展电力需求侧管理，在满足社会经济发展对电力的需要的同时，转变能源消费结构，降低能源总量消耗，对实现我国社会经济的可持续发展具有重要意义。

（2）电力需求侧管理是供需市场平衡的重要补充。电力供需平衡始终是一种动态的不稳定的平衡，供过于求和供不应求的状况经常交替出现。目前，我国供需总量基本平衡，但供需之间的结构性矛盾比较突出。我国各地区经济发展水平存在差异，电力资源分布不均衡，部分地区电力供应相对富裕，而部分地区由于电源结构不能适应用电负荷的变化，或受电网输配能力的限制，电力供需平衡关系比较脆弱，出现了高峰时段电力供应紧张的情况。电力供需结构性矛盾突出表现在部分电网峰谷差加大，高峰时缺乏调峰容量。尤其是气温对负荷的影响越来越大，致使最大负荷增长的波动性进一步加大。由此可见，当前我国电力供求平衡（部分地区供大于求）的局面只是低用电水平下的一种脆弱平衡。随着我国经济发展，某些地方、某些季节随时可能出现供不应求的情况，届时在市场经济规律下，再采用拉闸限电等管理方式难以令客户满意，而开展电力需求侧管理，通过负荷管理和节能策略可弥补电力供应缺口，较好地解决这些问题。同时我们也应看到，电力需求侧管理不仅仅是节能、节电方面的措施，其中也有鼓励客户多用电的措施，我们称之为战略性负荷增长策略，该策略鼓励客户以电力替代客户的其他能源负荷，鼓励推行新出现的电器技术替代其他能源，如充电式电动汽车、工业热处理电气化等。因此无论供不应求还是供大于求，都有可能通过电力需求侧管理达到一定改善。

（3）电力需求侧管理是电力市场发展的客观需求。随着电力市场从计划供电的卖方市场向市场销售的买方市场转变，消费者越来越成熟，消费行为越来越理性。客户会按照经济准则选择电器设备及用电方式。客户对电力公司的要求也越来越高，不再是单纯的要求电力公司供电，也要求电力公司提供各类配套服务。近年来，国外一些电力公司的客户已经开始主动要求电力公司提供电力需求侧管理服务。在我国，也有一些客户向当地电力公司提出诸如分时电价、负荷管理等方面的服务要求。随着我国电力工业市场化的发展，会有越来越多的客户提出这方面的要求，客观上也要求电力公司展开需求侧管理研究。

2. 电力需求侧管理的作用

电力需求侧管理是一种合理利用能源的管理方法，对综合利用资源具有重大意义。主要表现在以下四个方面。

（1）可以改善电网的负荷特性，提高用电效率。电力需求侧管理可以引导电力客户选择合理的用电时间，或者采用合理的蓄能方式，达到移峰填谷的作用。从而减少用电峰谷差，降低电力最大需求，提高用电负荷率，减少发电成本，提高电网安全性和经济性。

（2）可以降低电力客户的电能成本，减少电费支出。对直接参加电力需求侧管理的客户，通过采用先进的用电设备和合理的用电方式可以减少电能消费，获得电力需求侧管理的直接效益。对没有直接参加电力需求侧管理的电力客户，可以通过电力需求侧管理的整体效益以及相对较低的电价获得电力需求侧管理的间接效益。

（3）有利于扩大用电需求，开拓电力市场。电力需求侧管理可以通过电力公司向电力客户推广一些用电设备，同时制定相应的用电优惠政策，让人们从使用煤、天然气转向更广泛地使用电能，扩大电力需求，开拓电力市场。

（4）可以减少污染，提高人民的生活质量。电能作为一种清洁、经济、高效、安全的能源，日益受到人们的喜爱。电力需求侧管理可以引导人们合理、经济地使用电能，减少污染的排放，保护环境，提高人们的生活质量。

四、电力需求侧管理的对象

电力需求侧管理的对象要求具体明确地落在终端，以便于采取有针对性的实施对策和运营策略。概括起来，可供选择的对象主要有下列几个方面。

（1）用户终端的主要用能设备，如照明、空调、电动机、电热、电化学、冷藏、热水器、暖气、通风设备等。

（2）可与电能相互替代的用能设备，如燃气、燃油、燃煤、太阳能、沼气等热力设备。

（3）与电能利用有关的余热回收和传热设备，如热泵、热管、余热锅炉、换热器等。

（4）与用电有关的蓄能设备，如蒸汽蓄热器、热水蓄热器、电动汽车蓄电瓶等。

（5）自备发电厂，如背压式、抽背式或抽汽式热电厂，以及燃气轮机电厂、柴油机电厂、余热和余压发电等。

（6）与用电有关的环境设备，如建筑物的保温、自然采光和自然采暖及遮荫等。

五、电力需求侧管理的内容

电力需求侧管理的内容很多，而且各国都有各自的侧重，说明电力需求侧管理的发展必须结合本国国情。结合我国的情况，电力需求侧管理的主要内容有：

（1）电价结构的改革。电价结构（包括结构间的比价）既反应了不同用电方式下电力供给的不同成本，同时又为用户合理用电、节约用电提供指导。换言之，电价结构及其比价是指导用户合理用电、节约用电的重要信息，是推行电力需求侧管理的主要经济手段。

我国电价存在问题较多，如重电价水平而轻电价结构，在确定了一定的电价水平后，未能及时地同步进行电价结构及其比价的调整。因此，充分发挥电价结构及其比价的调整是大有潜力可挖的。

（2）各种节电措施的推行。国外各种节电措施很多，重点在于提高终端用电设备的用电效率，以降低单耗、节约电量。我国国内生产总值的单位能耗比发达国家高，而且国内各地区、各单位节电措施和节电效果极不平衡，同类用电设备的用电效率也大不相同，如何使落后变为先进，先进更为先进，本身就有巨大的潜力。

（3）战略性负荷的研究和推广。所谓战略性负荷，目前主要指那些可以移到深夜低谷时段用电，同时又能为满足用户白天生产、生活需要的负荷。例如：电动汽车在夜间充电，白天行驶；电热水蓄热锅炉夜间用电加热热水，白天取暖；冰箱储冷装置夜间制冷，白天供空调降温等。结合我国国情，储冰蓄冷技术有一定的发展前景，它可以缓解大量增加空调对用电负荷的冲击。

第二节　电力需求侧管理的技术手段

电力需求方管理的目标，主要集中在用户电力和电量的节约上。通过负荷管理技术改变用户的用电方式，降低电网的最大负荷，取得节约电力、减少电力系统装机容量的效益；通过用户采用先进技术和高效设备提高终端用电效率，减少电量消耗，取得节约电量效益，同时获得节约电力减少系统装机容量的效益。

一、改变用电方式

1. 电力系统负荷特性

电力系统的负荷特性又称电力系统的负荷方式，它每时每刻都在发生变化，通常是用负荷特性曲线来表示。主要包括年负荷特性曲线和日负荷特性曲线两种来表示，有的还有周、月和季负荷特性。年负荷特性基本上有两种：一种是负荷峰期出现在冬季（见图16-1），另一种是负荷峰期出现在夏季（见图16-2）。

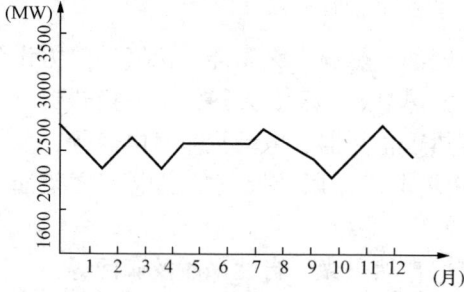

图16-1　华北地区某电网典型年负荷特性曲线　　图16-2　南方地区某电网典型年负荷特性曲线

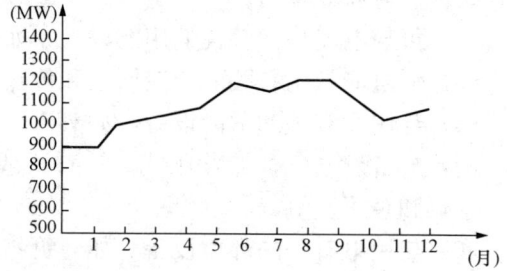

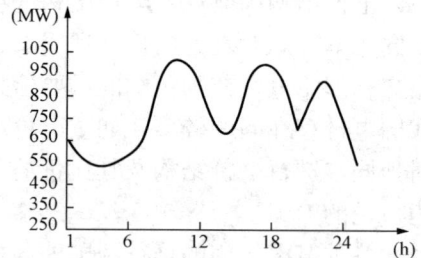

日负荷特性也有两种：一种是峰期最大负荷出现在夜晚（见图16-3），另一种是峰期最大负荷出现在白天（见图16-4），它们的负荷谷期均出现在后夜。

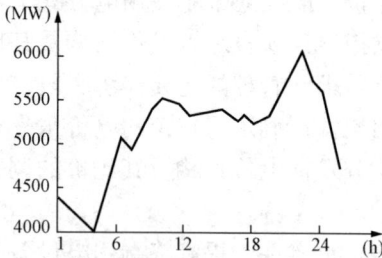

图16-3　中部地区某电网典型日负荷特性曲线　　图16-4　南方地区某电网典型如负荷特性曲线

电力系统的负荷特性与一系列因素有关，主要取决于电网所在地区的经济结构和用户的生产特点，当地的气候条件、生活水平和风俗习惯，以及电网规模等。对一个具有一定规模的电网来讲，电力系统的负荷方式主要是由终端用电方式决定的，要改变电力系统的负荷方式就要改变终端用电方式。由于供电能力不足和线路容量堵塞及拉闸停电的影响，图示的负荷特性不是完全满足终端用电需求的自然负荷特性，否则还要拉大电网负荷的峰谷差距。随着市场经济的发展和人们生活水平的不断提高，电网负荷的峰谷差还有进一步拉大的趋势。

2. 负荷整形技术

改变用户的用电方式是通过负荷管理技术来实现的。负荷管理技术就是负荷整形技术，它是根据电力系统的负荷特性，以某种方式将用户的电力需求从电网负荷高峰期削减、转移或增加到电网负荷低谷期的用电，以达到改变电力需求在时序上的分布，减少日或季节性的电网峰荷，以期提高系统运行的可靠性和经济性。在规划中的电网，主要是减少新增装机容量和节省电力建设投资，从而降低预期的供电成本。负荷整形技术主要有削峰、填谷、移峰填谷三种。

（1）削峰，如图16-5所示。削峰是在电网高峰负荷期减少用户的电力需求，避免增设边际成本高于平均成本的装机容量，并且平稳了系统负荷，提高了电力系统运行的经济性和可靠性，降低了平均发电成本。另一方面，削峰会减少一定的峰期售电量，也降低了电力公司的部分收入。削峰的控制手段主要有两个：一个是直接负荷控制，另一个是可中断负荷控制。

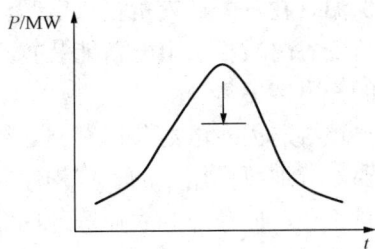

图 16 - 5 削峰示意图

直接负荷控制是在电网峰荷时段，系统调度人员通过远动或自控装置随时控制用户终端用电的一种方法。由于它是随机控制，常常冲击生产秩序和生活节奏，大大降低了用户峰期用电的可靠性，大多数用户不易接受，尤其是那些可靠性要求很高的用户和设备，负荷的突然衰减和停止供电有时会酿成重大事故和带来很大经济损失，即使采用降低直接负荷控制的供电电价也不太受用户欢迎，因此限制了这种控制方式的应用范围。在电力供应严重短缺、大量外购峰荷电力的电网，在失去电力平衡时往往采用这种方法削减峰荷，然后对用户予以电价补偿。直接负荷控制多于城乡居民的用电控制，对于其他用户以停电损失最小为原则进行排序控制。

可中断负荷控制是根据供需双方事先的合同约定，在电网峰荷时段系统调度人员向用户发出请求信号，经用户响应后中断部分供电的一种方法。它特别适合可以放宽对供电可靠性苛刻要求的那些"塑性负荷"，主要应用于工业、商业、服务业等，如有工序产品或最终产品存储能力的用户，可通过工序调整改变作业程序来实现躲峰；有能量（主要是热能）储存能力的用户，可利用储存的能量调节进行躲峰；有燃气供应的用户，可以燃气替代电力躲避电网尖峰；那些用电可靠性要求不高的用户，可通过减少或停止部分用电躲开电网尖峰，等等。不难看到，可中断负荷控制是一种有一定准备的停电控制，由于这种电价偏低或给予中断补偿，有些用户愿意以较少的电费开支降低有限的用电可靠程度。它的削峰能力和终端效益，取决于用户负荷的可中断程度和这种补偿是否不低于用户为躲峰所支出的费用。

利用时间控制器和需求限制器等自控装置实现负荷的间歇和循环控制，是对电网错峰比较理想的控制方式。它虽然改变了用户的发电方式，但通常并不或较少影响用户的用电模式和服务质量，如空调、风机、水泵、大耗电工艺设备等的间歇和循环控制。但是，它需要有完善的控制系统。削峰控制不但可以降低电网峰荷，还可以降低用户变压器的装置容量。

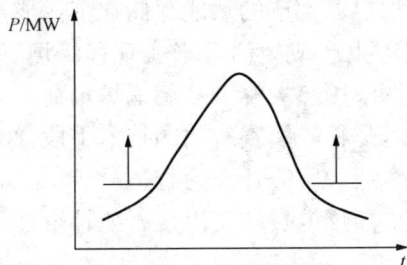

图 16 - 6 填谷示意图

（2）填谷，如图 16 - 6 所示。填谷是在电网低谷时段增加用户的电力电量需求，有利于启动系统空闲的发电容量，并使电网负荷趋于平稳，提高了系统运行的经济性。由于它增加了销售电量，减少了单位电量的固定成本，进一步降低了平均发电成本，使电力公司增加了销售收入。尤其适用于电网负荷峰谷差大、低负荷调节能力差又压电困难，或新增电量长期边际成本低于平均电价的电力系统。

比较常用的填谷技术措施有：①增加季节性用户负荷。在电网年负荷低谷时期，增加季节性用户负荷；在丰水期鼓励用户多用水电，以电力替代其他能源。②增添低谷用电设备。在夏季尖峰的电网可适当增加冬季用电设备，在冬季尖峰的电网可适当增加夏季用电设备。在日负荷低谷时段，投入电气锅炉或蓄热装置采用电气保温，在冬季后夜可投入电暖气或电气采暖空调等进行填谷。③增加蓄能用电。在电网日负荷低谷时段投入电气蓄能装置进行填谷，如电气蓄热器、电动汽车蓄电瓶和各种可随机安排的充电装置等。

　　填谷非但对电力公司有益，用户利用廉价的谷期电量可以减少电费开支。但是，由于填谷要部分地改变用户的工作程序和作业习惯，也增加了填谷技术的实施难度。填谷的重点对象是工业、服务业和农业等部门。

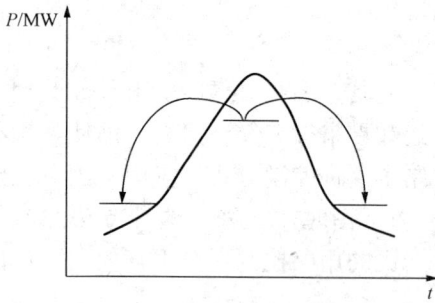

图 16 - 7　移峰填谷示意图

　　（3）移峰填谷，如图 16 - 7 所示。移峰填谷是将电网高峰负荷的用电需求推移到低谷负荷时段，同时起到削峰和填谷的双重作用。它既可减少新增装机容量、充分利用闲置容量，又可平稳系统负荷、降低发电煤耗。移峰填谷一方面增加了谷期用电量，从而增加了电力公司的销售电量；另一方面却减少了峰期用电量，从而减少了电力公司的销售电量。电力系统的销售收入取决于增加的谷电收入和降低的运行费用对减少峰电收入的抵偿程度。在电力严重短缺、峰谷差距大、负荷调节能力有限的电力系统，一直把移峰填谷作为改善电网经营管理的一项主要任务。对于拟建电厂，移峰填谷可以减少新增装机容量和电力建设投资。比较主要的移峰填谷技术措施有以下几种。

　　1）采用蓄冷蓄热技术。中央空调采用蓄冷技术是移峰填谷最为有效的手段，它是在后夜电网负荷低谷时段制冰或冷水并把冰或水等蓄冷介质储存起来，在白天或前夜电网负荷高峰时段把冷量释放出来转化为冷气空调，达到移峰填谷的目的。蓄冷中央空调比传统的中央空调的蒸发温度低，制冷效率相对低些，再加上蓄冷损失，在提供相同冷量的条件下要多消耗电量，但它却有利于电网的填谷电量。

　　蓄冷技术是一种在用的成熟技术，1993 年深圳中电大厦冰蓄冷中央空调首次投入运转，实践证明它特别适用于商业、服务业和工业部门，以及居民楼区的集中空调，如大型商厦、贸易中心、酒楼宾馆、公寓、写字楼、娱乐中心、影视院、体育馆、健身房、大型住宅区以及大面积使用空调的电子、医药、纺织、化工、精密制造、食品加工、服装等生产企业。采用蓄热技术是在后夜电网负荷低谷时段，把电气锅炉或电加热器生产的热能存储在蒸汽或热水蓄热器中，在白天或前夜电网负荷高峰时段将其热能用于生产或生活等来实现移峰填谷。用户采用蓄热技术不仅减少了高价峰电支出，而且还可以调节用热尖峰、平稳锅炉负荷、减少锅炉新增容量。当然，它也要多消耗部分电量。蓄热技术是移峰填谷有效的技术手段，对用热多、热负荷波动大，锅炉容量不足或增容有限的工业企业和服务业尤为合适。

　　用户是否愿意采用蓄冷和蓄热技术，主要取决于它减少高峰电费的支出是否能补偿多消耗低谷电量支出电费，并获得合适的收益。

　　2）能源替代运行。在夏季尖峰的电网，在冬季用电加热替代燃料加热，在夏季可用燃料加热替代电加热；在冬季尖峰用电，在夏季可用电加热替代燃料加热，在冬季可用燃料加热替代电加热。在日负荷的高峰和低谷时段，亦可采用能源替代技术实现移峰填谷，其中燃气和太阳能是易于与电能相互替代的能源。

　　3）调整作业程序。调整作业程序是一些国家曾经长期采取的一种平抑电网日内高峰负荷的常用办法，在工业企业中把一班制作业改为二班制，把二班制作业改为三班制。作业制度大规模的社会调整，对移峰填谷起到了很大作用，但在很大程度上干扰了职工的正常生活节奏和家庭生活节奏，也增加了企业不少的额外负担。实践证明：随着市场经济的发展，不顾及用户接受能力强制推行多班连续作业的办法将逐渐失效。对那些客观上不需要多班连续作业的企业，要它以调整作业程序来移峰填谷必须采取更有力的市场手段。

4）调整轮休制度。调整轮休制度也是一些国家长期采取的一种平抑电网日间高峰负荷的常用办法，在企业间实行周内轮休来实现错峰，取得了很大成效。由于它改变了人们早已规范化了的休整习惯，影响了社会正常的活动节奏，冲击了人们的往来交际，又没有增加企业的额外效益，一般难于被广大用户所乐意接受。电网应服务于社会大众，不该影响甚至左右人们的正常活动习惯。尤其是随着社会的进步和不断增长的物质与精神文明，那种使社会的运转步调去屈从于电网调荷需要的概念将逐步消失殆尽。然而，在一些严重缺电的地区，在已经实行轮休制度的企业，采取必要的市场手段仍然可能为移峰填谷做出贡献。

二、提高终端用电效率

提高终端用电效率是通过改变用户的消费行为，采用先进的节能技术和高效设备来实现的，其根本目的是节约用电、减少电量消耗，其中包括直接节电和间接节电。

直接节电是采用科学的管理方法和先进的技术手段来节电。间接节电是依靠改善经济管理，采取调整和控制手段后的节电方式，它要依靠调整经济结构、生产力合理布局、节约原材料、提高产品质量、最终产品的节约利用、增加高能耗产品的进口等经济管理来实现。直接节电的一般途径如下。

（1）照明方面：采用紧凑型荧光灯替代普通白炽灯，用细管荧光灯替代普通粗管荧光灯，由钠灯替代汞灯，用高效电感镇流器替代普通电感镇流器，用电子镇流器替代普通电感镇流器，用高效反射灯罩替代普通反射灯罩等高效节电灯具，以及采用声控、光控、时控、感控等智能开关和钥匙开关控制等实行照明节电运行等。

（2）电动机方面：选用高导电、高导磁性能的电动机替代普通电动机，选用与生产工艺需要容量相匹配的电动机提高运行的平均负载率，应用各种调速技术实现电动机节电运行，实现流水作业降低电动机空载率等。

（3）制冷空调方面：应用溴化锂吸收式制冷减少用电，应用智能控制高效空调器节约用电，利用热泵替代电阻加热的取暖空调节约用电，建立适应人体生理条件的消费行为降低用电等。

（4）变配电方面：采用低铜铁损耗的高效变压器，减少变电次数，实行变电器节电运行，配电线路合理布局和采用无功就地补偿减少配电损失等。

（5）余能余热回收方面：应用干法熄焦高温余热回收发电、工业炉窑高温余热回收发电、高炉炉顶排气压力发电、工业锅炉余压发电等可用来提高能源利用率和增加终端用户自给电量，采用热泵、热管和高效换热器等热回收和热传导设备能直接或间接地减少用电消耗。

（6）作业合理调度方面：实行专业化集中生产，提高炉窑的装载率，降低单位产品电耗；实行连续作业，减少开炉停炉损失，提高设备的用电效率；风机、泵类、压缩机实行经济运行等。

（7）建筑方面：采用绝热性能高的墙体材料和门窗结构，充分利用自然光和热等。

（8）能源替代方面：要把太阳能和燃气作为与电能相互替代的主要对象，更经济合理地利用能源资源。

第三节　电力需求侧管理的其他手段

一、电力需求侧管理的经济手段

分时电价作为一种经济手段,对于电力负荷整形具有显著作用,受到了政府机构、电力公司、学术界以及电力用户的广泛关注。

国外电力市场对电价理论研究源于 20 世纪 80 年代初对实时电价(SPOT 电价)的研究。实时电价概念最早是由美国麻省理工学院(MIT)以 F. C. Schweppe 为首的 6 位学者在 1980 年提出的,其是一个理想化的、在空间展开的瞬时动态电价,要求几乎瞬时在电网的各处使电价和成本相匹配。理论上实时电价是随着系统的运行状况变化而不断更新的,电价的更新周期越短,越有利于电价的各项控制功能的实现,越有利于系统经济效益的取得。然而,实时电价的实现对系统的软、硬件有很高的要求,在我国目前的国情状况下很难实现,因此分时电价作为考虑了实时电价执行困难后的一种简化形式应运而生。

分时电价是指按照系统运行状况将一天的 24h 划分为若干时段,在每个时段按系统运行的平均边际成本收取电费,通过发挥价格杠杆的调节作用,来引导电力消费者采取合理的用电结构和用电方式,从而有效削峰填谷、缓解用电高峰期电力供应紧张的局面,进而提高电力系统的运行效率和稳定性。现在分时电价已成为了电力行业实施需求侧管理,提高电力系统的负荷率及运行稳定性而采取的重要的经济手段。

分时电价体系的确定直接关系到电力需求侧管理的成败。合理的分时电价体系必然会产生足够的经济激励,从而促使用户主动采用大量的节电、节能设备,在保持能源服务水平的前提下,降低能源消耗和用电负荷;合理的分时电价体系必然会产生有效的峰谷电价差距,促使用户采用多种手段来调整用电方式,减少高峰负荷的用电量,增加低谷负荷的用电量,从而节约整个系统的电力资源,提高系统的负荷率;合理的分时电价体系必然会提供合适的低谷电价,极大地调动用户使用低谷电价的积极性,引导用户采用新技术、新设备利用低谷时段的廉价洁净电力来取代相对较昂贵的其他能源,从而可优化能源结构、提高能源利用效率,进而减少对环境的污染。

分时电价体系是电力需求侧管理中最有效的经济手段之一,该体系的合理性和有效性直接关系到电力需求侧管理的成败和可持续发展。因此,在制定分时电价时,必须遵循以下原则。

(1)分时电价体系必须满足电力需求侧管理的总体目标。分时电价作为电力需求侧管理的一个重要经济手段,首先必须满足电力需求侧管理的总体目标:社会、电力部门和用户三方受益或几方受益而另一方不受损害。这是分时电价制定需遵循的最重要原则之一。

(2)分时电价时段的划分与价格拉开比确定原则。目前,虽然关于分时电价、尤其是实时电价理论和方法的研究成果很多,但从现有文献来看,与用户端反应相联动的考虑电力需求侧管理的动态定价方法的研究工作却并不多见。显然,由于用户的响应曲线不仅与具体的时段划分、电价基本价格、电价的拉开比直接相关,而且反过来又直接影响分时电价实施之后的负荷曲线。这个问题十分复杂,相关的研究成果目前尚不很成熟。

(3)合理规避供电公司经营风险原则。在电力市场环境下,厂网分开,供电公司也成为一个独立的法人实体，分时电价的制定必须考虑供电公司的经营风险，尽可能地规避其存在的一些不确定的风险因素，例如峰谷倒置、用户大量流失等问题。

二、电力需求侧管理的财政手段

管理的财政手段是开拓节能市场、增强节电活力最主要的激励手段，也是电力需求侧管理在运营策略方面的重点。其目的在于刺激和鼓励用户主动改变消费行为和用电方式，减少电量消耗和电力需求。主要的措施有电价鼓励、折让鼓励、借贷优惠鼓励、节电设备租赁鼓励、节电特别奖和节电招标鼓励等内容。

（1）电价鼓励。它既能激发电力公司实施电力需求侧管理的积极性，又能激励用户主动参与电力需求侧管理活动。

（2）折让鼓励、免费安装鼓励。它是一个很有刺激力的市场调节手段。通过给与予购置特定高效节电产品的用户或推销商适当比例的折让，注重发挥推销商参与节电活动的特殊作用，以吸引更多的用户参与电力需求侧管理活动，并促使制造厂家推出更好的新型节电产品。电力公司或受雇于电力公司的能源服务公司等，为用户全能或部分免费安装节电设备，以鼓励用户节电。

（3）借贷优惠鼓励。向购置高效节电设备的用户，尤其是初始投资较高的那些用户提供低息或零息贷款，以减少他们参加电力需求侧管理计划在资金短缺方面存在的障碍。

（4）节电设备租赁鼓励。把节电设备租借给用户，以节电效益逐步偿还租金的办法来鼓励用户节电，有利于消除用户举债的心理压力，有利于克服支付初始投资资金缺乏的障碍。

（5）节电特别奖励。对一些工商业户等提出的准备实施且行之有效的优秀节电方案给予"用户节电特别奖励"，借以树立节电榜样，以激发更多用户的节电热情，国外一些电力公司采用这种鼓励手段收到了满意的效果。

（6）节电招标鼓励。为了满足用户的用电需求，电力公司采用招标、拍卖、期货等市场交易手段，向独立经营的发电公司、独立经营的节能公司（或能源服务公司）和用户征集各种切实可行的供电方案和节电方案，激励他们在供电和节电技术、方法、成本等方面开展竞争，借以降低供电和节电成本，提高供用电的整体经济效益。

其中电价鼓励主要由供应商制定的，没有随意性，属于控制性鼓励手段，其他措施属于激励手段，是更灵活的市场工具。

三、电力需求侧管理的诱导手段

对用户进行消费引导是一种有效的、不可缺少的市场手段。对于相同的财政激励和同样的收益，用户可能出现不同的反应，关键在于诱导。实行诱导也需要成本，但对于用户来说基本上不是直接的，属于非财政性的。节能要落实到终端，要通过用户来实现。用户普遍缺乏必要的节电知识，对市场上销售的先进节能技术和新型节能设备了解的少，往往也难于获得他们需要的有关节电信息，不知道怎么选择能源、怎么确认节能技术设备，怎么更有效地利用能源。

由于节能具有不确定性，产品价格与效率也没有严格的关系，又由于节能不是企业盈利的目标，也不是居民收入的主要来源，再加上对节能产品一些夸大其词的宣传，因此用户对节能投资的效果在相当程度上持有怀疑态度，难以下决心花费一笔资金去购置价格比较昂贵的高效节能设备。在节电预期效益不太明显的情况下，甚至宁愿继续使用旧式低效设备多支付些电费，也不愿更新换代去承担节能投资风险。然而，当用户准备投资于节电活动时，又往往因得不到必要的指导和切实的帮助而难以实现。

一般的讲，用户购物的心理状态千差万别，但有一点是可以肯定的，那就是效率不是购物的主要标准，它并不决定消费者的选购行为。众多的用户根本就没有建立起效率意识，购置用电设备极少考虑效率和节电，主要是依据安全、可靠、舒适、方便、美观、实用以及自己的资金潜力等来决定是否购买和购买什么档次的用电设备。客观上存在的某些心理状态是打开节能市场的一个主要障碍，不是靠简单的号召性宣传能克服的。因此，要把消除用户在认识上、技术上、经济上等存在的心理障碍，把提高他们对节能的响应能力作为一种手段，才能显示出诱导在节能活动中应有的价值。

电力需求侧管理主要的诱导措施有普及节能知识、节能信息传播、研讨交流、审计咨询、技术推广、宣传鼓励、政策交待等。主要的方式有两种：一种是利用各种媒介把信息传递给用户，如电视、广播、报刊、展览、广告、画册、读物、信箱等；另一种是与用户直接接触，提供各种能源服务，如讲座、研讨、培训、询访、诊断、审计等。诱导手段的时效长、成本低、活力强。关键是选准诱导方向和建立起诱导信誉。

四、电力需求侧管理的行政手段

管理的行政手段是指政府及其有关职能部门，通过法规、标准、政策、制度等来规范电力消费和市场行为，以政府持有的行政力量来推动节能、约束浪费、保护环境的一种管理活动。

提高能源利用效率和能源利用的经济效果要依赖于市场来实现，但仅依靠市场微观调节的力量不能完全符合资源配置的整体要求和社会可持续发展的长远利益需求，因此，需要政府运用行政力量予以宏观调控，来保障市场健康的运转。行政手段具有权威性、指导性和强制性，在培育效率市场方面起到特殊的作用。20 世纪 90 年代初，综合资源规划和需求侧管理就开始被正式列为一些国家的能源战略支持重点。

第四节　电力需求侧管理的评估与监督

一、电力需求侧管理实施措施评估

1. 实施电力需求侧管理措施评估的原因

电力公司面临的最关键问题是选择最合适的电力需求侧管理措施。由于以下原因，选择和评估电力需求侧管理措施是困难的。

（1）可选的电力需求侧管理措施众多。考虑不同的技术、不同用电终端以及不同的市场开拓方法，电力需求侧管理包括大量措施，对这众多措施进行评估筛选不仅要求有大量信息，而且要有快速识别出最合适措施的技巧。

（2）实施电力需求侧管理的目标多。必须能对实施电力需求侧管理的各个目标进行综合评估分析，即多目标分析。

（3）实施电力需求侧管理对电力公司、用户及政府的影响不同。

（4）电力需求侧管理无通用性、电力需求侧管理措施的效益取决于具体的公司特性。

因此，有效地、合理地进行电力需求侧管理措施的评估就显得尤为重要了。

2. 分析评估的层次及要求

对电力需求侧管理规划作详细评估是复杂的，要求大量的数据和计算机模拟。但是在初步评估选择阶段并不需要详细模拟。由于公司可选的电力需求侧管理措施较多，因此应按不同层次评估挑选。

第一层为经验选择（Intuitive Selection），第二层为整体分析（Aggregate Analysis），第三层为详细的、定量的评估。评估选择需在哪一层进行，取决于评估结果对决策的重要性。通常在评估费用与价值之间权衡。在一些情形下，只通过经验选择就可满足要求。例如对于想要削减夏季峰荷和增加冬季负荷因子的公司，它肯定选择鼓励用户采用热泵和实施空调负荷循环控制这样的电力需求侧管理措施，而不大可能选择房屋气候化规划（Weather-ization）或热存储这类措施。经验选择的依据是对用户状况、电力系统装机计划及对电力需求侧措施特性的深入了解。通过经验选择措施不可能确定出最好措施，但至少是满足负荷形态目标的措施。

第二层是定量分析实施电力需求侧管理措施使各方（公司、参加者用户、其他用户及社会）具有的成本、效益。为了计算成本和效益，需要各种电力需求侧管理措施对峰荷和总能耗的改善效果，预计的参加者规模，实施电力需求侧管理的费用以及电力系统经济特性数据（例如装机成本、基荷和调峰运行成本）等方面的定量资料。在这层分析中必须将公司、参加者和社会的所有成本在整个电力需求侧管理规划期内分摊，根据成本效益比将各方案初步排序。为了更详细，可将估算组合方案的成本效益比一并排序。

第三层是对具有成本效益的方案再进行详细分析和评估。这一层分析需要在有和没有电力需求侧管理措施两种情形下，对公司的生产运行和财政特性随时间的变化进行模拟。估算所选的电力需求侧管理措施通过改善负荷形状使公司在经济效益上发生变化。分析要求大量的关于系统装机和电力需求侧管理规划的数据资料。系统特性资料可从装机成本和运行成本模拟分析得到，但要获得电力需求侧管理的数据资料是困难的。分析评估电力需求侧管理措施时要求掌握各个用电终端的负荷特性，以及各种电力需求侧管理措施能使终端负荷特性改善的情况，要求了解用户各类终端现状及发展。以电力采暖为例，要求掌握用户终端数，全年采暖负荷需求，设备类型（例如电热炉、热泵等），采暖需求的变化；要通过分析参加电力需求侧管理的用户的成本和效益来估计有多少用户参加及其他们的反应。公司计划部门要成立市场研究机构来收集用户侧（需求侧）的信息。

如上所述，在哪一层上分析评估应权衡分析的费用与精度的价值。在评估中应设法快速有效地减少备选方案数目，以降低对大量资料的要求。这是由于如果对较多的方案依次作详细评估分析（第三层次）需要大量信息资料，费用昂贵。

因此电力需求侧管理措施的评估选择的第一步是公司计划人员凭经验选择出对本公司明显适用的若干措施。由于电力需求侧管理与用户联系紧密，因此，掌握用户的信息在经验选择阶段是重要的；第二步是对选择的方案作初步成本/效益分析。这一步要求有较为定量的信息资料；最后一步是仅对那些具有最高的效益/成本比的方案进行综合、详细评估分析。

电力需求侧管理措施的分析评估必须与整个电力供应计划相联系，将它与供应侧各个措施（装机措施）相比较。电力需求侧管理措施通过改善负荷形状而影响供应侧装机计划和运行效率。不同的电力系统其影响不同。

此外，将一个系统中电力需求侧管理措施的评估结果应用到另一系统中需要谨慎。虽然分析评估方法是相同的，但通常在不同系统中评估性结果是不同的。原因如下：①实施某项电力需求侧管理措施带来的系统成本节省值取决于公司的负荷形状和系统特性。②各个公司服务区内用户终端结构和特性不同。因此，某项措施的单位效果或许相同，但总体效果则可能不同。另外用户特性和气候状况也影响电力需求侧管理措施的效果。

3. 评估的数据要求

电力需求侧管理措施的详细评估要求大量数据，主要有以下四类：①服务区内各类用户及终端的特性（现用的设备类型，设备的库存，负荷模式）；②电力需求侧管理措施的运行/技术特性；③电力系统特性（装机成本，运行成本及可靠性）；④用户的接受性。通常认为电力需求侧管理计划的数据不少来自用户，而供应侧计划数据主要来自工程技术，因此，前者比后者要"软"，即可靠性差。然而由于供应侧计划是给予预测未来用户需要，因此具有同样的不确定性，而且供应侧计划中的关键因素的准确性通常比需求侧要差。

评估电力需求侧管理措施通常要进行成本/效益分析。供应侧措施的成本/效益评估准则通常对电力公司收入要求最小，但这个准则不适于某些电力需求侧管理措施评估。例如，为增加低谷用电实施的 add-on 热泵规划将增加收入要求，但由于现有容量利用率提高使得单位生产成本降低了，很明显对公司和用户都有利。无论是采用收入要求，还是单位成本作为评估指标，都必须在整个计划期内对有和没有电力需求侧管理措施两种情形的成本和效益进行评估和比较。分析时注意可比性，当两种情形下的系统可靠性相同时，它们就等价可比。对于系统备用容量不同的情形则应包括停电成本分析。

除了能够定量化的成本效益这些货币指标外，一些定性因素对电力需求侧管理的选择和评估也是很重要的。这些因素包括：现金流、初始规模、公共关系、技术措施的适用性、方案实施效果的不确定性和风险性、设备及安装技术、用户的参加和反应、用户健康和安全问题、措施的便利、建筑标准的一致性、政策约束和机会。由于这些因素难以定量化，在成本/效益分析中不能考虑它们。在综合分析评估中应考虑它们。

二、电力需求侧管理实施措施监督

监督电力需求侧管理规划的实施目的是找出与期望性能指标的偏差，改进现有的和计划的电力需求侧管理规划。监督也有助于得到用户行为和电力需求侧管理对系统负荷的作用的信息，改进计划与管理，提供对正在实施中的电力需求侧管理的检验方法。

监督电力需求侧管理规划要澄清两个问题：规划是按计划在实施吗？规划达到目标了吗？通过跟踪和检验规划成本、用户接受程度、各阶段目标可确定电力需求侧管理规划是否按计划实施。澄清第二个问题比较困难。如前所述，电力需求侧管理规划目标可用负荷形状变化来描述，因此必须度量规划对负荷形状的作用，然而这个度量是困难的，因为与电力需求侧管理无关的其他因素对负荷也会有很大影响。

1. 监督和评估的方法

监督和评估电力需求侧管理规划有说明性和实验性两种方式。

（1）说明性方式。采用说明性方式，其基本监督内容包括规划成本，完成的活动，提供的服务，参加用户比例和他们的特性等方面的文件记录。

（2）实验性方式。通过比较来确定电力需求侧管理规划对参加者和不参加的相对影响。这两种监督方式的内容不同，因此将它们结合使用。

如果采用说明性方式，公司应通过行政过程和目标人口特性得知规划的基本性能指标。

提供服务的单位成本、设备安装的频率、参加者类型和抱怨的用户数量等信息对评价电力需求侧管理规划的成功是有用的。记录和报告制度有助于完成说明性评估，然而说明性评估不适于系统地评价电力需求侧管理对负荷形状的作用。为了评价它，要求确定一个参考基。这个参考基反映了"自然发生"的负荷形状变化，即那些与电力需求侧管理无关的变化。有些情形下，参考基是通过对用户短期内各种状况的预测来确定。在另一些情形下，参考基则由不参加用户组成。对参加者参加规划前的耗电量和小时负荷特性进行度量有助于度量电力需求侧管理的作用。如果采取用户参加前的度量值作为参考基，那么必须考虑到以后终端设备及使用情况可能发生的变化。加装一个设备（例如空调器）可能抵偿了气候化规划所节约的电量。同样，用户生活方式的改变（例如退休了）可能会改变热水器负荷直接控制的效果。因此如果采用"参加前"度量值作为参考值，必须对这些变化作数据调整，以准确度量电力需求侧管理的作用。

如果选取一个不参加用户作为参考基，那么这个组必须与参加用户有类似的特性。为此，要有二者的大量信息，不仅包括终端设备数据，而且包括家庭规模、工作状况、收入和户主年龄等信息。

2. 监督和评估的要点

要点包括以下四个方面：监督的有效性、数据和信息要求、管理的要点、监督和评估的过程。

（1）监督的有效性。对电力需求侧管理规划实施的监督是否有效表现在两个方面：内部有效性和外部有效性。内部有效是指能够准确度量电力需求侧管理规划对被监督的参加用户的作用；外部有效是指监督结果适用于所有的用户。例如控制电热水器负荷对于指定的参加用户可减少峰荷，但不能保证所有用户都会有同样反应。对监督的有效性的影响来自两方面：随机问题和干扰问题。随机是指参加用户样本能够真实代表设计电力需求侧管理规划的全体用户的程度；随机也表示实验样本用户对总体用户的偏差程度。干扰影响是指意外的情况变化，它可增加或减少电力需求侧管理的作用，有些情况下这种干扰作用大于电力需求侧管理的作用。干扰包括气候、通货膨胀、用户收入变化、工厂开业和倒闭等。

（2）对数据和信息的要求。对数据和信息的要求贯穿于收集、整理、检验和分析数据全过程中。收集数据的费用可能是评估研究中最大的一项费用。采用先进的记录报告制度可减少该项费用。用于评估的数据来源包括规划记录、用户账目、仪表测量和现场采访。数据必须是有效的和可靠的。数据收集系统在电力需求侧管理规划实施前就应建立。另外，用户特性、他们对规划的理解程度、参加的动机和满意程度等方面信息对评估规划是否成功都是非常重要的。

（3）管理的要点。对监督和评估必须认真管理。在管理中需要注意的主要问题包括：用先进的管理方式实施监督和评估计划；认识到监督和评估电力需求侧管理规划需要大量数据，耗大量时间，因此计划的拟定要平衡成本与效益；明确各部门在监督和评估中的职责；整理和报告评估结果；为制定合适的计划、有效的协调以及资金使用监督提供有力的组织保证。

（4）监督和评估的过程。监督和评估可分为四个阶段：预评估计划、评估方案设计、评估的实施和评估结果反馈。

1) 预评估计划。计划按照核对清单中（见表 16 - 1）的各类问题的内容来制定。一旦回答了这些问题，综合评估可根据具体的计划要求进行。

表 16 - 1   预评估计划检验内容清单

监督和评估目标
电力需求侧管理的目标，这些目标是否可度量？
是否需要考虑次级目标？
有关电力需求侧管理的具体实施，是否有明确的、可度量的目标？
电力需求侧管理的成本计划中是否包括评估成本？
监督和评估结果是否可用于决策？
监督和评估计划是否有明确目标？
评估能否完成？
监督和评估方法
期望的评估结果？
评估结果能否在大范围用户中推广？
能否采用样本控制 & 分析比较的方法？
评估设计方案有哪些？
可采用什么统计分析技术？
由于外部干扰造成的偏差有哪些？
所选方法是否适合当地状况？
所有度量仪器是否预先校验？
数据要求和处理
是否有足够的规划记录 & 其他数据来支持评估？
新数据收集的要求？
如何在现有的数据处理系统中更好的进行收集 & 分析？
评估的管理及其他事项
进行评估的人员？
是否有需要考虑的政策和社会因素？
监督和评估的成本
评估结果的精度要求
评估分析对货币时间价值及动态问题的考虑
是否有足够的时间实施一个合适的监督和评估计划
在监督和评估计划中，责任和权利的分配方法

2) 评估方案设计。主要针对综合评估，并且主要设计具体电力需求侧管理规划的评估方案。必须决定是采用说明性还是实验性方式，或者二者组合方式。评估方案设计的主要内容包括：评估目标、评估途径、数据要求和收集方法、数据分析步骤、评估成本和评估管理计划。

3) 设计方案的实施。根据执行计划实施评估，包括监督、分析和记录。

4) 评估结果反馈。检验结果，决定电力需求侧管理规划是否需要调整。

第五节　国外电力需求侧管理简介

电力需求侧管理自 20 世纪 70 年代出现以来，受到各国政府和社会普遍关注，目前有 30 多个国家正在采取措施系统地开展此项工作。

一、美国的电力需求侧管理政策

电力需求侧管理工作本质上是一项社会事业，各级政府责无旁贷。政府的工作主要是制定标准和政策，提出目标和培育市场等。美国从 20 世纪 70 年代末开始研究和实施强制性能效标准，目前已在家电、空调和建筑等领域采用，并随着节能技术的进步，周期性地修改和更新，从而不断促进能效的提高。1987 年，美国为冰箱、空调、电视机、热水器、洗衣机等 12 种产品制定了《国家耗能器具节能法》，规定 3 年内必须达到的能耗标准，3 年后能耗超标的产品禁止进入市场流通。据劳伦斯·伯克利实验室测算，该法案实施后，尽管制造商已将改进设备所增加成本的大部分转嫁给了消费者，消费者仍可通过少付电费每年获益 14 亿~18 亿美元。1992 年，美国环保局和能源部还共同举办了全国性的"能源之星"标识活动。10 多年来取得了巨大的成功，美国每年生产的"能源之星"产品达到 5000 万个以上，产品主要涉及办公设备、家电、空调、建筑等。美国环保局和能源部每年进行一次表彰活动，以鼓励在能效工作中作出贡献的组织、企业和个人。

电力公司一直是承担电力需求侧管理工作的主体。由于电力公司直接与用户打交道，同时又具有一支专业技术队伍，在电力需求侧管理工作中具有独特的优势。美国政府高度重视发挥电力公司的作用，一方面在体制上明确实施电力需求侧管理是电力公司的职能范围，联邦政府和各州政府出台了一系列的法规要求电力公司将电力需求侧管理作为一项义务（如联邦政府"1978 全国节能法"）；另一方面通过系统效益收费、公益基金、"收入上限"等政策解决电力公司和其他节能组织、科研机构开展电力需求侧管理工作的资金来源。为鼓励电力公司开展电力需求侧管理工作，政府允许将电力公司开展电力需求侧管理工作的费用计入成本。

美国有大量的节能中介组织，包括一些非盈利性组织，活动在电力需求侧管理领域，其中有科研机构、高等学校、有关基金组织和企业联合组织等。他们有的接受政府委托研究制定有关技术标准，有的为用户提供技术咨询和技术服务。美国于 1985 年开始出现能源服务公司（ESCO），开始是由私人财团赞助成立，现在大多由公共事业公司如电力和天然气等公司购买或控股。能源服务公司从事电力需求侧管理项目的内容相当广泛，如建筑节能、居民节能、商业节能、节能只是培训、对公众开展节能教育、负荷控制技术和可再生能源的使用等。能源服务公司主要通过"分享节约"和"担保节约"的方式开展工作。"分享节约"是由能源服务公司为用户提供节能改造设计方案和改造资金，改造完成后从用户能效提高所节约的费用中分成。"担保节约"是由能源服务公司为用户提供节能改造设计方案，由用户向银行融资，能源服务公司提供融资担保，用户改造完成后向能源服务公司付费。

二、法国国家电力公司的电力需求侧管理政策

法国国家电力公司是一个覆盖全国，集发电、输电和供电为一体的公司，提供全国发电量的 90% 和供电量的 95%。法国国家电力公司作为一个国有公共事业公司，唯一的目的是以最小的成本为客户提供最好的服务，在电力需求侧管理方面主要采取了以下措施：

1. 利用电价方面

电价是电力需求侧管理的一种有效的经济手段，电价必须能很好地反映成本，成为协调电力客户与电力公司之间关系的有效工具。在电价方面主要采取了以下措施：

（1）实行绿色和黄色电价。法国国家电力公司于 1957 年开始执行绿色电价，绿色电价分为 8 个时间段。1984 年又引入黄色电价，作为对绿色电价的有效补充。黄色电价相对比

较简单，对小公司来说实行黄色电价已经足够了。

（2）区分低谷和高峰时段电价。法国国家电力公司自 1965 年开始对于居民客户区分低谷和高峰时段，使电蓄热热水器得以快速发展，提高了负荷曲线的稳定性。

2. 促进高效用电方面

法国国家电力公司自 20 世纪 60 年代以来，为了促进电力客户有效地使用电能，积极推动发展高效用能技术，包括改进现有技术和开发新技术。尤其是石油危机推动了高效用能技术的发展。1995 年，国家电力公司采取了一项重要措施，花费 6120 亿法郎用于电力应用技术的研究开发。

3. 海外行政区采取的行动

由于法国海外行政区的电力成本是法国本土电力成本的 2 倍，而售电电价却相同，因此，在法国海外行政区开展电力需求侧管理具有重要意义。主要采取的措施有：推广紧凑型节能日光灯；公共照明系统采用高压钠灯替代现有灯泡；减少空调的使用，采用自然空调方法，或采用带人工空调的最佳建筑设计；采用带有多种选择的高效设备空调器；推进负荷管理项目，如促进在低谷时段使用蓄热式热水器、采用蓄冰制冷技术、与大客户签定高峰限电合同等。

4. 同法国环境与保护署的合作

法国国家电力公司同法国环境与保护署在 1993 年签定了一个合作协议，在协议中决定共同为开展电力需求侧管理项目做出努力。在确定的 26 个实验项目中涉及以下内容。

（1）居民用电方面。通过广告宣传推广节能灯；推广有欧洲节能标签的冰箱和制冷设备；对 100 个抽样家庭中进行用能统计，提高终端能源消费者的节能意识；对选定的农村电网实施电力需求侧管理。

（2）在第三产业方面。对建筑物照明、大型厨房和洗衣房等进行能源审计。

（3）工业方面。推广变速电机；对压缩空气系统和工业冷气系统进行全面审计；向客户发放调查表，根据调查情况向客户提出使用设备的建议。

三、意大利国家电力公司的电力需求侧管理政策

意大利国家电力公司是政府实施电力需求侧管理的机构。从 20 世纪 70 年代末，国家电力公司逐步加强了电力需求侧管理，将电力需求侧管理融入到发展战略的各个方面。直接指导客户选择用能方式，提高电能利用效率。国家电力公司的电力需求侧管理主要涉及工业、服务业与家庭居民和农业等电力客户。

1. 工业部门的电力需求侧管理

国家电力公司对全国工业部门用能的各个环节进行了深入细致的分析。根据中期、近期电力生产情况，确定了一些电热应用项目，如将热泵用于升温、恒温、干燥和冷却等方面。通过采用新技术，不仅提高了能源效率，而且节省了电力客户的费用。为了向客户宣传先进高能效技术，国家电力公司选择最有效的工艺、装置设备以及设备使用方法开展宣传和咨询活动，并与其他机构合作，实施一些示范项目。

2. 服务业与居民客户的电力需求侧管理

国家电力公司出版了面向居民、旅馆和商业建筑物的采暖、通风和空调系统以及照明设备的应用指南，每个指南都向系统设计者和客户提供技术和经济信息。此外国家电力公司还积极推广太阳能热水器、热泵热水器和紧凑型荧光灯等。

3. 农业部门的电力需求侧管理

在农业部门，由于热泵、空调和烘干方面电力技术的应用，大大提高了电能利用效率。国家电力公司向当地政府和农村广泛宣传有关应用指南的技术和经济知识。

4. 在负荷曲线合理化方面的电力需求侧管理

从 1980 年起，为了使重点电力客户的需求合理化，国家电力公司制定了适当的电价体制，如将分时电价的执行范围扩大、实行"可中断供电合同"、实行"定时可中断供电合同"等措施。

思　考　题

1. 什么叫电力需求侧管理？其意义是什么？
2. 电力需求侧管理的手段主要有哪几类？
3. 监督和评估电力需求侧管理措施实施的要点有哪些？
4. 讨论我国电力企业实施需求侧管理的现状如何。

第十七章　电力负荷预测与负荷管理

　　电力负荷预测是电力企业制定基建计划、发供电计划、燃料计划、财务收支计划等各项重要经营计划的基础，也是计划、规划工作的重要组成部分，其目的是为了合理安排电源和电网的建设进度，提供宏观决策的依据，使电力建设满足国民经济增长和人民生活水平提高的需要。随着我国电力事业的发展和电力体制改革的进一步深入，电网管理日趋现代化，负荷预测问题也越来越引起人们的注意，并已成为电力系统管理现代化的重要内容之一。在实践中，无论是制定电力系统规划或实现电力系统运行自动化，进行相应的负荷预测都是必不可少的。

　　电力负荷管理系统是电力负荷控制系统的进一步发展，电力负荷管理是电力营销技术支持系统的重要组成部分，是采集客户端实时用电信息的基础平台，为供电企业做好电力需求侧管理以及加强与客户之间的信息交流提供了有效的技术措施。电力企业要实行"经营型、服务型"战略，必须及时收集和全面掌握客户用电信息，对客户电力负荷进行集中控制，对客户电力计量设备进行监视，并对电力客户提供及时的信息服务。

　　电力负荷预测是电力负荷管理的基础和前提，电力负荷管理是电力负荷预测的应用。

第一节　电力负荷分类和负荷特性指标

一、电力负荷分类

1. 用电负荷

电能用户的用电设备在某一时刻向电力系统取用的电功率的总和称为用电负荷，是电力总负荷中的主要构成部分。

2. 线路损失负荷

电能从电厂到用户的输配电过程中，不可避免地发生一定量的损失，即线路损失，这种损失对应的电功率称为线路损失负荷。

3. 供电负荷

用电负荷加上同一时刻的线路损失负荷，是发电厂对电网供电时所承担的全部负荷，称为供电负荷。

4. 厂用电负荷

发电厂在发电过程中自身要有许多厂用电设备运行，对应于这些用电设备所消耗的电功率称为厂用电负荷。

5. 发电负荷

发电厂向电网担负的供电负荷，加上同一时刻发电厂的厂用电负荷，构成电厂的全部电能产生的负荷，称为发电负荷。

二、用电负荷分类

1. 根据供电可靠性的要求分类

用电负荷根据供电可靠性的要求，可以分为一类负荷、二类负荷和三类负荷。

符合下列情况之一时，应为一级负荷：

（1）中断供电将造成人身伤亡时。

（2）中断供电将在政治、经济上造成重大损失时。例如：重大设备损坏、重大产品报废、用重要原料生产的产品大量报废、国民经济中重点企业的连续生产过程被打乱需要长时间才能恢复等。

（3）中断供电将影响有重大政治、经济意义的用电单位的正常工作。例如：重要交通枢纽、重要通信枢纽、重要宾馆、大型体育场馆、经常用于国际活动的大量人员集中的公共场所等用电单位中的重要电力负荷。

在一级负荷中，当中断供电将发生中毒、爆炸和火灾等情况的负荷，以及特别重要场所的不允许中断供电的负荷，应视为特别重要的负荷。

符合下列情况之一时，应为二级负荷：

（1）中断供电将在政治、经济上造成较大损失时。例如：主要设备损坏、大量产品报废、连续生产过程被打乱需较长时间才能恢复、重点企业大量减产等。

（2）中断供电将影响重要用电单位的正常工作。例如：交通枢纽、通信枢纽等用电单位中的重要电力负荷，以及中断供电将造成大型影剧院、大型商场等较多人员集中的重要的公共场所秩序混乱。

不属于一级和二级负荷者应为三级负荷。

2. 行业用电分类

农、林、牧、渔、水利业用电，包括排灌、农副业、农业、林业、畜牧业、渔业、水利业以及农林牧渔水利服务业的用电；工业用电，包括工业中的采掘业和制造业用电；地质普查和勘探业用电；建筑业用电；交通运输、邮电通信业用电；商业、公共饮食业、物资供销和仓储业；其他事业用电；城乡居民生活用电。

三、现有负荷特性指标

科学、规范的负荷特性指标体系是负荷特性研究的基础。1989 年原能源部颁发了《电力工业生产统计指标解释》，其中涉及负荷特性的指标有最高负荷、最低负荷、平均负荷、负荷曲线、负荷率、平均日负荷率、最小负荷率、谷峰差、月生产均衡率、年生产均衡率、最小负荷利用小时、同时率、不同时率、尖峰负荷率等 14 个。2001 年国家电力公司对原《电力工业生产统计指标解释》进行了补充修改，其中增加了峰谷差率指标。这些指标都是规划计划工作中常用和规范的负荷特性指标，并且已经积累了较长时期的历史资料。各指标定义如下。

（1）最高负荷：报告期（日、月、季、年）内记录的负荷中，数值最大的一个。

（2）最低负荷：报告期（日、月、季、年）内记录的负荷中，数值最小的一个。

（3）平均负荷：报告期内瞬间负荷的平均值，即负荷时间数列时序平均数。其计算式为

$$\text{报告期发（供、用）电平均负荷（kW）} = \frac{\text{报告期发（供、用）电量（kW·h）}}{\text{报告期小时数（h）}}$$

（4）负荷曲线：将各发电厂、供电地区或电力系统所承担的有功或无功负荷，按时间序列绘制成的图形，称为负荷曲线。按时间分类，有日负荷曲线（标示出一天内每小时的负荷值，反映一天内负荷动态）和年负荷曲线（标示出一年内每月的最高负荷值，观察一年内各月负荷功态）等；按用电性质分类，有农业负荷曲线、工业负荷曲线和居民生活负荷曲线等。

（5）负荷率：平均负荷与最高负荷的比率。计算式为

$$负荷率（\%）=\frac{报告期平均负荷（kW）}{报告期最高负荷（kW）}\times100\%$$

（6）平均日负荷率：将报告期每日的负荷率相加，除以报告期的天数。计算式为

$$平均日负荷率（\%）=\frac{\sum报告期日负荷率}{报告期天数}$$

（7）最小负荷率：报告期最低负荷与当期最高负荷的比率。计算式为

$$最小负荷率（\%）=\frac{报告期最低负荷（kW）}{报告期最高负荷（kW）}\times100\%$$

（8）峰谷差：最高负荷与最低负荷之差。

（9）峰谷差率：报告期日峰谷差最大值与当日最高负荷的比率。计算式为

$$峰谷差率（\%）=\frac{报告期日峰谷差最大值（kW）}{当日最高负荷（kW）}\times100\%$$

（10）月生产均衡率：报告月平均日电量与最大日电量的比率。计算式为

$$月生产均衡率（\%）=\frac{报告月每日平均电量（kW\cdot h）}{报告月最大日电量（kW\cdot h）}\times100\%$$

（11）年生产均衡率：各月最高负荷之和与最大一个月最高负荷和12乘积的比率。计算式为

$$年生产均衡率（\%）=\frac{\sum12个月的最高负荷（kW）}{12\times月最高负荷（kW）}\times100\%$$

（12）最高负荷利用小时：发（供、用）电量与它们的最高负荷的比率。计算式为

$$最高负荷利用小时（h）=\frac{报告期发（供、用）电量（kW\cdot h）}{报告期发（供、用）电最高负荷（kW）}$$

（13）同时率：综合最高负荷与各组成单位绝对最高负荷之和的比率，说明两者的差异程度。计算式为

$$同时率（\%）=\frac{电力系统最高负荷（kW）}{\sum电力系统各组成单位的绝对最高负荷（kW）}\times100\%$$

（14）不同时率：负荷曲线各组成用户最高负荷的总和与电力系统综合负荷曲线最高负荷的比率。计算式为

$$不同时率（\%）=\frac{\sum用户最高负荷（kW）}{电力系统综合最高负荷（kW）}\times100\%$$

（15）尖峰负荷率：某一用户（或地区）的平均负荷与电力系统最高负荷时该用户（或地区）最高负荷的比率。计算式为

$$尖峰负荷率（\%）=\frac{某一用户（地区）的平均负荷（kW）}{电力系统最高负荷时该用户（地区）最高负荷（kW）}\times100\%$$

第二节　负荷预测的基本理论

一、负荷预测的概念和分类

1. 负荷预测的概念

负荷预测就是根据历史负荷数据，考虑经济因素、时间因素、气象因素和随机因素等众多影响因素，利用经典和现代数学理论建立多种数学模型来研究负荷变化规律，在满足一定

精度的条件下，确定未来某特定时刻或某特定时段的负荷数值，为电力能源规划和电力生产计划服务。

2. 负荷预测的分类

负荷预测从预测的时间范围上可以分为长期、中期、短期和超短期预测（如图 17 - 1 所示）。中长期负荷预测主要是用于制定电力系统的扩建规划，包括装机容量的大小、形式、地点、时间和电网的增容扩建上。它为所在地区或电网的电力发展速度、电力建设规模、电力工业布局、能源资源平衡、地区间的电力余缺调剂、电网资金和人力资源的需求平衡提供了可靠的依据。短期负荷预测则对电力企业的日常运营起到指导和调节作用，有利于合理安排电力日生产计划。一般说来，1h 以内的负荷预测为超短期负荷预测，用于安全监视、预防性控制和紧急状态处理；日负荷和周负荷预测为短期负荷预测，分别用于安排日调度计划和周调度计划，包括确定机组的启停、水火电的协调、联络线交换功率、负荷经济分配、水库调度和设备检修等。月负荷和年负荷预测为长期负荷预测，用于一个国家或地区的能源规划和电源建设。

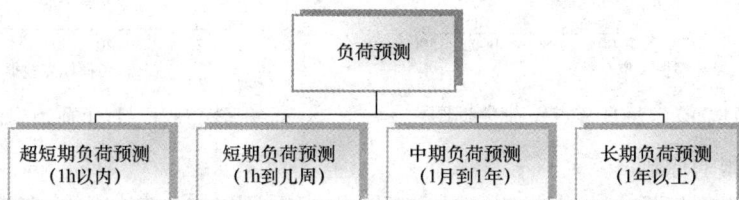

图 17 - 1　根据时间的负荷预测分类

负荷预测从用途上又可以分为发电部门预测和供电部门的预测。前者从整体上预测负荷的变化，根据负荷特性和负荷趋势来进行预测，称为趋势预测；而后者则往往利用由底向上的方法，根据负荷的结构和特性分别预测、统一汇总，称为因子预测。从目前电力部门对负荷的掌握情况来看，负荷结构还没有一个比较确切、定量的模型，预测时无法考虑全面，预测偏差也比较大。现在常用的是根据整体负荷进行预测，通过对各种因素的修正而得到预测结果，实际运作的结果表明这种方法比较实用和有效。

按照系统负荷构成可以将其划分为：城市民用负荷、商业负荷、工业负荷、农业负荷及其他负荷等类型（如图 17 - 2 所示）。不同类型的负荷有着不同的变化规律。例如随家用电器的普及，城市居民负荷年增长率提高、季节波动增大，尤其是空调设备的迅速扩展，使系统峰荷受气温影响越来越大；商业负荷主要影响晚高峰，而且随季节而变化；工业负荷受气象影响较小，但大企业成分下降，使夜间低谷增长缓慢；农业负荷季节变化强，而

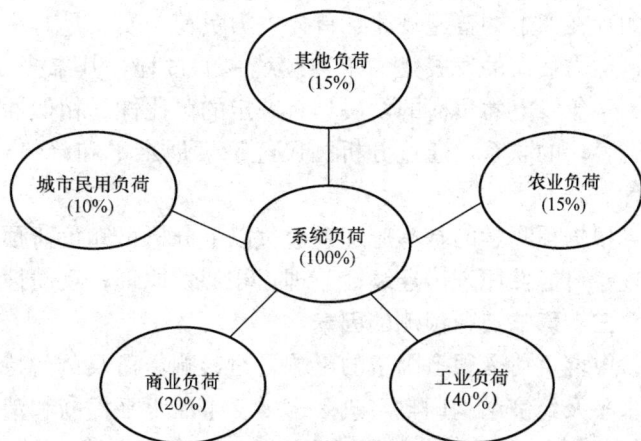

图 17 - 2　某地系统负荷构成分类

且与降水情况关系密切。一个地区负荷往往含有几种类型的负荷，比例不同。

各类用电负荷的时间变化规律是不同的，由它们构成的系统负荷具有不同的变化规律。分析一段时间的负荷历史记录，一般可看出两种变化规律：一是逐渐增长的趋势（如图17-3所示），二是日、周、月、年的周期性变化（如图17-4所示）。

电力系统负荷预测是实现电力系统安全、经济运行的基础，对一个电力系统而言，提高电网运行的安全性和经济性，改善电能质量，都依赖于准确的负荷预测。因此，负荷预测的关键是提高准确度。

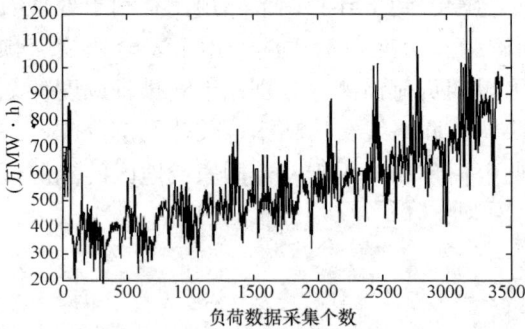

图17-3 河北某地10年每日零点负荷数据图

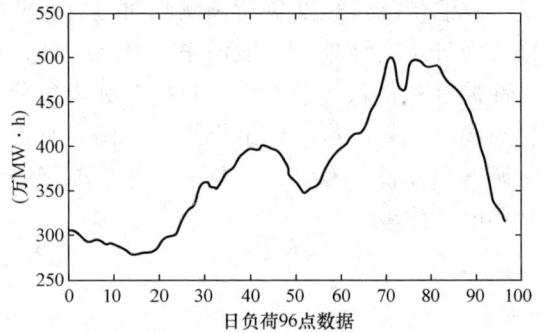

图17-4 日负荷历史曲线图

二、负荷预测的原理

由于负荷预测是根据电力负荷的过去和现在推测它的未来数值，所以负荷预测研究的对象不是确定事件。只有不确定事件、随机事件，才需要人们采取适当的预测技术，推知负荷的发展趋势和可能达到的状况。电力负荷未来的发展是不确定的，它要受到多种多样复杂因素的影响，我们很难把握这些因素在未来某一时刻的状态，只能在一定条件下，进行一定简化并做出若干假设，得到预测结果。通常需要做出多种假设和简化，选用不同的预测方法，所以负荷预测具有不确定性、多条件性和多方案性的特点。

虽然负荷预测有以上特点，但是负荷预测也有一定的规律，通过对历史数据的分析，找出其内在规律，按照一定的科学原理，可以保证负荷预测工作尽可能地接近实际情况，负荷预测存在如下的普遍规律：首先电力负荷的发展是有一定规律的，这是进行预测的基础；其次，电力负荷的发展是一个连续统一的过程，其未来发展是这个过程的连续；再次，各地区、各年段电力负荷的发展具有一定的可比性、相似性；最后，电力工业的发展与整个社会有着直接的联系，通过分析国民经济发展水平和趋势，可以对电力负荷的发展做出相应的估计。

根据预测学的基本原理，通过以上分析可知负荷预测工作基于以下的基本原理：可知性原理；可能性原理；连续性原理；相似性原理；反馈性原理；系统性原理。

三、影响负荷预测的因素

电网负荷受很多因素的影响，对影响负荷及负荷特性的主要因素有很多，比如：经济发展水平及经济结构调整，收入水平、生活水平提高和消费观念变化，电力消费结构变化，气温气候，电价（分时电价、可中断电价等），需求侧管理措施（移峰填谷、蓄能设备等），电力供应侧（电力短缺状况、电网建设与配电网改造等），政策因素（如对高耗电行业的优惠电价等）。

根据我国负荷预测工作的实际情况，对以上因素归纳为经济因素、时间因素、气象因素和随机因素。

1. 经济因素对负荷预测的影响

经济发展水平和经济结构变化对负荷及负荷特性的影响很大。例如：经济结构中第三产业比重的大小，电气化程度的高低，居民人均生活用电量的大小，经济发展的不同阶段等因素（如图 17-3 所示）。此外，电网负荷管理以及电价政策等因素也对负荷产生一定的影响。

2. 时间因素对负荷预测的影响

对负荷模型有重要影响的时间因素主要有：季节变化，周循环，法定节假日和传统节日。一般随温度及日照小时的季节变化，负荷模型逐渐发生变化。电网的高峰负荷出现在夏季还是冬季主要取决于：日照时间的变化，季节需求结构等。

周负荷循环是供电区域人口工作休息模式作用的结果（如图 17-5、图 17-6 所示）。

日负荷曲线能很好地反映一天内负荷的需求状况（如图 17-4 所示）。

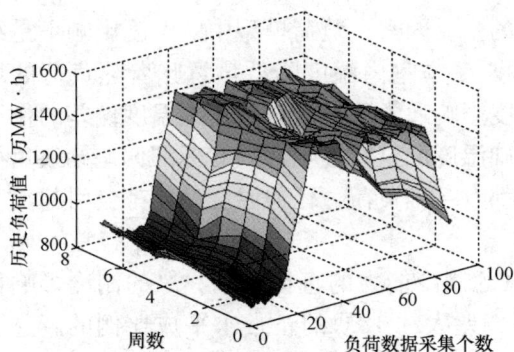

图 17-5　河北某地周负荷三维图

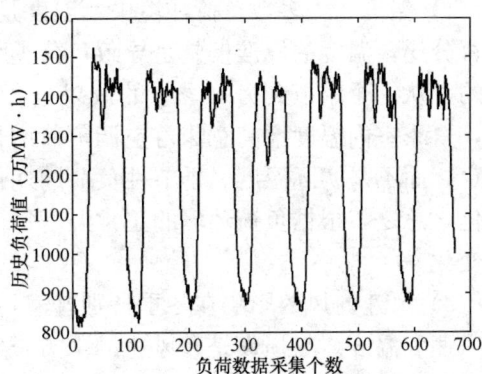

图 17-6　周负荷曲线趋势图

3. 气候因素对负荷预测的影响

温度是最重要的气候变量，温度对正常值的偏差将引起负荷的显著变化。另外，历史气温对负荷特性同样产生影响，这是由于负荷数据具有记忆性。除温度外，影响负荷的气候变量还有湿度、风速、降雨量、日照强度等。

4. 随机干扰因素对负荷预测的影响

由于电力系统是一个庞大的复杂系统，影响电力负荷的因素也千差万别，因而除经济、时间、气候等主要因素外，还有大量已知或未知的因素影响着负荷数据的特性，正是这些原因使得历史负荷数据具有非平稳性和随机性，这也给负荷的预测工作带来困难和挑战。特别是对于短期负荷预测，随机因素的影响有时起着很大的作用，正确的预测理论和合适的预测方法有助于正确适度地考虑随机因素的作用，这也正是短期和超短期负荷预测工作的意义所在。

四、负荷构成和负荷预测模型性质

1. 负荷的构成

负荷预测模型精度提高的先决条件是对负荷特征的深层理解，负荷的知识是通过经验和对过去负荷数据的分析获得的。电力系统提供的负荷在自然中是动态的，并且直接反应周围环境的活动和情况。这种负荷被分为标准负荷或基础负荷。依靠天气负荷和残值负荷。

（1）基础负荷。此负荷源于工业和服务领域里的商业和经济状况，是整个负荷系统的最大组成部分。它大约占全系统负荷的 90%，分为四个不同的组成部分：①反映地区经济增长的长期负荷，直接反应国民经济增长的比例；②源于电力需求从一个季节到另一季节变化的季节负荷、这种负荷模型是以冬季和夏季的中期的峰值为特征化的或者是发生在春季和秋季的中期之间；③周负荷源于一周内每天的消耗量，它不同于其他的特征；④通过每周的商业周期性循环和重复性的经济和日常生活活动，反映负荷行为具有以周为单位的周期性；日负荷源于每日的消费者相似的基本活动。每天早晨的低谷和中午的高峰值是它的特征（见图 17 - 4）。

（2）依靠天气的负荷。气象因素对负荷的影响很大，负荷中天气的影响通常是由负荷作为一种说明气象因素的线性回归确定的，例如：温度、风速、湿度等。研究表明：几个基础气象因素通常能说明大多数依靠天气的负荷。

正常用于依靠天气负荷模型特殊的天气变量是温度、风速、湿度、日光照明。

1）温度。大多数负荷环境中，温度是最大的天气变量，通常能说明依靠天气负荷的最大百分比，温度的标准偏差是导致负荷类型变化的主要因素。负荷模型中的温度影响不是统一的，从一个季节到另一季节的效果也各不相同。冬季室内温度降低量意味着热负荷的增长，夏季室内温度增高意味着空调负荷增长。温度影响通常通过有效温度或温度偏差的作用确定，而不是实际温度。季节性负荷周期包括基础温度的全面影响，只有标准偏差导致负荷变化。总之，根据负荷环境的正常温度每个效用都有基础负荷，任何温度偏差都会引起负荷的变化。

2）风速。风的影响在冬季特别普遍，这是风的制冷能力的直接后果。风的制冷影响依靠风速和温度。热损失是和风速的平方根和温度偏差大约 18℃ 的正常水平成比例的。这种影响在冬季模型是比较小并且简化的，通常只有夏季模型中才有。

3）湿度。影响空调负荷和夏季其他相关制冷负荷的天气变量是大气中湿度的水平。高湿度的影响通常只有在高温——室温之上时才被注意。负荷模型中湿度的影响被认为是相关湿度函数的代表——温度湿度指数或露点温度。文献中最常用的变量是湿度指数。

4）照明。日光照明和前面讨论的三个因素相比在负荷中影响较小。调查显示在大多数情况下这个因素在多数负荷模型中经常被忽略。低日光照明引起日光照明负荷的增长，增加黄昏的影响，因此改变夜晚负荷模型。这个因素由云量、灰尘、雾、烟雾等天气条件影响。

（3）残值负荷。消费群体行为的不规律性导致残值负荷的产生，这个负荷构成在模型中通常占整个负荷很小的比例。负荷中异常因素主要指公众反应、电视事件、暴雨、灾难、时间变化等。

2. 短期负荷预测模型的性质

回顾短期负荷预测方法，采用许多不同预测技术能预测同一类型负荷。较好的短期负荷预测模型应当包括以下基本性质：适应性、回归性、经济性、鲁棒性、精确性。

（1）适应性。短期负荷预测模型的参数由固定的数据来估算。在特定时期内是精确的。随着预测时间的流逝，短期负荷预测算法应当能够自动更新它的数据，重新计算估计值。

（2）回归性。电力负荷受到经济、气象、时间等其他多个因素的影响。它们之间的关系既可以是线性回归，也可以是非线性回归；既可以是一元线性回归，也可以是多元线性回归。

（3）计算经济性。追求精度会产生使用大量数学工具的复杂模型，但是模型的计算必须是经济合理的。

（4）鲁棒性。一个模型的算法应对受到污染的数据具有一定的排他性，即使数据库被破坏，根据现有的数据也应该做出合理的预测。

（5）精确性。对 24h 预测误差在 2%～3% 内是正常的，对一周预测误差在 5% 以内是精确的。

五、负荷预测的评价指标

误差分析是负荷预测的一个重要部分，负荷预测的模型很多，如何选择最能表现负荷发展趋势的模型，取得相对准确的预测结果，进行误差分析是很有必要的。

1. 函数预测误差

设预测值 z 与历史数据值 x_1，x_2，$\cdots$，x_m 的函数关系为：$Z = f\ (x_1,\ x_2,\ \cdots,\ x_m)$，每个历史数据值 x_i 的总偶然极限误差为 δ_{x_i}，总已定系统误差为 Δ_{x_i}，总未定系统误差为 e_{x_i}。这些误差是由各相应的测量方法中各误差因素 a_t 影响的结果，具体的计算公式是

$$\delta_{x_i} = \pm t_{x_i} \sqrt{\sum_{i=1}^{N}\left(\frac{\delta_i}{t_i}\right)^2 + 2\sum_{1 \leqslant i < j \leqslant m} \rho_{ij}\left(\frac{\delta_i}{t_i}\right)\left(\frac{\delta_i}{t_j}\right)}, \Delta_{x_i} = \sum_{i=1}^{m} \Delta_i, e_{x_i} = \sum_{i=1}^{m} e_i$$

这里 t_i，ρ_{ij} 分别为在具体的约定概率条件下所对应的置信系数和相关系数。根据函数误差公式，可计算预测结果 z 的总偶然极限误差为

$$\delta_z = \pm t_z \sqrt{\sum_{i=1}^{m}\left(\frac{\partial f}{\partial x_i}\right)^2 \left(\frac{\delta_{x_i}}{t_{x_i}}\right)^2 + 2\sum_{1 \leqslant i < j \leqslant m}\left(\frac{\partial f}{\partial x_i}\right)\left(\frac{\partial f}{\partial x_i}\right)\rho_{x_i x_j}\left(\frac{\delta_{x_i}}{t_{x_i}}\right)\left(\frac{\delta_{x_j}}{t_{x_j}}\right)}$$

总已定系统误差应按函数代数和合成，总未定系统误差按函数绝对和合成，则有

$$\Delta_x = \sum_{i=1}^{m} \frac{\partial f}{\partial x_i} \Delta_{x_i} \qquad e_x = \sum_{i=1}^{m} \frac{\partial f}{\partial x_i} e_{x_i}$$

预测值的综合极限误差为

$$\Delta_{\lim z} = \Delta_z + e_z + \delta_z$$

总已定系统误差已从历史数据中修正后，预测数据的综合极限误差表示为

$$\Delta_{\lim z} = \pm (e_z + \delta_z)$$

2. 相对误差分析

相对误差是预测误差在实际中所占比例的百分数

$$\eta = \frac{y_i - \hat{y}_i}{\hat{y}_i} \times 100\%$$

一般只考虑最近一个预测点的 η 值，常用的可决稀疏的计算公式为

$$R^2 = 1 - \frac{\sum(Y_i - \hat{Y}_i)^2}{\sum(Y_i - \bar{Y})^2}$$

$0 < R^2 \leqslant 1$，R^2 越大，说明预测值对样本观测值拟合的优度越高。

3. 置信区间分析

当样本较大（一般大于 30）时，标准离差由下式计算

$$S = \sqrt{\frac{\sum_{i=1}^{N}(x_i - \hat{x}_i)^2}{N-2}}$$

给出一个 x_0，要求求出包含它的一个预测区间，该区间越小，预测的准确性就越低；如果提高置信水平，增大预测区间，则预测的使用价值也就随之降低。在实际应用中，应根据具体预测的对象选择适当的置信水平。

第三节　常用电力负荷预测技术

一、比例系数增长法

比例系数增长法是一种在规划预测中应用较多的预测方法，它假定今后的电力负荷与过去有相同的增长比例，用历史数据求出比例系数，按比例预测未来发展。设第 m 年的用电量为 A_m kW·h，则从第 n 年至第 m 年（$n<m$）用电量的平均增长率 K 为

$$K = \sqrt[m-n]{\frac{A_m}{A_n}} - 1$$

由此预测第 1 年（$1>m$）的用电量为

$$A_1 = A_n(1+K)^{1-n}$$

这与以 A_m 为起点的预测结果 $A_1 = A_m(1+K)^{1-m}$ 相同，这是因为

$$A_m(1+K)^{1-m} = A_n(1+K)^{n-m} = A_n(1+K)^{1-n}$$

例如，某地区 2000 的用电量为 72×10^4 万 kW·h，2005 年用电量为 102×10^4 万 kW·h，采用比例系数增长法预测 2007 年用电量

$$K = \sqrt[2005-2000]{\frac{1020000}{720000}} - 1 = 0.072145$$

$$A_{2007} = A_{2000}\times(1+0.072145)^{2007-2000} = A_{2005}\times(1+0.072145)^{2007-2005}$$
$$= 117.2485\times10^4 \text{ 万 kW·h}$$

二、季节性趋势预测技术

以月或季为单位的电力负荷在实际中常常表现为多种趋势的叠加，其中最主要的是两种趋势：增长（下降）趋势和季节性波动趋势。增长（下降）趋势是指每年相对月（季）的负荷水平呈稳定的增长（下降）趋势；季节性趋势指每年各月（季）的电力负荷随月（季）度的变化呈规律性波动的趋势。

例如，某地区 2003~2005 年各月用电量如表 17-1 所示，预测 2006 年各月用电量。

表 17-1　　　　　　　　某地区 2003~2005 年用电量（$\times10^4$ 万 kW·h）

年份＼月份	1	2	3	4	5	6	7	8	9	10	11	12
2003 年	25	22	25	29	36	45	67	70	69	50	34	26
2004 年	30	29	31	36	41	52	71	78	76	55	38	29
2005 年	34	35	36	43	48	56	79	83	80	61	42	35

第一步，画散点图。

首先，需要通过散点图判断一下历史数据是否有增长（下降）趋势和季节性波动趋势，这是采用这种处理方法的基础。将历史数据各月的用电量作为纵坐标，2003 年 1 月~2005 年 12 月共 36 个月作为横坐标，画散点图，如图 17-7 所示。

第二步，分别求出三年历史数据的各年月平均数，则

$$各年月平均数 = \frac{各年 12 个月负荷总和}{12}$$

如：2003 年月平均数 =（25 + 22 + 25 + 29 + 36 + 45 + 67 + 70 + 69 + 50 + 34 + 26）/12 = 41.5。

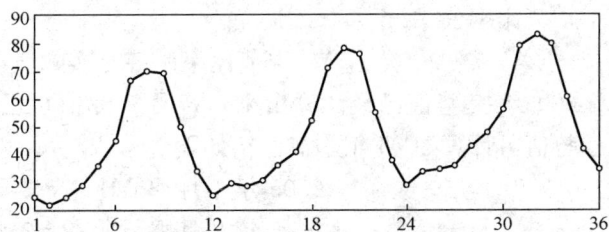

图 17 - 7　用电量历史数据散点图

同理可得 2004 年月平均数为 47.167，2005 年月平均数为 52.667。

各年的月平均数反映了本年的月度负荷水平，其发展趋势可以反映年度负荷的增长（下降）趋势。因此，需要建立适当的模型模拟这种趋势。本例中采用线性趋势反映各年月度负荷水平的增长，即

$$Y = a + bt$$

式中 Y 为用电量；t 为时间；a，b 待定参数。

第三步，确定待定参数 a，b 的取值。

通常习惯用最靠近的中间月作为横坐标，各年月平均数作为纵坐标。即以 A（6，41.5），B（18，47.167）和 C（30，52.667）表示 2003 年—2005 年各年月平均数。这样可以任意选取两点（一般选取第一个点和最后一个点）通过简单计算得到参数 a，b 的值为

$b.$ =（C 点的纵坐标 - A 点的纵坐标）/（C 点的横坐标 - A 点的横坐标）

　　 =（52.667 - 41.5）/（30 - 6）

　　 = 0.465

a = 41.5 - 0.465 × 6 = 38.5

因此，$Y = 38.5 + 0.465t$

第四步，计算趋势值。

趋势值是指剔出季节性变化因素的影响后，各年各月应该有的电力负荷。显然，只要将 t 值（时间）依次代入式子 $Y = 38.5 + 0.465t$，就可以计算出各月趋势值。这里，需要求出历史数据最后一年（2005 年）和预测年（2006 年）的趋势值。

从 2003 年 1 月 $t = 1$ 算起，2005 年 1 月 $t = 25$，2 月 $t = 26$……。因此，趋势值为

2005 年 1 月：$Y = 38.5 + 0.46 × 25 = 50.13$

2005 年 2 月：$Y = 38.5 + 0.46 × 26 = 50.59$

……

2005 年 12 月：$Y = 38.5 + 0.46 × 48 = 60.82$

全部计算结果如表 17 - 2 所示。

表 17 - 2　　　　　　　　　　　2005 年和 2006 年各月趋势值

2005 年 t 值	25	26	27	28	29	30	31	32	33	34	35	36
2005 年趋势值	50.13	50.59	51.06	51.52	51.99	52.45	52.92	53.38	53.85	54.31	54.78	55.24
2006 年 t 值	37	38	39	40	41	42	43	44	45	46	47	48
2006 年趋势值	55.71	56.17	56.64	57.10	57.57	58.03	58.50	58.96	59.43	59.89	60.36	60.82

第五步，计算季节比率。

季节比率公式为

季节比率＝各月实际值/各月趋势值

2005 年趋势值已经计算出来，各月实际值也已知。因此，根据 2005 年实际值和 2005 年趋势值可计算 2005 年季节比率如下

2005 年 1 月季节比率＝34/50.13＝0.678
2005 年 2 月季节比率＝35/50.59＝0.692

其余各月类推。全部计算结果如表 17 - 3 所示。

表 17 - 3　　　　　　　　　　　　　　　2005 年季节比率

t 值	25	26	27	28	29	30	31	32	33	34	35	36
实际值	34	35	36	43	48	56	79	83	80	61	42	35
趋势值	50.13	50.59	51.06	51.52	51.99	52.45	52.92	53.38	53.85	54.31	54.78	55.24
季节比率	0.678	0.692	0.705	0.835	0.923	1.068	1.493	1.555	1.486	1.123	0.767	0.634

第六步，预测。

应用公式为

某月预测值＝上年该月季节比率×该月趋势值

用 2006 年的趋势值分别乘 2005 年 12 个月的季节比率，就得到 2006 年各月预测值。计算结果如表 17 - 4 所示。

表 17 - 4　　　　　　　　　　　　　　2006 年预测值计算表

2006 年各月 t 值	37	38	39	40	41	42	43	44	45	46	47	48
2006 年趋势值	55.71	56.17	56.64	57.10	57.57	58.03	58.50	58.96	59.43	59.89	60.36	60.82
2005 年季节比率	0.678	0.692	0.705	0.835	0.923	1.068	1.493	1.555	1.486	1.123	0.767	0.634
2006 年预测值	37.77	38.87	39.93	47.68	53.14	61.98	87.34	91.68	88.31	67.26	46.30	38.56

以上所述的季节性趋势的预测方法，采用首先将增长（下降）趋势和季节性波动趋势分离，然后分别进行分析，最后再合二为一的思路进行预测，在实际中具有较广泛的应用。

三、回归预测技术

回归预测技术是一类基于统计学基础的预测方法，有一元、多元和非线性回归模型多种形式，本节主要以介绍一元回归为主，同时也对多元和非线性回归模型进行简单介绍。

1. 一元线形回归预测模型

有时候，某种电力负荷的指标会随某种影响因素的变化而呈线性增长趋势。例如表 17 - 5 所示的某地区年用电量和 GDP，以 GDP 为横坐标，用电量为纵坐标画散点图，可以发现用电量的分布大致在一条直线周围，如图 17 - 8 所示。

表 17 - 5　　　　　　　　　　　　　　　某地区年用电量

GDP （×10^8 万元）	19.7	27.9	37.5	46.0	54.5	59.4	63.6	68.7	74.7	82.3
用电量 （×10^8 kW·h）	39.5	43.8	47.2	52.6	58.0	60.7	67.4	72.7	78.4	87.7

对于这样的负荷预测问题，可以用一个线性方程 $y_i = a + bx_i$，$i = 1, 2, 3, \cdots, n$ 来模拟这种直线增长（或下降）趋势并用于预测。关键问题在于如何确定参数 a 和 b，使得确定的直线距离所有历史数据点总体而言最贴近。

令 y_i，$i = 1, 2, 3, \cdots, n$ 表示用电量，x_i，$i = 1, 2, 3, \cdots, n$ 表示 GDP。当然了，根据实际负荷预测工作需要，y 可以选择适当的负荷指标，

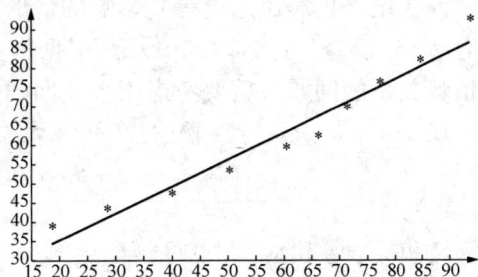

图 17-8　用电量散点图

x 选择与 y 有明显线性关系的其他变量。通常采用最小二乘的方法确定参数 a 和 b 的估计值为

$$\hat{b} = \frac{n\sum\limits_{i=1}^{n} x_i y_i - \left(\sum\limits_{i=1}^{n} x_i\right)\left(\sum\limits_{i=1}^{n} y_i\right)}{n\sum\limits_{i=1}^{n} x_i^2 - \left(\sum\limits_{i=1}^{n} x_i\right)^2} = \frac{\sum\limits_{i=1}^{n}(x_i - \bar{x})(y_i - \bar{y})}{\sum\limits_{i=1}^{n}(x_i - \bar{x})^2}$$

$$\hat{a} = \frac{1}{n}\sum\limits_{i=1}^{n} y_i - \frac{\hat{b}}{n}\sum\limits_{i=1}^{n} x_i = \bar{y} - \hat{b}\bar{x}$$

为便于计算，引入下面一些记号

$$S_{xx} = \sum\limits_{i=1}^{n}(x_i - \bar{x})^2 = \sum\limits_{i=1}^{n} x_i^2 - \frac{1}{n}\left(\sum\limits_{i=1}^{n} x_i\right)^2$$

$$S_{yy} = \sum\limits_{i=1}^{n}(y_i - \bar{y})^2 = \sum\limits_{i=1}^{n} y_i^2 - \frac{1}{n}\left(\sum\limits_{i=1}^{n} y_i\right)^2$$

$$S_{xy} = \sum\limits_{i=1}^{n}(x_i - \bar{x})(y_i - \bar{y}) = \sum\limits_{i=1}^{n} x_i y_i - \frac{1}{n}\left(\sum\limits_{i=1}^{n} x_i\right)\left(\sum\limits_{i=1}^{n} y_i\right)$$

借助这些记号，可知 $\hat{b} = \dfrac{S_{xy}}{S_{xx}}$，$\hat{a} = \bar{y} - \hat{b}\bar{x} = \bar{y} - \dfrac{S_{xy}}{S_{xx}}\bar{x}$

因此，可以计算在本例中参数 a 和 b 的估计值。

表 17-6　　　　　　　　　　GDP 和用电量的统计及计算表

GDP（x）	19.7	27.9	37.5	46.0	54.5	59.4	63.6	68.7	74.7	82.3
用电量（y）	39.5	43.8	47.2	52.6	58.0	60.7	67.4	72.7	78.4	87.7
x^2	388.1	778.4	1406.3	2116.0	2970.3	3528.4	4045.0	4719.7	5580.1	6773.3
xy	778.2	1222.0	1770.0	2419.6	3161.0	3605.6	4286.6	4994.5	5856.5	7217.7

$\sum x = 534.3$，$\sum y = 608.0$，$\sum x^2 = 32305.6$，$\sum xy = 35311.7$

$S_{xx} = 32305.6 - 534.3 \times 534.3/10 = 3758.0$

$S_{xy} = 35311.7 - 534.3 \times 608.0/10 = 2826.3$

估计值 $b = 2826.3/3758.0 = 0.7521$

估计值 $a = 608.0/10 - 0.7521 \times 534.3/10 = 20.6151$

即 $y = 20.6151 + 0.7521x$

确定线性预测方程后就可用于负荷预测。

2. 多元线形回归预测模型

在电力负荷预测的实际问题中，常遇到负荷受多种因素（如：工业总产值、农业总产

值、商业用电、居民用电等）影响的情形。假设与负荷这个随机变量 y 有相关关系的可控变量有 p 个（$p>1$）：x_1，$x_2\cdots x_p$。根据过去的历史资料研究变量 y 与变量 x_1，$x_2\cdots x_p$ 之间的依赖关系的问题，就要考虑用多元回归分析方法来解决。

设 x_1，$x_2\cdots x_p$（$p>1$）是个线性无关的可控变量，y 是随机变量，它们之间的关系为

$$y = b_0 + b_1 x_1 + \cdots + b_p x_p + \varepsilon \quad\Big\}$$
$$\varepsilon \sim N(0,\sigma^2)$$

这里 b_0，$b_1\cdots b_p$，σ^2 都是与 x_1，$x_2\cdots x_p$ 无关的未知参数，ε 是随机误差（或随机干扰），这就是 p 元线性回归模型。

对于多元线形回归模型，采用最小二乘的方法确定 b_0，b_1，$b_2\cdots b_p$ 的估计值。设

$$\boldsymbol{X} = \begin{bmatrix} 1 & x_{11} & x_{12} & \cdots & x_{1p} \\ 1 & x_{21} & x_{22} & \cdots & x_{2p} \\ \cdots & \cdots & \cdots & \cdots & \cdots \\ 1 & x_{n1} & x_{n1} & x_{n2} & x_{np} \end{bmatrix}, \boldsymbol{Y} = \begin{bmatrix} y_1 \\ y_2 \\ \vdots \\ y_n \end{bmatrix}$$

则，b_0，b_1，$b_2\cdots b_p$ 的估计值为

$$\hat{\boldsymbol{B}} = \begin{bmatrix} \hat{b}_0 \\ \hat{b}_1 \\ \vdots \\ \hat{b}_p \end{bmatrix} = (\boldsymbol{X}'\boldsymbol{X})^{-1}\boldsymbol{X}'\boldsymbol{Y}$$

3. 非线性回归预测模型

在前面研究的回归预测模型中，自变量与因变量之间都存在着线性相关关系，因而可以建立线性回归预测模型解决预测问题。但在实际问题中，自变量与因变量之间存在的相关关系多见的表现形式是非线性的，对于这些非线性模型的研究，一般来说是较复杂的，但有一类特殊的情况例外，那就是可以通过适当的变量代换，将非线性相关关系的问题转化为线性相关关系问题来处理。这样，对非线性模型的研究也就随之得到解决。

设有两个变量 x 和 y，它们之间存在着非线性相关关系。给定一组观测值（x_i，y_i）= 1，8。其散点图明显的不能由一条直线近似地拟合，即 n 个样本点（x_i，y_i）不在一条直线附近，而是在一条曲线附近。如果将此种情形按一元线性回归研究，显然是不合适的，这就需要用适当的曲线加以拟合。那么如何配曲线呢？依据散点图，通常选配双曲线、幂函数曲线、指数曲线、倒指数曲线、对数曲线、S形曲线等六种曲线之一。

当选配的曲线类型确定下来之后，根据样本值（x_i，y_i）确定曲线类型中的未知参数 a 和 b。通过适当的变量代换把非线性回归化为线性回归来估计参数，具体做法参见下面几种情况的说明。

对于双曲线 $\left(\dfrac{1}{y}=a+\dfrac{b}{x}\right)$，作变量代换 $u=\dfrac{1}{x}$，$v=\dfrac{1}{y}$，这样双曲线方程就变为直线方程 $v=a+bu$；对于幂函数曲线（$y=ax^b$，$x>0$、$a>0$），先将函数表达式两端取常用对数，得 $\lg y=\lg a+b\lg x$ 再作变换，令 $u=\lg x$、$v=\lg y$，记 $A=\lg a$，则幂函数曲线方程就变为直线方程 $v=A+bu$；对于倒指数曲线（$y=ae^{\frac{b}{x}}$，$a>0$），两边取自然对数，得 $\ln y=\ln a+\dfrac{b}{x}$，令 $u=\dfrac{1}{x}$、$v=\ln y$，记 $A=\ln a$，则倒指数曲线方程变为直线方程 $v=A+bu$。其他类型的曲

线方程均可作适当的变量代换为直线方程，不再赘述。

当选配的曲线类型和变量代换的方法确定下来以后，可根据变量代换的过程对原始数据进行预处理，参数估计的方法和前述线性回归方法完全相同，当用此模型进行负荷预测时，模型所得预测值需根据变量代换的过程进行逆运算还原。

四、灰色预测技术

在灰色系统理论的研究中，将各类系统分为白色、黑色和灰色系统。"白"指信息完全已知；"黑"指信息完全未知；"灰"则指信息部分已知、部分未知，或者说信息不完全，这是"灰"的基本含义。客观世界是物质的世界，也是信息的世界。可是在工程技术、社会、经济、农业、工业、环境、电力等各种系统中经常会遇到信息不完全的情况，如参数（或因素）信息不完全，结构信息不完全，关系（指内、外关系）信息不完全，运行行为信息不完全等等。

灰色系统理论是中国学者邓聚龙教授 1982 年 3 月在国际上首先提出来的，在国际期刊《SYSTEMS AND CONTROL LETTER》刊物上发表，题为"Control Problems of Grey Systems"，引起了国际上的充分重视。灰色系统理论的研究任务除工业控制外，还包括社会、经济、农业、电力等灰色系统的分析、建模、预测、决策和控制，可分为五个方面研究。本节主要介绍电力负荷的灰色预测方法。

1. 灰色累加/累减生成

如果对一原始数列作如下处理：原始数列中的第一个数据维持不变，作为新数列的第一个数据，新数列的第二个数据是原始的第一个与第二个数据相加，新数列的第三个数据是原始的第一个、第二个、与第三个相加，依次类推。这样得到的新数列，称为累加生成数列，这种处理方式称为累加生成。

记 $x^{(0)}$ 为原始数列

$$x^{(0)} = \left[x^{(0)}(k) \mid k = 1,2,\cdots,n\right] = \left[x^{(0)}(1),x^{(0)}(2),\cdots,x^{(0)}(n)\right]$$

记生成数列为 $x^{(1)}$

$$x^{(1)} = \left[x^{(1)}(k) \mid k = 1,2,\cdots,n\right] = \left[x^{(1)}(1),x^{(1)}(2),\cdots,x^{(1)}(n)\right]$$

如果 $x^{(1)}$ 与 $x^{(0)}$ 之间满足下述关系

$$x^{(1)}(k) = \sum_{i=1}^{k}\left[x^{(0)}(i)\right]$$

则称 $\{x^{(1)}\}$ 为 $\{x^{(0)}\}$ 的一次累加生成数列，记为 1 - AGO（Accumulated Generating Operation）。

累加生成能使任意非负数列、摆动的与非摆动的，转化为非减的、递增的数列。换言之，通过累加生成后得到的生成数列，其随机性弱化了，规律性增强了。已经证明，对原始非负数列 $\{x^{(0)}\}$ 作 1 - AGO 后得到生成数列 $\{x^{(1)}\}$ 具有近似的指数律，称为灰指数律。$\{x^{(0)}\}$ 的光滑度越大，则 $\{x^{(1)}\}$ 的灰度越小，即指数律越白。

设某电网年度电力负荷原始数列（MW）为 $x^{(0)} = $（3278，3337，3390，3679，3855，3901，4000，3400，2870，2950，3200，3400，3750，3891，4280，4356，4181，4219，4799，5003，4810，5299，5505，5690，5726，5855，6095，6642，6411，6500），进行一阶累加生成后的数列 $x^{(1)} = $（3278，6615，10005，13684，17539，21440，25440，28840，31710，34660，37860，41260，45010，48901，53181，57537，61718，65937，70736，

75739，80549，85848，91353，97043，102769，108624，114719，121361，127772，134272），原始数列和累加后的数列分别如图 17 - 9 和图 17 - 10 所示。

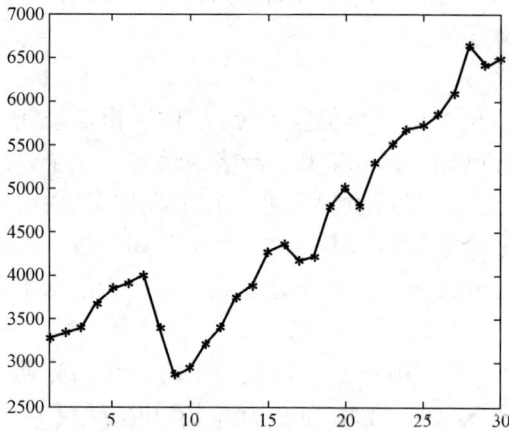

图 17 - 9　原始数列图

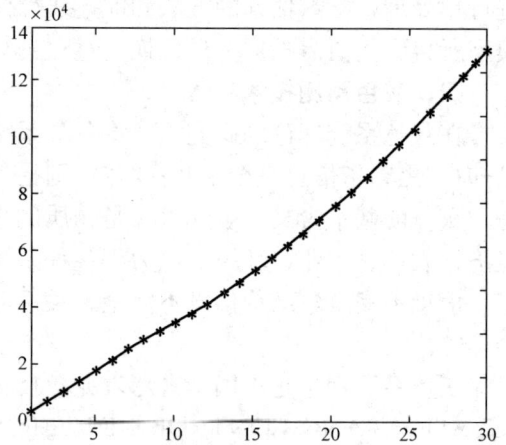

图 17 - 10　累加生成数列图

将原始数列中前后相邻的两个数据相减，这种生成称为累减生成。所得的数据为累减生成值。因为累减生成是累加生成的逆运算，所以常记为 IAGO（Inverse Accumulated Generating Operation）。

2. 灰色预测建模

GM（1，1）模型是最常用的一种灰色模型，它是由一个只包含单变量的一阶微分方程构成的模型，是作为电力负荷预测的一种有效的模型，是 GM（1，n）模型的特例。建立 GM（1，1）模型只需要一个数列 $x^{(0)}$

设有变量为 $x^{(0)}$ 的原始数据序列

$$x^{(0)} = \left[x^{(0)}(k) \mid k = 1, 2, \cdots, n \right] = \left[x^{(0)}(1), x^{(0)}(2), \cdots, x^{(0)}(n) \right]$$

用 1-AGO 生成一阶累加生成序列

$$x^{(1)} = \left[x^{(1)}(k) \mid k = 1, 2, \cdots, n \right] = \left[x^{(1)}(1), x^{(1)}(2), \cdots, x^{(1)}(n) \right]$$

其中

$$x^{(1)}(k) = \sum_{i=1}^{k} \left[x^{(0)}(i) \right]$$

此处略去对 GM（1，1）的推导过程，只给出结果。设

$$\boldsymbol{Y}_n = \begin{bmatrix} x^{(0)}(2) \\ x^{(0)}(3) \\ \vdots \\ x^{(0)}(n) \end{bmatrix}, \boldsymbol{B} = \begin{bmatrix} -\dfrac{1}{2}\left[x^{(1)}(1) + x^{(1)}(2) \right] & 1 \\ -\dfrac{1}{2}\left[x^{(1)}(2) + x^{(1)}(3) \right] & 1 \\ \vdots & \vdots \\ -\dfrac{1}{2}\left[x^{(1)}(n-1) + x^{(1)}(n) \right] & 1 \end{bmatrix}$$

则

$$\hat{\boldsymbol{A}} = (\boldsymbol{B}^T\boldsymbol{B})^{-1}\boldsymbol{B}^T\boldsymbol{Y}_n = \begin{bmatrix} \hat{a} \\ \hat{u} \end{bmatrix}$$

灰色预测模型为

$$\hat{x}^{(0)}(k+1) = (1 - e^a)\left[x^{(0)}(1) - \frac{\hat{u}}{\hat{a}} \right]e^{-ak}$$

3. 后验差检验

灰色模型的建模优劣精度通常用后验差检验方法进行分析，下面对此进行介绍。

后验差检验是根据模型预测值与实际值之间的统计情况，进行检验的方法，这是从概率预测方法中移植过来的。其内容是：以残差（绝对误差）ε 为基础，根据各期残差绝对值的大小，考察残差较小的点出现的概率，以及与预测误差方差有关指标的大小。具体步骤如下：

设历史负荷序列为 $x^{(0)} = \{x^{(0)}(1), x^{(0)}(2), \cdots, x^{(0)}(n)\}$

设预测值序列为 $\hat{x}^{(0)} = \{\hat{x}^{(0)}(1), \hat{x}^{(0)}(2), \cdots, \hat{x}^{(0)}(n)\}$

记 k 时刻实际值 $x^{(0)}(k)$ 与计算值（预测值）$\hat{x}^{(0)}(k)$ 之差为 $\varepsilon(k)$，称为 k 时刻残差：

$$\varepsilon(k) = x^{(0)}(k) - \hat{x}^{(0)}(k), k = (1,2,\cdots,n)$$

记实际值 $x^{(0)}(k)$，$k=1$，2，$\cdots$，n 的平均值为 $\bar{x}$，即 $\bar{x} = \frac{1}{n}\sum_{k=1}^{n}x^{(0)}(k)$

记残差 $\varepsilon(k)$，$k=1$，2，$\cdots$，m 的平均值为 $\bar{\varepsilon}$，有 $\bar{\varepsilon} = \frac{1}{m}\sum_{k=1}^{m}\varepsilon(k)$

其中，m 为预测残差数据的个数，一般有 $m \leqslant n$。

记历史数据（实际值）方差为 S_1^2，即 $S_1^2 = \frac{1}{n}\sum_{k=1}^{n}[x^{(0)}(k) - \bar{x}]^2$

记残差方差为 S_2^2，有 $S_2^2 = \frac{1}{m}\sum_{k=1}^{m}[\varepsilon(k) - \bar{\varepsilon}]^2$

则可得验差检验的两个重要数据，即后验差比值 C，小误差概率 P

$$C = \frac{S_2}{S_1}, P = P\{|\varepsilon(K) - \bar{\varepsilon}| < 0.6745S_1\}$$

指标 C 越小越好，C 越小，表示 S_1 越大，而 S_2 越小。S_1 大，表明历史数据方差大，历史数据离散程度就大。S_2 就小，表明残差方差小，残差离散程度小。C 小，表明尽管历史数据很离散，而模型所得的预测值与实际值之差并不太离散。$C>0$，$0 \leqslant P \leqslant 1$。

指标 P 越大越好，P 越大，表示残差与残差平均值之差小于给定值 $0.6745S_1$ 的点较多。按 C 与 P 两个指标，可以综合评定预测模型的精度，如表 17 - 7 所示。

表 17 - 7　　　　　　　综合评定预测模型的小误差概率（P）和后验差比值（C）

预测精度等级	P	C	预测精度等级	P	C
好（一级）	>0.95	<0.35	勉强（三级）	>0.7	$0.5 \leqslant C < 0.65$
合格（二级）	>0.8	$0.35 \leqslant C < 0.5$	不合格（四级）	$\geqslant 0.7$	$\geqslant 0.65$

4. 实例分析

某地年用电量如表 17 - 8 所示。

表 17 - 8　　　　　　　　　　　　　某地区年用电量

年份	1998	1999	2000	2001	2002	2003	2004	2005
用电量（$\times 10^8$kW·h）	25.76	28.38	28.56	32.32	32.48	35.60	39.76	41.40

建立灰色预测模型，进行后验差检验，并预测 2006 年用电量。

建立灰色预测模型过程如下：

第一步，计算原始数列 $x^{(0)}$ 的累加生成值。

根据表内数据，知 $x^{(0)} = (25.76\ 28.38\ 28.56\ 32.32\ 32.48\ 35.60\ 39.76\ 41.40)$，则一阶累加生成值为 $x^{(1)} = (25.76\ 54.14\ 82.70\ 115.02\ 147.50\ 183.10\ 222.86\ 264.26)$

第二步，计算数据矩阵 $\boldsymbol{B}$ 和数据向量 $\boldsymbol{Y}_n$ 为

$$\boldsymbol{B} = \begin{bmatrix} -\frac{1}{2}\left[x^{(1)}(1) + x^{(1)}(2)\right] & 1 \\ -\frac{1}{2}\left[x^{(1)}(2) + x^{(1)}(3)\right] & 1 \\ \vdots & \vdots \\ -\frac{1}{2}\left[x^{(1)}(n-1) + x^{(1)}(n)\right] & 1 \end{bmatrix} = \begin{bmatrix} -39.95 & 1 \\ -68.42 & 1 \\ -98.86 & 1 \\ -131.26 & 1 \\ -165.30 & 1 \\ -202.98 & 1 \\ -243.56 & 1 \end{bmatrix}, \quad \boldsymbol{Y}_n = \begin{bmatrix} x^{(0)}(2) \\ x^{(0)}(3) \\ \vdots \\ x^{(0)}(n) \end{bmatrix} = \begin{bmatrix} 28.38 \\ 28.56 \\ 32.32 \\ 32.48 \\ 35.60 \\ 39.76 \\ 41.40 \end{bmatrix}$$

第三步，计算 GM(1,1) 的方程参数 $\hat{a}$ 和 $\hat{u}$ 为

$$\hat{\boldsymbol{A}} = (\boldsymbol{B}^T\boldsymbol{B})^{-1}\boldsymbol{B}^T\boldsymbol{Y}_n = \begin{bmatrix} \hat{a} \\ \hat{u} \end{bmatrix}$$

$$= \left(\begin{bmatrix} -39.95 & 1 \\ -68.42 & 1 \\ -98.86 & 1 \\ -131.26 & 1 \\ -165.30 & 1 \\ -202.98 & 1 \\ -243.56 & 1 \end{bmatrix}^T \begin{bmatrix} -39.95 & 1 \\ -68.42 & 1 \\ -98.86 & 1 \\ -131.26 & 1 \\ -165.30 & 1 \\ -202.98 & 1 \\ -243.56 & 1 \end{bmatrix}\right)^{-1} \begin{bmatrix} -39.95 & 1 \\ -68.42 & 1 \\ -98.86 & 1 \\ -131.26 & 1 \\ -165.30 & 1 \\ -202.98 & 1 \\ -243.56 & 1 \end{bmatrix}^T \begin{bmatrix} 28.38 \\ 28.56 \\ 32.32 \\ 32.48 \\ 35.60 \\ 39.76 \\ 41.40 \end{bmatrix}$$

$$= \begin{bmatrix} -0.06869874676079 \\ 24.74478857011646 \end{bmatrix}$$

即 $\hat{a} = -0.06869874676079$，$\hat{u} = 24.74478857011646$。

第四步，建立灰色预测模型，有

$$\hat{x}^{(0)}(k+1) = (1-e^a)\left[x^{(0)}(1) - \frac{\hat{u}}{\hat{a}}\right]e^{-ak}$$

$$= (1-e^{-0.06869874676079})\left(25.76 - \frac{24.74478857011646}{-0.06869874676079}\right)e^{0.06869874676079k}$$

后验差检验的过程如下：

将 $k = 0 \sim 7$ 代入灰色预测模型，可得 1998 年—2005 年用电量的预测值如表 17-9 所示。

表 17-9　　　　　　　　　　　　　某地区年用电量的实际值与预测值

年份	1998	1999	2000	2001	2002	2003	2004	2005
用电量 ($\times 10^8$kW·h)	25.76	28.38	28.56	32.32	32.48	35.60	39.76	41.40
预测值	25.62	27.45	29.40	31.49	33.73	36.13	38.70	41.45

残差的平均值为 $\bar{\varepsilon} = \dfrac{1}{n}\sum\limits_{k=1}^{n}\varepsilon(k) = \dfrac{1}{n}\sum\limits_{k=1}^{n}\left[x^{(0)}(k) - \hat{x}^{(0)}(k)\right] = 0.0362$

实际值的平均值为 $\bar{x} = \dfrac{1}{n}\sum\limits_{k=1}^{n}x^{(0)}(k) = 33.0325$

残差的方差为 $S_2^2 = \dfrac{1}{n}\sum\limits_{k=1}^{n}\left[\varepsilon(k)-\bar{\varepsilon}\right]^2 = 0.6547$

历史数据的方差为 $S_1^2 = \dfrac{1}{n}\sum\limits_{k=1}^{n}\left[x^{(0)}(k)-\bar{x}\right]^2 = 27.1522$

后验差比值 $C = \dfrac{S_2}{S_1} = 0.1553$

小误差概率为 $P = P\left\{|\varepsilon(k)-\bar{\varepsilon}| < 0.6745 \times \sqrt{27.1522}\right\} = 1 > 0.95$

因此，可以确定模型的精确度为 1 级，可以用此模型进行预测。

预测 2006 年用电量如下：

将 $k=8$ 代入灰色预测模型，可得 $\hat{x}^{(0)}(9)=44.395$，即 2006 年用电量的预测值为 44.395。

第四节　电力负荷管理系统

电力负荷管理系统是一个集中管理系统，一般由一个管理中心和几百个乃至几千个远方终端所组成，它实际上是一个规模较大的远程监控系统，系统的特点是远方终端数量特别多，但每个终端的实时信息量并不大，对实时性的要求也不是特别高，但对系统的可靠性要求较高。

一、电力负荷管理系统的基本功能

（1）数据远程采集功能。数据远程采集主要进行负荷数据、电能量数据、抄表数据、工况数据、电能质量数据的采集。按照时间划分，主要有当前数据、小时冻结数据、日冻结数据、月冻结数据以及抄表日数据等。

（2）负荷监控功能。负荷管理系统能够根据事先编制好的控制方案，自动或人工地执行对特定用户轮次开关的控制。方案可按用户所在线路、所属区域、用户轮休日、容量等级、受电电压等多种属性任意编制，可对各种控制方案进行评估。

（3）用电监测与报警功能。用电监测与报警是指系统各监测点应能监测负荷、电能量、抄表、工况、电能质量等数据，当发生异常时应能产生报警并记录事件，以供用户及时处理。报警的方式除文字、图像、声音外，还应支持短消息、E-mail 等远程报警方式。报警信息应能按定义的业务流程进行流转，以便相关人员及时处理和反馈。

（4）负荷预测功能。充分发挥负荷管理系统数据资源丰富的优势，对单（组）用户、行业、线路、地区的电量进行短、中期负荷预测，是电力企业购买、生产电力的重要依据，准确的负荷预测将提高电力企业的经济效益。

（5）电费催缴功能。电费催缴功能一般有两种模式：一种是电量控制；另一种是电费控制。在电量控制模式下，负荷管理系统根据营销部门的传票以及上月剩余电量数据向终端下发当月电量。终端通过采集表计电量，不断计算剩余电量。当剩余电量低至警告电量时，发出警告。当剩余电量到达跳闸电量时，开始第一轮跳闸，以后以一定的步长，分轮次进行跳闸。电费控制是指营销部门根据电费收缴情况确定执行催费控制的名单。经有关领导签字后，按有关规定下达停电通知给用户。同时，填写执行催费控制传票给负荷控制中心，负荷控制主台即下达欠费告警，在终端上以语音或短信的形式提醒用户。若用户在规定的停电时间前仍未缴费，则负荷控制中心执行跳闸等措施。

（6）防窃电功能。在测量回路中加装交流采样模块（或防窃电专用模块、供电计量监测仪），负荷管理终端将计量装置的测量结果与防窃电模块的测量结果同时传回主站，用专用的防窃电软件进行对比分析，当某用户用电出现异常时，软件给出用电异常用户的清单，供用电检查人员参考。发现用电异常后，可以启用负荷管理系统的实时监控功能，不断监视用电异常户的用电状况，一旦发现任何数据不一致时，便可以进行强制检查，查找现场证据。

二、电力负荷管理系统的设计模式

（1）基本系统。一个管理中心和若干个终端就可以组成一个基本的无线电力负荷管理系统。一般采用一组专用的负荷管理双工频率，按国家无线电管理委员会的规定，在管理中心选用的这组无线电频率的高端频率发送，低端频率接收。这种系统一般适用于平原地带、控制范围不大以及终端较少的情况。

（2）多频点系统。当远方终端的数量很多，如果只用一组双工频率，由于巡测时间长，将影响系统的实时性。为了减少巡测时间，应采用几组专用双工频率组成多频道系统，将终端较均匀地分布到各组频率下，这样每组双工频率所监控的远方终端减少。通过各组频率的同时巡测，系统巡测时间得到缩短，实时性得到提高。

（3）具有中继站系统。在某些地区，由于管理的范围较大，或受到地形条件的限制，需增设中继站才能满足覆盖范围的要求。有些地区，仅仅依靠一级中继站还不能满足系统的要求，需要建立二级中继站以延伸控制范围。有些地区只有少量终端与主中心直接通信有困难，建一个中继站来覆盖，经济上不合算，则可以采用终端转发技术，即可以利用它们附近的一个终端来兼中继功能，解决那些少量终端的覆盖问题。

（4）多分中心系统。由于各地供电部门的管理体制不尽相同，有些地方采用分级管理模式，地区级管理中心与县市级分控中心分别管理各自所辖的用户终端，在必要时管理中心可通过分控中心或中继站方式直接监控分控中心下属的用户终端。因此，管理中心与分控中心之间的数据交换可以用微波、光纤、电话线以及负控专用频率的通道来构成网络。在系统中，有些大用户有多个变电站，这些用户可将本身的终端构成一个子系统，一方面它可以响应管理中心的检测，另一方面又可归纳本身的用电情况进行分析、处理，实施用户管理。

思 考 题

1. 试简述电力负荷预测的影响因素。
2. 用电负荷根据可靠性可分为哪几类？
3. 常用的电力负荷预测技术有哪些？
4. 回归预测技术和灰色预测技术各有什么优缺点？
5. 电力负荷管理系统的一般功能有哪些？

参 考 文 献

[1] 陈晔. 管理学基础. 北京：科学出版社，2003.

[2] 孙炳埜，周纲. 管理学基础. 天津：天津大学出版社，2001.

[3] 杨洁，孙玉娟. 管理学. 北京：经济管理出版社，2004.

[4] 邓丽明. 管理学基础. 北京：高等教育出版社，2003.

[5] 徐光华，暴丽艳. 管理学——原理与应用. 北京：清华大学出版社，2004.

[6] 沈建明. 项目风险管理. 北京：机械工业出版社，2003.

[7] 卢向南. 项目计划与控制. 北京：机械工业出版社，2004.

[8] 卢有杰. 现代项目管理学. 北京：首都经济贸易大学出版社，2004.

[9] 陈朝阳，林玉妹. 中国现代企业制度. 北京：中国发展出版社，2002.

[10] 张亚，郑予捷. 现代企业管理. 北京：科学出版社，2004.

[11] 冯拾松，罗明. 现代企业管理. 北京：科学出版社，2004.

[12] 宗蕴璋. 现代企业管理. 北京：中国电力出版社，2004.

[13] 吴育华，杜纲. 管理科学基础. 天津：天津大学出版社，2002.

[14] 杨洁，高平. 工业企业管理学. 北京：经济管理出版社，1998.

[15] 杨永英. 施工企业项目管理. 北京：中华工商联合出版社，1999.

[16] 周三多，陈传明. 管理学——原理与方法. 上海：复旦大学出版社，2004.

[17] 吴健安. 市场营销学、2版. 北京：高等教育出版社，2004.

[18] 肖先勇. 电力市场营销原理. 北京：中国电力出版社，2004.

[19] 王学军. 电力市场营销学. 北京：中国水利水电出版社，2000.

[20] 王相勤. 电力营销管理手册. 北京：中国电力出版社，2002.

[21] 黄保强. 创新概论. 上海：复旦大学出版社，2004.

[22] 王安德，张景安. 论创新与企业孵化. 上海：复旦大学出版社，2000.

[23] 芮明杰. 创新制胜——现代企业管理创新. 太原：山西经济出版社，1998.

[24] 洪生伟. 质量管理. 北京：中国计量出版社，2001.

[25] PhilipKotler. 营销管理. 北京：清华大学出版社，2001.

[26] 林泽炎. 现代人力资源管理. 北京：中国人事出版社，1999.

[27] 林泽炎. 3P模式——中国企业人力资源管理操作方案. 北京：企业管理出版社，2000.

[28] 胡君辰，郑绍廉. 人力资源开发与管理. 上海：复旦大学出版社，1999.

[29] 余凯成，程文文. 人力资源管理. 大连：大连理工大学出版社，1999.

[30] 张德编. 人力资源开发与管理. 北京：清华大学出版社，1996.

[31] 张一弛. 人力资源管理教程. 北京：北京大学出版社，1999.

[32] 朱成章，徐任武. 需求侧管理（DSM）. 北京：中国电力出版社，1999.

[33] 杨志荣，劳德容. 综合资源规划方法与需求方管理技术. 北京：中国电力出版社，1996.

[34] 彭晓峰. 企业财务会计学. 北京：北京邮电大学出版社，2005.

[35] 笛德，金马工作室译. 创新管理. 北京：清华大学出版社，2004.

[36] 金占明. 战略管理. 北京：清华大学出版社，2004.

[37] 王关义. 生产管理. 北京：经济管理出版社，2004.

[38] 陈荣秋，马士华. 生产与运作管理. 北京：高等教育出版社，1999.

[39] 牛东晓，曹树华等. 电力负荷预测技术及其应用. 北京：中国电力出版社，1998.

[40] 赵希正. 中国电力负荷特性分析与预测. 北京：中国电力出版社，2002.

[41] 肖国泉等. 电力负荷预测. 北京：中国电力出版社，2001.

[42] 张峰. 电力负荷管理技术. 北京：中国电力出版社，2005.

[43] 卿涛. 人力资源管理概论. 北京：清华大学出版社，2006.

[44] 董克用，叶向峰. 人力资源管理概论. 北京：中国人民大学出版社，2003.

[45] 方振邦. 绩效管理. 北京：中国人民大学出版社，2003.

[46] 彭剑峰. 人力资源管理概论. 上海：复旦大学出版社，2003.

[47] 乞建勋. 网络计划优化新理论与技术经济决策. 北京：科学出版社，1997.

[48] 邱菀华. 现代项目管理导论. 北京：机械工业出版社，2003.

[49] 池仁勇. 项目管理. 北京：清华大学出版社，2004.

[50] 肖先勇. 电力市场营销原理. 北京：中国电力出版社，2003.

[51] 刘秋华. 电力市场营销管理. 北京：中国电力出版社，2003.

[52] 吴健安. 市场营销学. 2版. 北京：高等教育出版社，2004.